国家出版基金项目
NATIONAL PUBLICATION FOUNDATION

上海高校服务国家重大战略出版工程

臧克和 郭瑞 主编

秦汉六朝字形谱

第十一卷

华东师范大学出版社

水部

【水】

《説文》：水，準也。北方之行。象眾水並流，中有微陽之气也。凡水之屬皆从水。

漢銘・南陵鍾

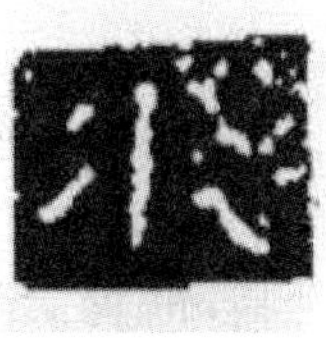
漢銘・中水鼎

漢銘・新承水盤

睡・法律答問 121

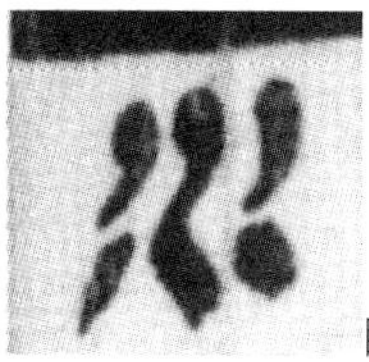
睡・日甲 18

睡・日乙 80

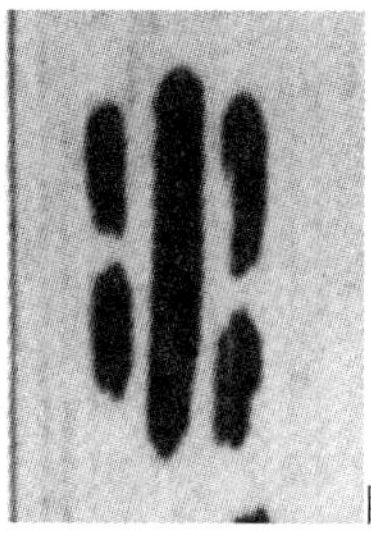
睡・日乙 87

嶽・為吏 59

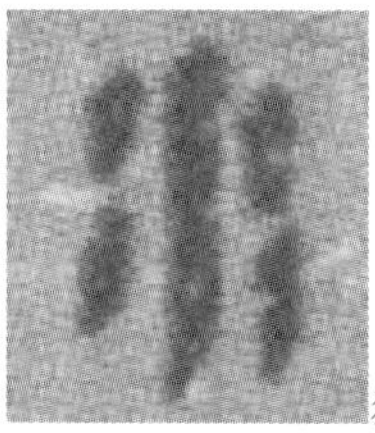
嶽・數 103

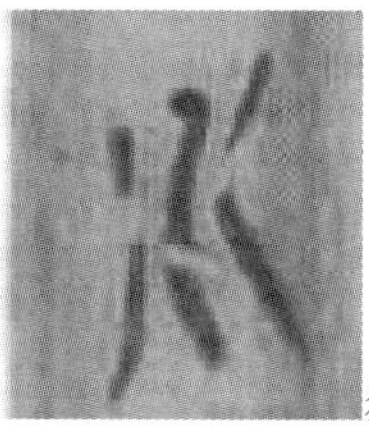
嶽・猩敞案 57

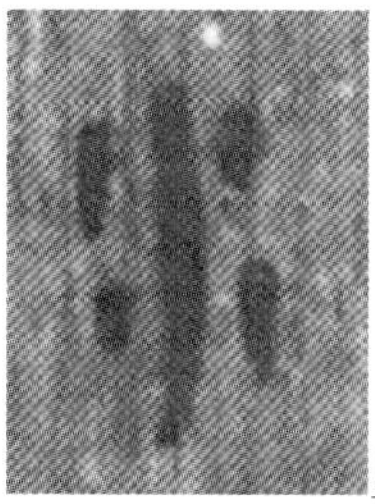
里・第五層 22

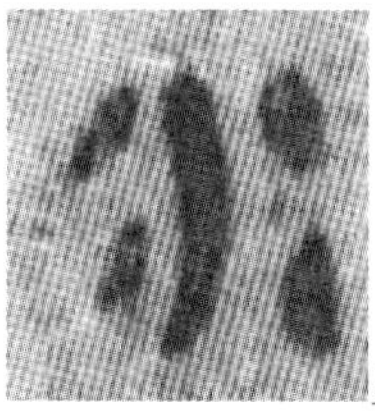
里・第八層 738

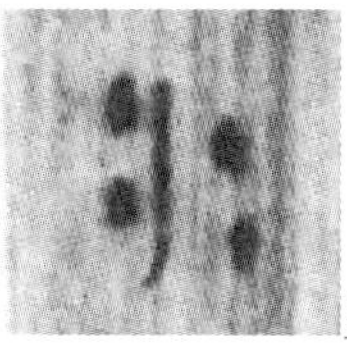
里・第八層背 1490

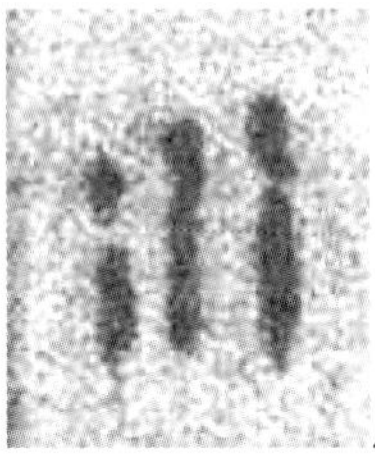
馬壹 46_62 下

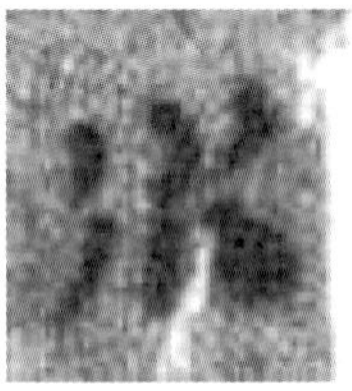
馬壹 37_21 下

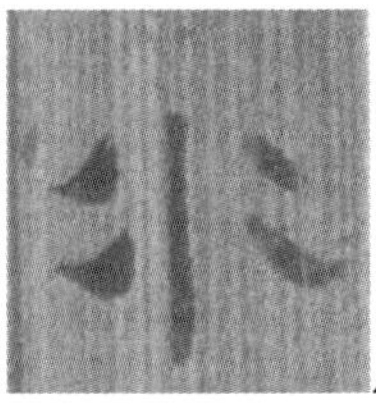
馬貳 213_13/114

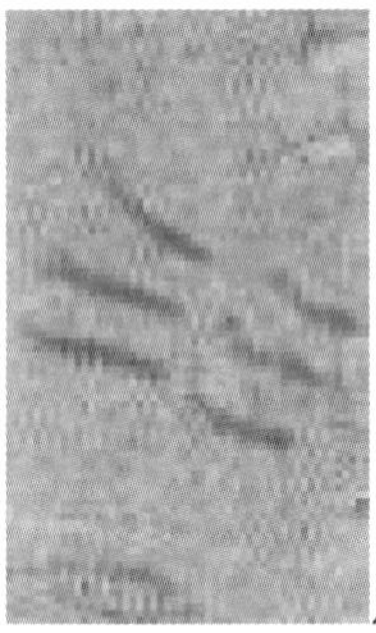
馬貳 159_47

馬貳 134_6/61

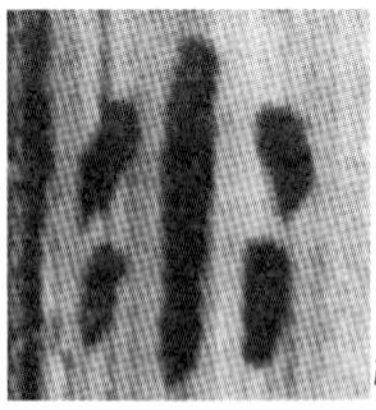
張・蓋盧 13

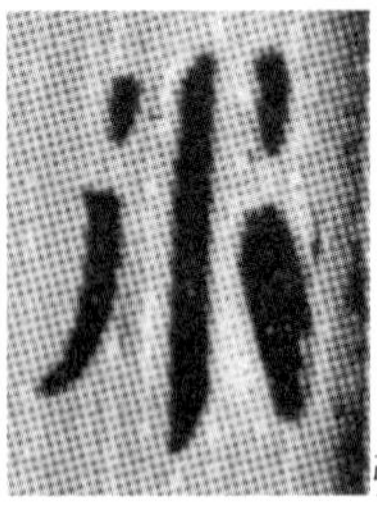
張・算數書 66

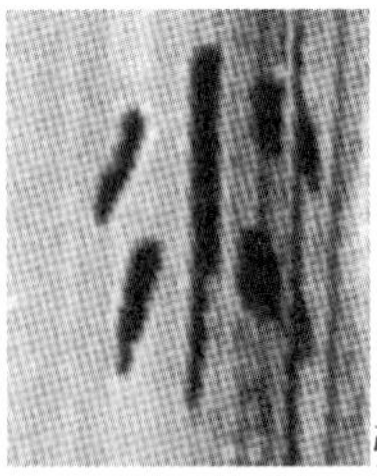
張・脈書 13

張・引書 33

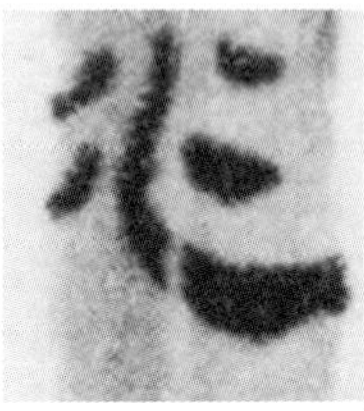
銀壹 344

○絕水迎陵

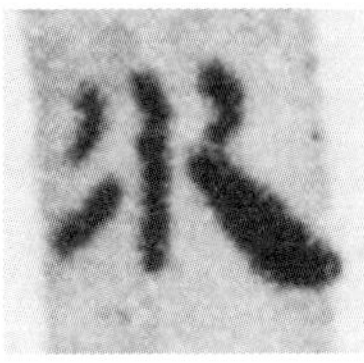
銀壹 345

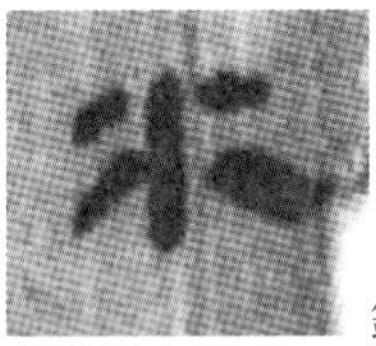
銀貳 1113

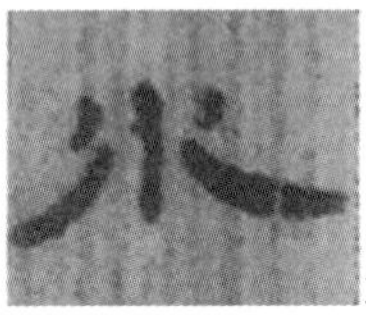
北貳・老子 160

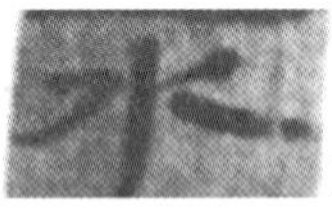
敦煌簡 0058

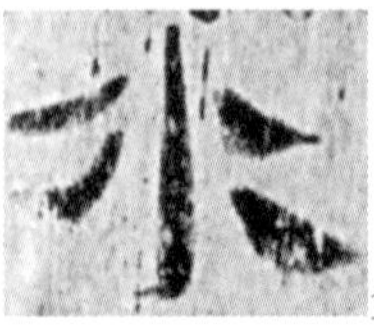
金關 T05:077

金關 T09:089

金關 T23:980

○請肩水鍛工

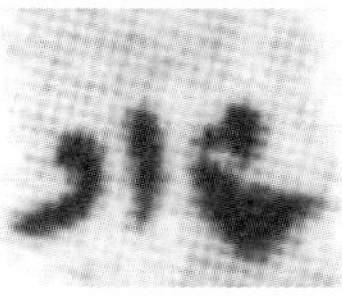
武·甲《特牲》47

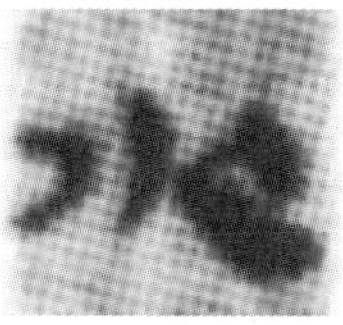
武·甲《少牢》23

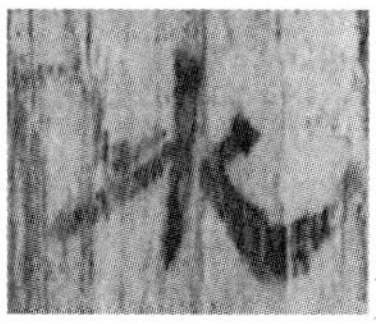
東牌樓 153 正

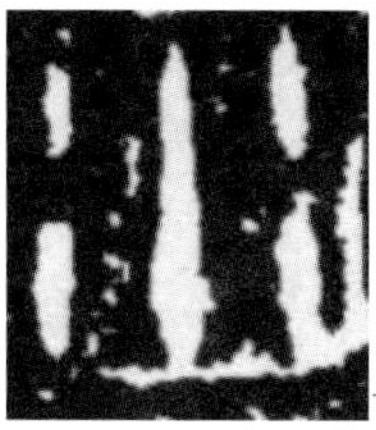
廿世紀璽印二-GP

廿世紀璽印二-GP

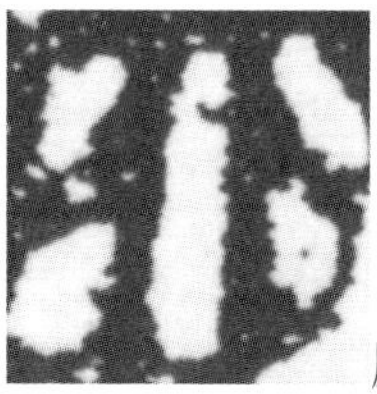
歷代印匋封泥

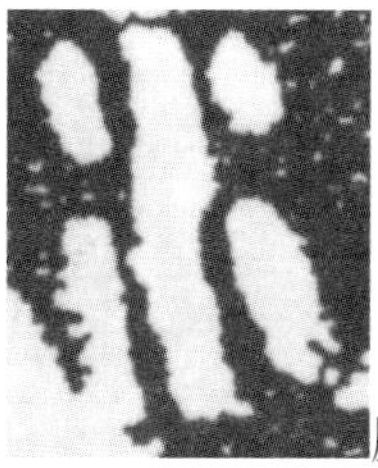
歷代印匋封泥

歷代印匋封泥

歷代印匋封泥

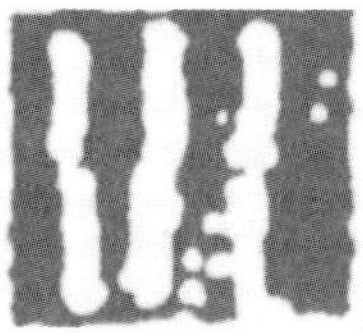
秦代印風

○浮水印

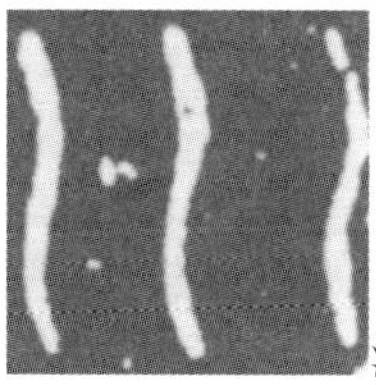
漢晉南北朝印風

○三水尉印

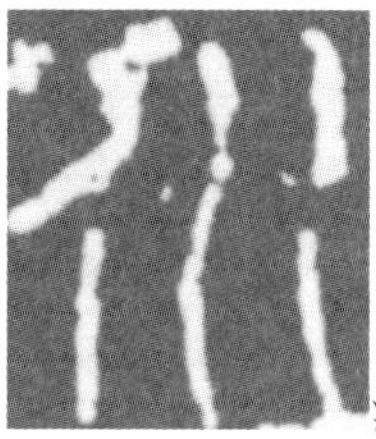
漢晉南北朝印風

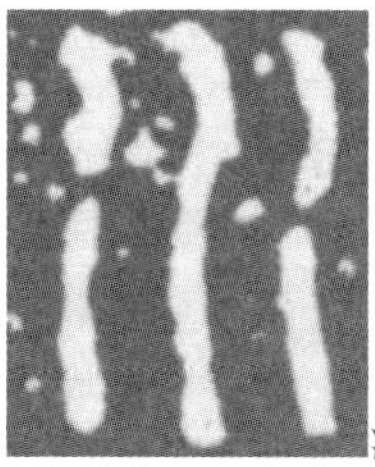
漢晉南北朝印風

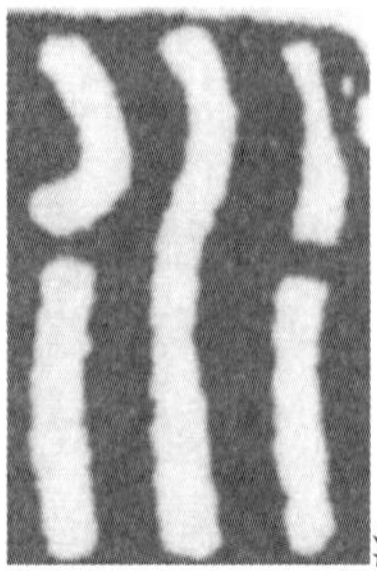
漢晉南北朝印風

〇水順副貳印

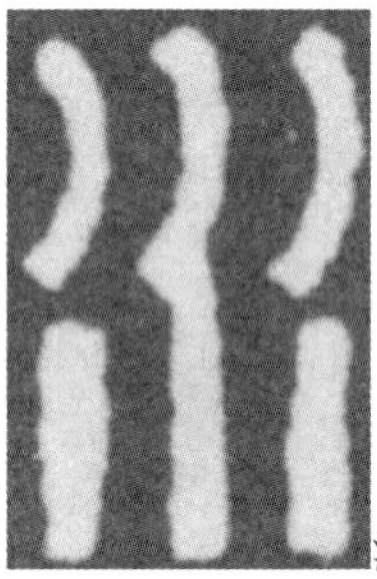
漢晉南北朝印風

歷代印匋封泥

漢代官印選

〇水衡丞

漢代官印選

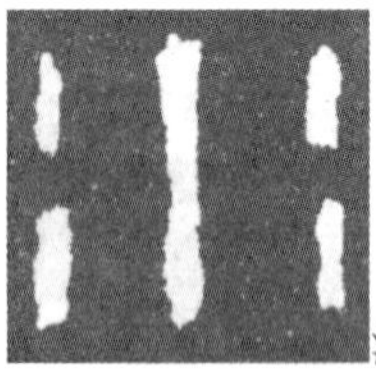
漢代官印選

漢印文字徵

〇張水

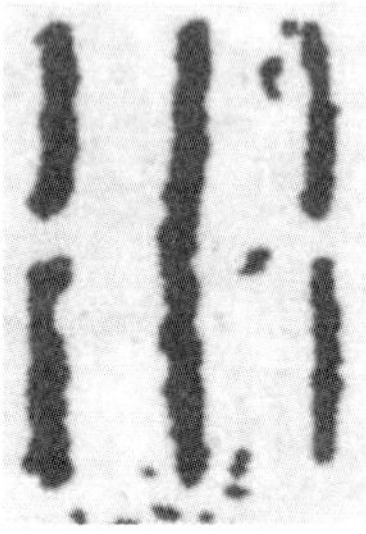
歷代印匋封泥

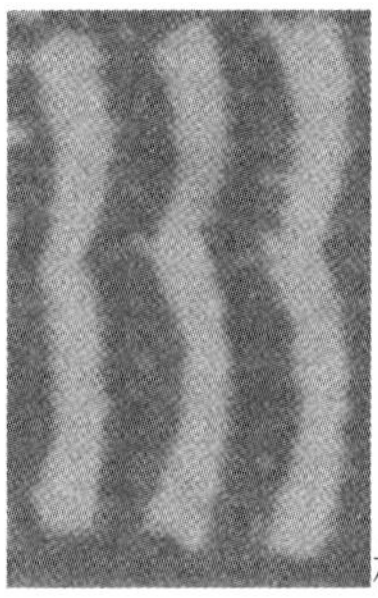
柿葉齋兩漢印萃

〇漢盧水仟長

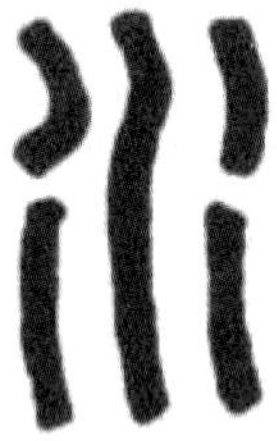
漢印文字徵

漢印文字徵

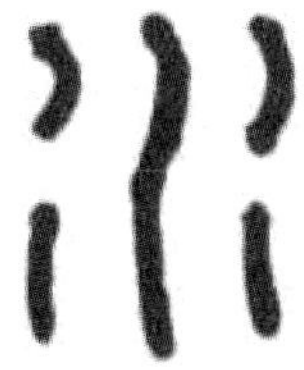
漢印文字徵

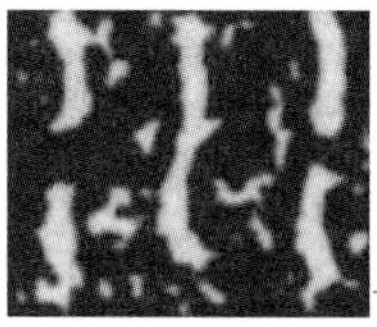
廿世紀璽印四-GY

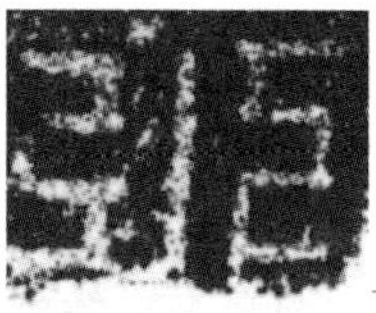
廿世紀璽印四-GY

○清水男章

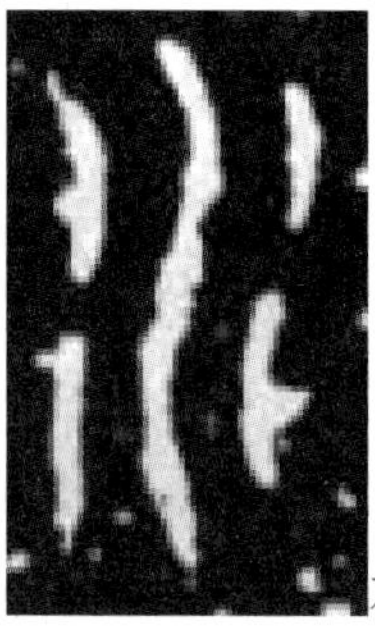
石鼓·霝雨

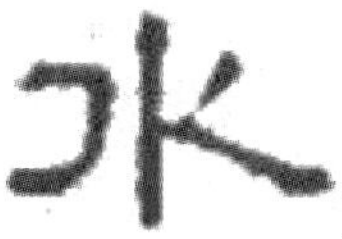
東漢·成陽靈臺碑

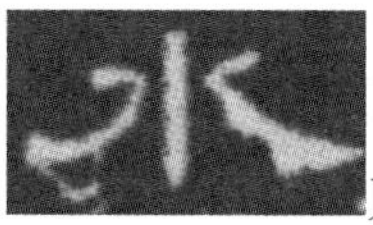
東漢·曹全碑陽

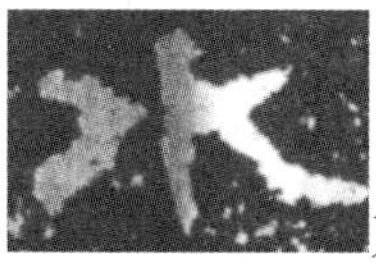
東漢·元嘉元年畫像石題記一

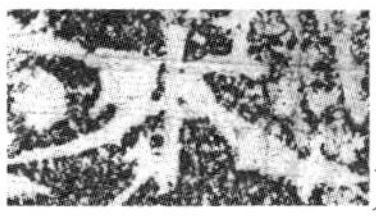
東漢·延光四年殘碑

東漢·禮器碑

晉·張纂誌

○白水人也

北魏·楊乾誌蓋

北魏·張正子父母鎮石

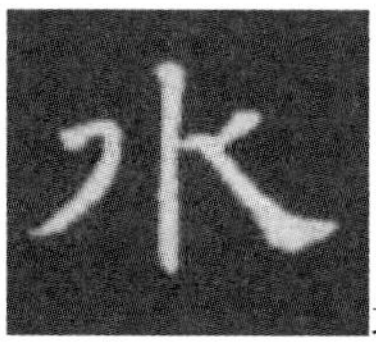
北齊·斛律氏誌

【汃】

《説文》：，西極之水也。从水八聲。《爾雅》曰：“西至汃國，謂四極。”

【河】

《説文》：，水。出焞煌塞外昆侖山，發原注海。从水可聲。

漢銘·清河大后中府鍾

漢銘·博邑家鼎

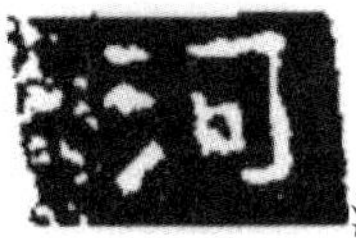
漢銘·萬年縣官斗

漢銘・河陰戈

漢銘・勮陽陰城胡傳溫酒樽

漢銘・成山宮渠斗

睡・秦律十八種 7

嶽・占夢書 34

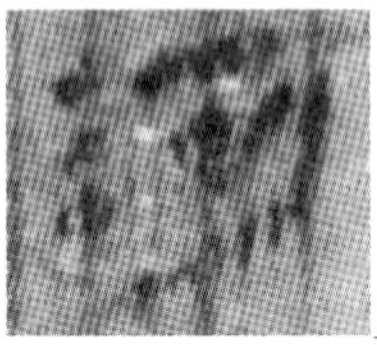
里・第八層 2061

○輸曹河□

馬壹 82_70

馬貳 33_21 下

張・秩律 455

張・奏讞書 61

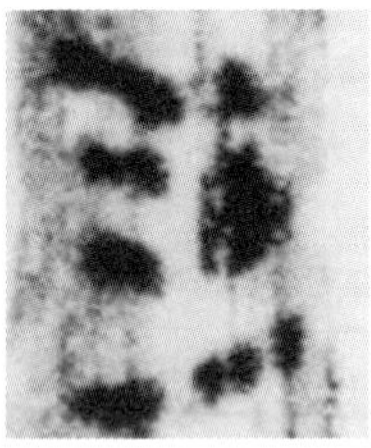
銀壹 727

○至於河上

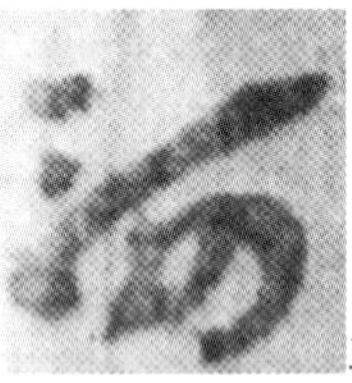
敦煌簡 0195

○河平元年

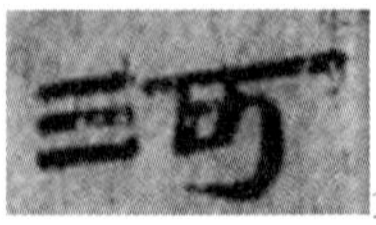
金關 T24:148

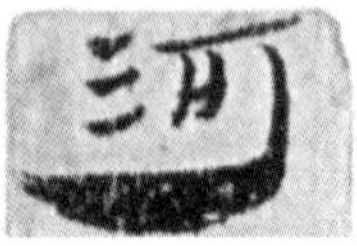
金關 T04:060

北壹·倉頡篇 57

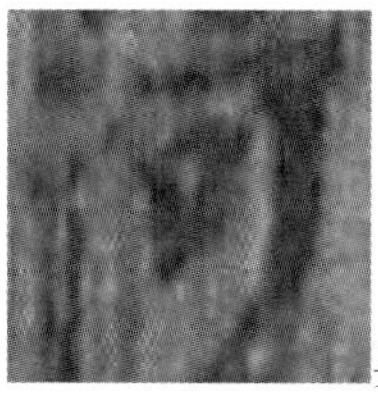
吴簡嘉禾·五·二四三

歷代印匋封泥

廿世紀璽印三-GP

廿世紀璽印三-GP

漢晉南北朝印風

廿世紀璽印三-GY

漢晉南北朝印風

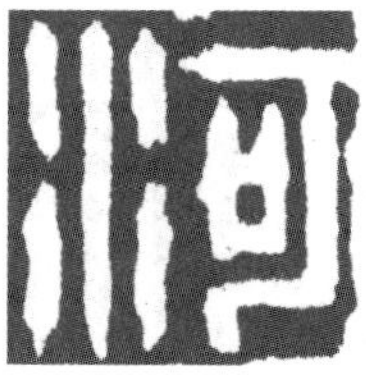
漢代官印選

漢代官印選

漢印文字徵

○河池侯相

漢印文字徵

漢代官印選

柿葉齋兩漢印萃

歷代印匋封泥

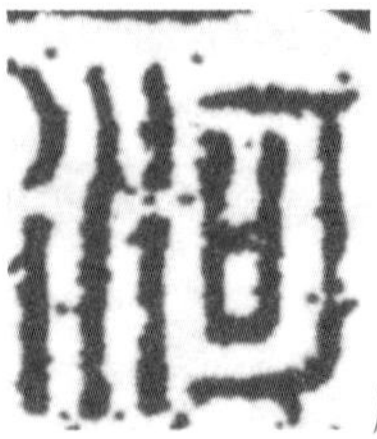
歷代印匋封泥

漢印文字徵

漢代官印選

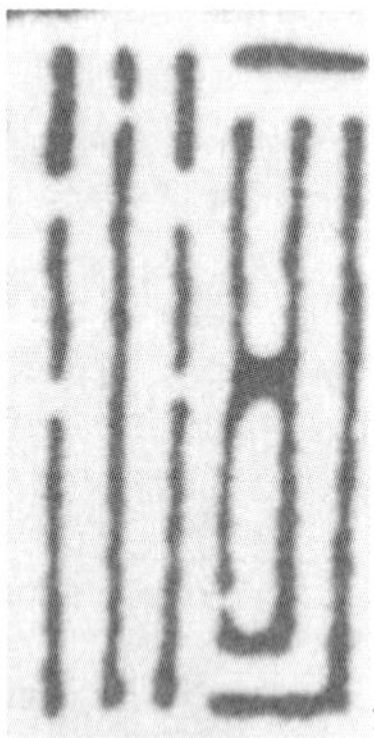
漢晉南北朝印風

漢晉南北朝印風

漢晉南北朝印風

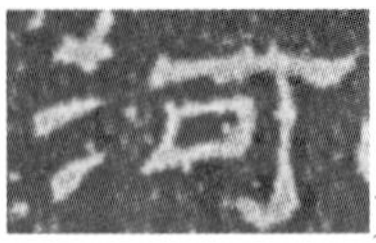
東漢・乙瑛碑

東漢・史晨後碑

東漢・成陽靈臺碑

東漢・司徒袁安碑

三國魏・三體石經春秋・篆文
○王狩于河

西晉・趙氾表

北魏・穆循誌蓋

北魏・元嵩誌

北魏・元融誌

〇河南洛陽

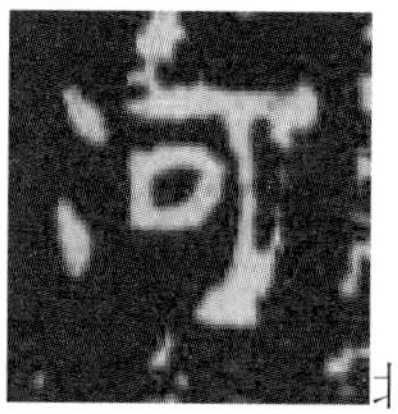
北魏・元恩誌

〇河南洛陽人也

北魏・元弼誌

〇河桐落彩

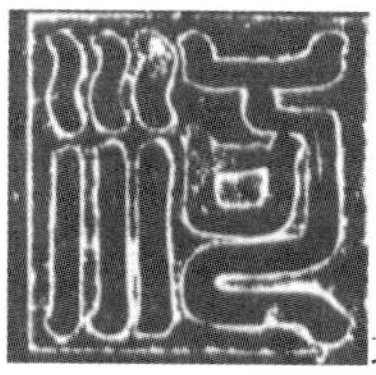
北周・李綸誌蓋

〇周故河陽公

北周・李賢誌蓋

〇河西公墓銘

【泑】

《説文》：，澤。在昆侖下。从水幼聲。讀與妳同。

【湅】

《説文》：，水。出發鳩山，入於河。从水東聲。

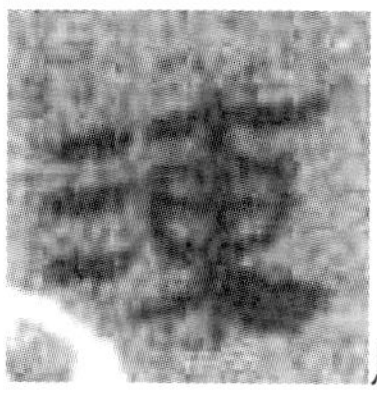
馬壹37_37下

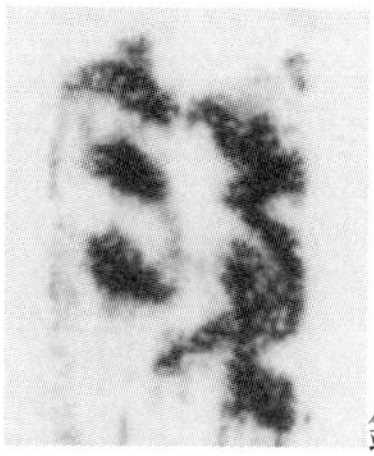
銀壹668

〇不能潾湅

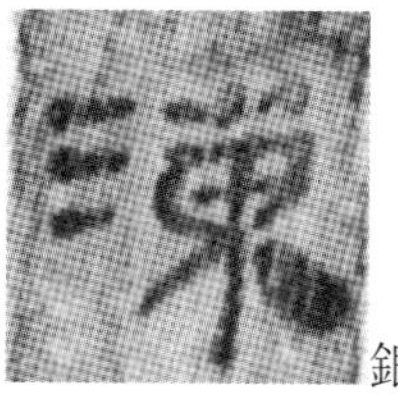
銀貳1804

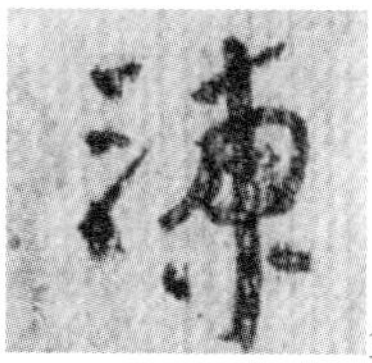
金關T23:237A

廿世紀璽印三-GP

〇湅布之丞

漢印文字徵

北魏・爾朱紹誌

北魏・元仙誌

北魏・王普賢誌

【涪】

《説文》：涪，水。出廣漢剛邑道徼外，南入漢。从水咅聲。

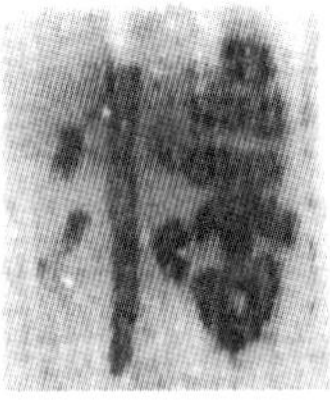
里・第八層 1206

○涪陵新里

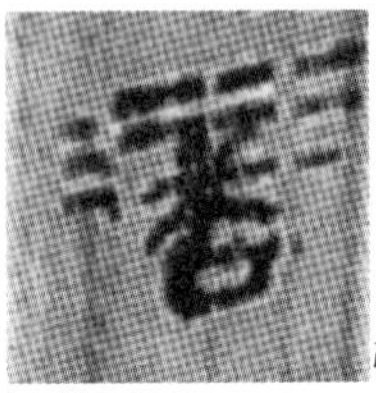
張・秩律 447

廿世紀璽印三-GP

○涪令之印

漢印文字徵

漢印文字徵

歷代印匋封泥

○涪令之印

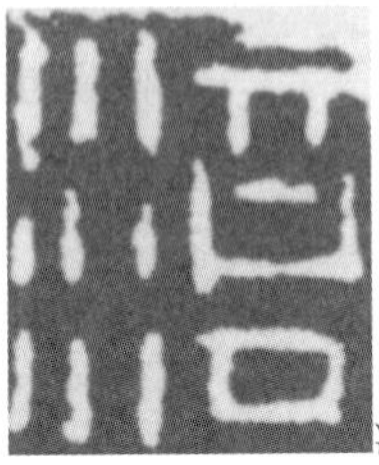
漢晉南北朝印風

○涪泉男章

東魏・趙秋唐吳造像

北周・豆盧恩碑

【潼】

《説文》：潼，水。出廣漢梓潼北界，南入墊江。从水童聲。

里・第八層 1445

馬貳 98_1

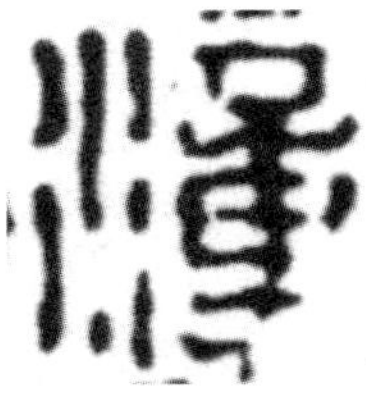
廿世紀璽印三-GP

○梓潼之印

漢印文字徵

○梓潼令印

漢印文字徵

○梓潼之印

歷代印匋封泥

○梓潼之印

北魏・元誨誌

北魏・楊無醜誌

北魏・楊熙僊誌

北魏・楊範誌

○魏故弘農華陰潼鄉習

【江】

《說文》：江，水。出蜀湔氐徼外崏山，入海。从水工聲。

漢銘・九江共鍾一

漢銘・九江共鍾二

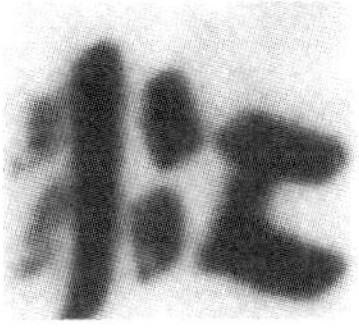
睡・語書 8

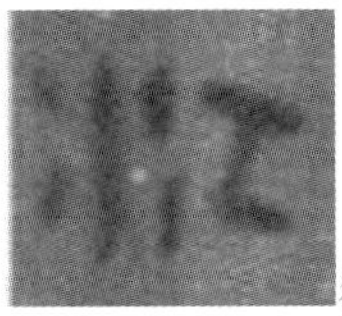
嶽・質日 2729

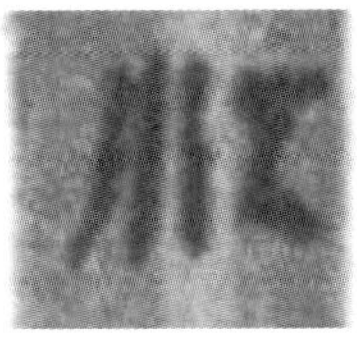
嶽・占夢書 34

嶽・芮盜案 62

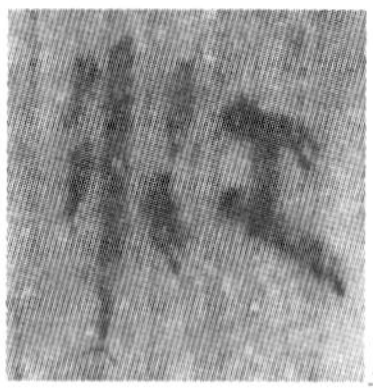
里・第八層 2056

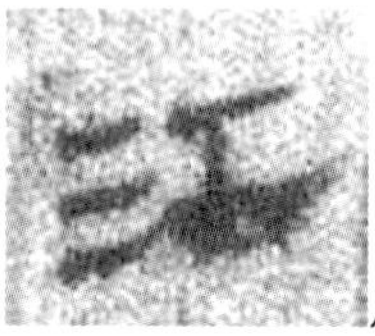
馬壹 46_62 下

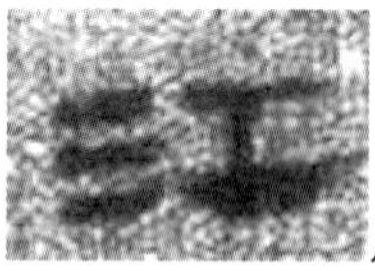
馬貳 32_19 上

張・秩律 449

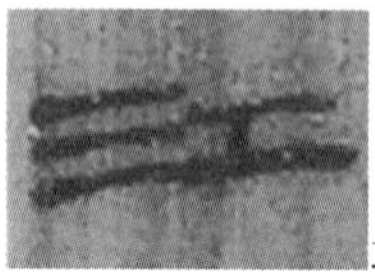
北貳・老子 81

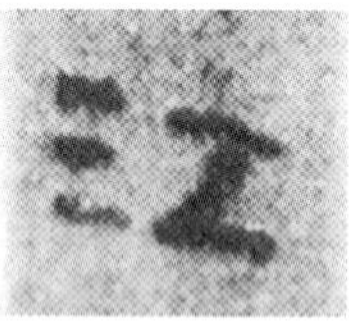
敦煌簡 2289

敦煌簡 2415A

○對吏江涼相拊授官

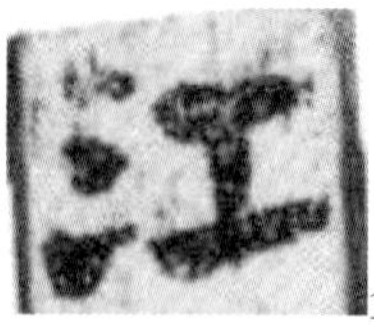
金關 T23:981

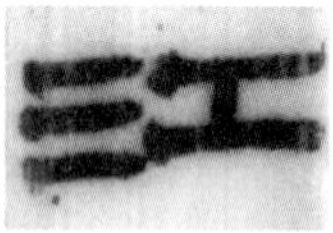
北壹・倉頡篇 57

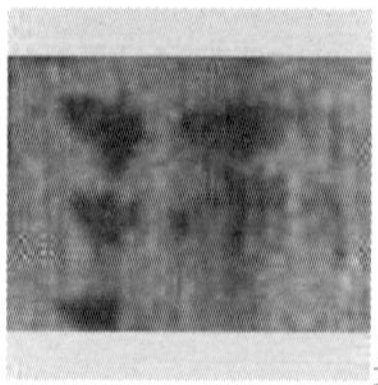
吳簡嘉禾・五・一〇六一

○卒區江佃田十町

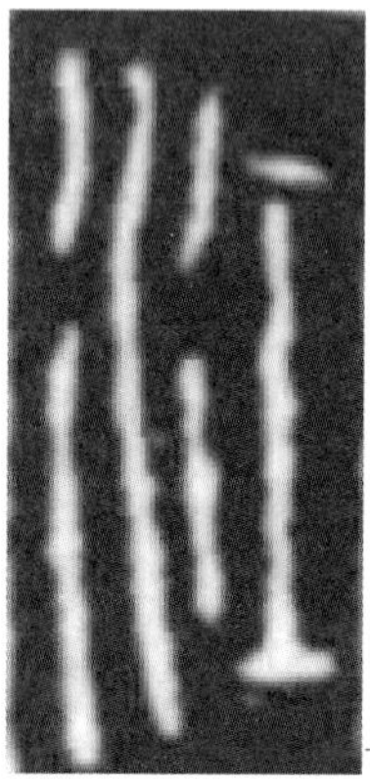
廿世紀璽印三-SY

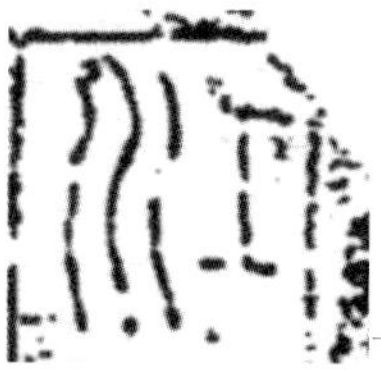
廿世紀璽印三-GP

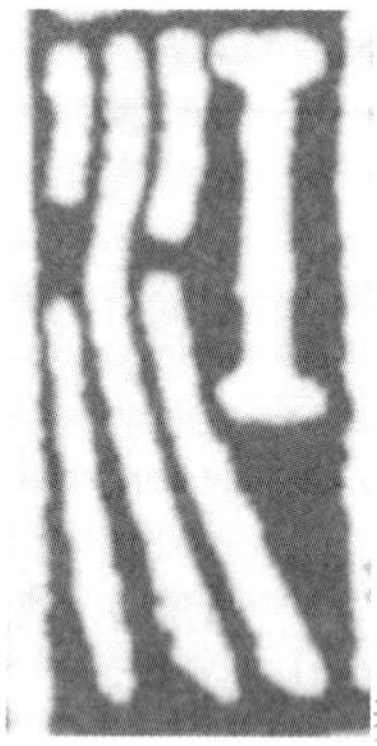
秦代印風

秦代印風

○江去疾

歷代印匋封泥

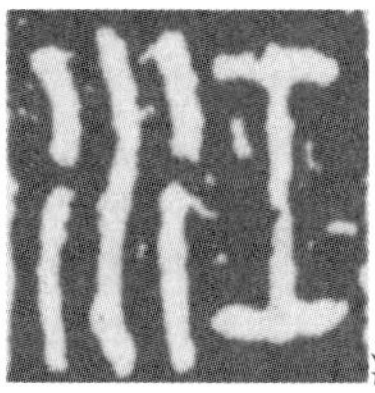
漢晉南北朝印風

漢晉南北朝印風

廿世紀璽印三-GP

歷代印匋封泥

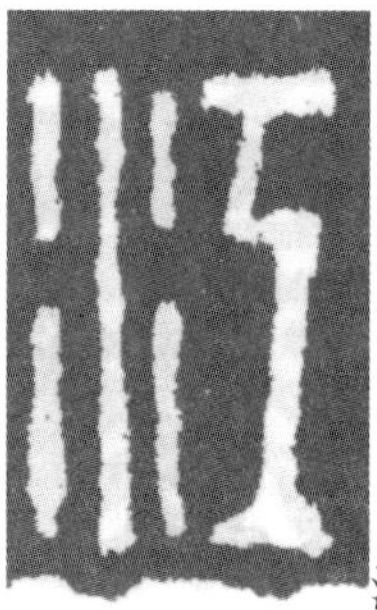
漢代官印選

漢代官印選

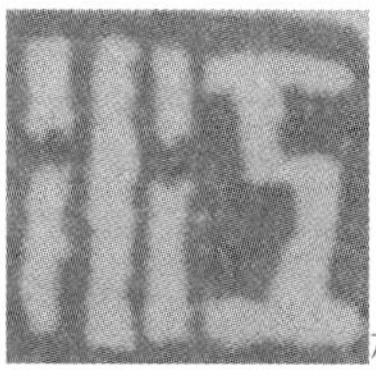
柿葉齋兩漢印萃

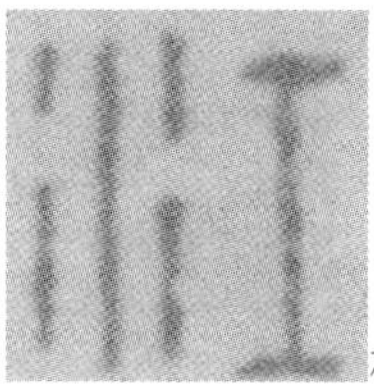
柿葉齋兩漢印萃

漢印文字徵

○江疾

柿葉齋兩漢印萃

漢印文字徵

漢印文字徵

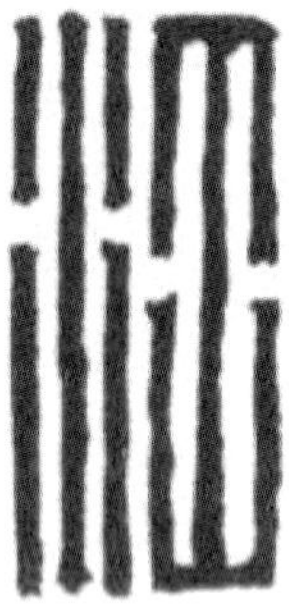
漢印文字徵

○江憙

漢印文字徵

漢晉南北朝印風

漢晉南北朝印風

○江恂私印

漢晉南北朝印風

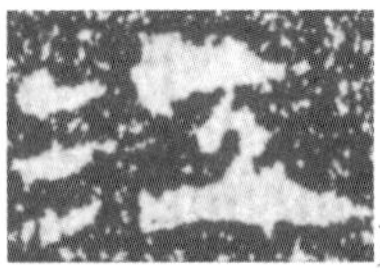
東漢・元嘉元年畫像石題記二

○飲江海

東漢・許安國墓祠題記

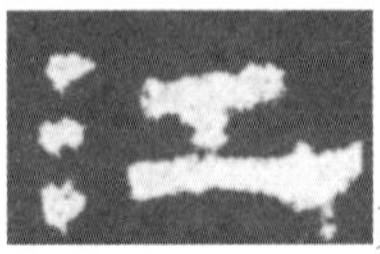
東漢・相張壽殘碑

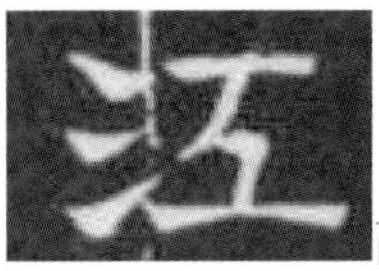
西晉・石尠誌

○江安侯

北魏・元繼誌蓋

○江陽王銘

北魏・元冏誌

北齊・許儁卅人造像

○江榼

【沱】

《説文》：，江别流也。出崏山東，别爲沱。从水它聲。

戰晚・十八年寺工鈹

○工沱(池)

漢銘・陽信家銅二斗鼎

漢銘・池陽宮行鐙

漢銘・陽信家溫酒器一

漢銘・陽信家溫酒器二

睡・為吏 34

○囿園沱(池)

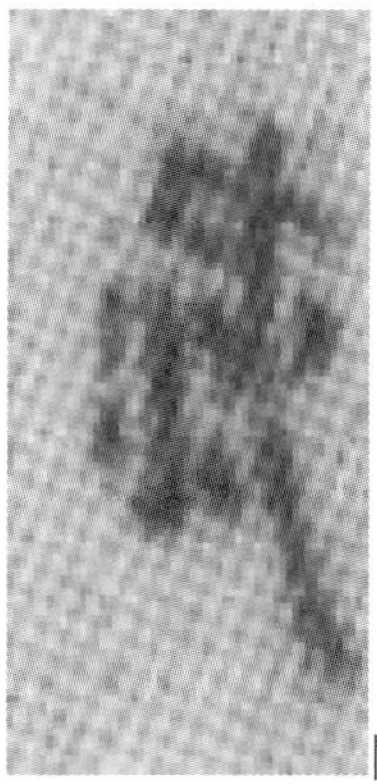
關・病方 339

○曲沱（池）

嶽・為吏 60

○毋沱(池)其所深

里・第八層 454

○沱(池)課園栗

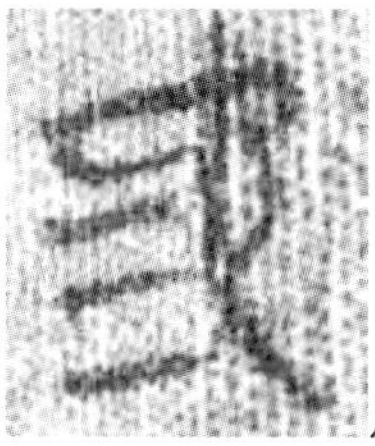
馬壹 244_5 上\6 上

○咸沱(池)所去

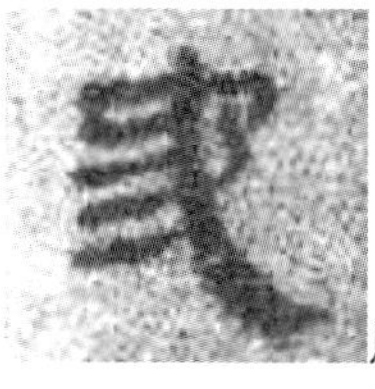
馬壹 12_69 下

○出涕沱若

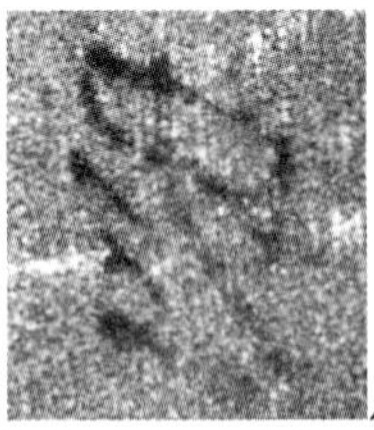
馬貳31_64

○說爲沱（池）江

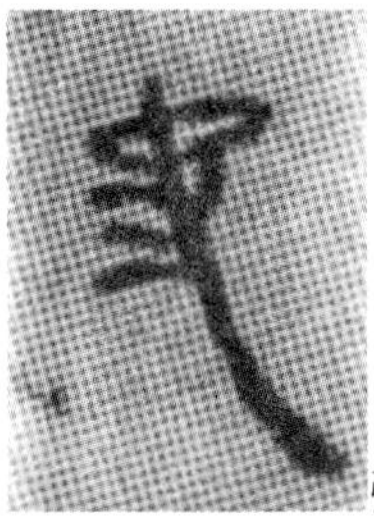
張・金布律429

○園沱（池）入

張・奏讞書39

○如沱（池）

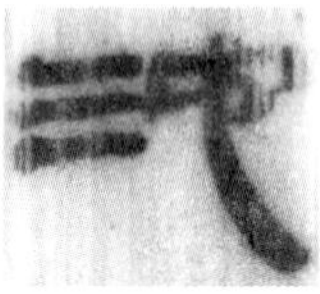
北壹・倉頡篇57

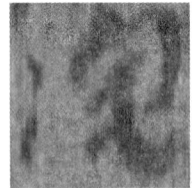

吳簡嘉禾・五・八一九

○沱丘男子

歷代印匋封泥

○麋匋沱

秦代印風

○南沱(池)里印

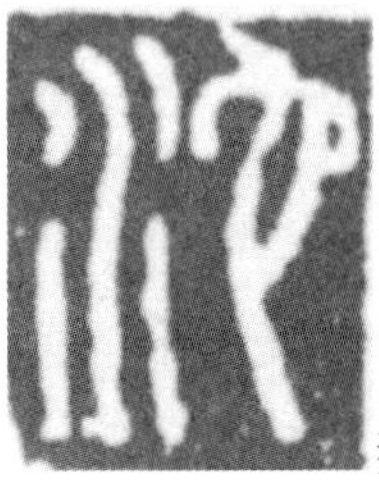
秦代印風

○上林郎沱(池)

秦代印風

秦代印風

○李沱

廿世紀璽印三-SY

○沱(池)水

漢晉南北朝印風

○河沱侯相

漢代官印選

○沱(池)陽令印

漢印文字徵

漢印文字徵

漢印文字徵

漢印文字徵

漢印文字徵

○賈沱(池)

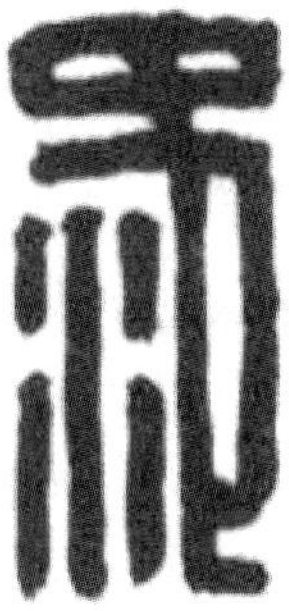
漢印文字徵

○趙沱(池)

漢印文字徵

○下沱(池)始昌

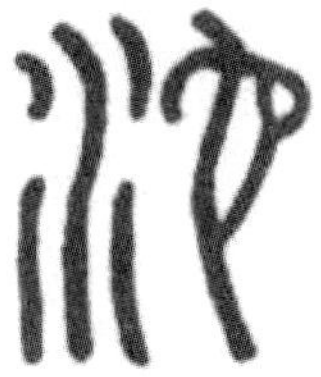
漢印文字徵

漢印文字徵

○下沱(池)循印

漢印文字徵

漢晉南北朝印風

○李沱

漢晉南北朝印風

○鄭沱人

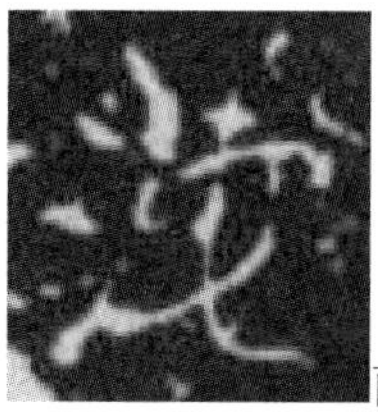
南朝宋・石颿銘

○沱海窮陰

【浙】

《說文》：浙，江。水東至會稽山陰爲浙江。从水折聲。

秦文字編 1637

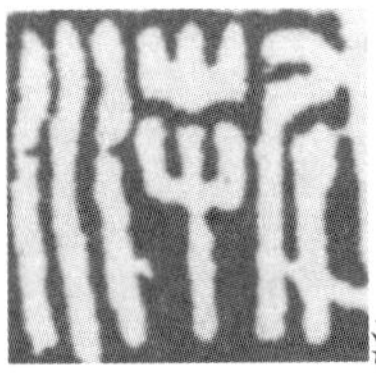
漢晉南北朝印風

○浙江都水

漢印文字徵

○浙江都水

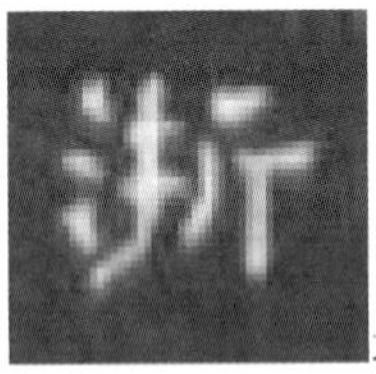
北周・叱羅協誌

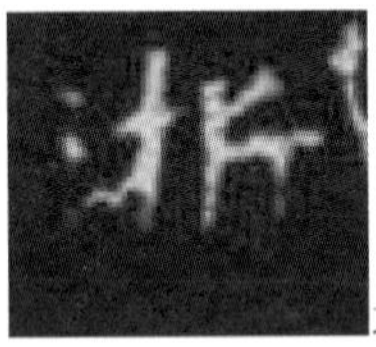
北周・張僧妙法師碑

【涐】

《說文》：涐，水。出蜀汶江徼外，東南入江。从水我聲。

【湔】

《說文》：湔，水。出蜀郡緜虒玉壘山，東南入江。从水前聲。一曰手澣之。

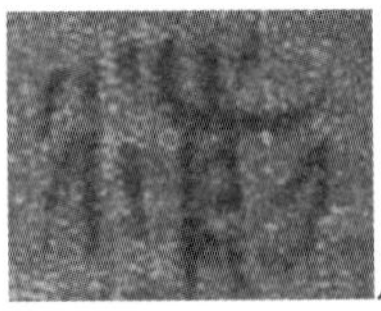
馬貳 91_462/452

○以毚膏已（巳）湔（煎）者

張・秩律 465

○湔氏道長

【沫】

《說文》：沫，水。出蜀西徼外，東南入江。从水末聲。

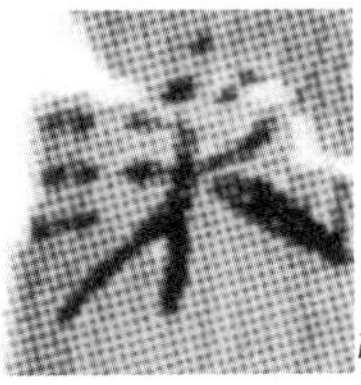
張・秩律 451

○陽沫

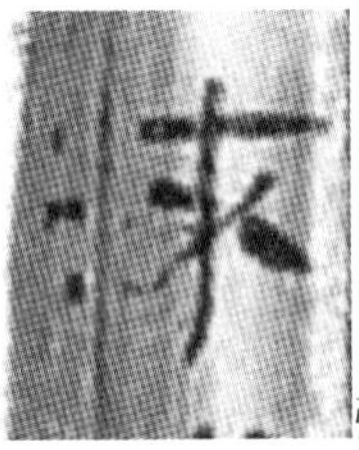
張・脈書 15

○時債沫出羊鳴

北魏・元洛神誌

○嘉聲無沫

東魏・劉懿誌

○家風未沫

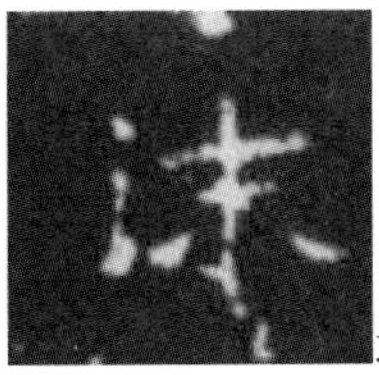
北齊・董洪達造像

○體同聚沫

【温】

《説文》：溫，水。出犍爲涪，南入黔水。从水𥁕聲。

漢銘・尚浴府行燭盤

漢銘・富平侯家溫酒鐎

漢銘・步高宮高鐙

漢銘・上御鍾

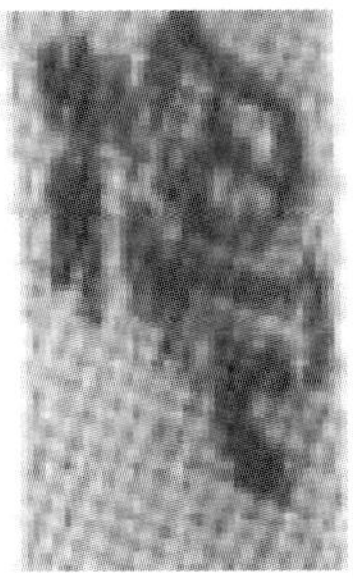
關・病方 317

里・第八層 1221

里・第八層背 1517

馬壹 174_33 下

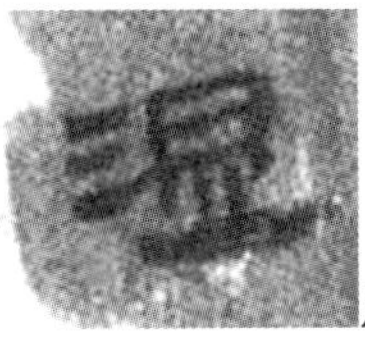
馬壹 16_18 下\111 下

馬貳 237_177

馬貳 236_176

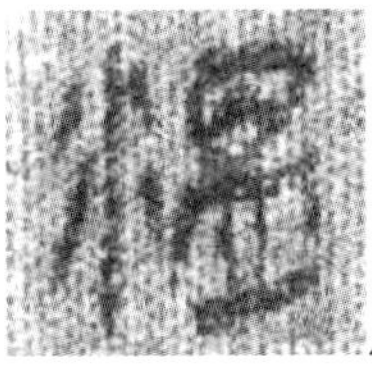
馬貳 69_24/24

張・脈書 15

銀壹 140

○不可以温（慍）

敦煌簡 1409A

○莫樂於温

金關 T24:267A

金關 T09:082

吳簡嘉禾・五・七一八

歷代印匋封泥

○温丞之印

廿世紀璽印三-SY

漢晉南北朝印風

廿世紀璽印三-GY

○漢匈奴栗借温禺鞮

漢印文字徵

漢印文字徵

漢印文字徵

漢印文字徵

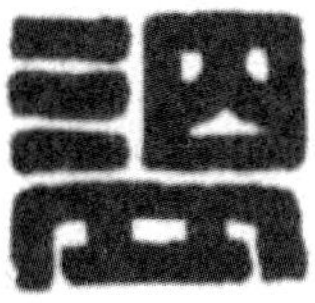
漢印文字徵

漢印文字徵

○温水都監

漢印文字徵

漢晉南北朝印風

東漢・營陵置社碑

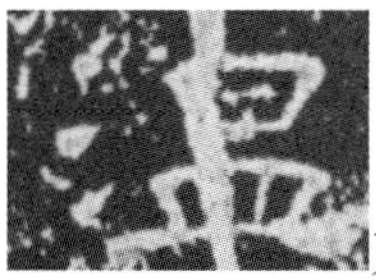
東漢・尹宙碑

東漢・張遷碑陽

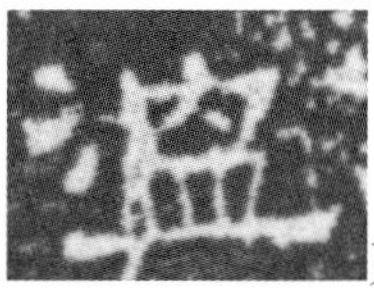
東漢・張遷碑陽

東漢・圉令趙君碑

三國魏・三體石經春秋・篆文

○秦人于温

三國魏・三體石經春秋・隸書

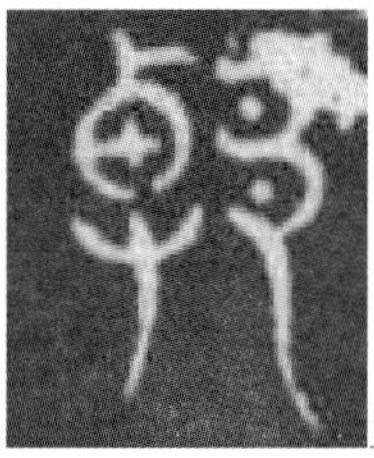
三國魏・三體石經春秋・古文

○秦人于温

北魏・元子正誌

東魏・廣陽元湛誌

東魏・元季聰誌

【灊】

《說文》：灊，水。出巴郡宕渠，西南入江。从水鬵聲。

張・脈書 19

○項痛灊强瘧

廿世紀璽印三-GP

○灊衔長印

漢印文字徵

○灊衔長印

【沮】

《說文》：沮，水。出漢中房陵，東入江。从水且聲。

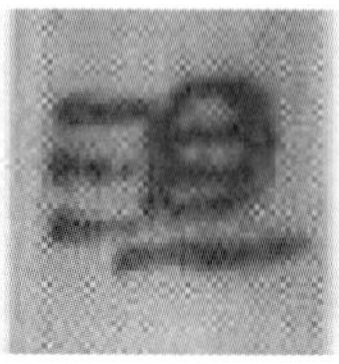
嶽・魏盜案 154

里・第八層 140

馬貳 236_168

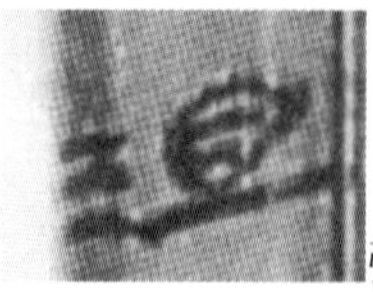
張・秩律 456

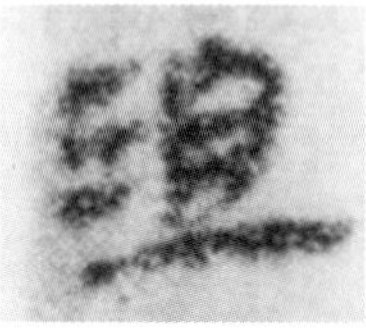
銀壹 415

北壹・倉頡篇 44

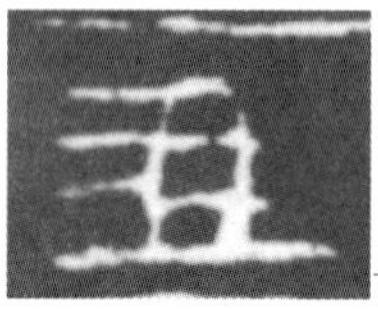
廿世紀璽印二-SY

○張沮

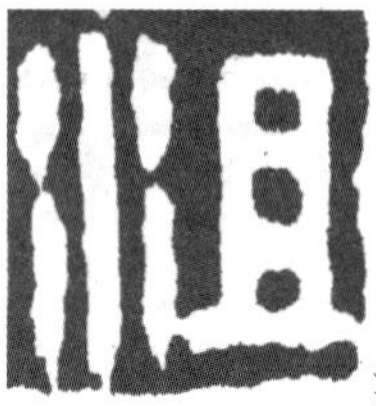
漢代官印選

○浮沮將軍

漢印文字徵

漢印文字徵

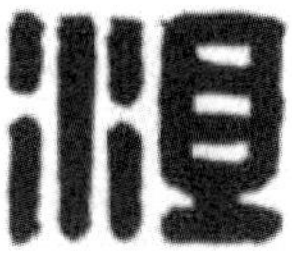
漢印文字徵

漢晉南北朝印風

東漢·成陽靈臺碑

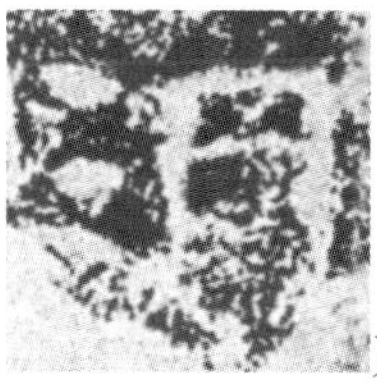
東漢·析里橋郙閣頌

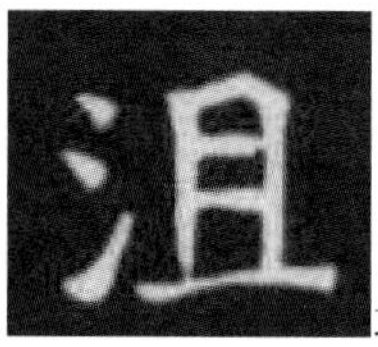
北魏·王悅及妻郭氏誌

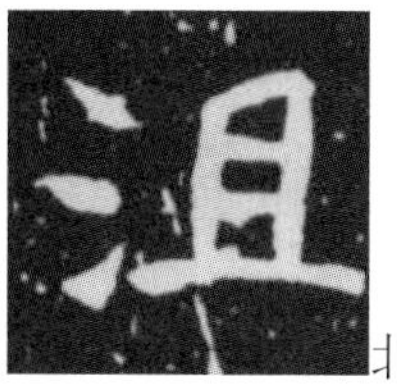
北魏·元壽妃麴氏誌

【滇】

《説文》：，益州池名。从水眞聲。

廿世紀璽印三-GY

漢印文字徵

漢印文字徵

○監滇私印

漢晉南北朝印風

○滇里□印

【涂】

《説文》：，水。出益州牧靡南山，西北入澠。从水余聲。

漢銘·內者未央尚臥熏鑪

漢銘·內者未央尚臥熏鑪

睡・為吏 33

嶽・為吏 76

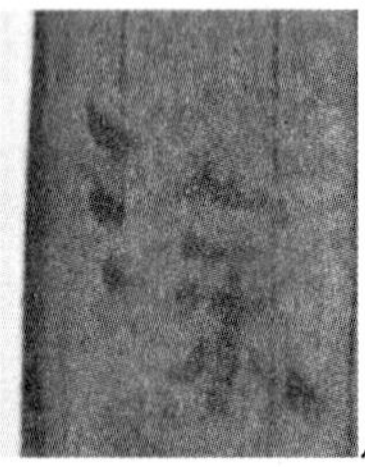
馬貳 215_5

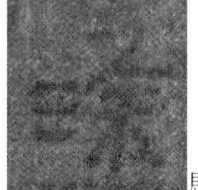

馬貳 118_167/166

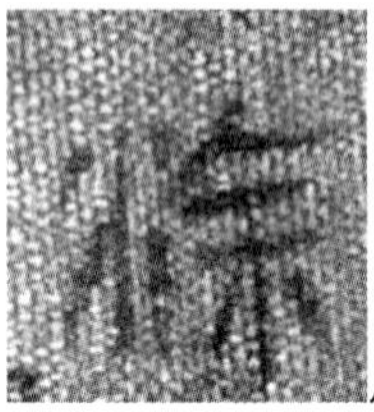
馬貳 74_133/133

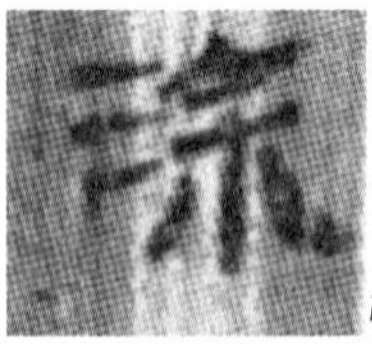
張・奏讞書 166

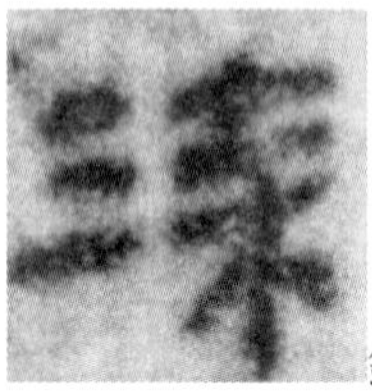
銀壹 242

銀貳 1223

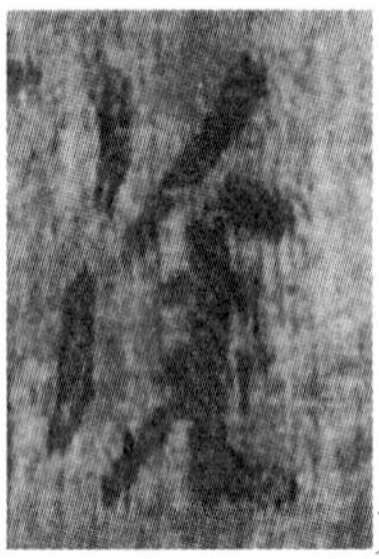
東牌樓 042

○公涂輔白

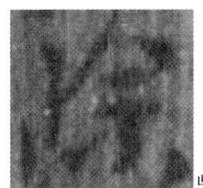

吳簡嘉禾・五・四一九

○男子涂麥佃田八町

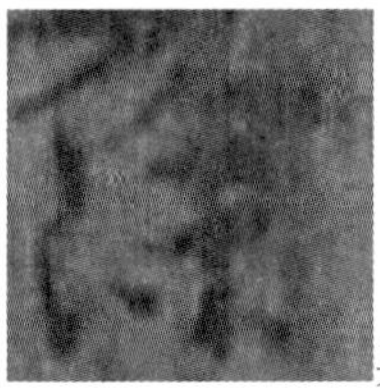
吳簡嘉禾・四・三七五

○男子涂萇佃田二町

廿世紀璽印三-SY

漢印文字徵

漢印文字徵

漢印文字徵

漢印文字徵

漢晉南北朝印風

漢晉南北朝印風

東漢・封龍山頌

【沅】

《説文》：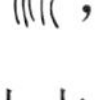，水。出牂牁故且蘭，東北入江。从水元聲。

里・第六層 4

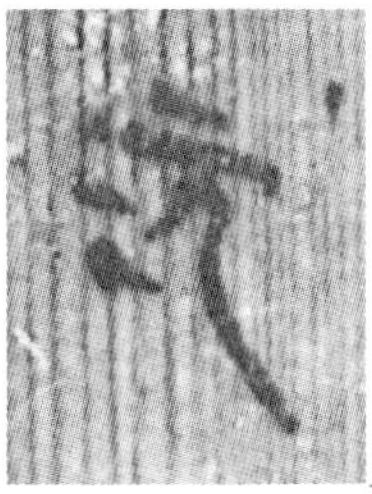
里・第八層 1618

里・第八層 492

里・第八層背 1445

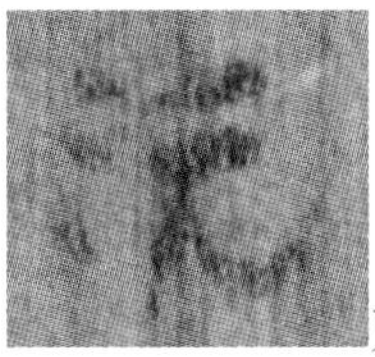
東牌樓 119

〇沅鸞

廿世紀璽印三-GY

〇沅南左尉

廿世紀璽印三-GY

〇臨沅令印

漢晉南北朝印風

〇臨沅令印

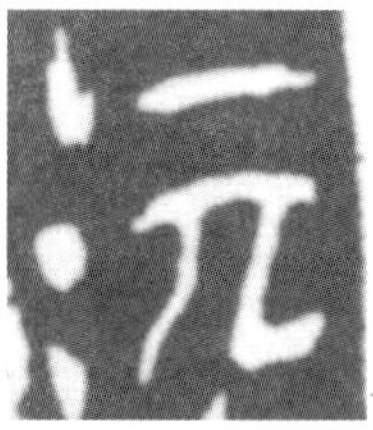
廿世紀璽印四-GY

〇沅南丞印

漢印文字徵

〇上沅漁監

北魏・弔比干文

【淹】

《説文》：𣿰，水。出越巂徼外，東入若水。从水奄聲。

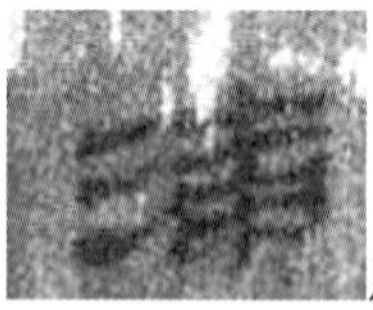
馬壹 16_16 下\109 下

東漢・夏承碑

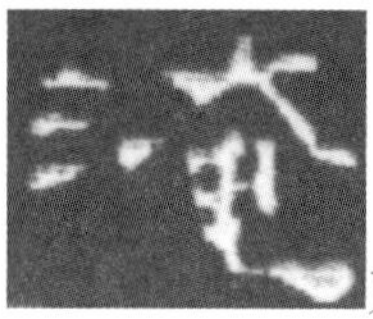
東漢・楊著碑額

北魏・元悌誌

北魏・元過仁誌

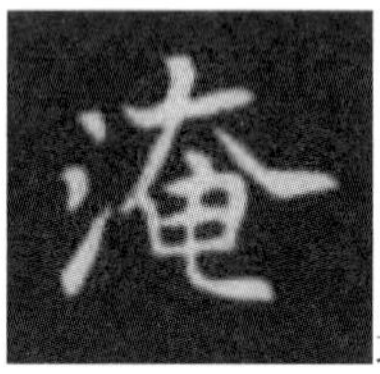
北魏・元弼誌

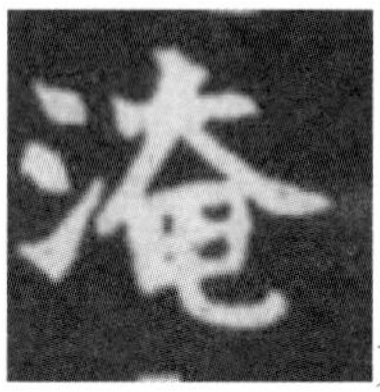
東魏・元仲英誌

北周・王榮及妻誌

【溺】

《説文》：𣻎，水。自張掖刪丹西，至酒泉合黎，餘波入于流沙。从水弱聲。桑欽所説。

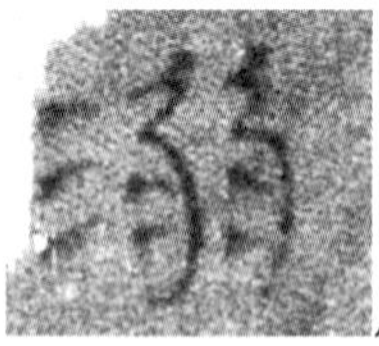
馬貳 29_39

銀貳 1277

〇謂威（滅）溺也

吳簡嘉禾・五・三一三

漢印文字徵

東漢・東漢・婁壽碑陽

〇榮且溺之耦耕

東漢・馮緄碑

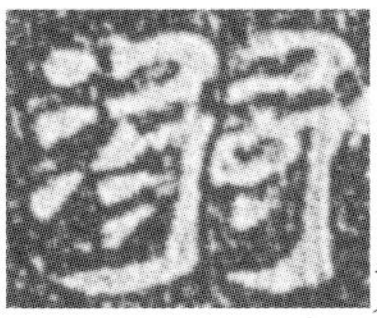
東漢・尚博殘碑

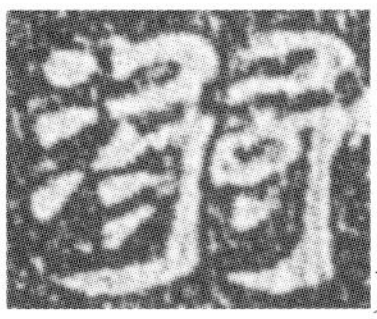
東漢・尚博殘碑

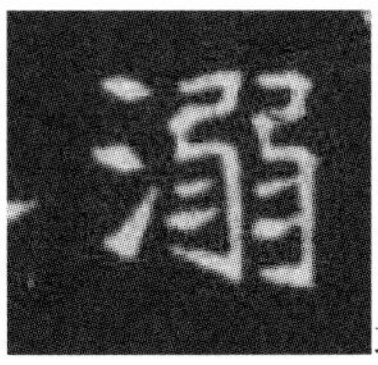
北魏・山徽誌

北魏・慧靜誌

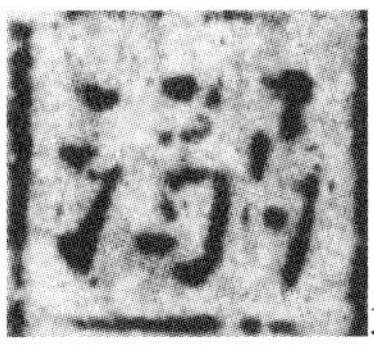
北周・陳歲造像

〇衆生受溺苦河之中

【洮】

《說文》：，水。出隴西臨洮，東北入河。从水兆聲。

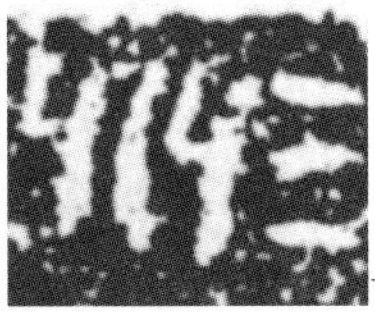
廿世紀璽印三-GY

〇洮陽丞印

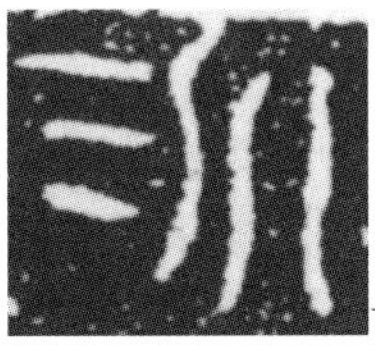
廿世紀璽印三-GY

〇洮陽長印

大趙・王真保誌

北魏・元寶月誌

北魏・堯遵誌

【涇】

《說文》：，水。出安定涇陽幵頭山，東南入渭。雝州之川也。从水至

聲。

金關 T03:057

○四年涇渠延袤溉田

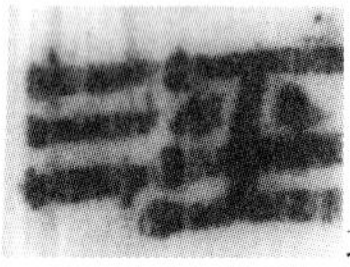
北壹・倉頡篇 57

○漳伊雒涇渭

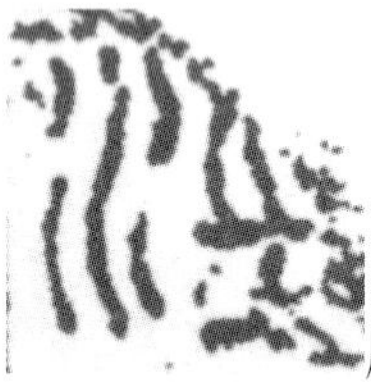
歷代印匋封泥

○涇下家馬

秦代印風

廿世紀璽印三-GP

○涇下家馬

漢印文字徵

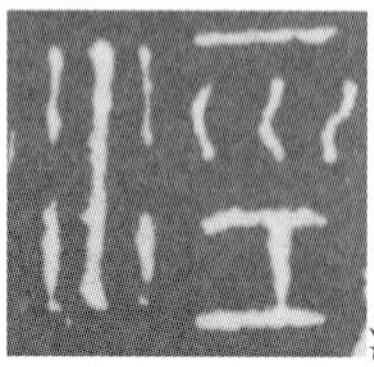
漢晉南北朝印風

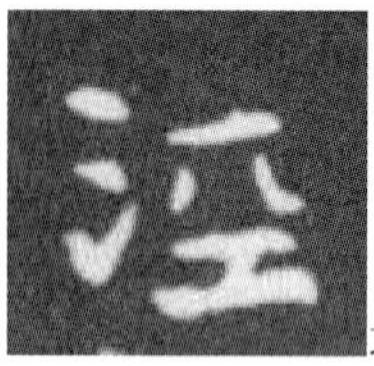
北魏・元仙誌

○秦雍涇梁益五州

北魏・員標誌

○涇州刺史

北魏・元尚之誌

○秦雍涇梁益五州

北魏・元均之誌

○秦雍涇梁益五州

北魏・元爽誌

○涇岐秦三州

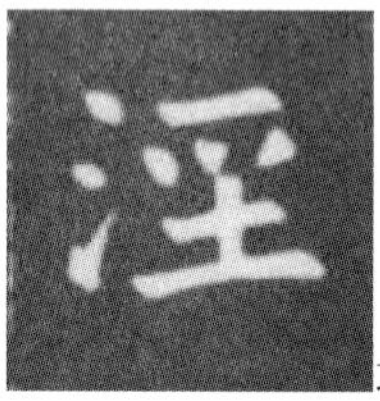
北魏・胡明相誌

○安定臨涇人也

北魏・元爽誌

○涇岐秦三州

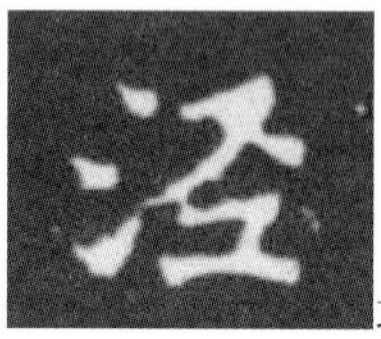
北魏・程法珠誌

○秦雍涇涼益五州

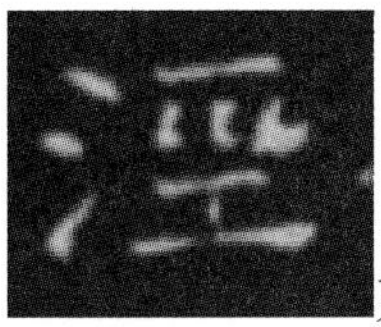
東魏・李挺誌

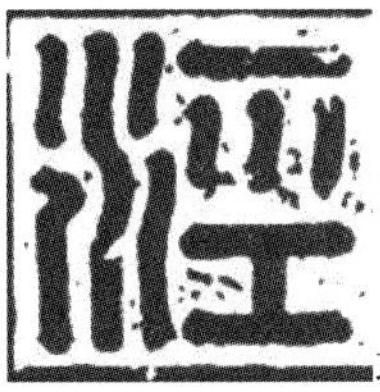
北齊・狄湛誌蓋

北齊・崔頠誌

○涇州使君第二子

【渭】

《説文》：，水。出隴西首陽渭首亭南谷，東入河。从水胃聲。杜林說。《夏書》以爲出鳥鼠山。雝州浸也。

睡・封診式 66

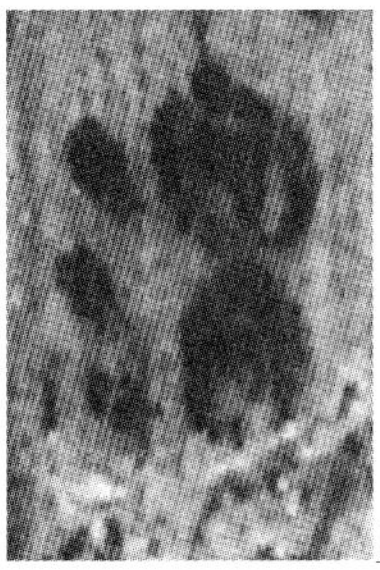
里・第八層 212

○城旦渭等卌七人

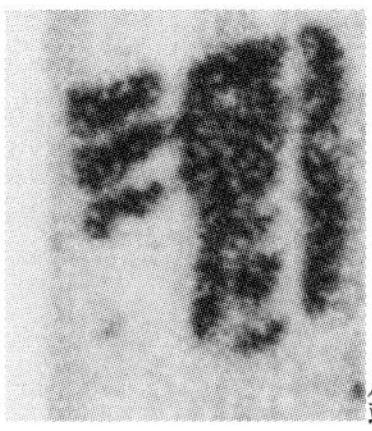
銀壹 405

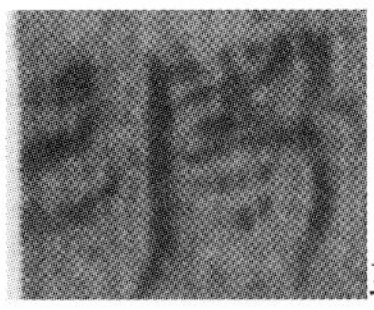
敦煌簡 1262

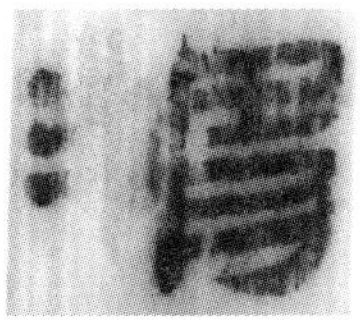
北壹・倉頡篇 57

○伊雒涇渭

漢晉南北朝印風

漢印文字徵

○渭成右尉

漢代官印選

漢印文字徵

○渭陽鄉

漢代官印選

漢晉南北朝印風

漢晉南北朝印風

北魏・元壽安誌

東魏・元寶建誌

○雍秦涇渭華五州

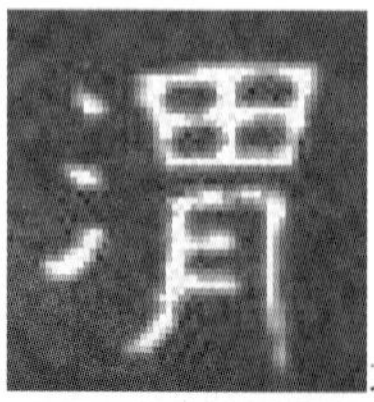
北齊・徐顯秀誌

北周・寇嶠妻誌

○夫人羈殯渭陽

【漾】

《説文》：，水。出隴西相道，東至武都爲漢。从水羕聲。

【瀁】

《説文》：，古文从養。

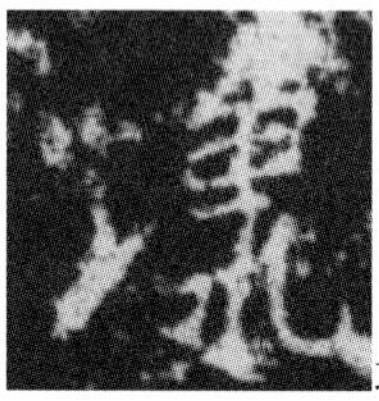
北魏・彌勒頌碑

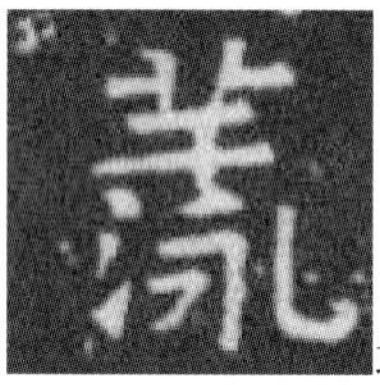
北齊・高淯誌

○動漾符彩

北魏・元瞻誌

○長瀾浩瀁

北周・王通誌

○波濤滉瀁

【漢】

《説文》：，漾也。東爲滄浪水。从水，難省聲。

【滅】

《説文》：，古文。

漢銘・漢安平陽侯洗

漢銘・南宮鍾

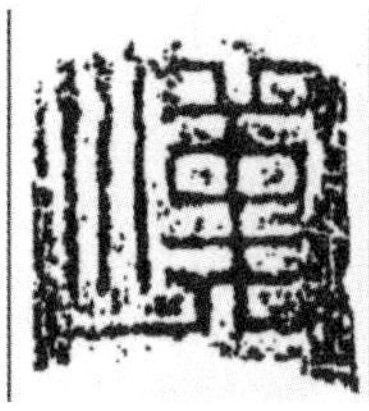
漢銘・漢安二年洗

漢銘・竟寧鴈足鐙

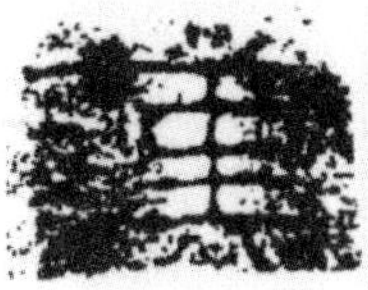
漢銘・漢安元年洗

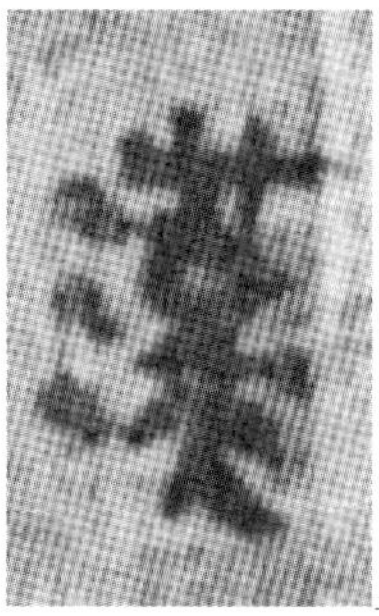
里・第八層 1555

○造臨漢都里曰援庫

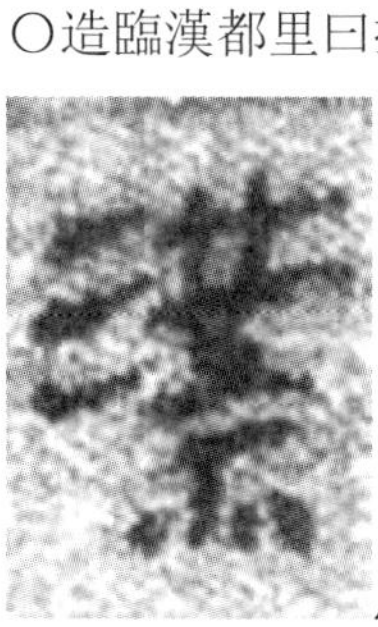
馬壹 179_100 上

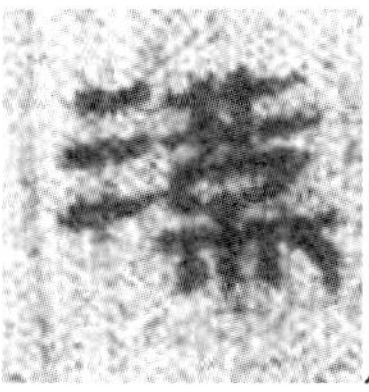
馬貳 38_76 上

○漢水前注

張・奏讞書 12

○降爲漢

敦煌簡 2241A

○利漢

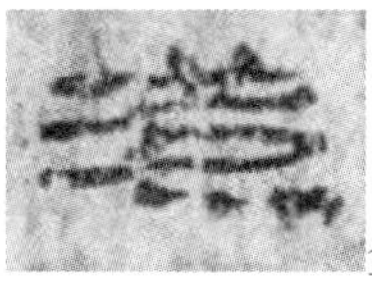
金關 T23:004

○廣漢所官家

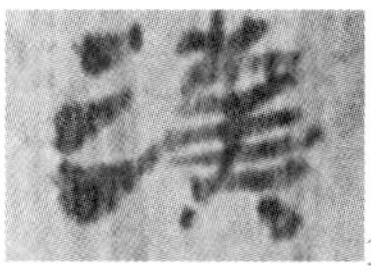
金關 T10:072

○廣漢八稯

金關 T05:076

○漢昌屬

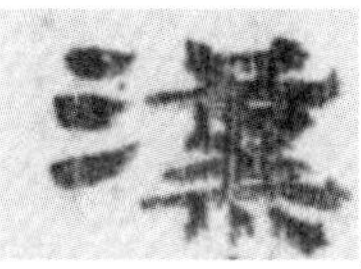
金關 T23:815

○廣漢隧長

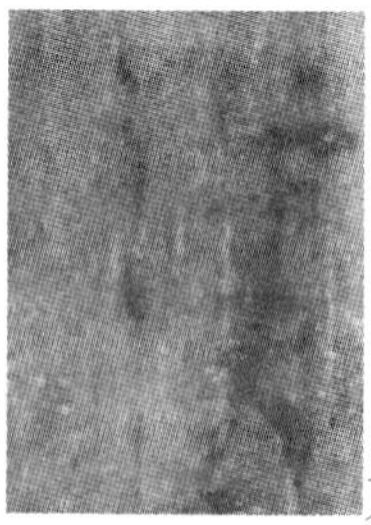
東牌樓 030 正

○漢臺

北壹・倉頡篇 8

○漢漢兼天

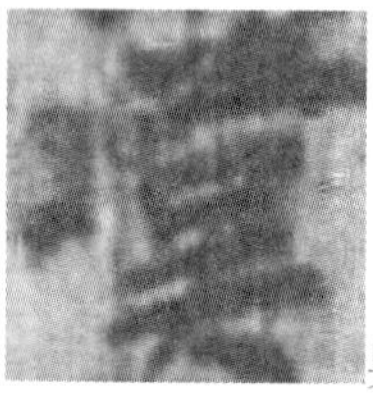
吳簡嘉禾・五・五九〇

○馮漢佃田六町

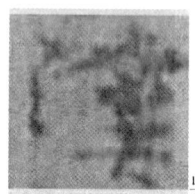

吳簡嘉禾・五・一〇二五

○吏谷漢佃田廿六町

廿世紀璽印三-GP

○漢中底印

廿世紀璽印三-SY

○胡漢光印

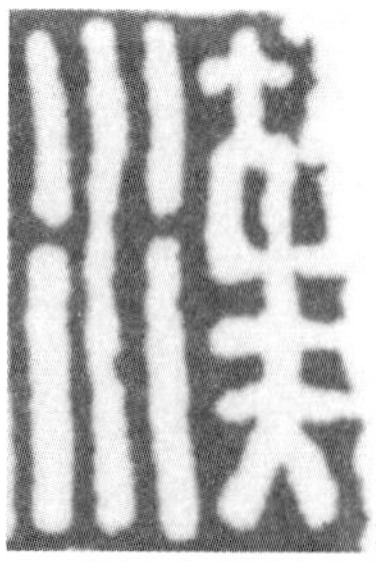
漢晉南北朝印風

○漢保塞近群邑長

漢晉南北朝印風

廿世紀璽印三-GY

○漢叟邑長

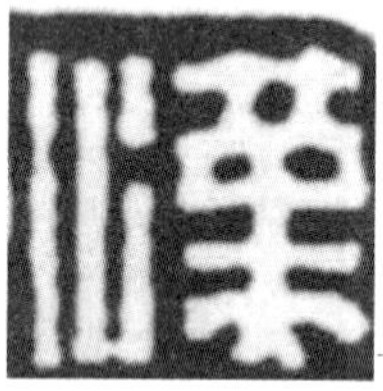
廿世紀璽印三-GY

廿世紀璽印三-SY

漢晉南北朝印風

廿世紀璽印三-SY

○王輔漢印

廿世紀璽印三-SY

○郭漢洋印

漢晉南北朝印風

漢晉南北朝印風

○漢假司馬

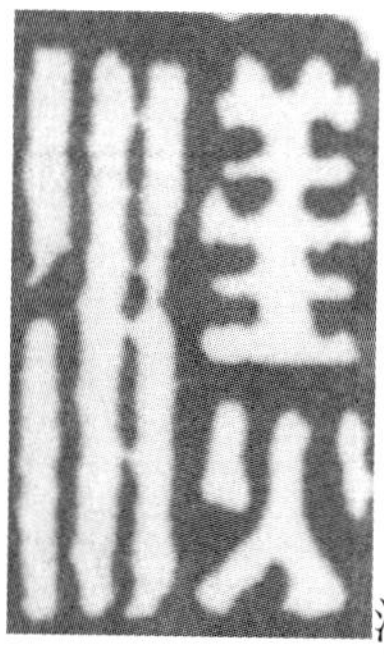
漢晉南北朝印風

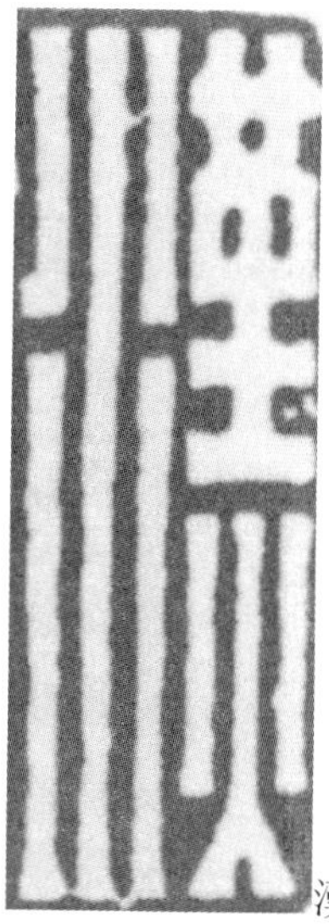
漢晉南北朝印風

漢晉南北朝印風

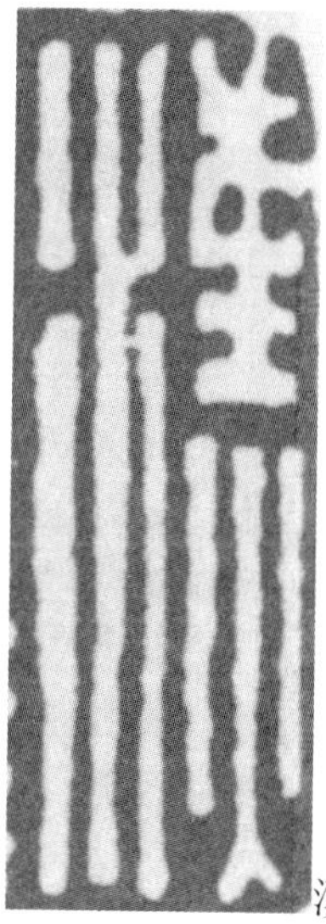
漢晉南北朝印風

○漢歸義羌長

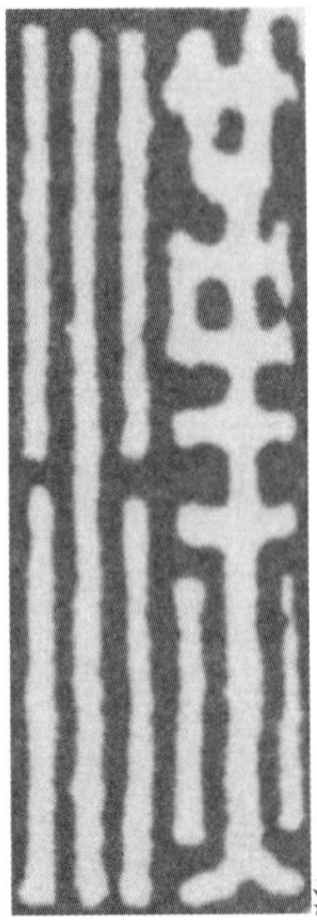
漢晉南北朝印風

廿世紀璽印三-SY

○鞏安漢

漢晉南北朝印風

漢印文字徵

漢代官印選

○漢中太守章

漢印文字徵

漢印文字徵

漢印文字徵

○曹安漢

柿葉齋兩漢印萃

○宋廣漢印

漢印文字徵

○王安漢

歷代印匋封泥

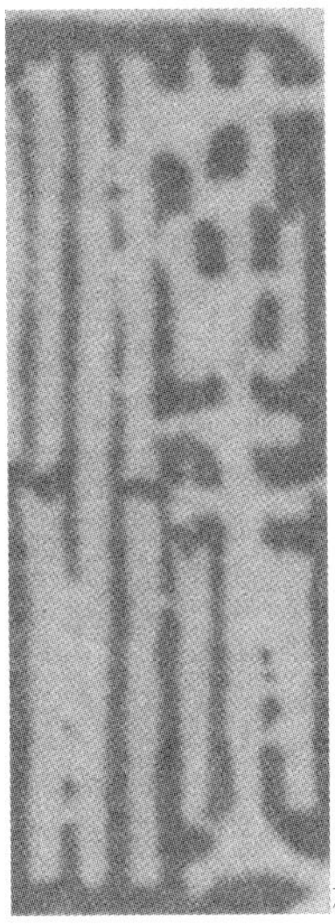
柿葉齋兩漢印萃

漢印文字徵

○張印漢強

柿葉齋兩漢印萃

○吳漢私印

漢印文字徵

漢晉南北朝印風

○臣安漢

漢晉南北朝印風

漢晉南北朝印風

○輔漢校尉印

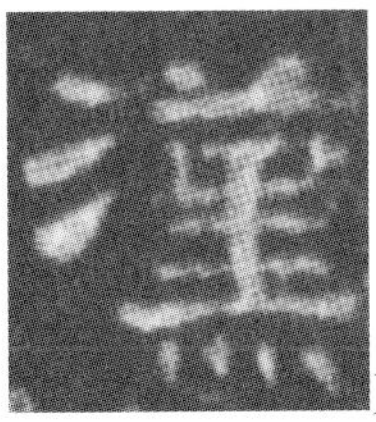
東漢・曹全碑陰

○故功曹秦杼漢都千

東漢・從事馮君碑

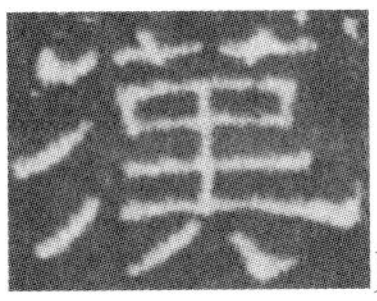
東漢・沈府君神道闕

東漢・洛陽令王稚子闕

東漢・張遷碑額

○漢故穀城長蕩

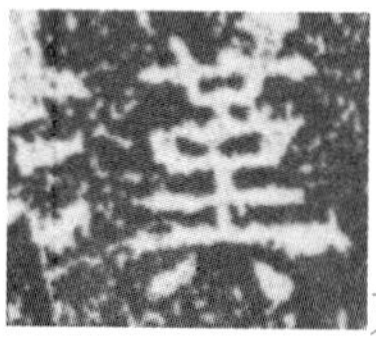
東漢・尹宙碑

東漢・西狹頌

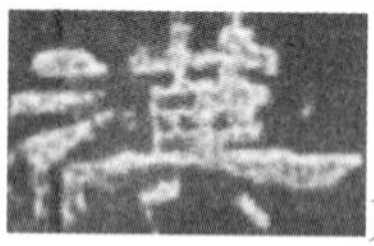
東漢・桐柏淮源廟碑

○聖漢所尊

東漢・郎中鄭固碑

○漢故郎中

東漢・北海相景君碑陰

東漢・北海相景君碑額

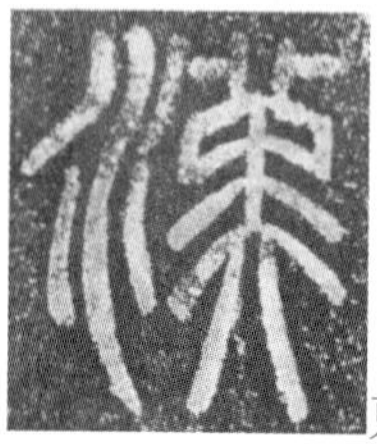
東漢・趙菿殘碑額

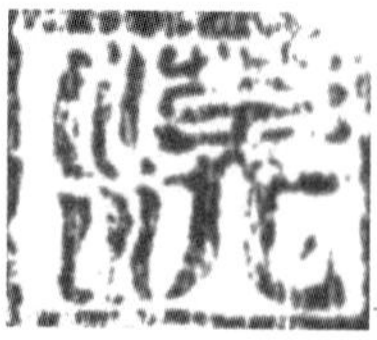
晉・司馬芳殘碑額

○漢故司隸校尉

三國魏・曹真殘碑

北魏・趙超宗誌

○爰適梁漢

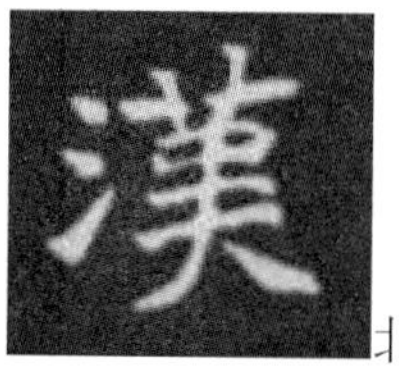
北魏・元誨誌

北魏・馮季華誌

北魏・元懷誌

北魏・元子直誌

○化行江漢

東魏・元均及妻杜氏誌

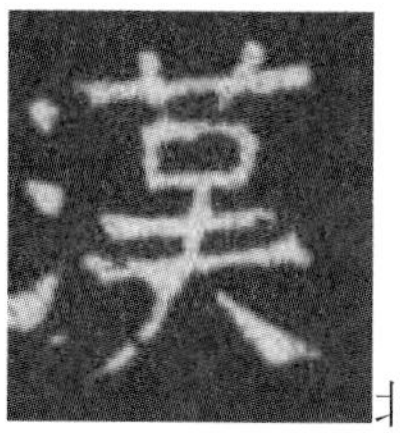
北齊・張世寶造塔記

○挺登霄漢

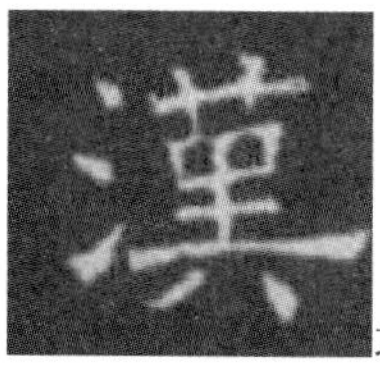
北齊・婁黑女誌

北齊・許儁卅人造像

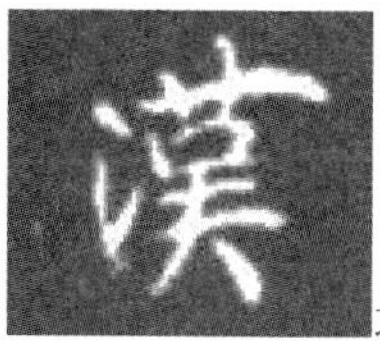
北齊・路衆及妻誌

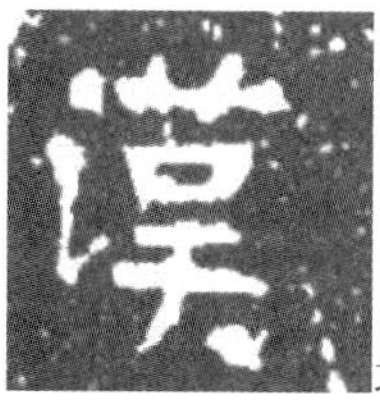
北齊・趙徵興誌

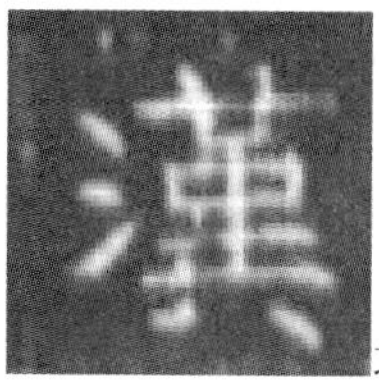
北齊・雲榮誌

北齊・斛律氏誌

北周・華岳廟碑

○挺高峰於天漢

【浪】

《説文》：浪，滄浪水也。南入江。从水良聲。

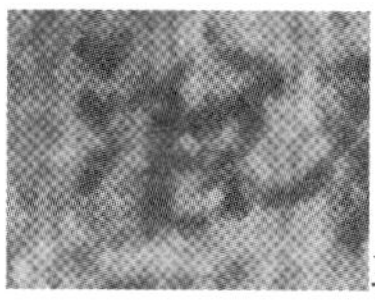
敦煌簡 0826

○卒樂浪王譚五石具

廿世紀璽印三-GY

漢印文字徵

歷代印匋封泥

漢代官印選

北魏・元隱誌

北魏・王□奴誌

北魏・馮神育造像

【沔】

《説文》：沔，水。出武都沮縣東狼谷，東南入江。或曰入夏水。从水丏聲。

石鼓・汧殹

○汗殹沔=

東魏・李挺誌

○穰城跨躡樊沔

【湟】

《説文》：湟，水。出金城臨羌塞外，東入河。从水皇聲。

【汧】

《説文》：汧，水。出扶風汧縣西北，入渭。从水幵聲。

漢銘・羽陽宮鼎

漢銘・汧鼎蓋

張・秩律 451

張・奏讞書 121

廿世紀璽印二-GP

歷代印匋封泥

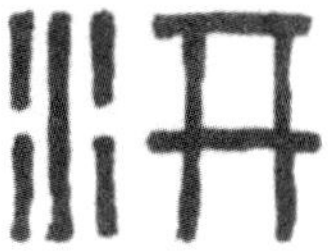
漢印文字徵

○汧左尉印

漢晉南北朝印風

石鼓・霝雨

○汧殹洎洎

北魏・元壽安誌

○軍次汧城

東魏・公孫略誌

○汧隴跋扈

【澇】

《說文》：，水。出扶風鄠，北入渭。从水勞聲。

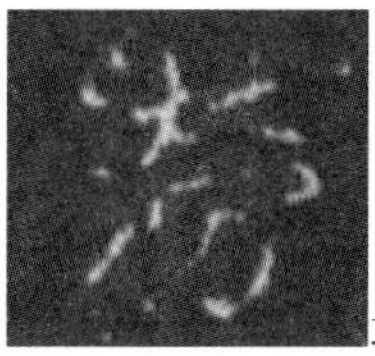
北魏・皇甫驎誌

【漆】

《說文》：，水。出右扶風杜陵岐山，東入渭。一曰入洛。从水桼聲。

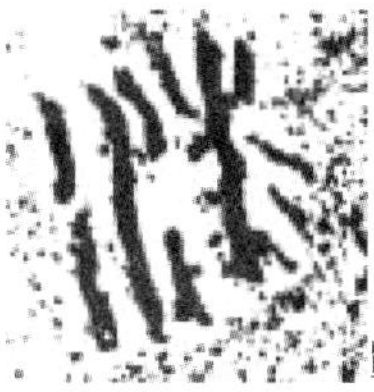
戰晚・高奴禾石權

戰晚・四十八年上郡假守鼂戈

敦煌簡 2231

○張漆木便

北壹・倉頡篇 61

○尉駁瑣漆鹵氏

廿世紀璽印二-SP

○漆狀

秦代印風

○漆工

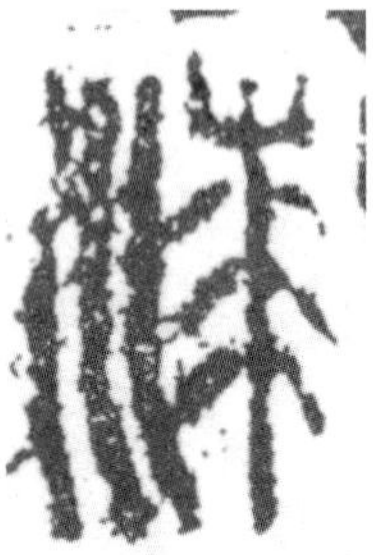
歷代印匋封泥

○漆狀

漢印文字徵

○趙漆之印

漢印文字徵

○虞漆之印

漢印文字徵

○漆園司馬

歷代印匋封泥

○漆生觭

東漢・西南之精鎮墓刻石

○具黑漆書之

北齊・高潤誌

○凝脂點漆

【滻】

《説文》：，水。出京兆藍田谷，入霸。从水產聲。

【洛】

《説文》：，水。出左馮翊歸德北夷界中，東南入渭。从水各聲。

戰晚・十二年上郡守壽戈

戰晚・二十五年上郡守廟戈

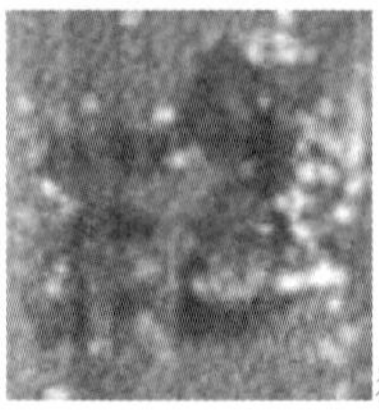
嶽・占夢書 20

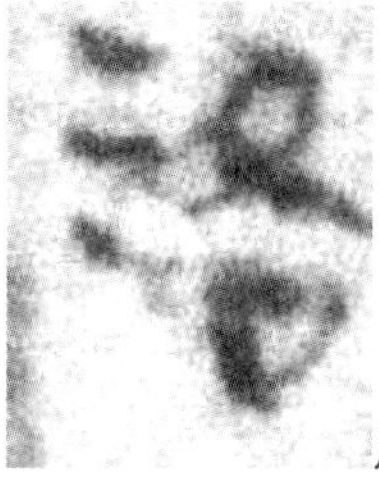
馬壹 102_159

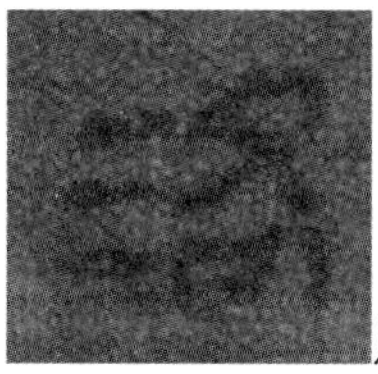
馬貳 114_92/92

銀貳 1825

金關 T30:200

漢晉南北朝印風

廿世紀璽印三-GY

漢代官印選

漢印文字徵

○石洛侯印

柿葉齋兩漢印萃

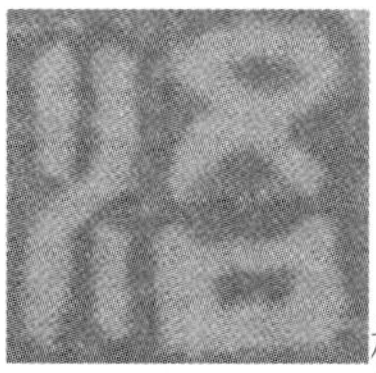
柿葉齋兩漢印萃

漢晉南北朝印風

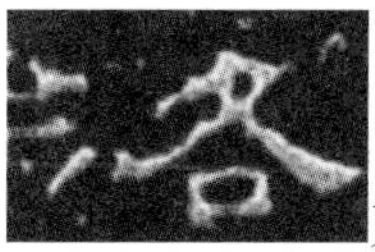
東漢・楊震碑

東漢・成陽靈臺碑

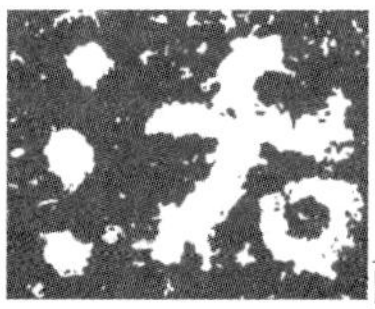
西漢・治河刻石

○石師江洛善許□

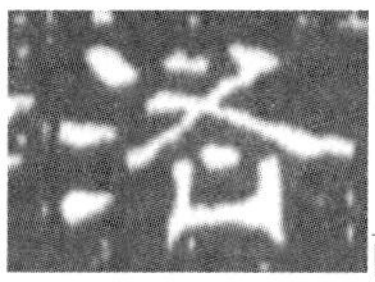
西晉・管洛誌

北魏・楊範誌

○洛州史君

北魏・□伯超誌

○葬于洛陽長陵之左

北魏・元倪誌

○河南郡洛陽縣

北魏・元茂誌

北魏・李超誌

○卒于洛陽縣

北魏・穆彥誌

○逆顥侵洛

北魏・李遵誌蓋

○洛州刺史

北魏・楊無醜誌蓋

北周・王榮及妻誌

○前瞻洛水

【淯】

《説文》：，水。出弘農盧氏山，東南入海。从水育聲。或曰出酈山西。

北齊・高淯誌

【汝】

《説文》：，水。出弘農盧氏還歸山，東入淮。从水女聲。

漢銘・永平十八年鐎

漢銘・汝南郡鼎

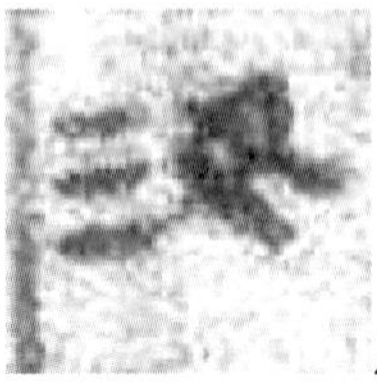
馬壹 226_95

金關 T24:117

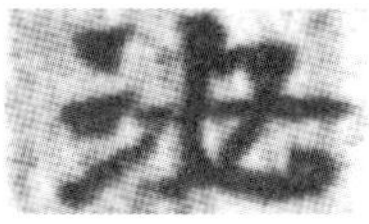
武・王杖 7

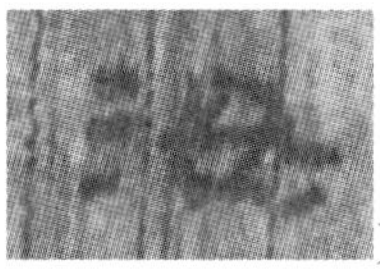
東牌樓 110

吳簡嘉禾・四・三五三

漢晉南北朝印風

廿世紀璽印三-SY

漢印文字徵

〇汝由私印

漢代官印選

歷代印匋封泥

〇叔山汝印

柿葉齋兩漢印萃

漢印文字徵

〇汝南尉印

漢晉南北朝印風

〇汝陽令印

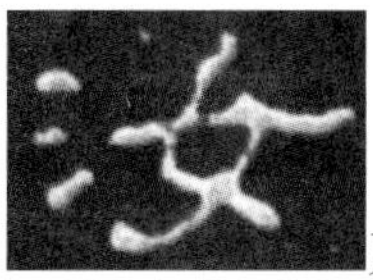
東漢・楊震碑

東漢・禮器碑陰

東漢・西岳華山廟碑陽

東漢・司徒袁安碑

北魏・元珍誌

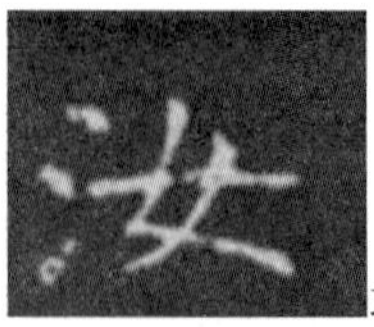
北魏・楊胤誌

北魏・元固誌

【潩】

《說文》：，水。出河南密縣大隗山，南入潁。从水異聲。

【汾】

《說文》：，水。出太原晉陽山，西南入河。从水分聲。或曰出汾陽北山，冀州浸。

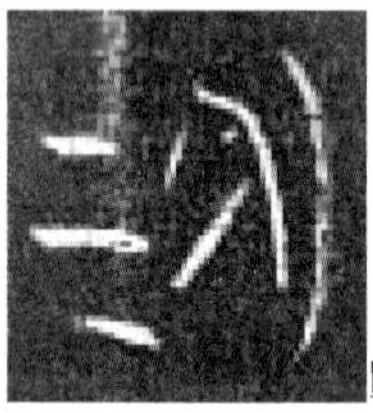
戰晚・廿二年臨汾守戈

○臨汾守

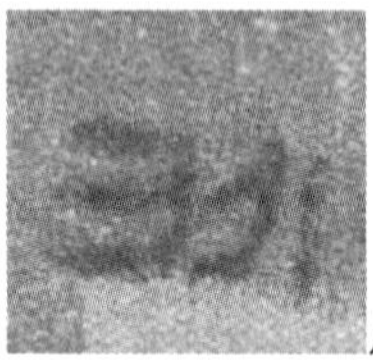
馬貳 113_74/74

○始汾以出

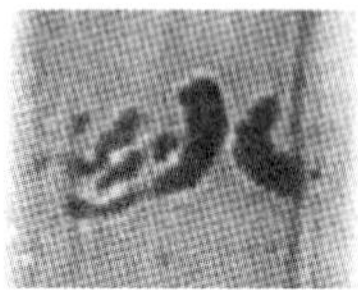
張・秩律 447

○臨汾

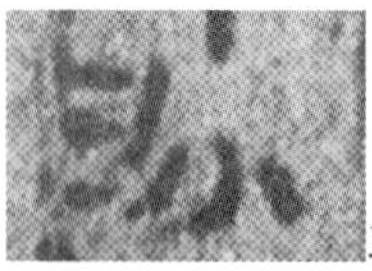
敦煌簡 1649

○東郡汾陰

金關 T23:657

○東臨汾

北壹・倉頡篇 57

廿世紀璽印三-GP

○汾□府□

漢印文字徵

漢代官印選

東漢・成陽靈臺碑

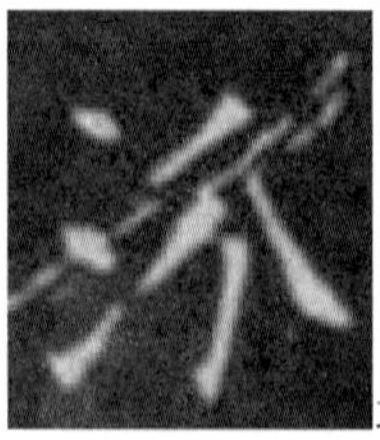
北魏・元恭誌

○暴崩汾晉

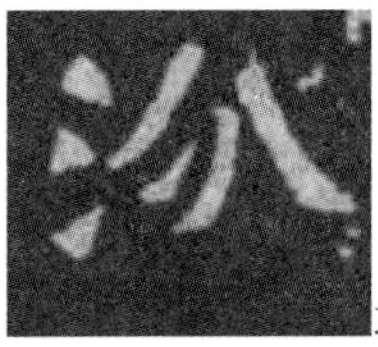
北魏・元彬誌

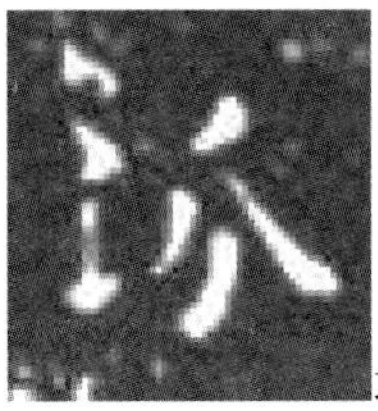
北齊・裴子誕誌

○臨汾城

【澮】

《說文》：澮，水。出霍山，西南入汾。从水會聲。

銀貳 1170

○則溝澮枯□徐

北壹・倉頡篇 57

西晉・徐義誌

【沁】

《說文》：沁，水。出上黨羊頭山，東南入河。从水心聲。

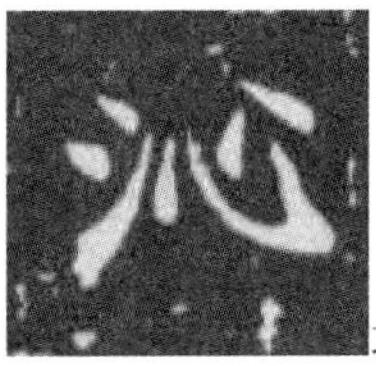
北魏・李超誌

【沾】

《說文》：沾，水。出壺關，東入淇。一曰沾，益也。从水占聲。

東漢・曹全碑陽

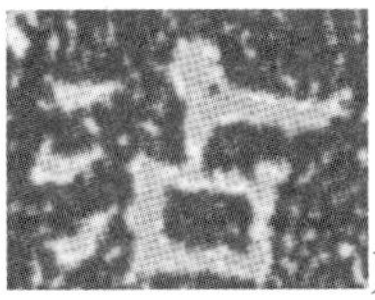
東漢・白石神君碑

北魏・元祐誌

北魏・高衡造像

北齊・崔宣華誌

【潞】

《說文》：潞，冀州浸也。上黨有潞縣。从水路聲。

馬貳 205_29

張・秩律454

張・脈書12

廿世紀璽印三-GP

○潞丞之印

漢印文字徵

○潞毋傷

漢印文字徵

○潞堅之印

北周・宇文儉誌

【漳】

《説文》：漳，濁漳，出上黨長子鹿谷山，東入清漳。清漳，出沾山大要谷，北入河。南漳，出南郡臨沮。从水章聲。

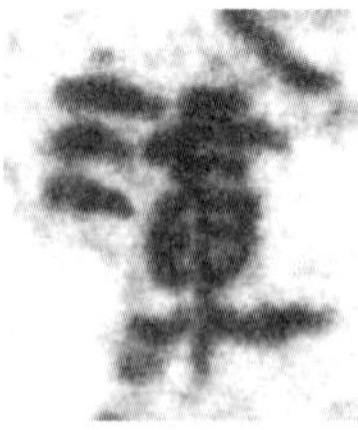
馬壹86_154

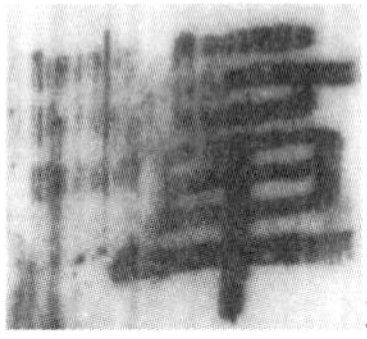
北壹・倉頡篇57

○河沸浧漳伊雒

北魏・元天穆誌

北魏・李璧誌

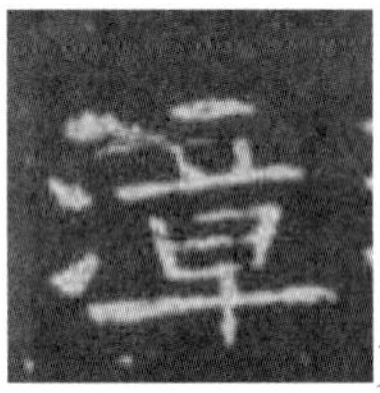
東魏・元均及妻杜氏誌

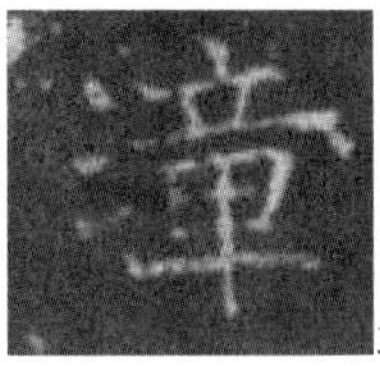
北齊・是連公妻誌

【淇】

《説文》：淇，水。出河内共北山，東入河。或曰出隆慮西山。从水其聲。

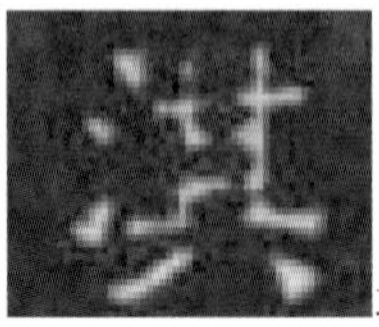
北魏・弔比干文

北魏・常季繁誌

【蕩】

《説文》：𦼵，水。出河内蕩陰，東入黄澤。从水𦶜聲。

漢銘・駘蕩宮高鐙

漢銘・駘蕩宮高行鐙

漢銘・駘蕩宮高行鐙

漢銘・駘蕩宮壺

秦文字編 1640

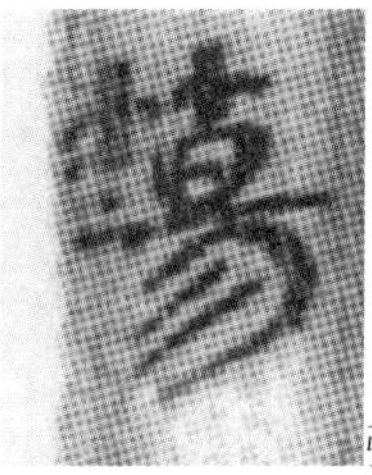
張・秩律 455

〇蕩陰

金關 T03:083

〇蕩邑陽里公乘

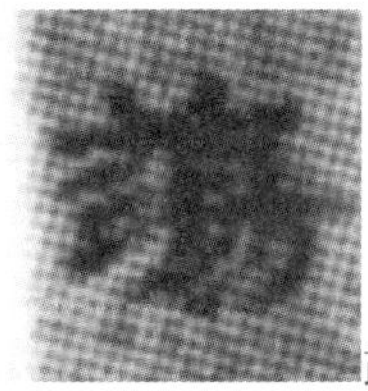
武・甲《泰射》4

漢代官印選

〇蕩陰令印

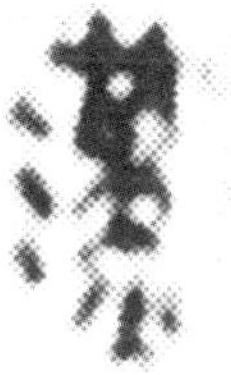
秦文字編 1640

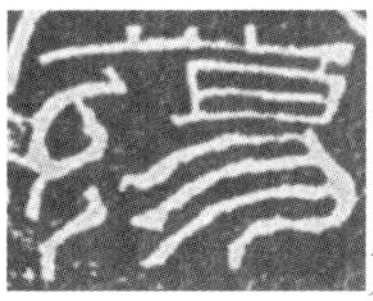
東漢・張遷碑額

〇漢故穀城長蕩

東漢・石門頌

〇無偏蕩蕩

北魏・元暐誌

○清蕩雲霧

【沇】

《説文》：，水。出河東東垣王屋山，東爲泲。从水允聲。

【沿】

《説文》：，古文沇。

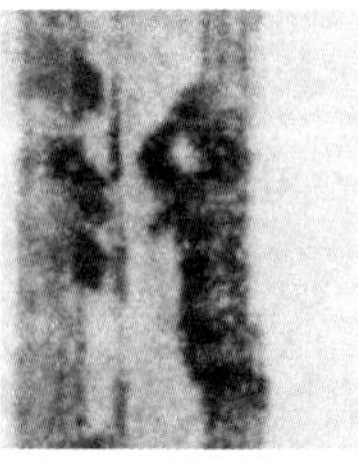
銀壹 744

○冢社沇（允）才

漢代官印選

○沇州刺史

【泲】

《説文》：，沇也。東入于海。从水𠂔聲。

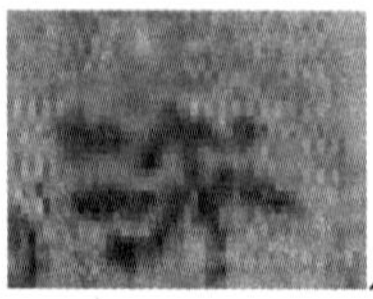
馬貳 159_83

○泲里卅五戶今毋人

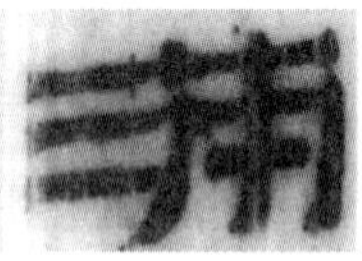
北壹・倉頡篇 57

○澮汾河泲涊漳

漢印文字徵

○泲目印

漢印文字徵

○高泲

【溣】

《説文》：，水。出南郡高城溣山，東入䌛。从水危聲。

【溠】

《説文》：，水。在漢南。从水差聲。荆州浸也。《春秋傳》曰：“脩涂梁溠。”

【洭】

《説文》：，水。出桂陽縣盧聚，山洭浦關爲桂水。从水匡聲。

漢印文字徵

○含涯宰之印

【潓】

《説文》：，水。出廬江，入淮。从水惠聲。

【灌】

《説文》：，水。出廬江雩婁，北入淮。从水雚聲。

里・第八層 162

○庫取灌

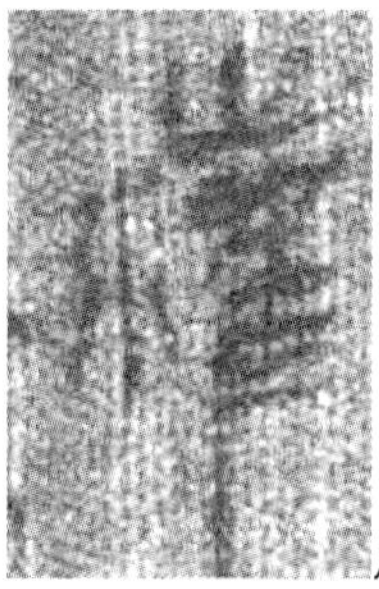
馬貳 73_115/115

○方取灌青其一名灌

敦煌簡 2253

武・甲《少牢》9

廿世紀璽印二-SY

○灌矢

漢印文字徵

漢印文字徵

○灌氏印

東漢・鮮於璜碑陰

○灌謁者

北魏・胡明相誌

北魏・元顥平妻王氏誌

○如黄鳥之集灌

北齊・徐顯秀誌

【漸】

《説文》：𣸭，水。出丹陽黟南蠻中，東入海。从水斬聲。

馬壹13_86上

銀貳1933

○居漸臺極舟

銀貳1548

○爲溝漸（塹）五

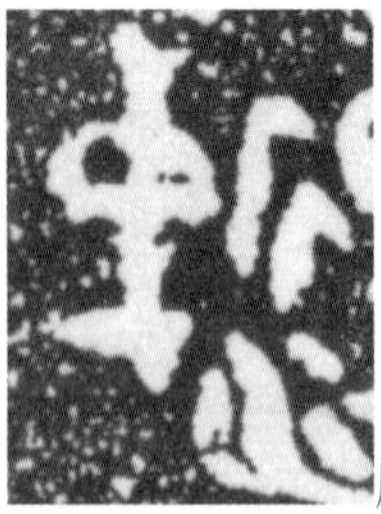
歷代印匋封泥

○鐪漸

東漢・尹宙碑

北魏・蘭將誌

北魏・慈慶誌

北魏・常季繁誌

北齊・高百年誌

北周・寇嶠妻誌

【泠】

《説文》：泠，水。出丹陽宛陵，西北入江。从水令聲。

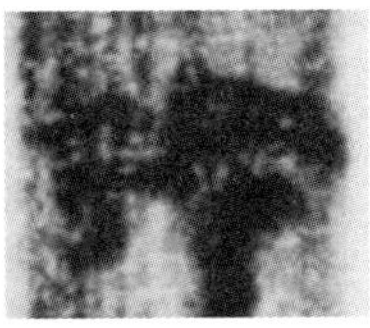
銀壹 593

○以泠（陵）民

金關 T02:032

○候泠□

北壹・倉頡篇 14

○煦官閡泠竈過

廿世紀璽印二-SY

○泠賢

廿世紀璽印三-GY

○泠道尉印

漢晉南北朝印風

○麓泠長印

漢印文字徵

○泠固私印

漢印文字徵

○泠中公

漢印文字徵

○泠反私印

漢印文字徵

○泠平

柿葉齋兩漢印萃

○泠福之印

漢晉南北朝印風

○泠平

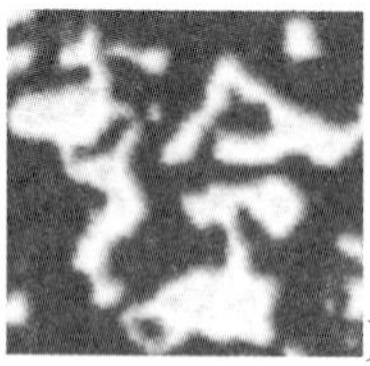東漢・樊敏碑

○士女涕泠

北魏・寇憑誌

○遂得泠疾

北周・王榮及妻誌

○泠然輕舉

【瀳】

《説文》：，水。在丹陽。从水箄聲。

【溧】

《説文》：，水。出丹陽溧陽縣。从水栗聲。

東漢・校官碑

北魏・陳天寶造像

北齊・韓山剛造像

【湘】

《説文》：，水。出零陵陽海山，北入江。从水相聲。

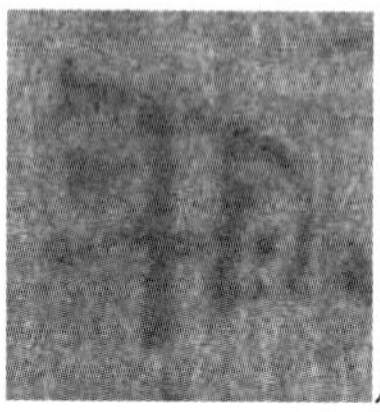馬貳 277_216/236

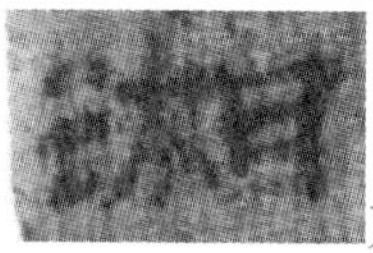東牌樓 100 正

吳簡嘉禾・八二三四

廿世紀璽印三-GY

漢晉南北朝印風

漢印文字徵

漢印文字徵

漢晉南北朝印風

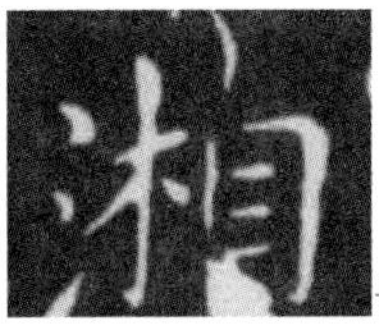
晉・洛神十三行

北魏・元新成妃李氏誌

北齊・斛律氏誌

【汨】

《説文》：，長沙汨羅淵，屈原所沈之水。从水，冥省聲。

廿世紀璽印三-SP

○臣汨

【溱】

《説文》：，水。出桂陽臨武，入匯。从水秦聲。

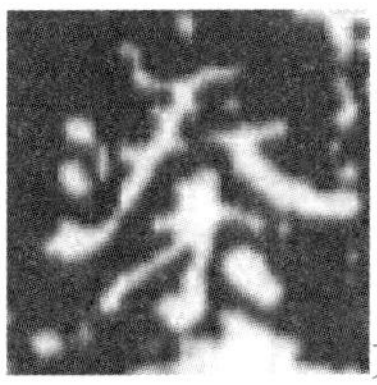
大趙・王真保誌

北周・王德衡誌

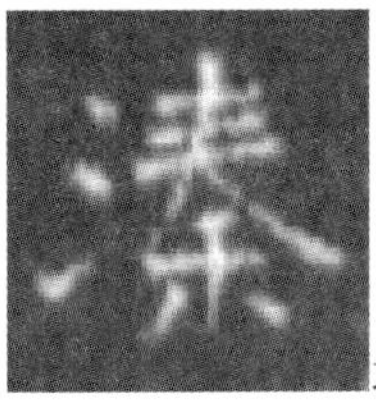
北周・王鈞誌

【深】

《説文》：，水。出桂陽南平，西入營道。从水罙聲。

漢銘・始建國元年銅撮

漢銘・新嘉量一

漢銘・新量斗

漢銘・律量籥

睡・秦律雜抄 15

○敢深(甚）益

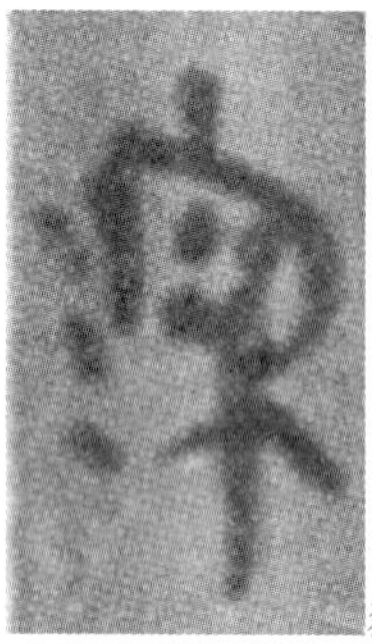
嶽・數 214

○以深益之即材徑

里・第八層 659

○深山中

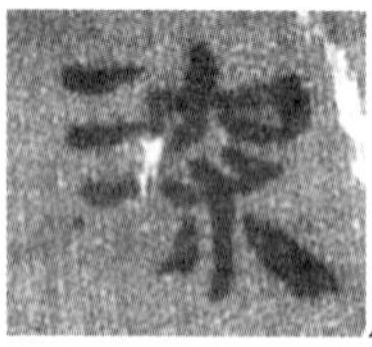
馬壹 77_82

○濟伐深人

馬壹 88_194

○深遠

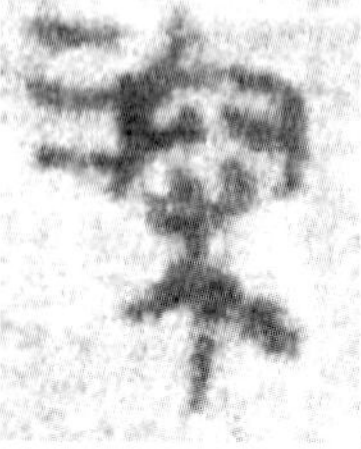
馬壹 110_156\325

○敢不深也

馬貳 212_8/109

○至深内而上撅之

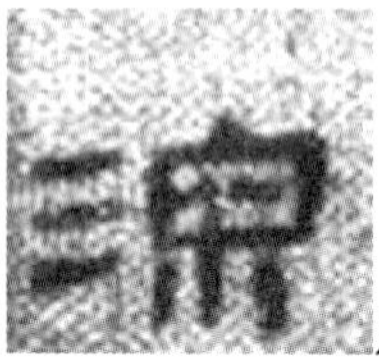
馬貳 32_7 上

○靜居深視五色

張・算數書 151

○深丈五尺

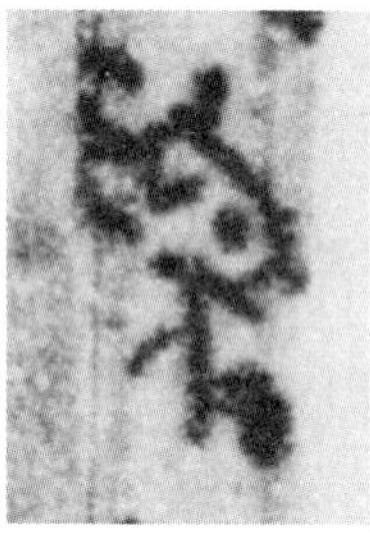
銀壹 870

北貳・老子 159

○深不可識

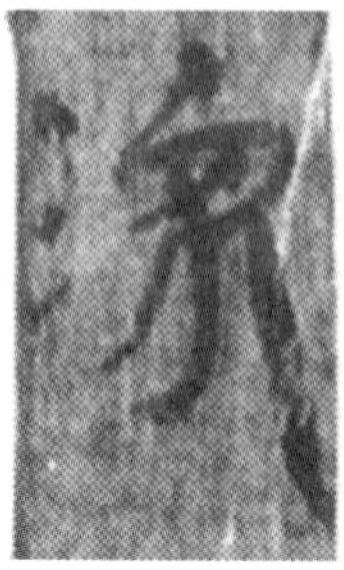
敦煌簡 0161

○深表憂念

金關 T07:013A

○恩澤甚深厚

金關 T23:310

○四深目

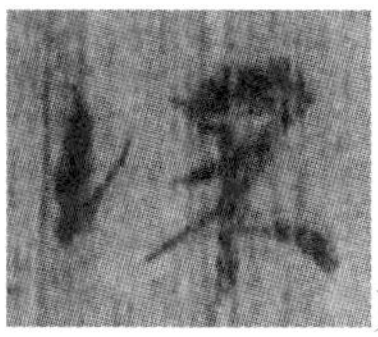
東牌樓 120

○深有愁悵

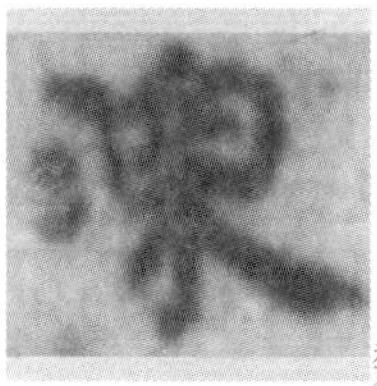
魏晉殘紙

○其心深詩

魏晉殘紙

○深厚

漢晉南北朝印風

○男深澤尉

漢印文字徵

○南深澤尉

石鼓・霝雨

東漢・石門頌

東漢・西岳華山廟碑陽

東漢・景君碑

○深壄曠澤

東漢・成陽靈臺碑

北魏・封魔奴誌

北魏・元寶月誌

○痛深卒毀

北魏・李璧誌

○遥深紵縞

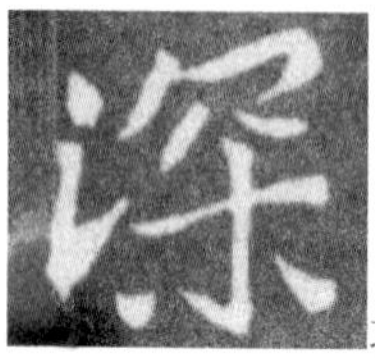
北魏・劉華仁誌

北魏・尹祥誌

北魏・爾朱襲誌

北魏・韓震誌

○追悼兼深

北魏・元寶月誌

○文獻王深愛異之

北魏・元羽誌

東魏・高盛墓碑

○器宇重深

北齊・婁黑女誌

○義深解瑱

北齊・徐顯秀誌

○惟王靈府凝深

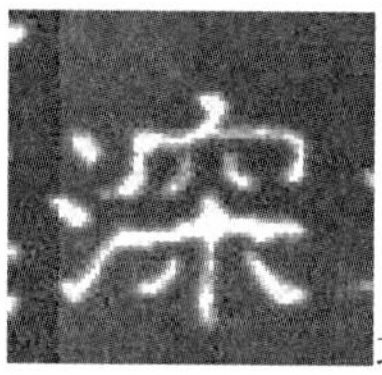
北齊・高阿難誌

○加以深悟苦空

【潭】

《說文》：，水。出武陵鐔成玉山，東入鬱林。从水覃聲。

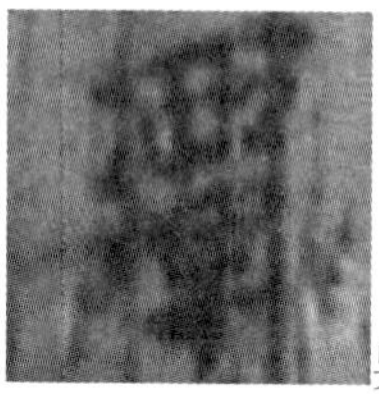
吳簡嘉禾・四・一二五

吳簡嘉禾・五・六八〇

漢印文字徵

漢印文字徵

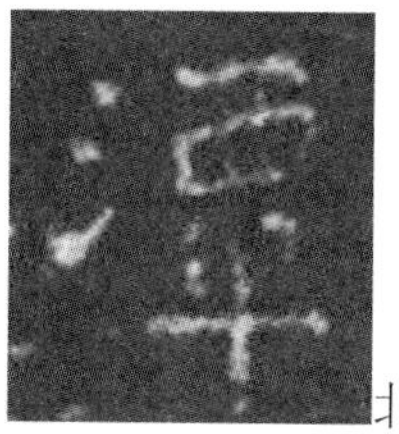
北魏・杜文慶造像

北魏・楊舒誌

東魏・崔鷫誌

【油】

《説文》：油，水。出武陵孱陵西，東南入江。从水由聲。

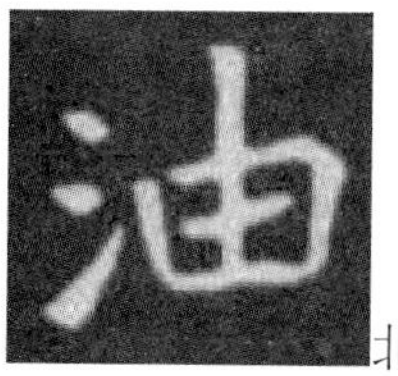
北魏・元誨誌

【𣶃】

《説文》：𣶃，水。出豫章艾縣，西入湘。从水買聲。

【湞】

《説文》：湞，水。出南海龍川，西入溱。从水貞聲。

廿世紀璽印四-GY

○湞陽丞印

漢晉南北朝印風

○張湞私印

【溜】

《説文》：溜，水。出鬱林郡。从水畱聲。

馬壹 130_10 上\87 上

馬貳 205_29

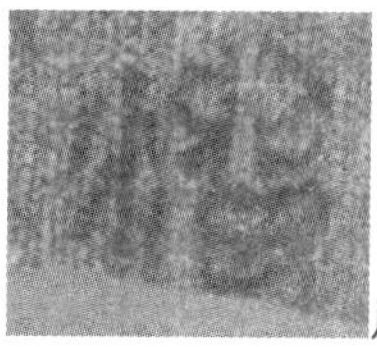
馬貳 85_348/338

銀壹 344

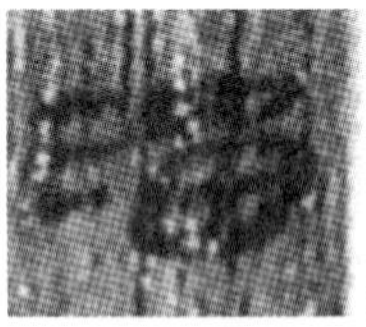
銀貳 1215

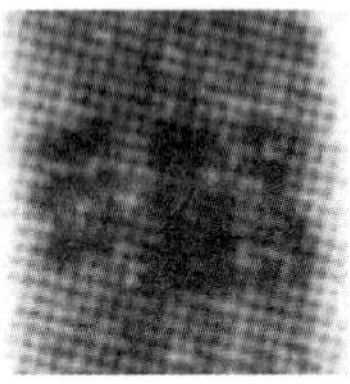
武・甲《燕禮》45

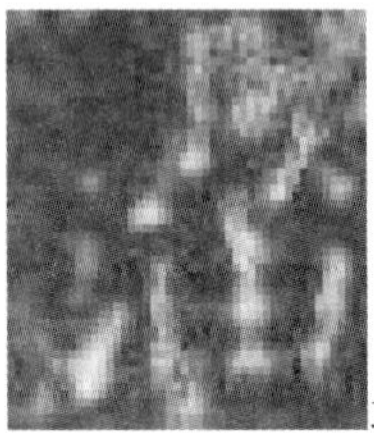
北魏・弔比干文

【瀷】

《説文》：，水。出河南密縣，東入潁。从水翼聲。

【潕】

《説文》：，水。出南陽舞陽，東入潁。从水無聲。

【滶】

《説文》：，水。出南陽魯陽，入城父。从水敖聲。

【瀙】

《説文》：，水。出南陽舞陽中陽山，入潁。从水親聲。

【淮】

《説文》：，水。出南陽平氏桐柏大復山，東南入海。从水隹聲。

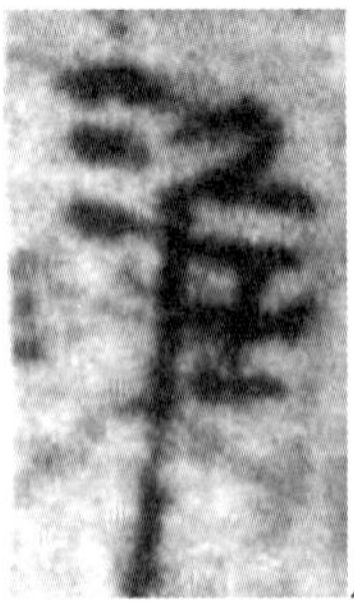
馬壹 88_210

馬壹 84_116

張・奏讞書 75

金關 T30:102

魏晉殘紙

廿世紀璽印三-GP

歷代印匋封泥

漢晉南北朝印風

廿世紀璽印三-GP

漢印文字徵

漢印文字徵

歷代印匋封泥

漢代官印選

柿葉齋兩漢印萃

東漢・桐柏淮源廟碑

北魏・元英誌

北魏・司馬紹誌

北魏・元珍誌

北魏・元靈曜誌

北魏・元秀誌

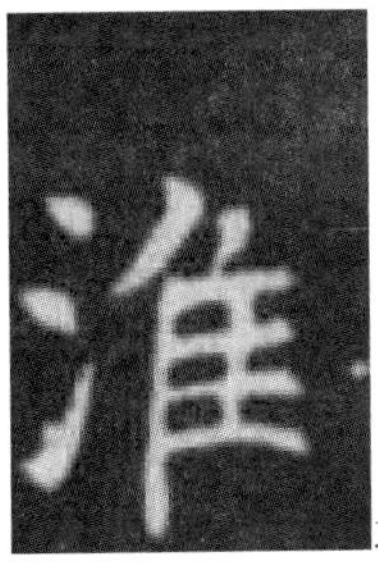
北魏・元弼誌

北齊・高肅碑

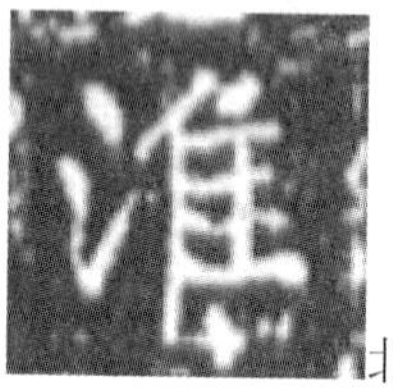
北周・王通誌

【滍】

《說文》：滍，水。出南陽魯陽堯山，東北入汝。从水蚩聲。

【澧】

《說文》：澧，水。出南陽雉衡山，東入汝。从水豊聲。

【溳】

《說文》：溳，水。出南陽蔡陽，東入夏水。从水員聲。

馬貳 83_306

〇始發溳=（溳溳）

廿世紀璽印四-GY

〇溳陽令印

【渒】

《說文》：渒，水。出汝南弋陽垂山，東入淮。从水畀聲。

馬貳 98_4

〇中指渒（痹）爲十

【澺】

《說文》：澺，水。出汝南上蔡黑閭澗，入汝。从水意聲。

【洶】

《說文》：洶，水。出汝南新郪，入潁。从水囟聲。

【灈】

《說文》：灈，水。出汝南吳房，入瀙。从水瞿聲。

【潁】

《說文》：潁，水。出潁川陽城乾山，東入淮。从水頃聲。豫州浸。

漢代官印選

〇潁陰侯印

東魏・元季聰誌

〇潁陽縣主

【洧】

《說文》：，水。出潁川陽城山，東南入潁。从水有聲。

漢印文字徵

漢晉南北朝印風

○洧陽鄉侯

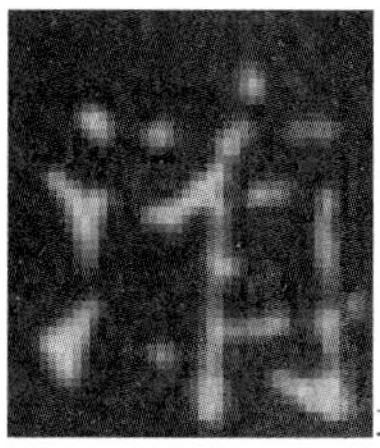
北魏・弔比干文

北魏・元洛神誌

【潩】

《說文》：，水。出潁川陽城少室山，東入潁。从水異聲。

【濄】

《說文》：，水。受淮陽扶溝浪湯渠，東入淮。从水過聲。

【泄】

《說文》：，水。受九江博安洵波，北入氐。从水世聲。

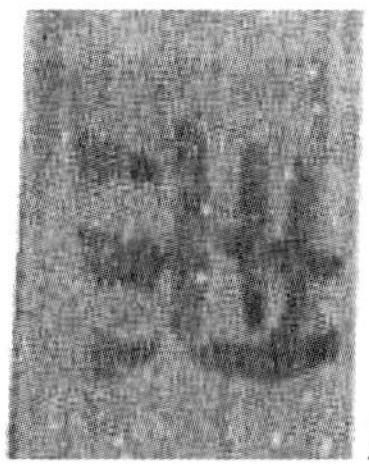
馬貳 207_52

張・脈書 8

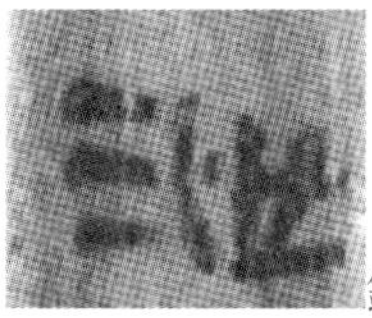
銀貳 1550

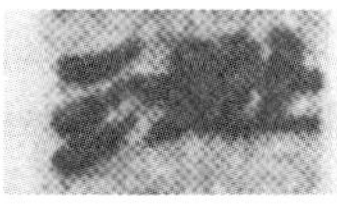
敦煌簡 2012

金關 T06:187

吳簡嘉禾・一一四五

漢印文字徵

○肥泄之印

北魏・元欽誌

北魏・于景誌

北齊・唐邕刻經記

○道不虛泄

【汳】

《說文》：，水。受陳畱浚儀陰溝，至蒙爲雝水，東入于泗。从水反聲。

【潧】

《說文》：，水。出鄭國。从水曾聲。《詩》曰：“潧與洧，方渙渙兮。”

【淩】

《說文》：，水。在臨淮。从水夌聲。

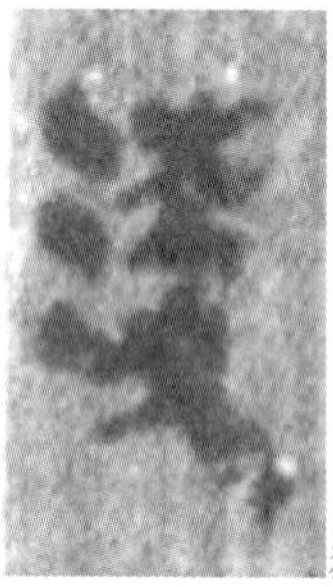
嶽・為吏 57

○下勿淩（陵）扇

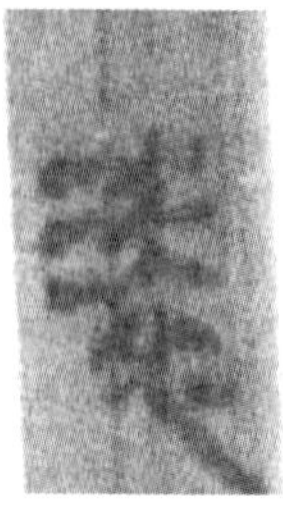
馬貳 205_33

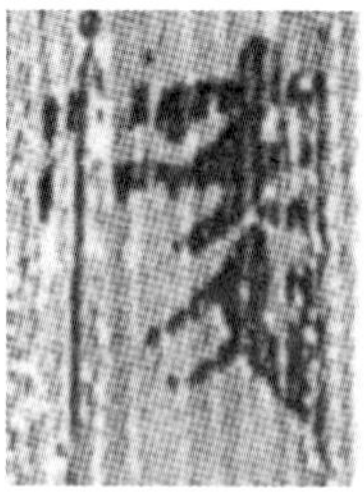
銀貳 1906

敦煌簡 0254

○淩胡府成

敦煌簡 1792

○淩胡隧

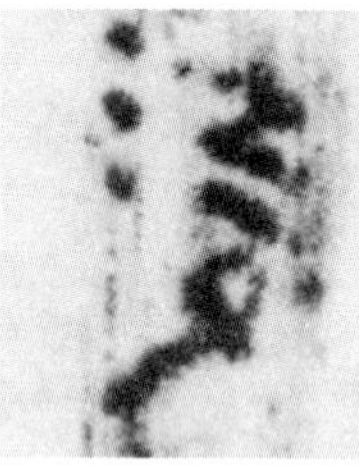
銀壹 961

○武者所以淩（凌）適（敵）

漢印文字徵

○公孫淩印

漢印文字徵

○石印淩友

漢印文字徵

○公孫淩

漢印文字徵

○橋淩期

漢印文字徵

○郭淩私印

漢晉南北朝印風

○淩江將軍章

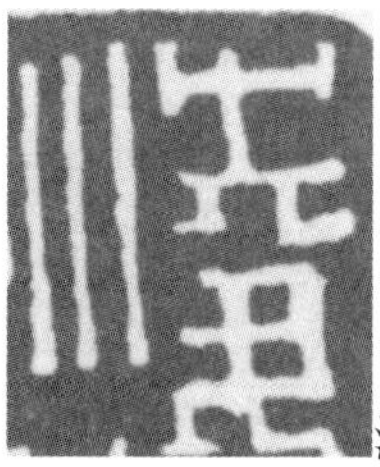
漢晉南北朝印風

○淩江將軍章

漢晉南北朝印風

○淩江將軍章

東漢・朝侯小子殘碑

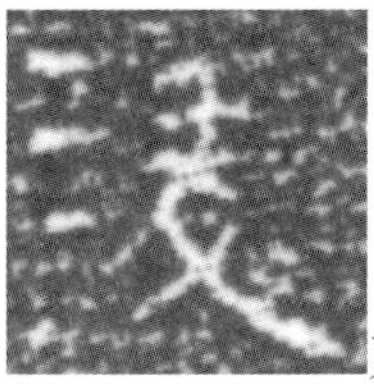
東漢・許安國墓祠題記

○徐養淩柏

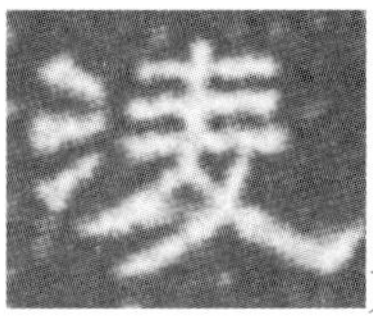
東漢・景君碑

○彊不淩（凌）弱

西晉・成晃碑

○肝情淩碎者也

北魏・元徽誌

○比穆淩(凌)攸

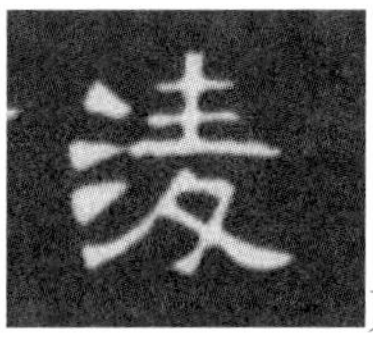
東魏・趙秋唐吳造像

○社正湆淩（陵）朱闈字玄方

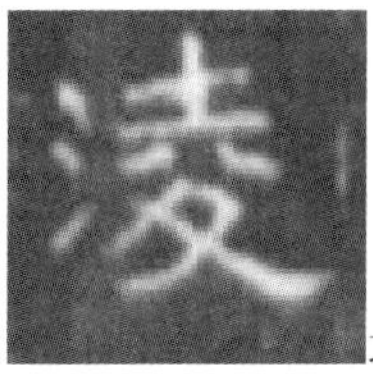
北齊・雲榮誌

北周・須蜜多誌

【濮】

《説文》：，水。出東郡濮陽，南入鉅野。从水僕聲。

廿世紀璽印三-GP

○濮陽丞印

漢印文字徵

歷代印匋封泥

○濮陽丞印

三國魏・三體石經春秋・篆文

西晉・臨辟雍碑

○彭濮肅愼

北魏・元延明誌

北齊・徐顯秀誌

【濼】

《説文》：，齊魯閒水也。从水樂聲。《春秋傳》曰：“公會齊侯于濼。”

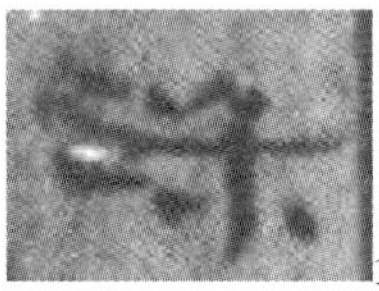
金關 T23:969

○直千濼涫平旦

【漷】

《説文》：，水。在魯。从水郭聲。

【淨】

《説文》：，魯北城門池也。从水爭聲。

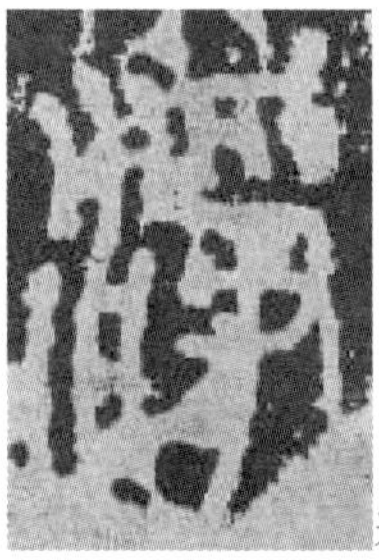
泰山刻石

北魏・法香等建塔記

○无量淨土面睹諸佛

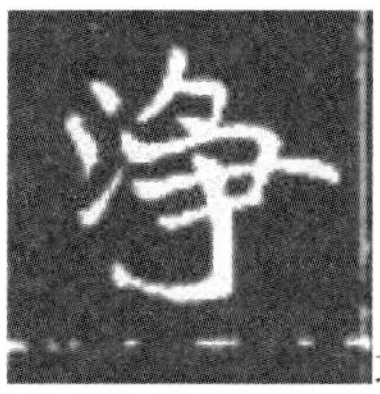
北魏・慧靜誌

北魏・慧靜誌

北魏・淨悟浮圖記

東魏・嵩陽寺碑

北齊・無量義經二

北齊・無量義經二

【濕】

《說文》：，水。出東郡東武陽，入海。从水㬎聲。桑欽云：出平原高唐。

漢銘・濕成鼎

漢銘・溼倉平斛

漢銘・濕成鼎

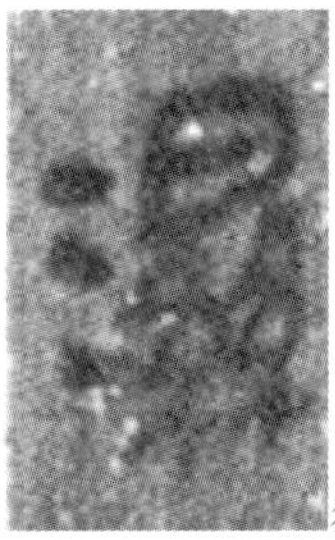
嶽・為吏 11

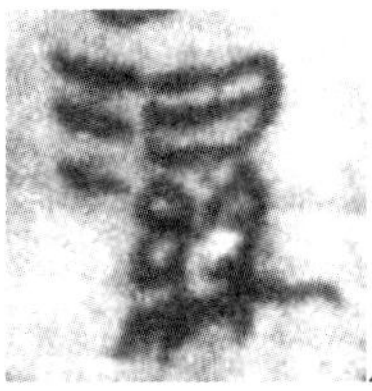
馬壹 84_105

馬貳 212_6/107

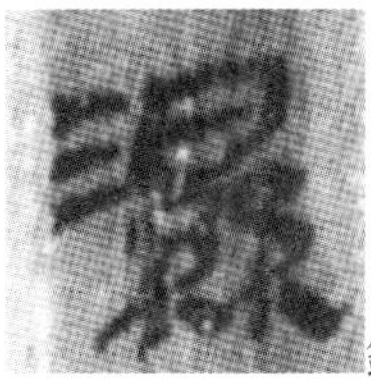
銀貳 1673

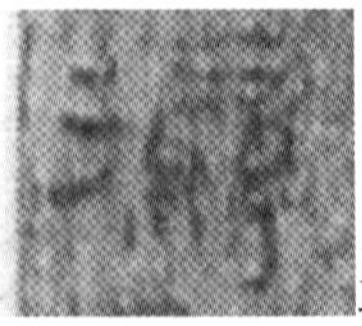
敦煌簡 0567

〇將出濕有理天不耐

漢晉南北朝印風

〇濕成丞印

廿世紀璽印三-GP

漢印文字徵

〇濕蓋信印

歷代印匋封泥

漢印文字徵

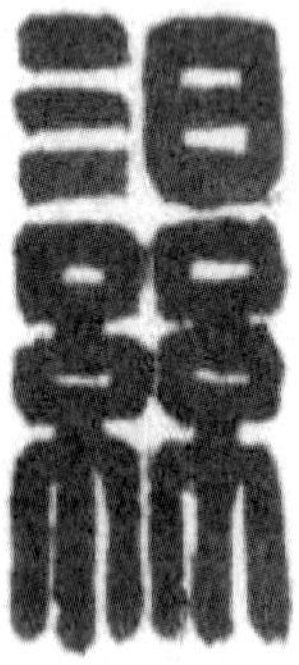
漢印文字徵

〇濕楚

漢印文字徵

西晉・徐義誌

北魏・元馗誌

北魏・高珪誌

【泡】

《說文》：，水。出山陽平樂，東北入泗。从水包聲。

北齊・報德像碑

〇識泡炎之必盡

北齊・傅醜傅聖頭造像

北齊・優婆姨等造像

○事等雨泡

【菏】

《説文》：菏，菏澤水。在山陽胡陵。《禹貢》：“浮于淮泗，達于菏。”从水苛聲。

【泗】

《説文》：泗，受泲水，東入淮。从水四聲。

漢印文字徵
○泗水相印章

歷代印匋封泥
○泗水相印章

東漢・衛尉卿衡方碑

西晉・徐義誌

北魏・慧靜誌

北魏・高英誌

北齊・道明誌

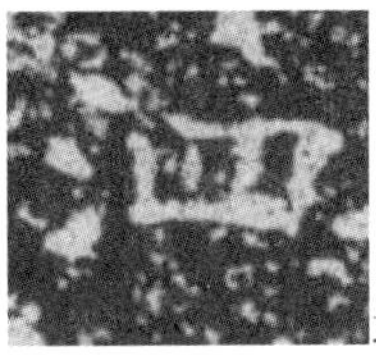
北周・時珍誌

【洹】

《説文》：洹，水。在齊魯閒。从水亘聲。

東魏・南宗和尚塔銘

北齊・無量義經二

【灉】

《説文》：灉，河灉水。在宋。从水雝聲。

【澶】

《説文》：澶，澶淵水。在宋。从水亶聲。

【洙】

《説文》：洙，水。出泰山蓋臨樂山，

北入泗。从水朱聲。

馬貳 69_28/28

東漢・衛尉卿衡方碑

晉・大中正殘石

〇純河汾之間有洙泗

北魏・孫秋生造像

北齊・雋敬碑

〇遂住洙源

北齊・道明誌

【沭】

《説文》：，水。出青州浸。从水术聲。

【沂】

《説文》：，水。出東海費東，西入泗。从水斤聲。一曰沂水，出泰山蓋青州浸。

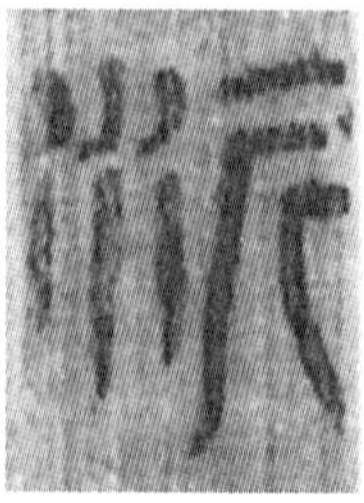
里・第八層 882

里・第八層背 1433

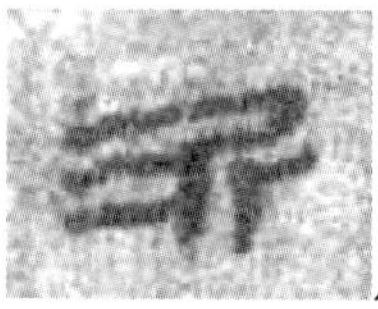
馬壹 36_33 上

馬壹 36_26 上

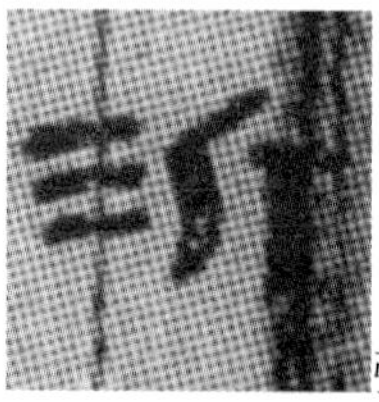
張・秩律 448

東晉・劉媚子誌

東晉・王丹虎誌

北魏・王誦妻元妃誌

【洋】

《說文》：洋，水。出齊臨朐高山，東北入鉅定。从水羊聲。

嶽・同顯案 148

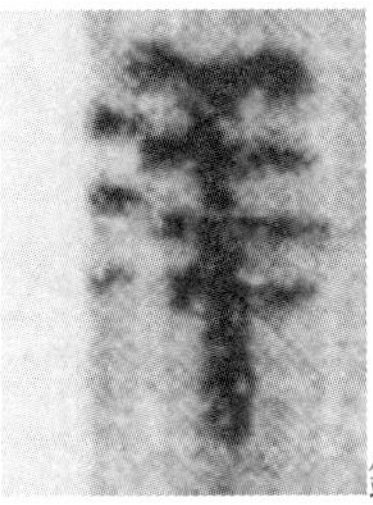
銀壹 366

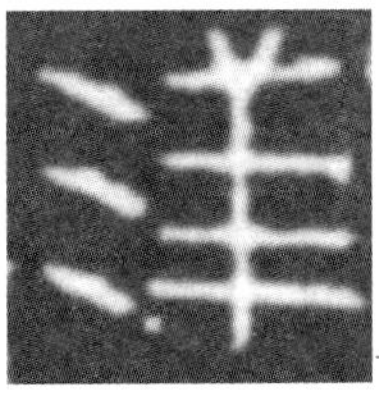
廿世紀璽印三-SY

○王洋

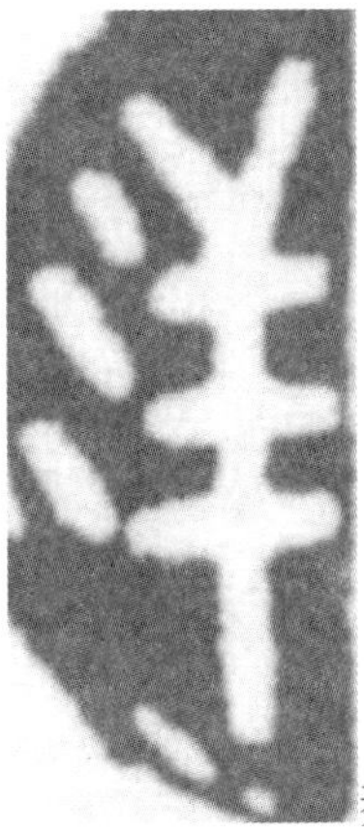
秦代印風

秦代印風

廿世紀璽印三-SY

漢印文字徵

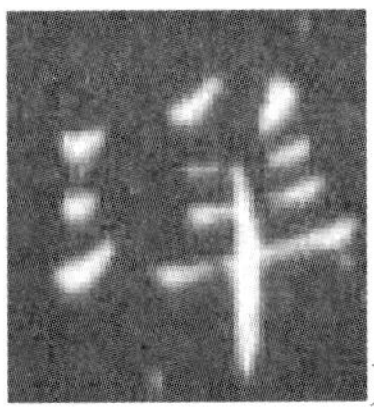
東漢・司馬芳殘碑額

○洋洋黃河

北魏・爾朱紹誌

○卻背洋洋

北魏・爾朱紹誌

○卻背洋洋

北魏・元崇業誌

【濁】

《説文》：，水。出齊郡厲嬀山，東北入鉅定。从水蜀聲。

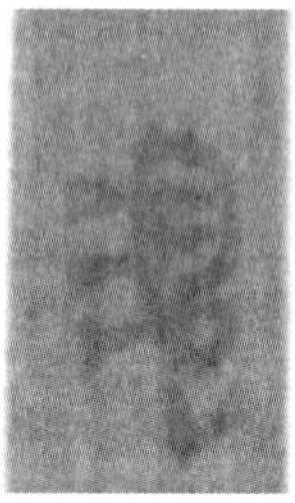
馬貳 205_32

○濁陽

張・奏讞書 177

○夫濁（儒）者君子

張・奏讞書 177

○治禮濁（儒）服

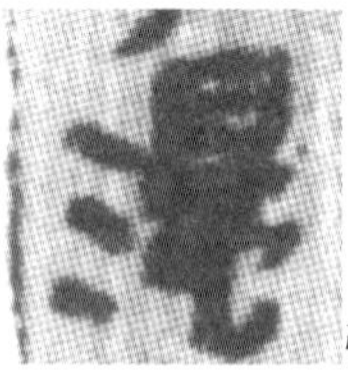
張・蓋盧 30

○孿（變）濁以高遠者

北貳・老子 161

秦代印風

○騷濁

漢印文字徵

○濁義

漢晉南北朝印風

○濁義

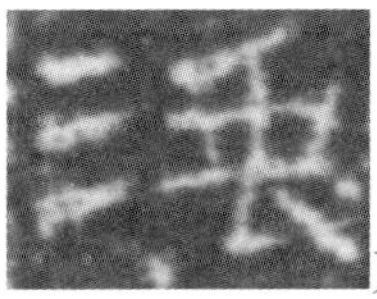
東漢・石祠堂石柱題記

〇濁（獨）教兒子書計

三國吳・谷朗碑

北魏・胡明相誌

北魏・寇治誌

【漑（溉）】

《説文》：溉，水。出東海桑瀆覆甑山，東北入海。一曰灌注也。从水既聲。

睡・為吏 6

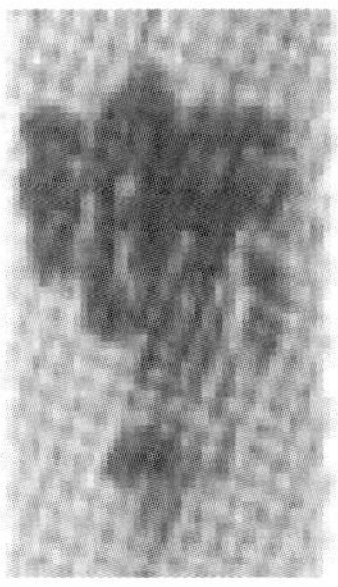
關・病方 371

〇已卯漑困垤實

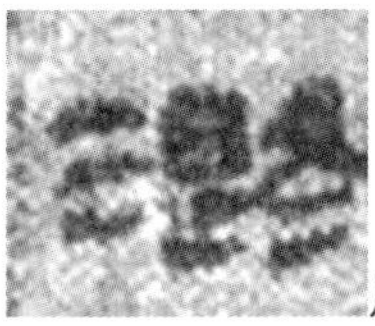
馬壹 174_24 下

〇大漑（既）已

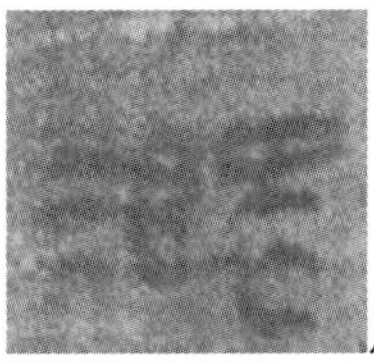
馬貳 119_207/206

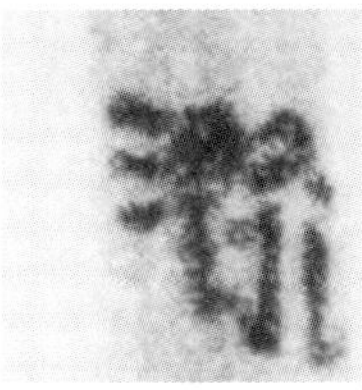
銀壹 76

〇民漑（既）已榑（專）

金關 T03:057

〇延袤漑田簿

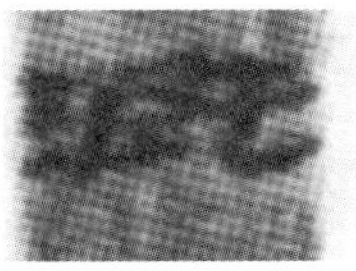
武・甲《少牢》7

〇雍人漑（摡）鼎

北壹・倉頡篇 34

晉・黄庭内景經

【濰】

《説文》：濰，水。出琅邪箕屋山，東入海。徐州浸。《夏書》曰："濰、淄其道。"从水維聲。

【浯】

《說文》：，水。出琅邪靈門壺山，東北入濰。从水吾聲。

【汶】

《說文》：，水。出琅邪朱虛東泰山，東入濰。从水文聲。桑欽說，汶水出泰山萊蕪，西南入泲。

漢印文字徵

○汶江令印

漢印文字徵

漢晉南北朝印風

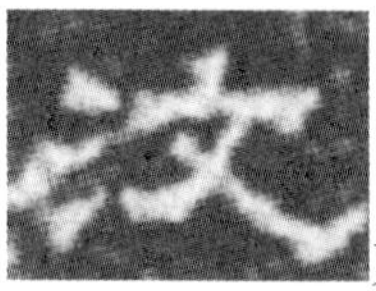
東漢・景君碑

東漢・景君碑

北魏・吐谷渾璣誌

○史汶山公之世子

北齊・元賢誌

○汶陽男

【治】

《說文》：，水。出東萊曲城陽丘山，南入海。从水台聲。

戰晚・三十二年相邦冉戈

漢銘・尚方故治器二

漢銘・建武卅二年弩鐖

漢銘・尚方故治器三

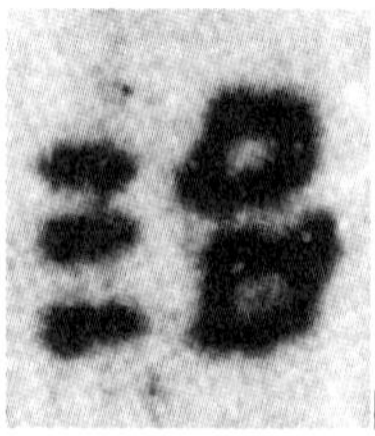
睡・語書 11

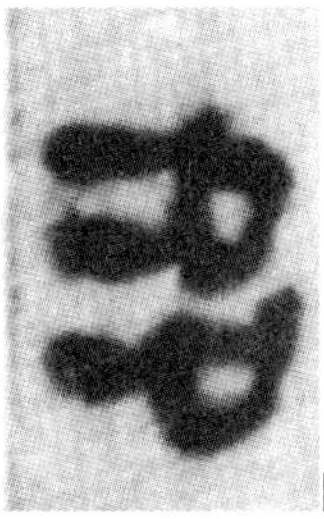
睡・秦律十八種 14

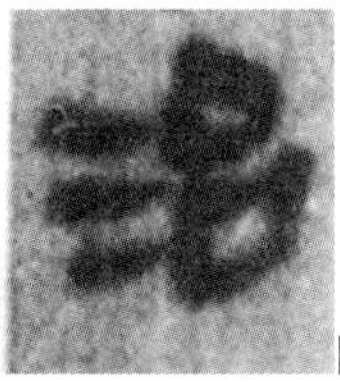
睡・秦律雜抄 6

睡・封診式 1

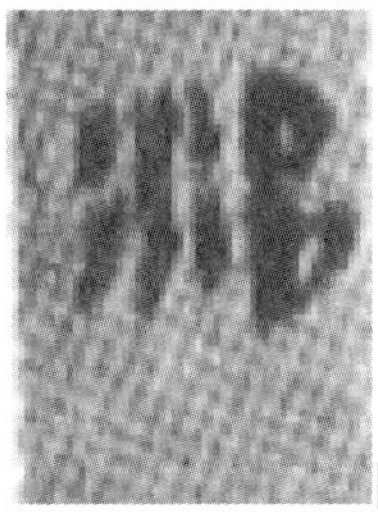
關・日書 254

○說（悅）不治

嶽・質日 3534

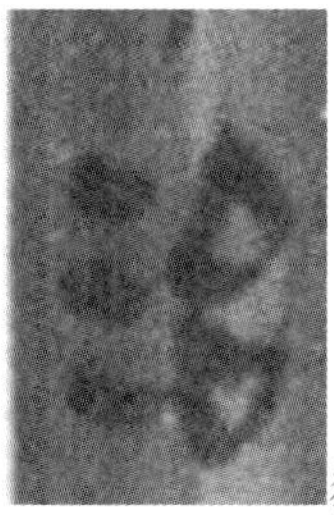
嶽・為吏 19

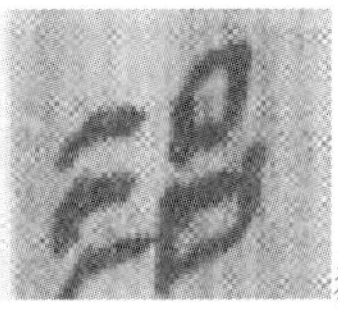
嶽・癸瑣案 2

嶽・芮盜案 69

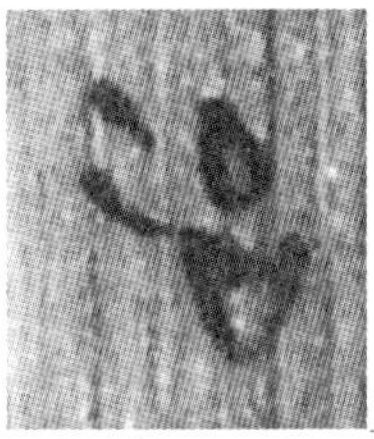
里・第八層 1221

○治之析蓂實

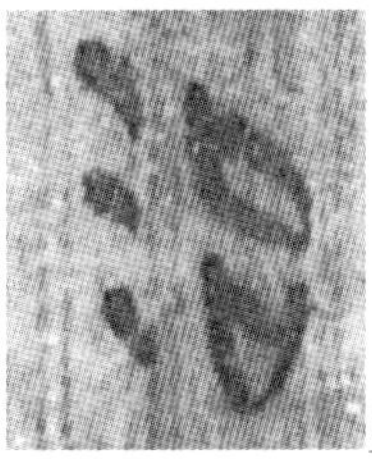
里・第八層 648

里・第八層 492

馬壹 36_35 上

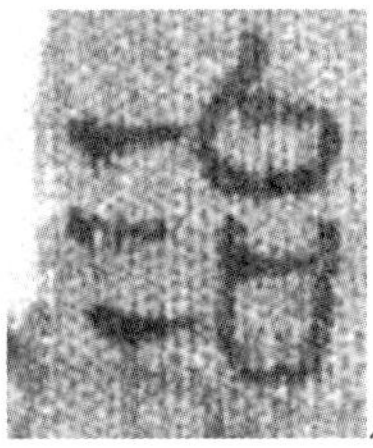
馬壹 256_4 上

馬貳 69_28/28

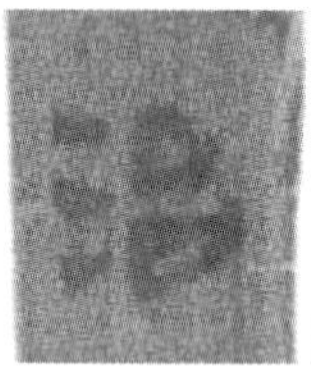
馬貳 206_39

張・具律 113

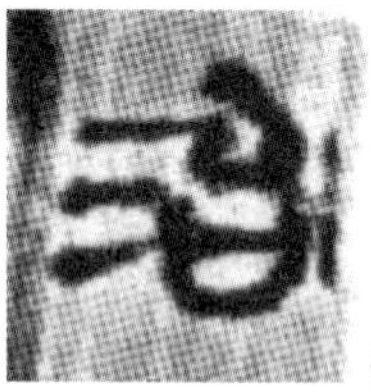
張・奏讞書 118

張・脈書 47

銀壹 965

銀貳 1081

北貳・老子 60

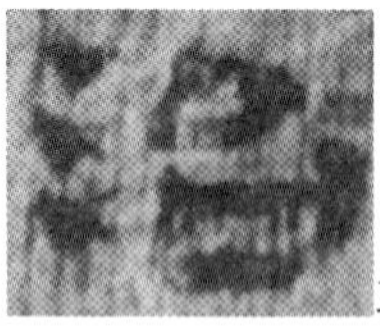
敦煌簡 0225

敦煌簡 1628

敦煌簡 1459B

金關 T02:079

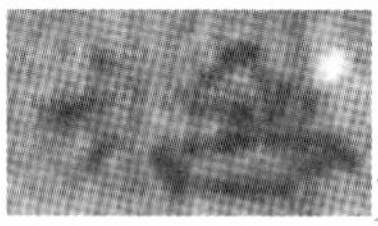
東牌樓 005

〇郵掾治所檄曰民

秦代印風

〇日敬毋治

秦代印風

〇日敬毋治

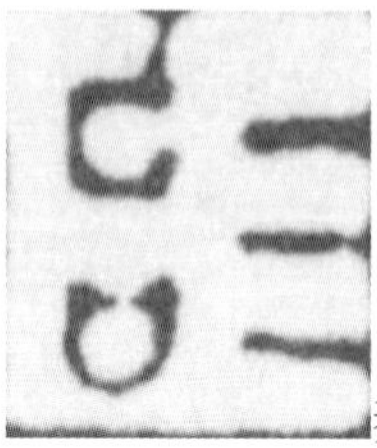
秦代印風

〇日敬毋治

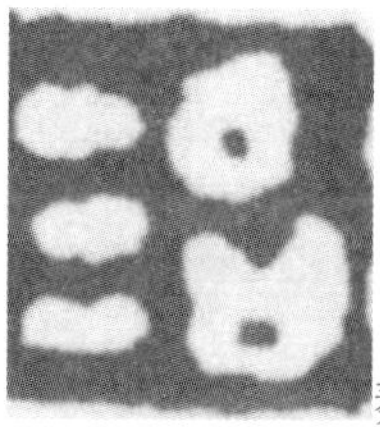
秦代印風

○正行治士

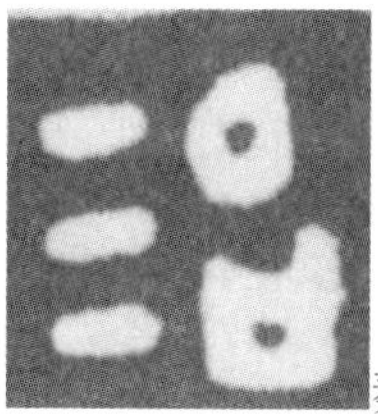
秦代印風

○正行治士

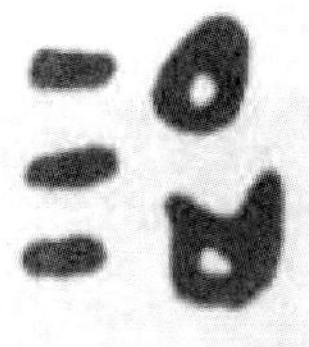
漢印文字徵

○正行治士

漢代官印選

柿葉齋兩漢印萃

○公治定印

漢印文字徵

○建明德子千億保萬年治無極

漢印文字徵

○治夘之印

漢印文字徵

○橐治倩印

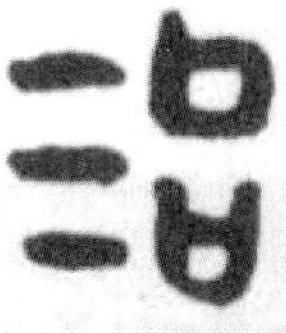
漢印文字徵

○日敬毋治

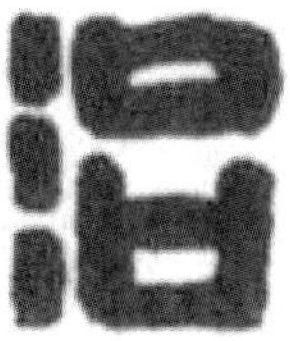
漢印文字徵

○治成多

漢晉南北朝印風

漢晉南北朝印風

○棱治

泰山刻石

○德治道運行者

東漢・張角等字殘碑

○□郎治張角

東漢・成陽靈臺碑

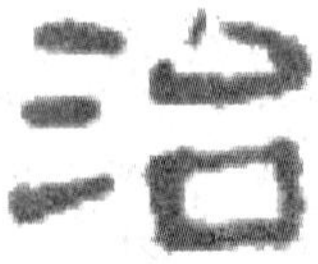
東漢・成陽靈臺碑

北魏・檀賓誌

北魏・元恭誌

北魏・元延明誌

東魏・王僧誌

北齊・韓山剛造像

○津治六道

【寖】

《説文》：，水。出魏郡武安，東北入呼沱水。从水㝨聲。㝨，籒文寑字。

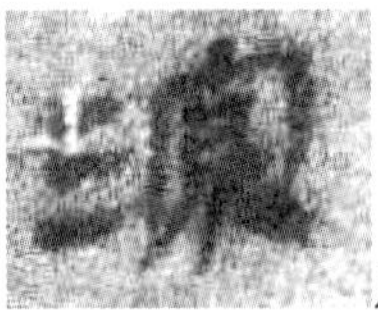
馬壹 3_1 上

○初九寖（潛）龍勿用

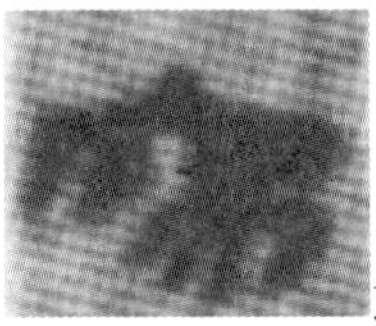
武・儀禮甲《服傳》4

○倚廬寖（寢）蕈

歷代印匋封泥

○康泰□寖

廿世紀璽印三-GP

○齊哀寖印

歷代印匋封泥

○孝惠寑丞

東漢·西岳華山廟碑陽

○寑用丘虛

【湡】

《說文》：，水。出趙國襄國之西山，東北入寖。从水禺聲。

北齊·韓裔誌

【滮】

《說文》：，水。出趙國襄國，東入湡。从水虒聲。

【渚】

《說文》：，水。在常山中丘逢山，東入湡。从水者聲。《爾雅》曰：“小洲曰渚。”

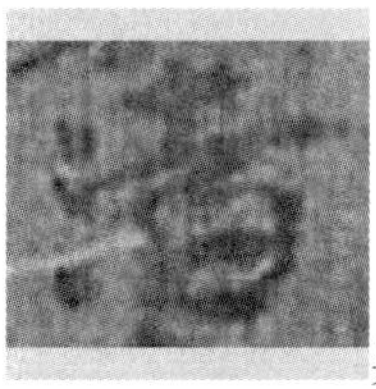
吳簡嘉禾·四·三二九

○郭渚丘男子胡頡佃

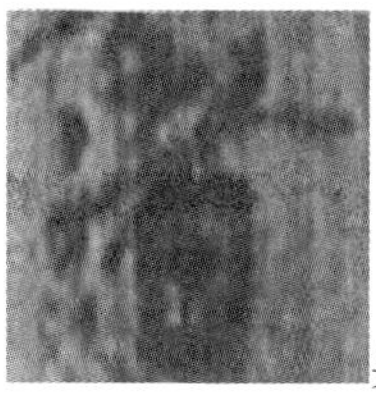
吳簡嘉禾·四·三五○

漢印文字徵

○涂渚之印

秦文字編 1645

北魏·元崇業誌

○華渚開耀

北魏·元悅誌

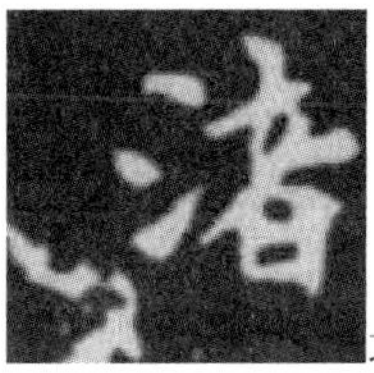
北魏·元侔誌

【洨】

《說文》：，水。出常山石邑井陘，東南入于泜。从水交聲。祁國有洨縣。

【濟】

《說文》：，水。出常山房子贊皇山，東入泜。从水齊聲。

馬壹 92_294

○濟陽陰

馬壹 5_26 上

○既濟

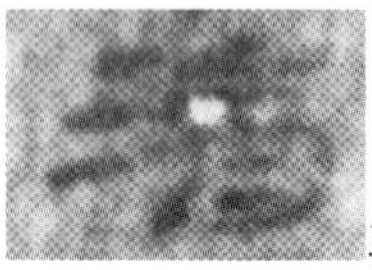
敦煌簡 1405

○戍卒濟陰郡

金關 T23:696

○濟陰山陽

金關 T21:202

○留郡濟陽臨里

金關 T06:138

○濟陰郡

廿世紀璽印三-GP

○濟陰丞印

漢印文字徵

歷代印匋封泥

漢代官印選

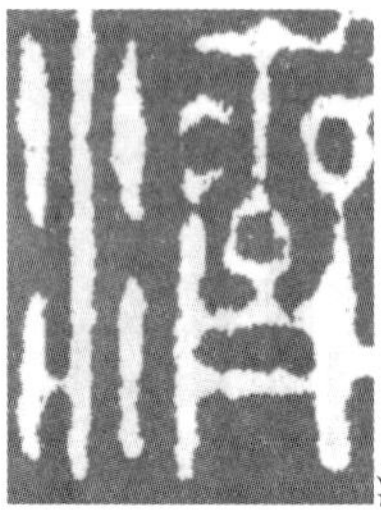
漢代官印選

漢印文字徵

漢晉南北朝印風

漢晉南北朝印風

北魏・元寶月誌

〇濟世之洪器

石鼓・霝雨

〇某濟

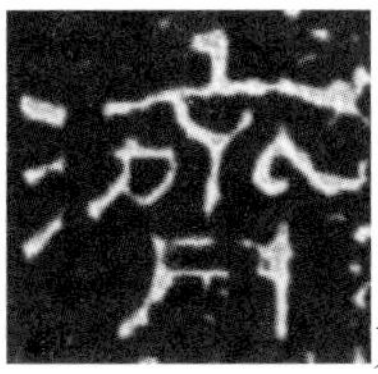
東漢・楊震碑

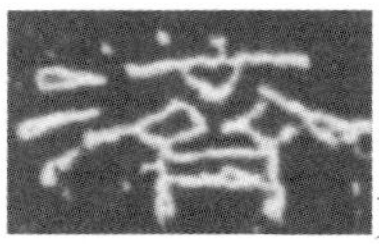
東漢・桐柏淮源廟碑

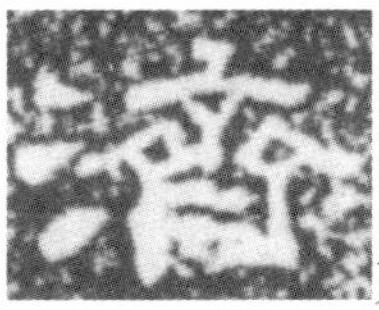
東漢・西狹頌

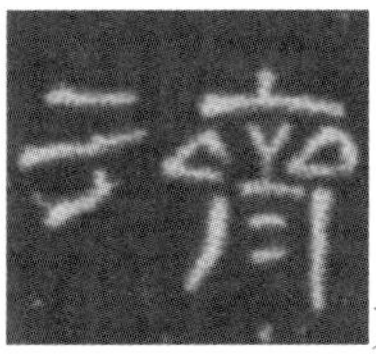
東漢・曹全碑陽

東漢・成陽靈臺碑

西晉・石尠誌

東晉・劉媚子誌

〇適濟陰卞嗣之

北魏・吐谷渾氏誌

〇娍問濟濟

北魏・長孫瑱誌

〇道濟生民

北魏・源延伯誌

〇功濟隆崇

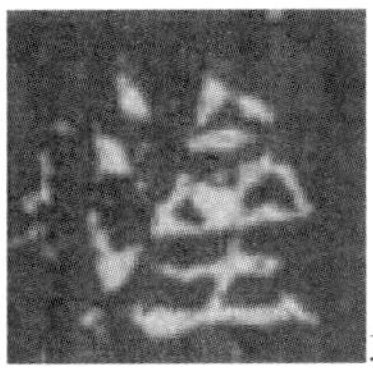
北魏・元寶月誌

〇濟世之洪器

北魏・宋虎誌

北魏・元肅誌

北魏 • 元弘嬪侯氏誌

○尋出鎮臨濟

北魏 • 楊氏誌

○北濟州刺史屈之孫

東魏 • 杜文雅造像

東魏 • 崔鷫誌

○濟州刺史

東魏 • 元阿耶誌

○父濟陰王

北齊 • 智度等造像

○亦投身高巖而濟功

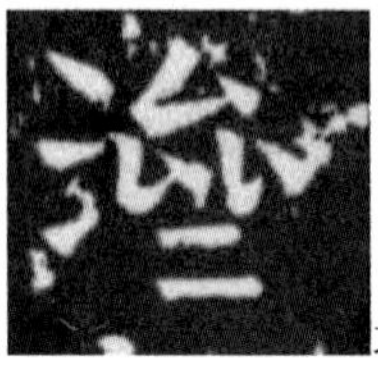
北齊 • 唐邕刻經記

○化窮兼濟

北齊 • 徐顯秀誌

○冀瀛滄趙齊濟汾七州

北齊 • 張忻誌

○濟河漫漫

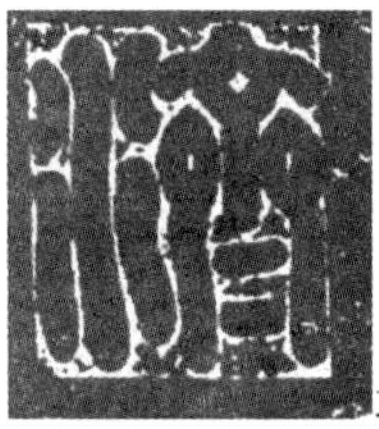
北齊 • 李難勝誌蓋

北齊 • 李難勝誌

北周 • 韋彪誌

○寬猛兼濟

北周 • 張子開造像

○苦海愛河濟涉者少

【泜】

《說文》：泜，水。在常山。从水氐聲。

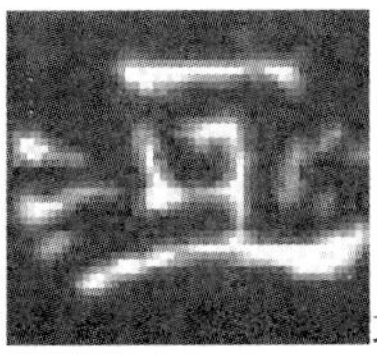
北齊・韓裔誌

○飛流泜涌

【濡】

《說文》：濡，水。出涿郡故安，東入漆涑。从水需聲。

漢銘・建武卅二年弩鐖

馬壹 11_77 上

○涉濡亓（其）尾

馬壹 11_77 上

○涉濡亓（其）尾

馬貳 275_198/218

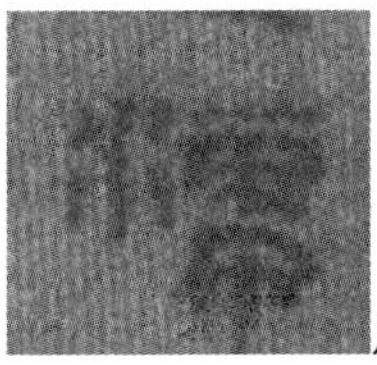
馬貳 142_29

○市土濡請（清）者

張・脈書 54

金關 T31:140

○朱濡行三日

東漢・熹平石經殘石五

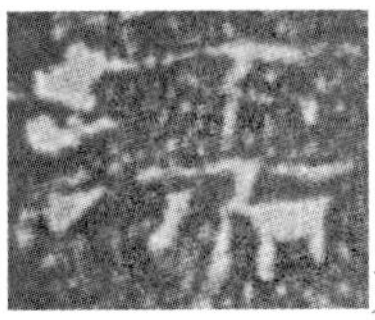
東漢・史晨後碑

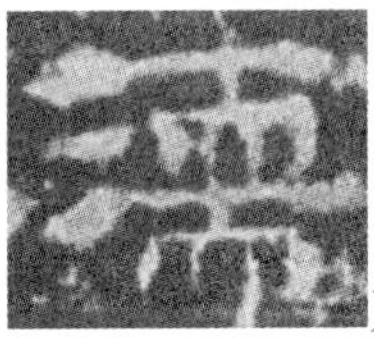
東漢・衛尉卿衡方碑

○少以濡（濡）術

北魏・元彝誌

○漣濡

北齊・報德像碑

○濡足於堯年

北齊・雲榮誌

北周・華岳廟碑

〇無復霑濡之事

【灅】

《説文》：灅，水。出右北平浚靡，東南入庚。从水壘聲。

【沽】

《説文》：沽，水。出漁陽塞外，東入海。从水古聲。

馬貳 66_4/87

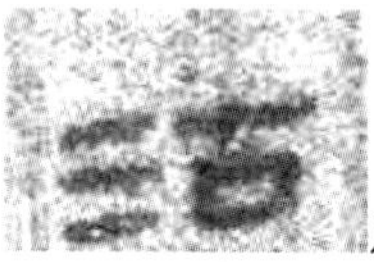
馬貳 38_74 上

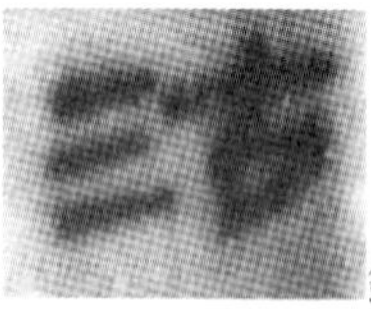
銀貳 1833

北貳・老子 146

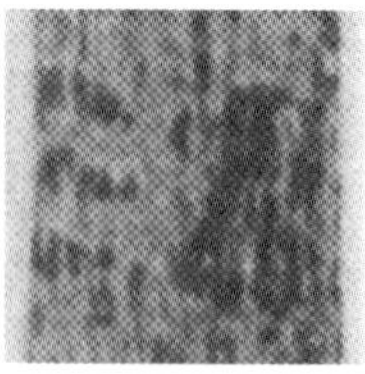
敦煌簡 1708B

〇券□沽旁二斗

歷代印匋封泥

〇王沽

秦代印風

漢印文字徵

北魏・李蕤誌

北周・華岳廟碑

【沛】

《説文》：沛，水。出遼東番汗塞外，西南入海。从水市聲。

嶽・識劫案 126

張・秩律 443

○沛郚陽郎中

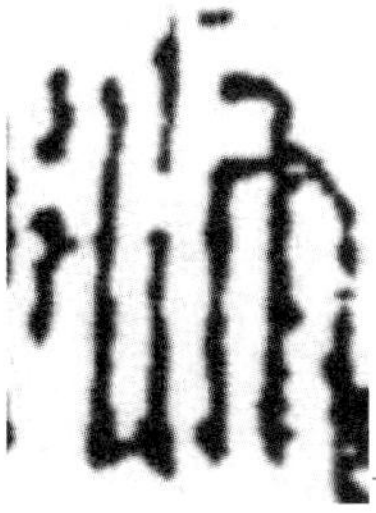
廿世紀璽印三-GP

○沛郡副貳印

漢印文字徵

漢代官印選

○沛郡都尉

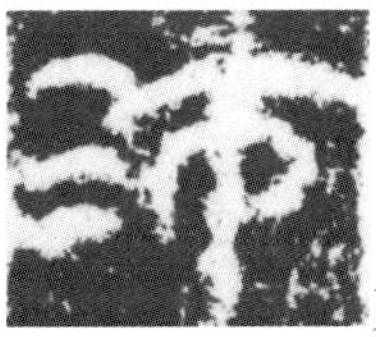
東漢・岐子根畫像石墓題記

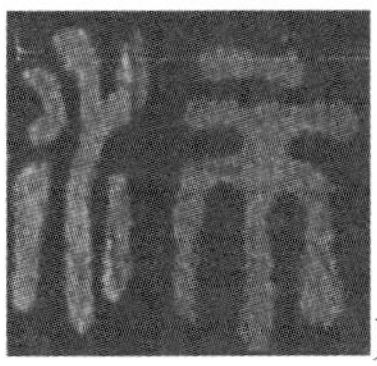
東漢・楊統碑額

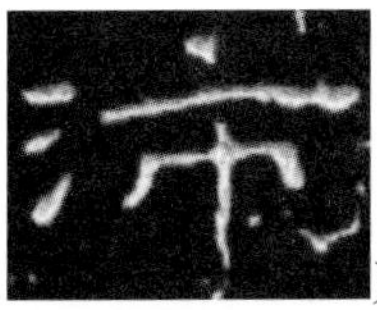
東漢・楊震碑

西晉・臨辟雍碑

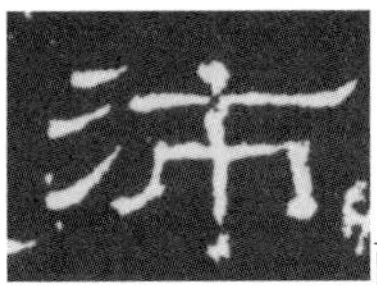
西晉・張朗誌蓋

○晉故沛國相張君之碑

北魏・李榘蘭誌

【浿】

《說文》：，水。出樂浪鏤方，東入海。从水貝聲。一曰出浿水縣。

漢印文字徵

○浿水丞印

【瀤】

《說文》：，北方水也。从水褱聲。

【㶟】

《說文》：，水。出鴈門陰館累頭山，東入海。或曰治水也。从水纍聲。

【瀘】

《説文》：，水。出北地直路西，東入洛。从水盧聲。

【泒】

《説文》：，水。起雁門葰人戍夫山，東北入海。从水瓜聲。

【滱】

《説文》：，水。起北地靈丘，東入河。从水寇聲。滱水即漚夷水，并州川也。

【淶】

《説文》：，水。起北地廣昌，東入河。从水來聲。并州浸。

【泥】

《説文》：，水。出北地郁郅北蠻中。从水尼聲。

馬壹 5_29 上

馬貳 85_340/330

銀壹 617

漢晉南北朝印風

漢印文字徵

廿世紀璽印四-GY

〇泥陽令印

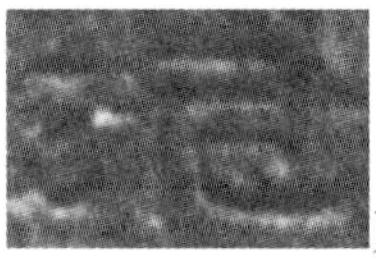
東漢・趙儀碑

〇爰傳碑在泥塗

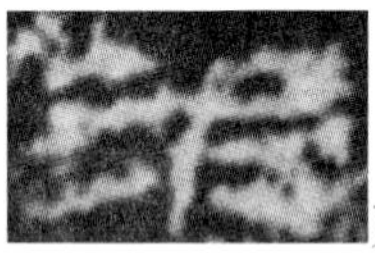
東漢・利水大道刻石題記

〇泥□里浚

東漢・利水大道刻石題記

〇泥淖

北魏・于纂誌

〇混泥之孫

東魏・南宗和尚塔銘

北周・須蜜多誌

〇泥行卌餘里

【湳】

《說文》：，西河美稷保東北水。从水南聲。

漢印文字徵

〇□湳私印

【漹】

《說文》：，水。出西河中陽北沙，南入河。从水焉聲。

【涶】

《說文》：，河津也。在西河西。从水垂聲。

【旟】

《說文》：，水也。从水旟聲。

【洵】

《說文》：，過水中也。从水旬聲。

北魏・元純陀誌

【涻】

《說文》：，水。出北嚻山，入邙澤。从水舍聲。

【汈】

《說文》：，水也。从水刃聲。

【淔】

《說文》：，水也。从水直聲。

【浽】

《說文》：，水也。从水妾聲。

漢印文字徵

〇浽長孫

【淭】

《說文》：，水也。从水居聲。

【濞】

《說文》：，水也。从水臱聲。

【沋】

《說文》：，水也。从水尤聲。

【洇】

《説文》：洇，水也。从水因聲。

馬貳 62_14

〇煩心洇（咽）

【淉】

《説文》：淉，水也。从水果聲。

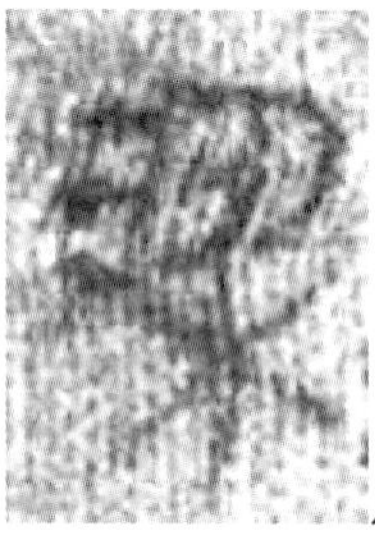
馬壹 246_2 上

〇女淉（媧）不可祭祀

馬壹 246_1 上

〇逆數一日女淉（媧）

【溑】

《説文》：溑，水也。从水貨聲。讀若瑣。

【泷】

《説文》：泷，水也。从水龙聲。

【⿰氵乳】

《説文》：⿰氵乳，水也。从水乳聲。

【汷】

《説文》：汷，水也。从水夊聲。夊，古文終。

【洦】

《説文》：洦，淺水也。从水百聲。

【汘】

《説文》：汘，水也。从水千聲。

【洍】

《説文》：洍，水也。从水匠聲。《詩》曰：“江有洍。”

【澥】

《説文》：澥，郣澥，海之別也。从水解聲。一説，澥即澥谷也。

【漠】

《説文》：漠，北方流沙也。一曰清也。从水莫聲。

東漢・燕然山銘

東漢・虔恭等字殘碑

〇虔恭徵漠

北魏・爾朱紹誌

北魏・韓賄妻高氏誌

北魏・元龍誌

【海】

《説文》：𣶒，天池也。以納百川者。从水每聲。

漢銘・大司農權

漢銘・項伯鍾

漢銘・東海宮司空盤

漢銘・光和斛二

馬壹 149_74/248 下

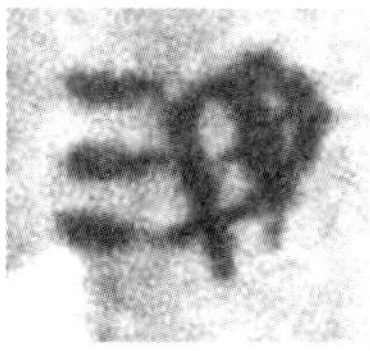
馬壹 111_4\355

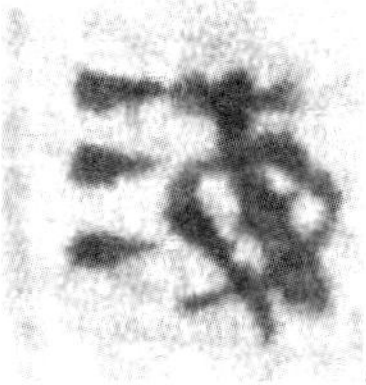
馬壹 105_56\225

馬貳 212_2/103

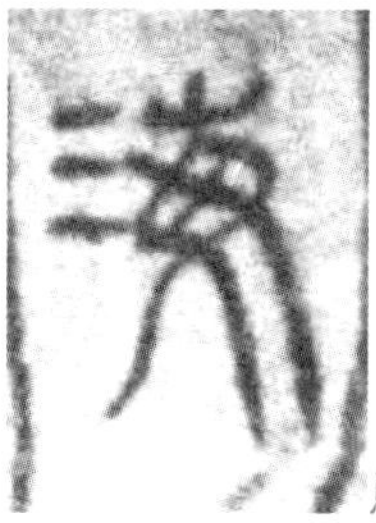
馬貳 12_4

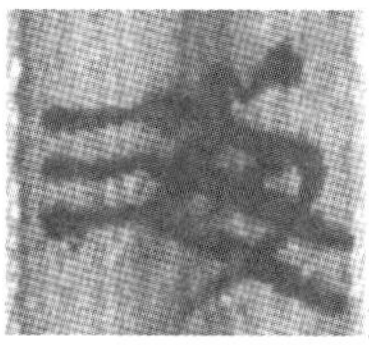
銀貳 1708

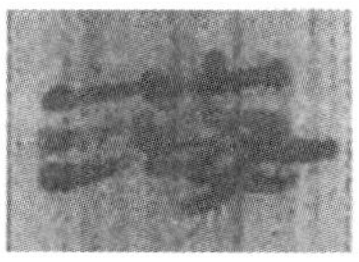
北貳・老子 211

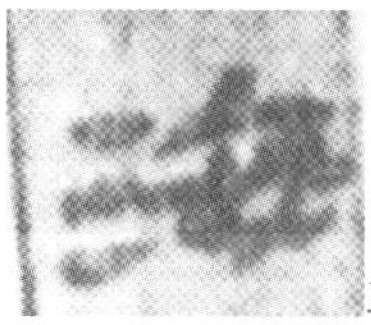
敦煌簡 2062

敦煌簡 2253

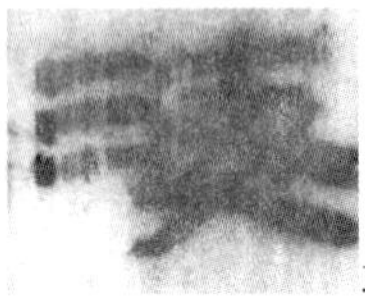
北壹・倉頡篇 8

秦代印風

漢晉南北朝印風

廿世紀璽印三-GY

漢晉南北朝印風

漢印文字徵

漢印文字徵

漢印文字徵

○張東海

漢印文字徵

漢代官印選

○海西侯印

漢印文字徵

漢印文字徵

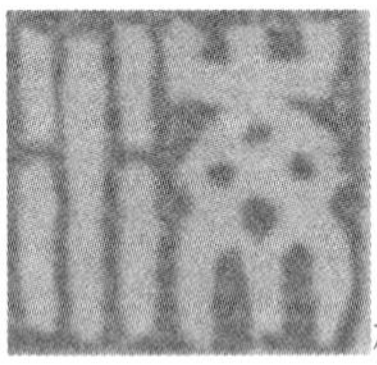
柿葉齋兩漢印萃

○馮海私印

歷代印匋封泥

漢代官印選

漢印文字徵

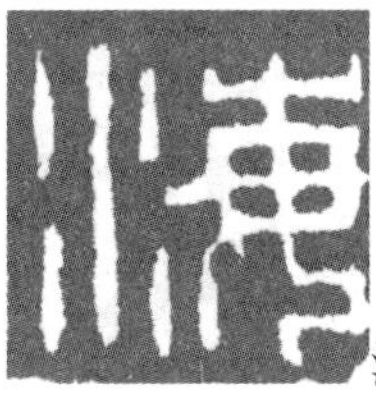
漢代官印選

漢晉南北朝印風

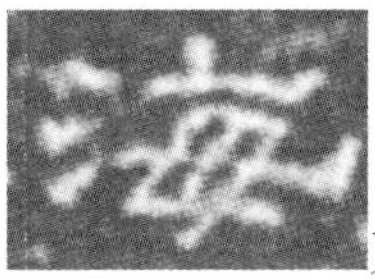
東漢・景君碑

東漢・北海相景君碑額

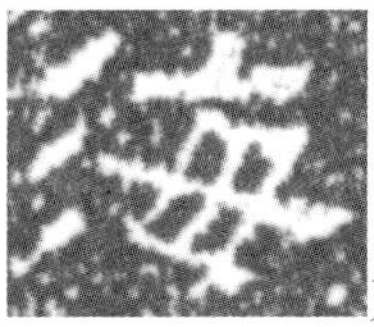
東漢・北海相景君碑陽

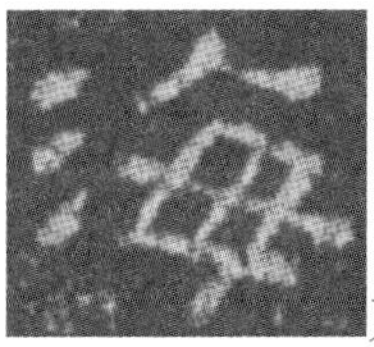
東漢・肥致碑

東漢・孔宙碑陰

東漢・司徒袁安碑

西晉・臨辟雍碑

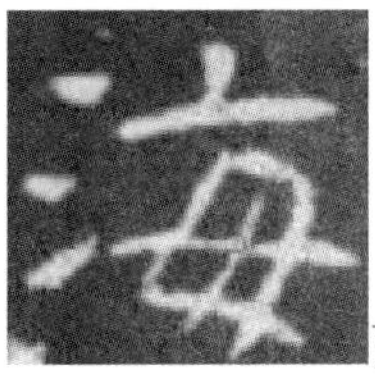
西晉・徐義誌

十六國北涼・沮渠安周造像

〇顧塵海之飄濫

北魏・元思誌

北魏・石婉誌

〇渤海南皮人也

北魏・靈山寺塔銘

○離苦海

北魏・元子永誌

○淮海還流

東魏・王偃誌蓋

○魏故勃海王君墓銘

東魏・高湛誌

東魏・道寶碑記

○聲霑北海

東魏・廉富等造義井頌

○歸心法海

北齊・崔芬誌

北齊・高百年誌

○運四海而君臨

北齊・張起誌

北齊・朱曇思等造塔記

【溥】

《説文》：溥，大也。从水尃聲。

馬壹 127_58 下

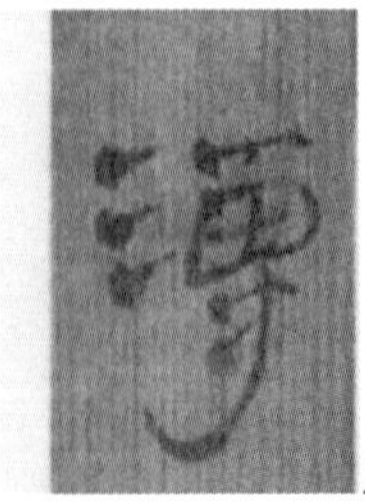
馬貳 212_6/107

銀貳 1541

廿世紀璽印三-GP

○溥道丞印

歷代印匋封泥

○溥導丞印

漢印文字徵

○吳印公溥

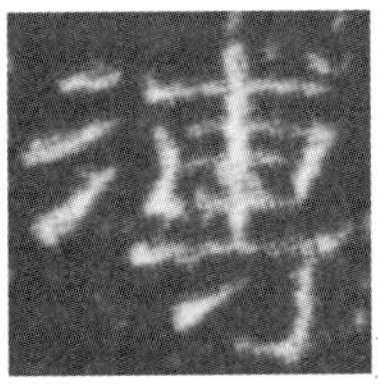
東漢・曹全碑陰

西晉・臨辟雍碑

【瀶】

《説文》：瀶，水大至也。从水闇聲。

【洪】

《説文》：洪，洚水也。从水共聲。

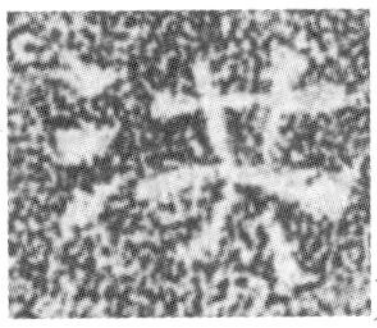
東漢・王舍人碑

東漢・鮮於璜碑陽

西晉・臨辟雍碑

北魏・胡明相誌

北魏・吐谷渾璣誌

北魏・李伯欽誌

東魏・王僧誌

○君洪源淵邈

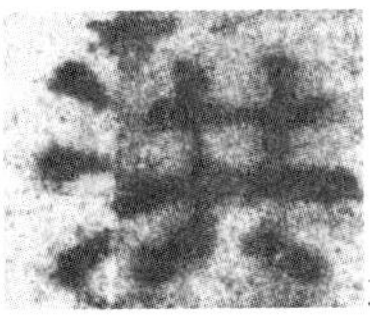
北齊・馬天祥造像

北齊・許儁卅人造像

○孫洪珍

北周・李府君妻祖氏誌

【洚】

《說文》：，水不遵道。一曰下也。从水夅聲。

【衍】

《說文》：，水朝宗于海也。从水从行。

戰晚・廣衍矛

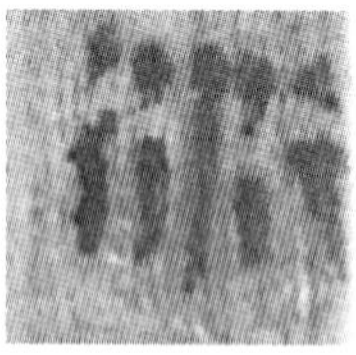
里・第八層 1450

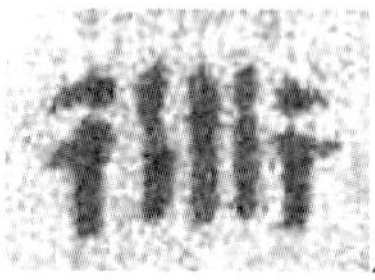
馬壹 8_37 下

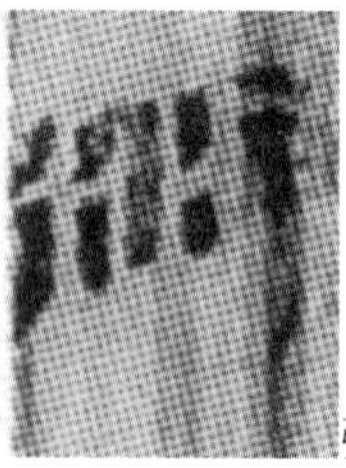
張・秩律 451

銀貳 1549

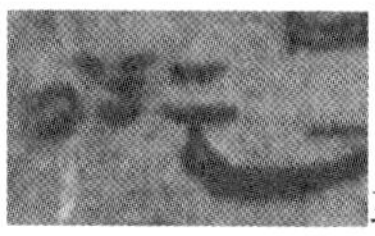
敦煌簡 1872

○事廣衍長楊君

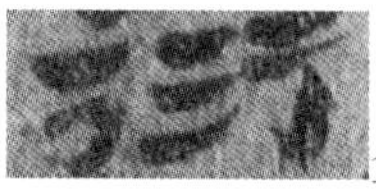
金關 T03:049

秦代印風

○王衍

廿世紀璽印三-GP

○昫衍導丞

歷代印匋封泥

漢印文字徵

漢印文字徵
○公衍敬印

漢印文字徵
○崔衍之印

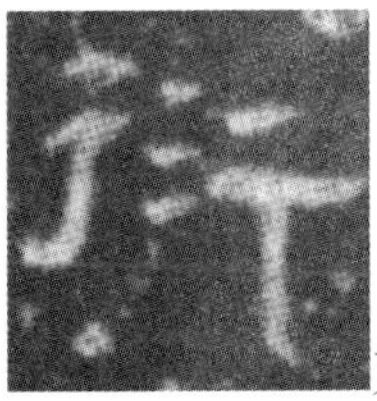
東漢・曹全碑陰
○故功曹王衍文珪

東漢・熹平石經殘石五

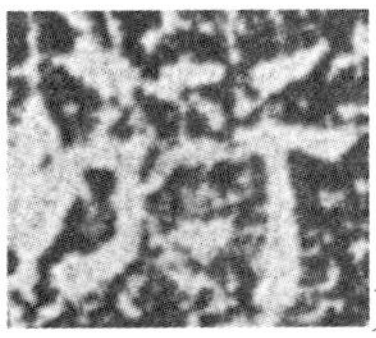
東漢・熹平石經殘石五

北魏・盧令媛誌

北魏・元璨誌

北魏・元嵩誌

北周・李府君妻祖氏誌
○椒柳繁衍

【潮】

《説文》：，水朝宗于海。从水，朝省。

北魏・元斌誌

北魏・司馬顯姿誌
○潮(朝)服常清

【濥】

《説文》：，水脈行地中濥濥也。从水夤聲。

【滔】

《説文》：，水漫漫大皃。从水舀

聲。

石鼓・而師

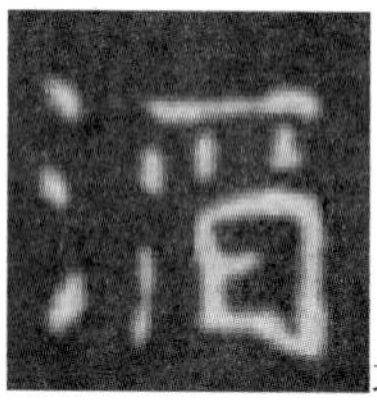
北魏・元顥誌

○滔滔乎苞委水而爲深

北魏・元馗誌

○滔々河洛

北魏・元暐誌

○巨滑滔天

東魏・鄭氏誌

北周・乙弗紹誌

○滔滔共江河競遠

【涓】

《說文》：，小流也。从水肙聲。《爾雅》曰："汝爲涓。"

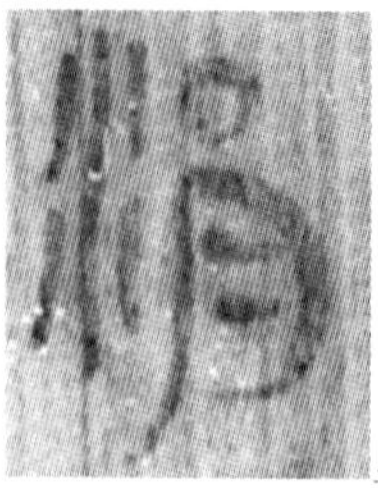
里・第八層 682

里・第八層 141

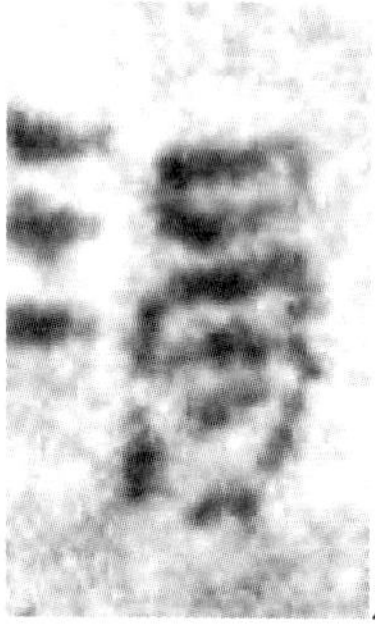
馬壹 218_112

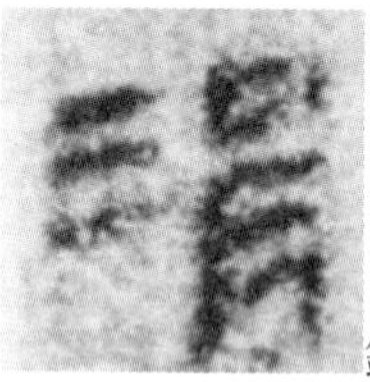
銀壹 245

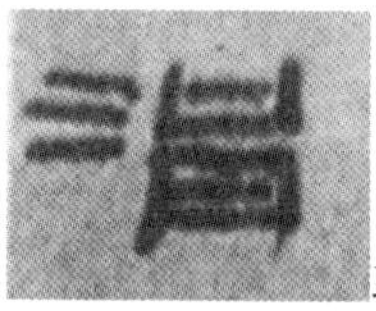
敦煌簡 1462

漢印文字徵

○涓楚勝印

北魏・爾朱襲誌

北魏・元乂誌

東魏・趙秋唐吳造像

【混】

《説文》：，豐流也。从水昆聲。

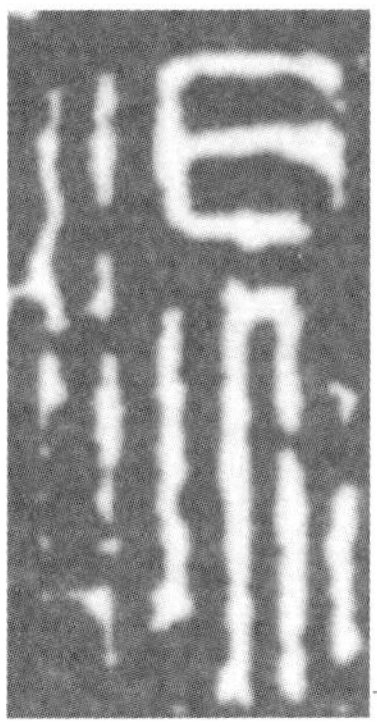
廿世紀璽印三-SY

○劉混

西晉・臨辟雍碑

北魏・于纂誌

北魏・于仙姬誌

○混混三饒

北魏・于纂誌

○混滄溟而俱浚

【潒】

《説文》：，水潒瀁也。从水象聲。讀若蕩。

【漦】

《説文》：，順流也。一曰水名。从水𠩺聲。

【汭】

《説文》：，水相入也。从水从内，内亦聲。

北魏・元天穆誌

北魏・元演誌

北魏・元詳造像

【潚】

《説文》：，深清也。从水肅聲。

馬壹 99_100

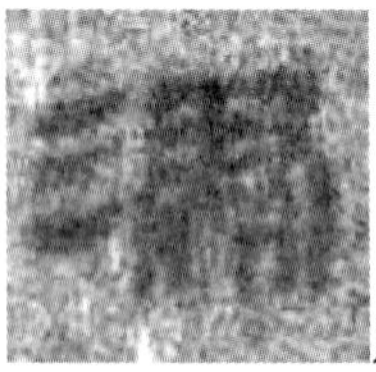
馬壹 14_1 下\94 下

○深潚（淵）

漢印文字徵

○潚宮印

【演】

《說文》：，長流也。一曰水名。从水寅聲。

漢印文字徵

東漢・行事渡君碑

○講演韓詩

西晉・石尠誌

北魏・元瞻誌

○游演應規

北魏・趙充華誌

○演述泉宇

北魏・穆亮誌

○餘慶流演

北齊・魯思明造像

○萬物饒演

【渙】

《說文》：，流散也。从水奐聲。

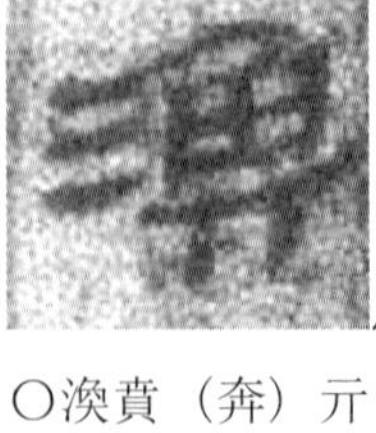
馬壹 38_1 上\25 上

○渙賁（奔）亓(其) 階

馬壹 37_45 下

○渙也者德制也

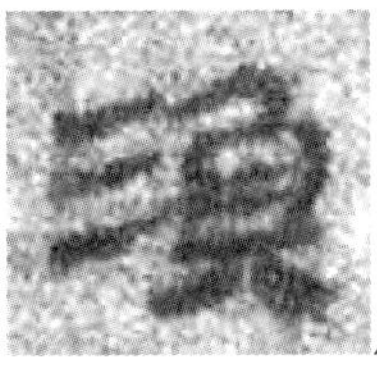
馬壹 14_90 下

○元吉渙有丘

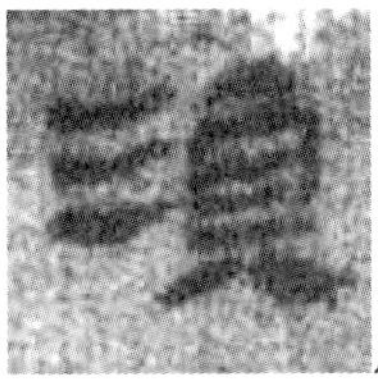
馬壹 13_90 上

○渙亨王叚（假）于廟

北貳・老子 160

○渙虖(乎)其如冰之澤(釋)

北壹・倉頡篇 4

秦代印風

○張渙

北魏・元項誌

○麗則渙汗

北魏・元子正誌

○渙汗增輝

北魏・元欽誌

○渙乎如水

北魏・源延伯誌

○但胡戎叛渙

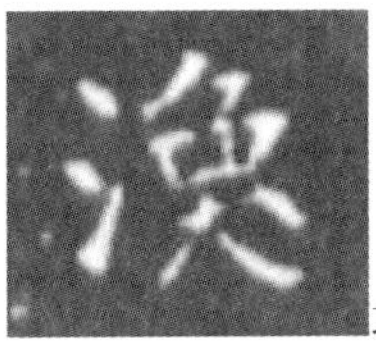
北齊・□忝□措誌

○曾祖父渙

【泌】

《説文》：，俠流也。从水必聲。

北魏・辛穆誌

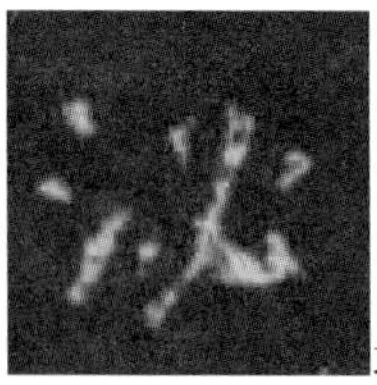
北魏・元緒誌

【活】

《說文》：，水流聲。从水昏聲。

【𣽼】

《說文》：，活或从聒。

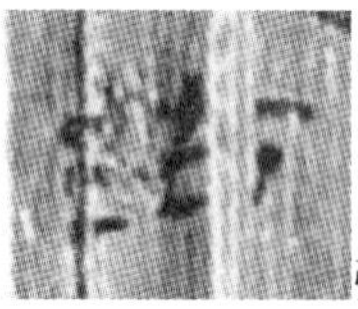
張・脈書 52

○活人夫留

廿世紀璽印二-SY

東漢・耿勳碑

三國魏・上尊號碑

北魏・元壽安誌

北魏・叔孫協及妻誌

【湝】

《說文》：，水流湝湝也。从水皆聲。一曰湝湝，寒也。《詩》曰：“風雨湝湝。”

北齊・徐之才誌

○箴規湝閔

【泫】

《說文》：，湝流也。从水玄聲。上黨有泫氏縣。

張・秩律 455

金關 T04:020

北壹・倉頡篇 13

漢印文字徵

○泫氏令印

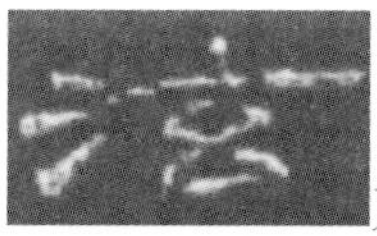
東漢・桐柏淮源廟碑

北魏・元子直誌

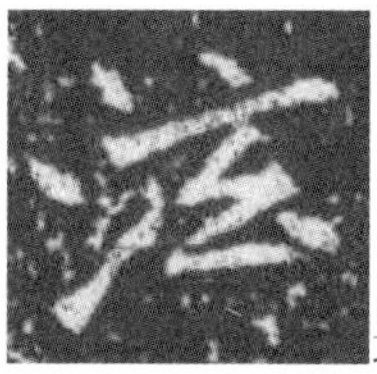
北魏・元敷誌

北魏・元彦誌

【滮】

《説文》：，水流皃。从水，彪省聲。《詩》曰：“滮沱北流。”

【淢】

《説文》：，疾流也。从水或聲。

【瀏】

《説文》：，流清皃。从水劉聲。《詩》曰：“瀏其清矣。”

三國吳・谷朗碑

○遷長沙瀏陽令

【濊】

《説文》：，礙流也。从水薉聲。《詩》云：“施罟濊濊。”

【滂】

《説文》：，沛也。从水旁聲。

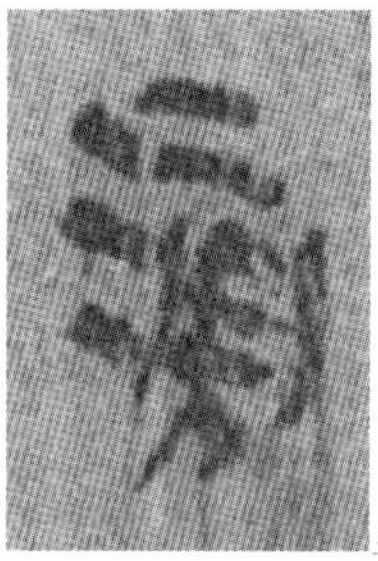
里・第八層 63

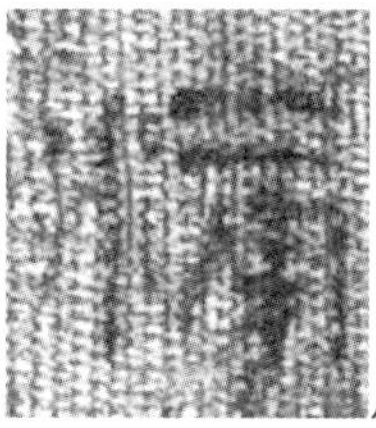
馬貳 65_34/68

漢印文字徵

石鼓・霝雨

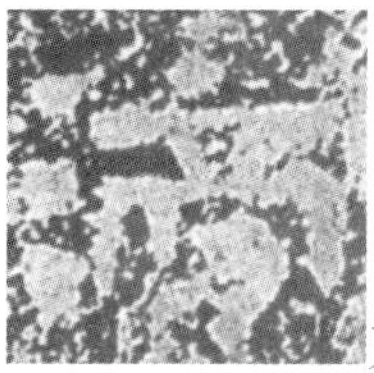
東漢・析里橋郙閣頌

○濤波滂沛

北魏・封魔奴誌

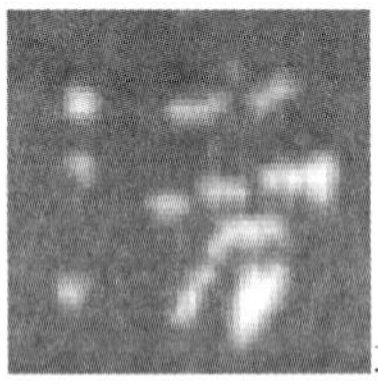
北魏・山公寺碑頌

【汪】

《說文》：，深廣也。从水王聲。一曰汪，池也。

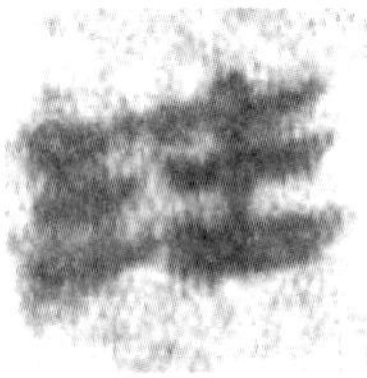
馬壹 147_63/237 下

○別全汪（枉）則正

金關 T26:035

○侍里汪罷軍年卅八

廿世紀璽印二-SY

○汪參

秦代印風

○汪莽

秦代印風

○汪嬰

漢印文字徵

○汪闖

漢印文字徵

○汪印賢

北魏・元崇業誌

北魏・元鑒誌

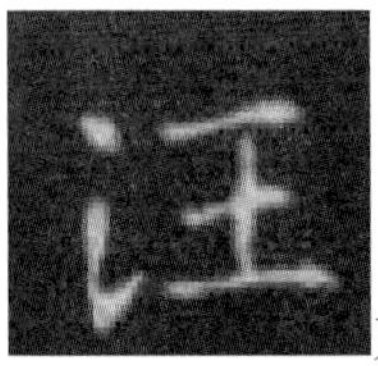
東魏・王僧誌

【漻】

《說文》：，清深也。从水翏聲。

馬壹 149_65/239 下

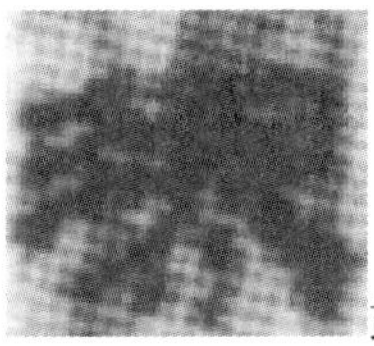
武・儀禮甲《服傳》37

【泚】

《説文》：，清也。从水此聲。

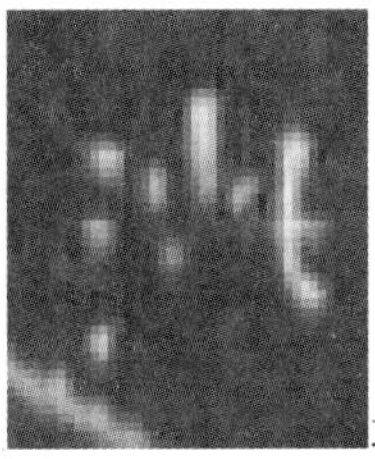
北周・尉遲運誌

○洪源泚瀰

【況】

《説文》：，寒水也。从水兄聲。

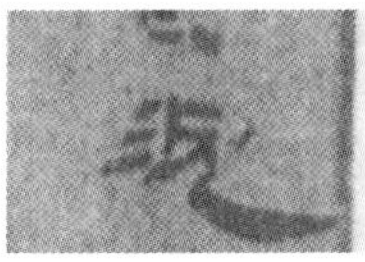
敦煌簡 0984

○賊劉況

金關 T23:819

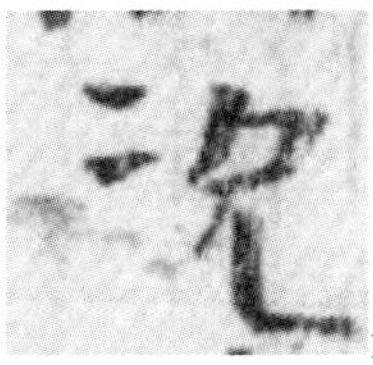
金關 T24:248

○韓況□獄丞

北壹・倉頡篇 21

○寥閭堪況燎灼

廿世紀璽印三-SY

○公孫況印

漢印文字徵

○管況

歷代印匋封泥

○毒況私印

柿葉齋兩漢印萃

○橋況私印

漢印文字徵

○周況

漢晉南北朝印風

○杜況私印

漢晉南北朝印風

○杜況私印

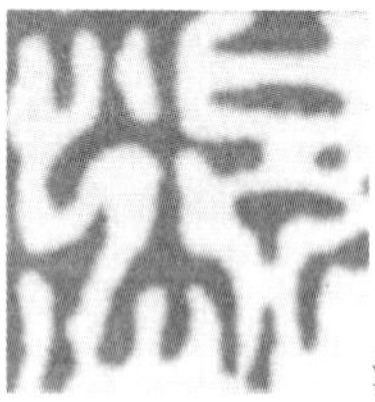
漢晉南北朝印風

○禹況私印

漢晉南北朝印風

○郭況

東漢・景君碑

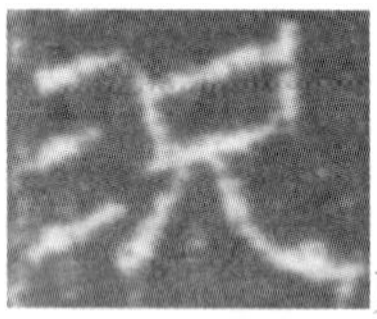
東漢・石祠堂石柱題記

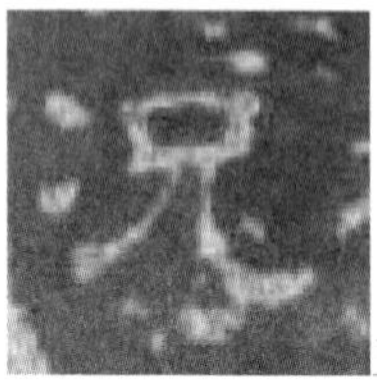
三國魏・上尊號碑

西晉・成晃碑

○況訓親屬

北齊・狄湛誌

北齊・斛律氏誌

【沖】

《説文》：𣲙，涌搖也。从水、中。讀若動。

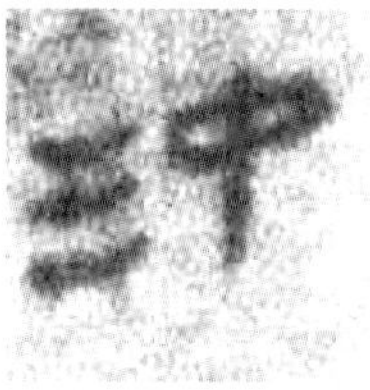
馬壹 146_47/221 上

北貳・老子 134

漢印文字徵

漢印文字徵

西晉・趙氾表

北魏・元思誌

【汎】

《說文》：，浮皃。从水凡聲。

漢印文字徵

漢印文字徵

○王汎印信

漢印文字徵

漢印文字徵

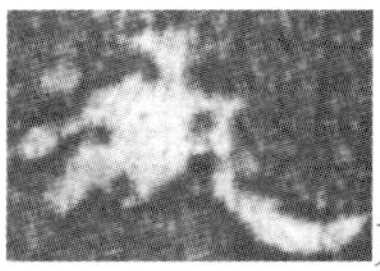
東漢・禮器碑陰

○魯孔汎漢光二百

北魏・元汎略誌

北齊・柴季蘭造像

○汎寶船於慾海

【沄】

《說文》：，轉流也。从水云聲。讀若混。

東牌樓 043 背

○委蔡沄白

北壹・倉頡篇 13

○偏有泫沄孃姪

【浩】

《說文》：，澆也。从水告聲。《虞書》曰："洪水浩浩。"

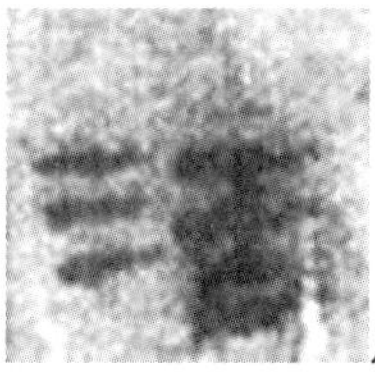
馬壹 171_1 上

○帝大浩（皞）其丞

銀貳 1783

○吕大浩（鵠）至

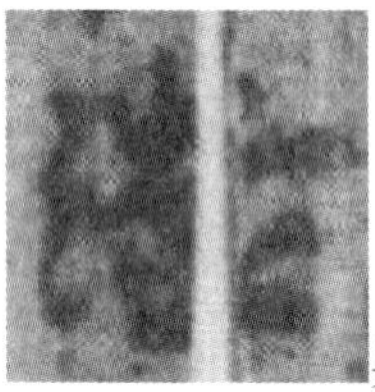
吴簡嘉禾・一

○小女浩年二歲

漢印文字徵

漢印文字徵

東漢・趙寬碑

○金城浩亹人也

東漢・從事馮君碑

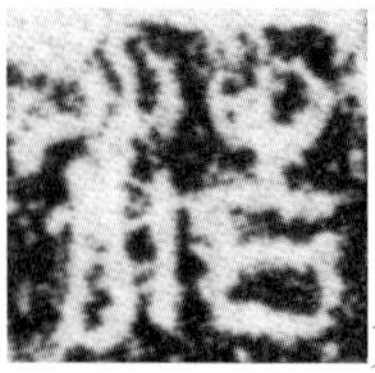
東漢・開母廟石闕銘

○洪泉浩浩

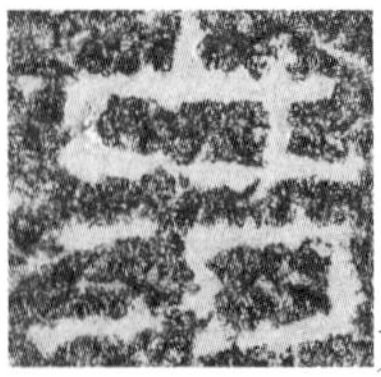
東漢・任城王墓黄腸石

○無監石工浩大

北魏・元寶月誌

北魏・笱景誌

北魏・元新成妃李氏誌

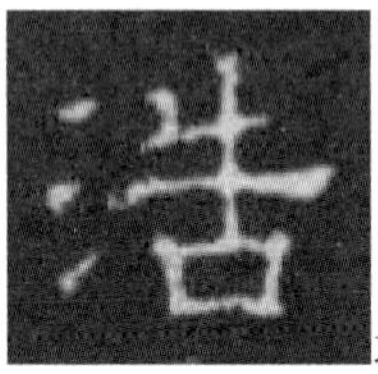
北齊・暴誕誌

【沆】

《説文》：，莽沆，大水也。从水亢聲。一曰大澤皃。

北魏・弔比干文

○吸沆瀣之純粹兮

【沉】

《說文》：，水从孔穴疾出也。从水从穴，穴亦聲。

【濞】

《說文》：，水暴至聲。从水鼻聲。

漢印文字徵

○臣濞

【潚】

《說文》：，水小聲。从水爵聲。

【滃】

《說文》：，水疾聲。从水翕聲。

【滕】

《說文》：，水超涌也。从水朕聲。

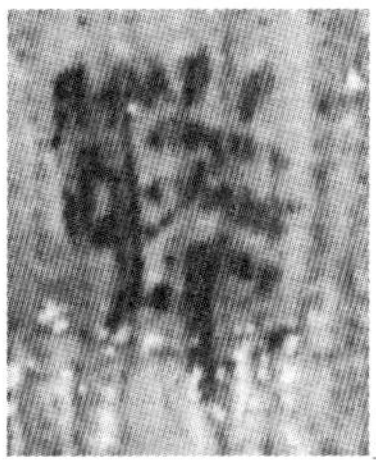
里·第八層 533

○滕司寇

北壹·倉頡篇 47

○趙滕

漢印文字徵

○滕權印

漢印文字徵

○滕宮印

漢印文字徵

○張滕

漢印文字徵

○滕少光

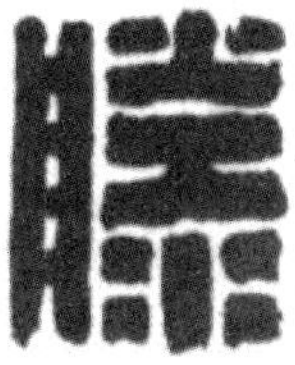
漢印文字徵

○滕母害印

漢印文字徵

○滕買印

漢印文字徵

○滕買印

漢印文字徵

○滕母害印

漢晉南北朝印風

漢晉南北朝印風

○孟滕之印

漢晉南北朝印風

○孟滕

東魏·陸順華誌

○滕公之廬重啓

北齊·張海翼誌

北周·盧蘭誌

○猶爲滕薛

【潏】

《説文》：潏，涌出也。一曰水中坻，人所爲，爲潏。一曰潏，水名，在京兆杜陵。从水矞聲。

秦文字編 1647

【洸】

《說文》：，水涌光也。从水从光，光亦聲。《詩》曰：“有洸有潰。”

北魏・元暐誌

○洸洸萬頃

北魏・元暐誌

○洸洸萬頃

北魏・姚伯多碑

○洸洸尹生

【波】

《說文》：，水涌流也。从水皮聲。

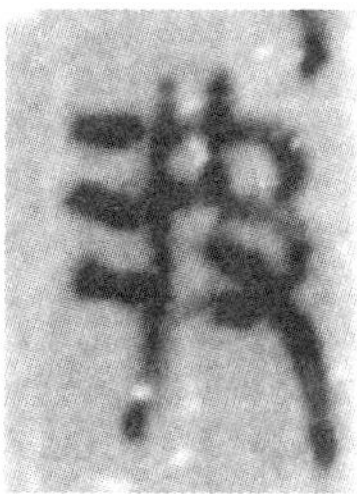
睡・日甲《土忌》142

○室及波（破）地

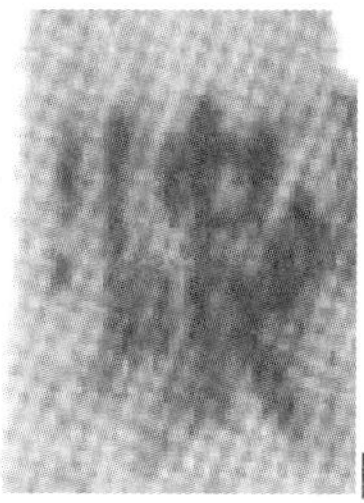
關・病方 339

○癰某波（破）禹

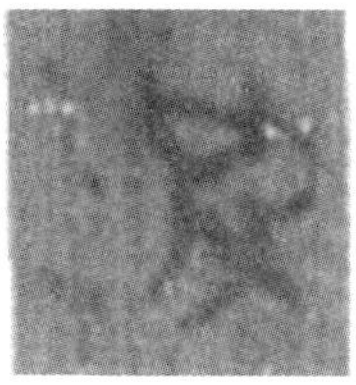
嶽・質日 2742

○戊午波留

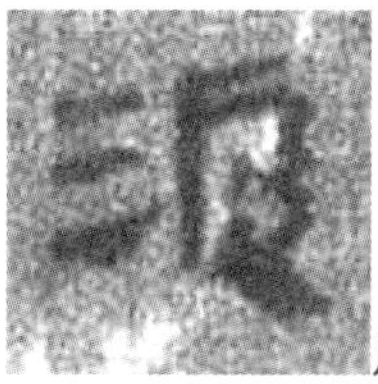
馬壹 8_46 下

○无平不波（陂）

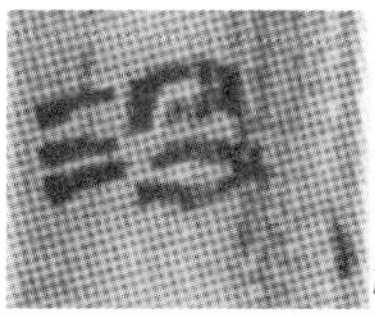
張・徭律 413

○橋穿波（陂）沱（池）

銀貳 1738

○波（陂）池

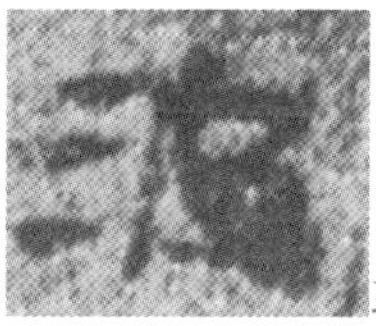
敦煌簡 2253

○轉揚波辟柱槇到忘

金關 T21:229

北壹・倉頡篇 79

○渠波

廿世紀璽印四-GY

○伏波將軍章

廿世紀璽印四-GY

○伏波將軍章

漢代官印選

漢印文字徵

柿葉齋兩漢印萃

漢晉南北朝印風

○伏波將軍章

漢晉南北朝印風

○伏波將軍

東漢・成陽靈臺碑

北魏・于纂誌

北魏・給事君妻韓氏誌

【澐】

《説文》：澐，江水大波謂之澐。从水雲聲。

北魏・彌勒頌碑

○邑子吳澐

【瀾】

《説文》：瀾，大波爲瀾。从水闌聲。

【漣】

《説文》：漣，瀾或从連。

北魏・元彝誌

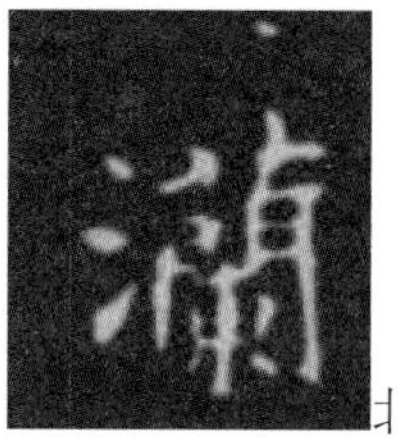
北魏・元侔誌

○傷瀾源之絕浦

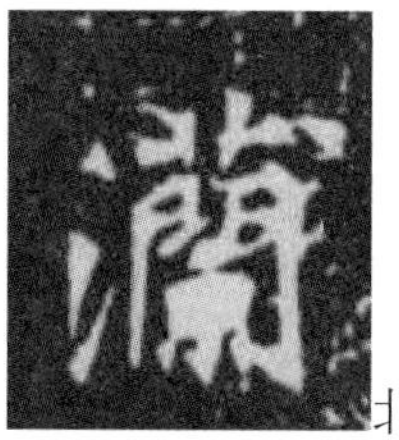
北魏・鄯乾誌

○濬發瀾京

北魏・元龍誌

○弈弈波瀾

北齊・婁黑女誌

北魏・元延明誌

○奉詔冊以流漣

北魏・元彝誌

○對窮莛以漣濡

【淪】

《說文》：淪，小波爲淪。从水侖聲。《詩》曰：“河水清且淪漪。”一曰没也。

漢印文字徵

○隨□淪印

東漢・趙菿殘碑

○于時俱淪

三國魏・孔羨碑

北魏・王蕃誌

北魏・元冏誌

北齊・赫連子悅誌

北周・華岳廟碑

【漂】

《説文》：漂，浮也。从水票聲。

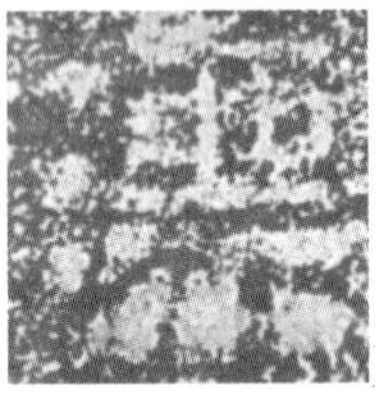
東漢・析里橋郙閣頌

北魏・弔比干文

○循海波而漂摇兮

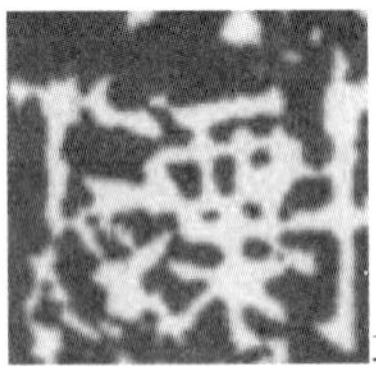
北齊・宋始興造像

○欲海漂流

北周・叱羅協誌

【浮】

《説文》：浮，氾也。从水孚聲。

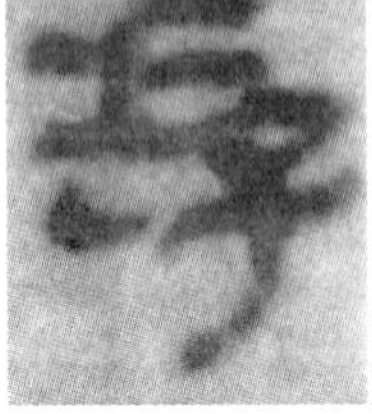
睡・日甲《盜者》81

○名曰浮妾榮辨僕上

里・第八層 550

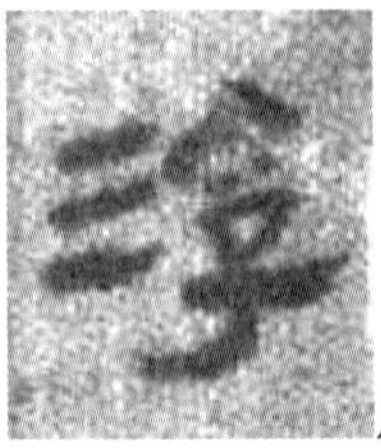
馬壹 137_59 下/136 下

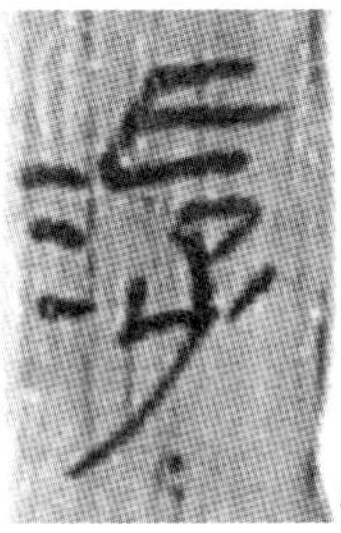
張・脈書 55

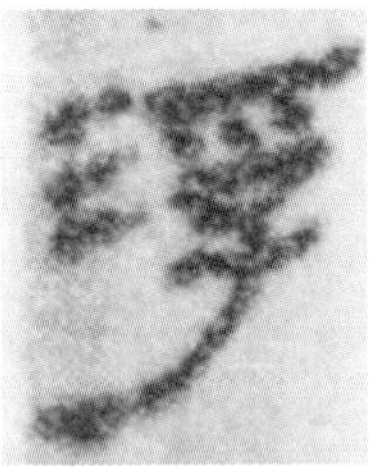
銀壹 415

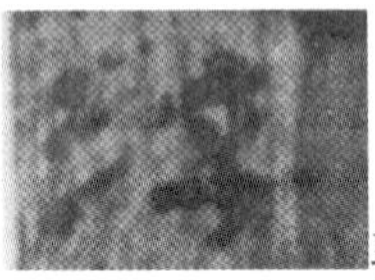
敦煌簡 0137

○傴尺浮部六桼十里

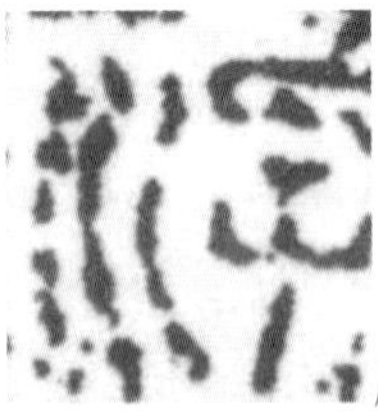
歷代印匋封泥

漢代官印選

漢印文字徵

漢印文字徵

漢晉南北朝印風

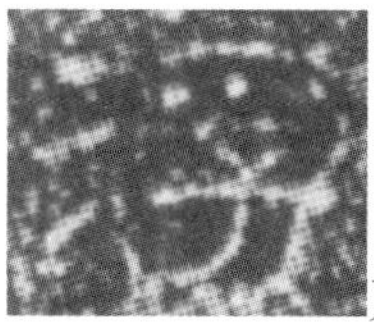
東漢·陶洛殘碑陰

東漢·望都一號墓佚名墓銘

北魏·元弼誌

北魏·淨悟浮圖記

北魏·元濬嬪耿氏誌

北魏·元維誌

東魏·凝禪寺浮啚碑

〇凝禪寺三級浮圖之頌碑

【濫】

《説文》：，氾也。从水監聲。一曰濡上及下也。《詩》曰："觱沸濫泉。"一曰清也。

東漢·尚博殘碑

十六國北涼·沮渠安周造像

北魏·元誘誌

北魏・給事君妻韓氏誌

北魏・元壽妃麴氏誌

東魏・馮令華誌

【氾】

《説文》：，濫也。从水㔾聲。

漢銘・永壽二年鐎

漢代官印選

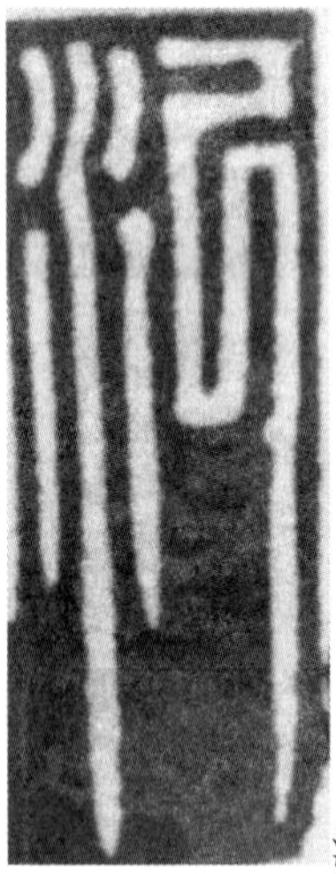
漢晉南北朝印風

○氾季超

漢晉南北朝印風

東漢・張遷碑陰

○故吏氾奉祖錢三百

東漢・張遷碑陰

○故吏氾定國錢七百

【泓】

《説文》：，下深皃。从水弘聲。

漢印文字徵

○張泓印信

漢印文字徵

○孫泓白事

北周・華岳廟碑

○泓澄巒岫

【湋】

《說文》：，回也。从水韋聲。

【測】

《說文》：，深所至也。从水則聲。

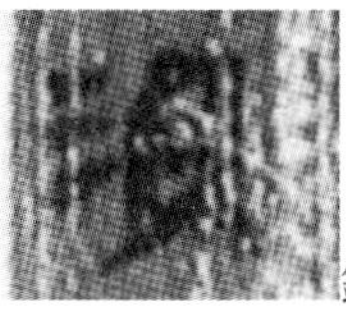
銀貳 1677

〇不可測瀍

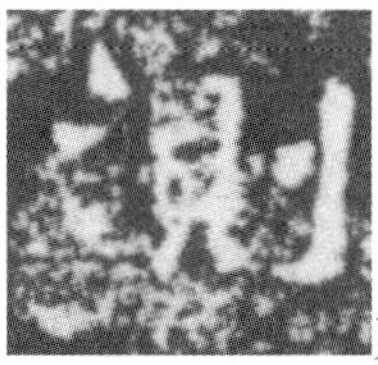
東漢・西狹頌

北魏・尉氏誌

北魏・穆循誌

北魏・石婉誌

【湍】

《說文》：，疾瀨也。从水耑聲。

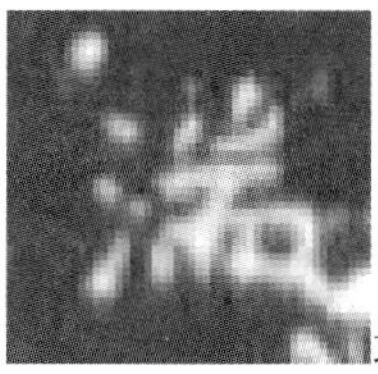
北魏・元邵誌

【淙】

《說文》：，水聲也。从水宗聲。

【激】

《說文》：，水礙衺疾波也。从水敫聲。一曰半遮也。

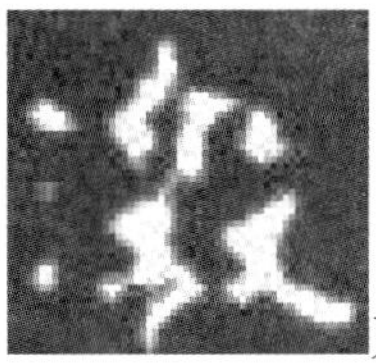
東漢・柳敏碑

〇激□揚兮

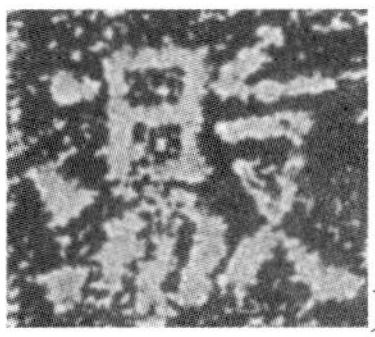
東漢・析里橋郙閣頌

〇激揚絕道

東漢・建寧殘碑

〇□齋俗激

北魏・元項誌

北魏・盧令媛誌

北魏・解伯都等造像

北齊・張海翼誌

【洞】

《説文》：，疾流也。从水同聲。

里・第五層 35

○郵行洞庭

里・第六層 2

○郵行洞庭

里・第八層 2302

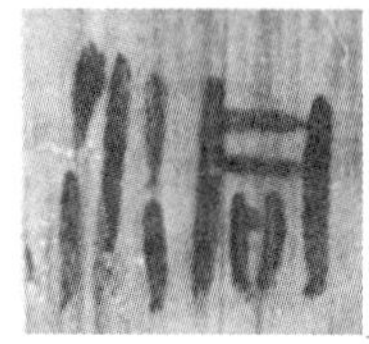
里・第八層 1826

漢印文字徵

東漢・鮮於璜碑陰

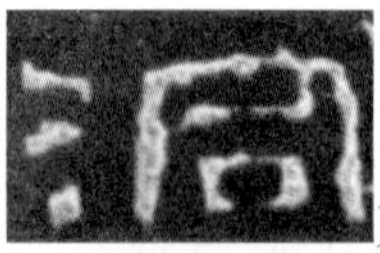
東漢・楊震碑

西晉・趙氾表

北魏・陳天寶造像

北魏・元斌誌

北齊・王憐妻趙氏誌

【⿰氵旛】

《説文》：，大波也。从水旛聲。

【洶】

《説文》：，涌也。从水匈聲。

漢印文字徵

○張洶

【涌（湧）】

《説文》：涌，滕也。从水甬聲。一曰涌水，在楚國。

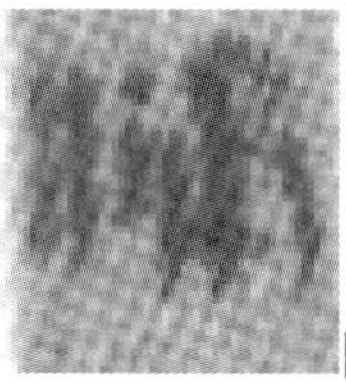
關・曆譜 54

〇迣離涌東

漢印文字徵

〇張湧印

漢印文字徵

〇騏湧汗

東漢・曹全碑陽

〇謀若涌泉

北魏・元彧誌

〇涌泉時注

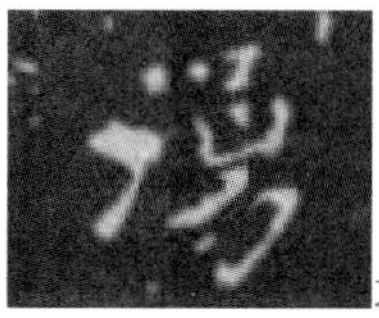
北魏・賈瑾誌

〇則吻間泉涌

北魏・元秀誌

〇豔辭泉涌

東魏・廉富等造義井頌

〇上涌分山

【湁】

《説文》：湁，湁湒，鬻也。从水拾聲。

【涳】

《説文》：涳，直流也。从水空聲。

【汋】

《説文》：汋，激水聲也。从水勺聲。井一有水、一無水，謂之瀱汋。

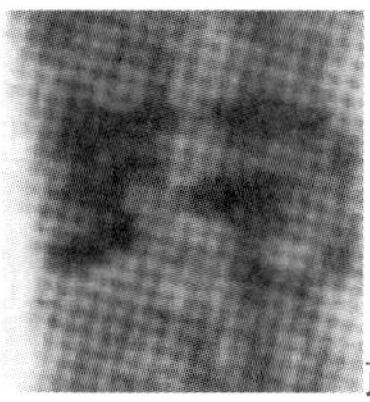
武・甲《燕禮》17

〇階序汋(酌）散

【瀱】

《説文》：瀱，井一有水、一無水，謂之瀱汋。从水罽聲。

【渾】

《説文》：渾，混流聲也。从水軍聲。一曰洿下皃。

馬壹 96_24

〇天下渾心

馬貳 70_52/52

北貳・老子 32

漢晉南北朝印風

漢印文字徵

漢印文字徵

柿葉齋兩漢印萃

漢晉南北朝印風

東漢・王舍人碑

北魏・趙廣者誌

〇渾渾大夜

北魏・于仙姬誌

北魏・吐谷渾璣誌

北魏・奚智誌

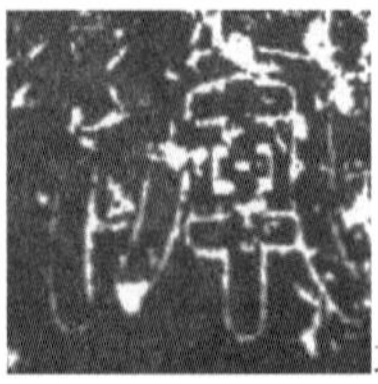
北齊・吐谷渾靜媚誌蓋

〇吐谷渾墓誌之銘

【洌】

《說文》：，水清也。从水列聲。

《易》曰："井洌，寒泉，食。"

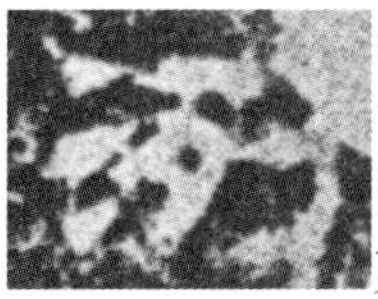
東漢・熹平石經殘石五

北魏・李慶容誌

○幽扃夜洌(冽)

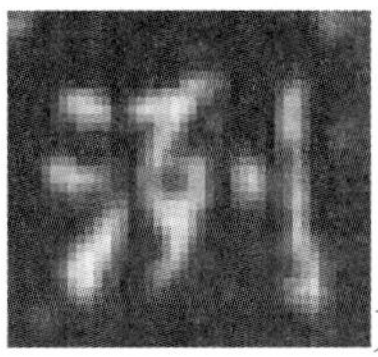
東魏・昌樂王元誕誌

○悲泉已洌(冽)

【淑】

《説文》：淑，清湛也。从水叔聲。

漢印文字徵

○郝淑印信

東漢・皇女殘碑

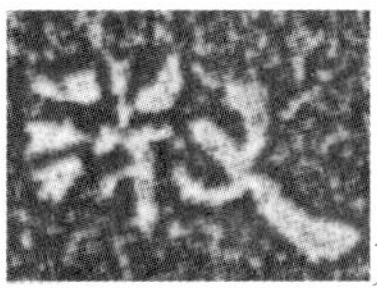
東漢・趙寬碑

北魏・緱光姬誌

○姿淑逸於幽閑

北魏・慈慶誌

○稟氣淑真

北魏・司馬顯姿誌

北魏・司馬顯姿誌

北魏・韓氏誌

○凝質淑麗

北魏・劉氏誌

北魏・元祥誌

○德心孔淑

北魏・元誘妻馮氏誌

東魏・劉幼妃誌

北齊・傅華誌

〇淑問徽音

【溶】

《説文》：，水盛也。从水容聲。

【瀓】

《説文》：，清也。从水，徵省聲。

漢銘・池陽宮行鐙

漢銘・左瀓鐵

【清】

《説文》：，朖也。瀓水之皃。从水青聲。

漢銘・清河大后中府鍾

睡・日甲《詰》35

關・病方 368

馬壹 130_11 上\88 上

馬貳 130_42

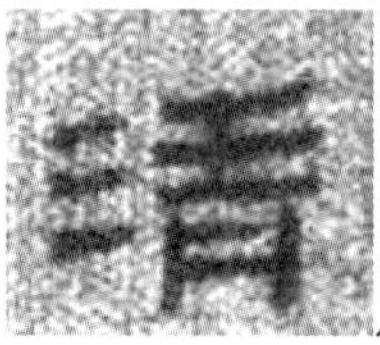
馬貳 32_7 上

張・奏讞書 24

張・蓋盧 12

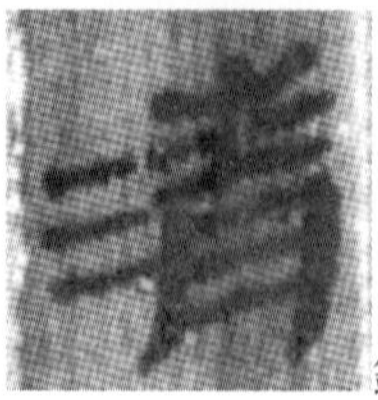
銀貳 1708

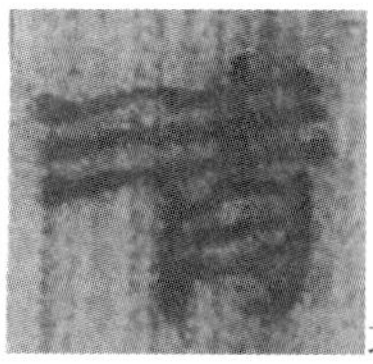
北貳·老子 24

敦煌簡 0089A

○長走清子俱求度

敦煌簡 2396A

金關 T10:128

○東郡清高明里李憲

魏晉殘紙

○清涼

秦代印風

○李清

廿世紀璽印三-SY

漢印文字徵

柿葉齋兩漢印萃

漢代官印選

歷代印匋封泥

○清丞之印

漢晉南北朝印風

泰山刻石

東漢・成陽靈臺碑

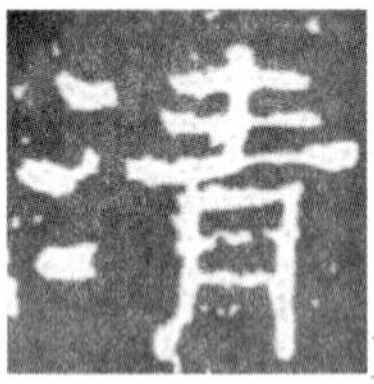
東漢・圉令趙君碑

東漢・夏承碑

東漢・桐柏淮源廟碑

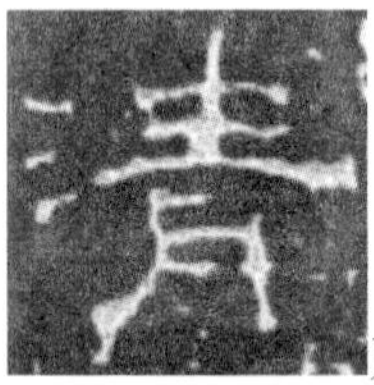
東漢・楊震碑

西晉・石尠誌

西晉・臨辟雍碑

北魏・元悌誌

北魏・寇治誌

北魏・元悌誌

北魏・辛穆誌

北魏・楊乾誌蓋

○魏故清水太守墓誌

北魏・王誦妻元氏誌

北齊・張胡仁記碑

○河清元年

【湜】

《說文》：，水清底見也。从水是聲。《詩》曰："湜湜其止。"

漢晉南北朝印風

○王湜私印

【潣】

《說文》：，水流浼浼皃。从水閔聲。

【滲】

《說文》：，下漉也。从水參聲。

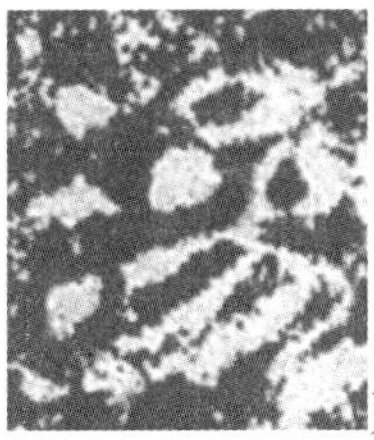
東漢·孟孝琚碑

【潿】

《說文》：，不流濁也。从水圍聲。

【溷】

《說文》：，亂也。一曰水濁皃。从水圂聲。

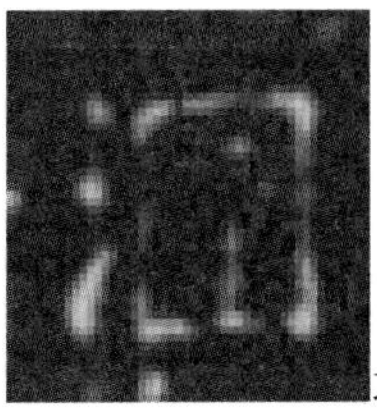
北魏·弔比干文

○世惛惛而溷濁兮

【淈】

《說文》：，濁也。从水屈聲。一曰滒泥。一曰水出皃。

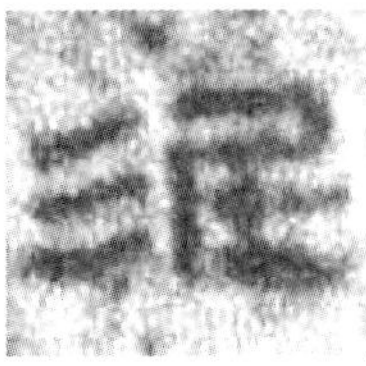
馬壹 146_48/222 上

○虛而不淈

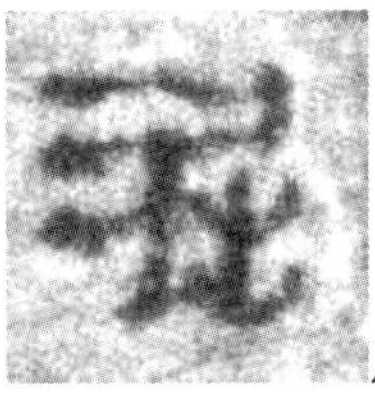
馬壹 99_102

○虛而不淈

【淀】

《說文》：，回泉也。从水，旋省聲。

【漼】

《說文》：，深也。从水崔聲。《詩》曰："有漼者淵。"

東魏·公孫略誌

○所向漼然

【淵】

《說文》：，回水也。从水，象形。左右，岸也。中象水皃。

【𣶒】

《說文》：，淵或省水。

【㴊】

《説文》：㴊，古文从口、水。

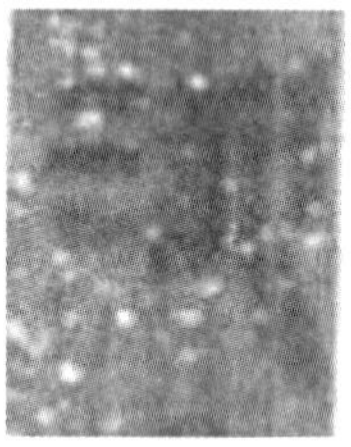
嶽・占夢書 29

○夢見汙淵

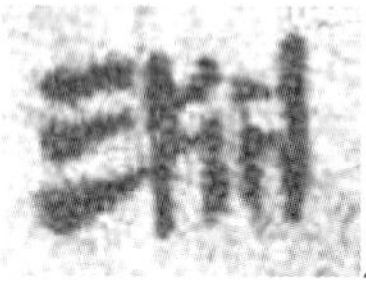
馬壹 13_86 上

○漸于淵

馬貳 206_34

○如藏於淵

北貳・老子 134

○弗盈淵旖（兮）

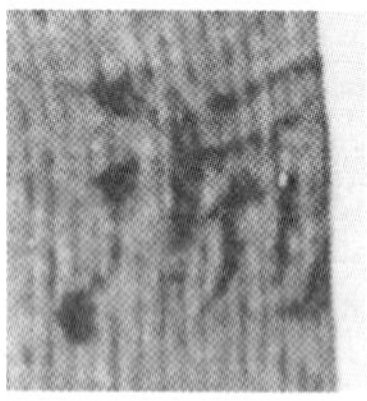
敦煌簡 0236B

○願子淵留意亟

金關 T10:131

○右淵死

北壹・倉頡篇 57

○池溝洫淵泉隄

漢印文字徵

○韓淵

漢印文字徵

○劉淵印信

石鼓・汧殹

東漢・尚博殘碑

東漢・孟孝琚碑

東漢・孔宙碑陰

○門生魏郡清淵許祺，字升明

東漢・夏承碑

北魏・寇偘誌

○愔愔淵澄

北魏・元楨誌

○遥遥淵渟

北魏・元弼誌

○淵源既清

北魏・元秀誌

○懷萬頃之淵量

北魏・胡明相誌

北魏・司馬顯姿誌

○寶育洪淵

北齊・高湝誌

北周・鄭術誌蓋

○大周開府清淵元公鄭君墓誌

北周・匹婁歡誌

○賜龍淵而表德

【瀰】

《説文》：，滿也。从水爾聲。

北周・李賢誌

○瀰瀰朱輪

【澹】

《説文》：，水搖也。从水詹聲。

敦煌簡 0171

○則不澹飢餓并至必

東漢・孟孝琚碑

○澹臺忿怒投流河

北魏・元纂誌

○惠潧五子

北魏・元斌誌

○潧爾自深

【潯】

《說文》：潯，旁深也。从水尋聲。

北魏・于纂誌

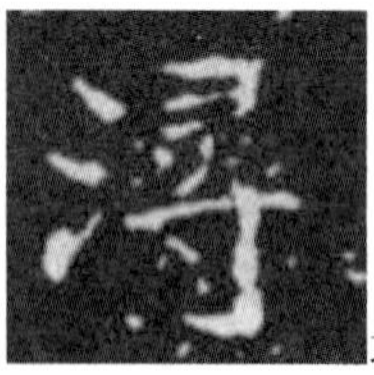
北魏・陶浚誌

【泙】

《說文》：泙，谷也。从水平聲。

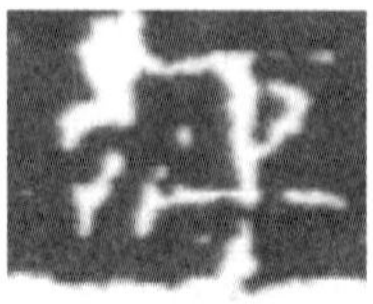
北齊・李(日冈)泙造像

○李昺泙

【泏】

《說文》：泏，水皃。从水出聲。讀若窋。

【瀳】

《說文》：瀳，水至也。从水薦聲。讀若尊。

【澌】

《說文》：澌，土得水沮也。从水㶐聲。讀若麴。

【滿】

《說文》：滿，盈溢也。从水㒼聲。

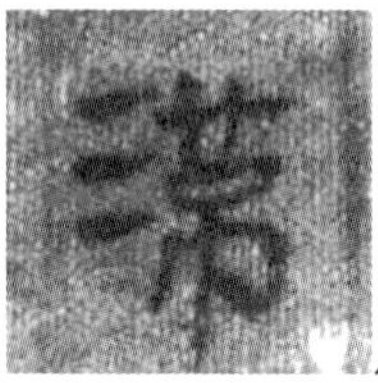
馬壹 75_24

○今禍滿矣

馬貳 86_366/356

○肥滿

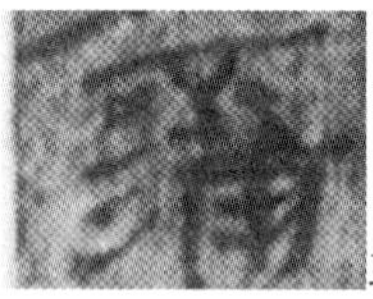
敦煌簡 0285

○少不滿車兩未豢

金關 T07:090

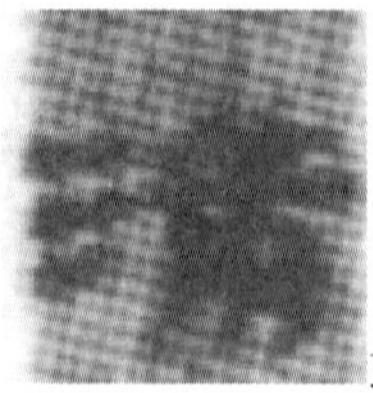
武・儀禮甲《服傳》38

○不滿八歲

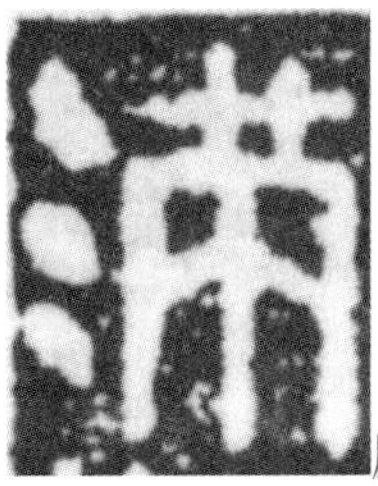
歷代印匋封泥

○滿據

廿世紀璽印三-GP

○棘滿丞印

漢印文字徵

○常滿

柿葉齋兩漢印萃

○司馬滿印

漢印文字徵

漢印文字徵

○萬滿之

漢印文字徵

○王滿

漢印文字徵

○王滿意印

漢印文字徵

北魏・鮮于仲兒誌

○悲滿松風

北魏・于景誌

○限滿還京

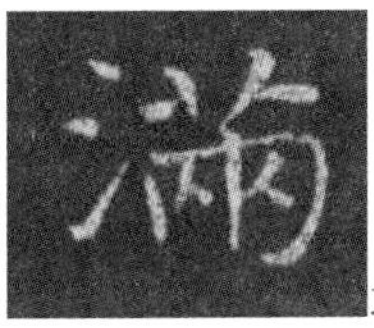
北魏・蘭將誌

○伊其滿堂

北魏·元侃誌

〇遐年詎滿

東魏·元悰誌

北齊·唐邕刻經記

【滑】

《説文》：，利也。从水骨聲。

里·第八層48

〇隸臣滑人

馬貳212_6/107

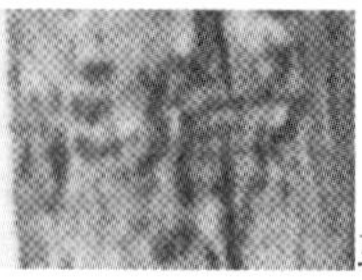
敦煌簡0282

〇昌里滑護字君房

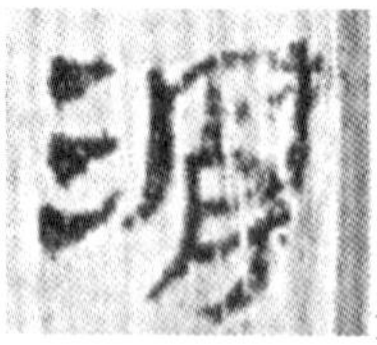
金關T08:034

〇隊卒滑便三年閏月

秦代印風

秦代印風

漢印文字徵

漢印文字徵

漢印文字徵

○滑咸

漢印文字徵

漢晉南北朝印風

○胡滑

漢晉南北朝印風

○咸滑

北魏・元暐誌

○巨滑滔天

北魏・元鑒誌

○滑氓順軌

北魏・元鑒誌

○滑區再汪

【濇】

《説文》：，不滑也。从水嗇聲。

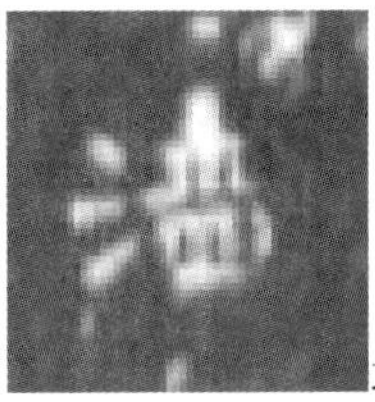
北周・李綸誌

○濇澠靡僻

【澤】

《説文》：，光潤也。从水睪聲。

馬壹 175_52 上

○黄澤客勝

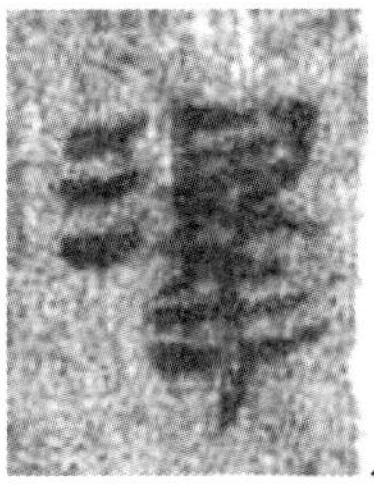
馬壹 16 14 下\107 下

○林陵澤也

馬貳 212_4/105

○悅澤（懌）

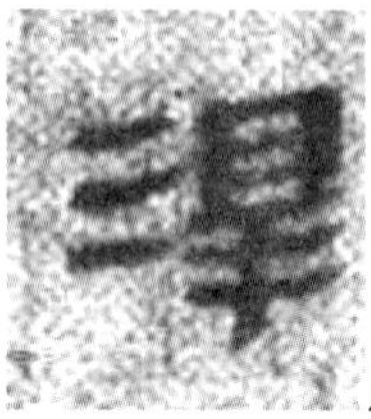
馬貳 32_6 上

○出於澤

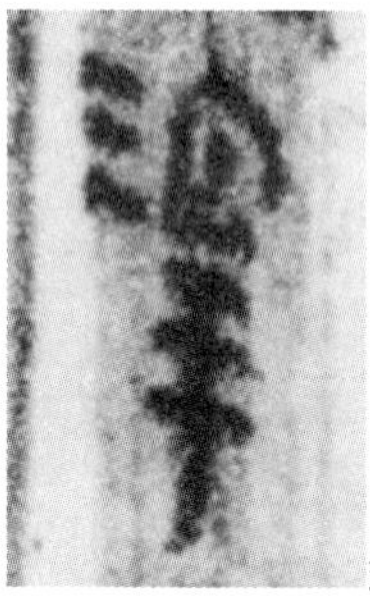
銀壹 870

○阻澤

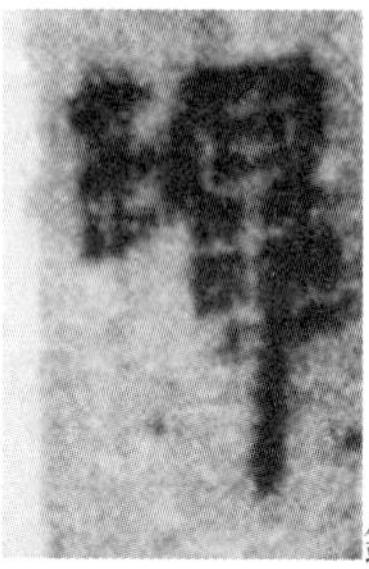
銀壹 347

○川澤

銀貳 1804

北貳・老子 160

○冰之澤(釋)

敦煌簡 1813

○史澤所受官

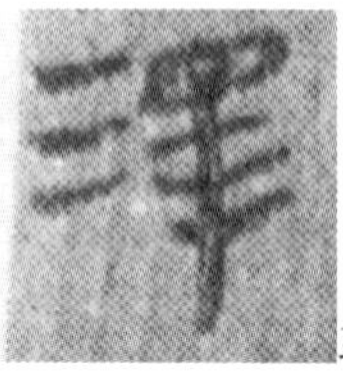
敦煌簡 1044

○臨澤候長董賢馬一

金關 T07:013A

○恩澤甚深厚

廿世紀璽印三-GP

○潍澤丞印

秦代印風

○李澤之

秦代印風

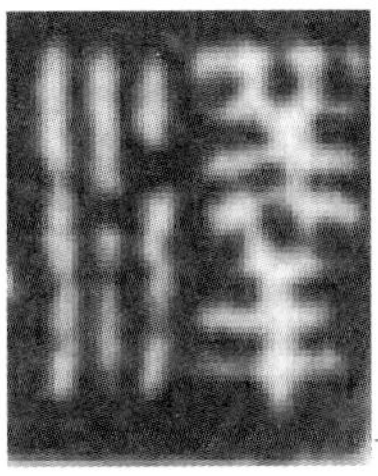
廿世紀璽印三-GY

柿葉齋兩漢印萃

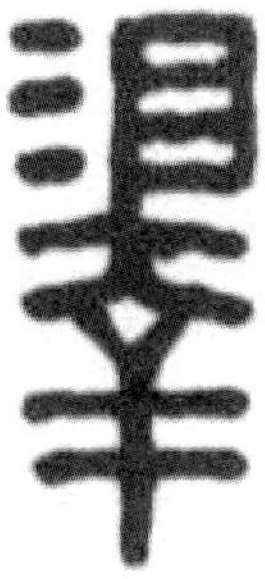
漢印文字徵

〇澤壽王

漢印文字徵

〇孟澤之

漢印文字徵

漢印文字徵

漢印文字徵

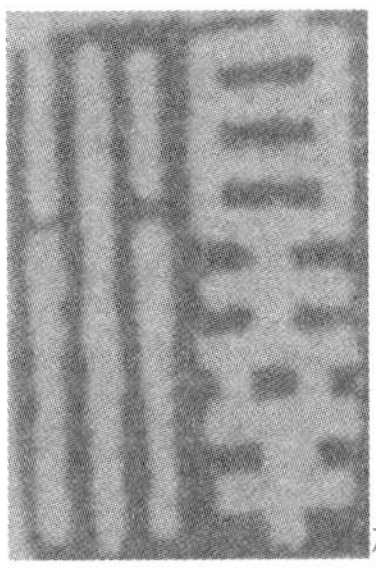
柿葉齋兩漢印萃

漢代官印選

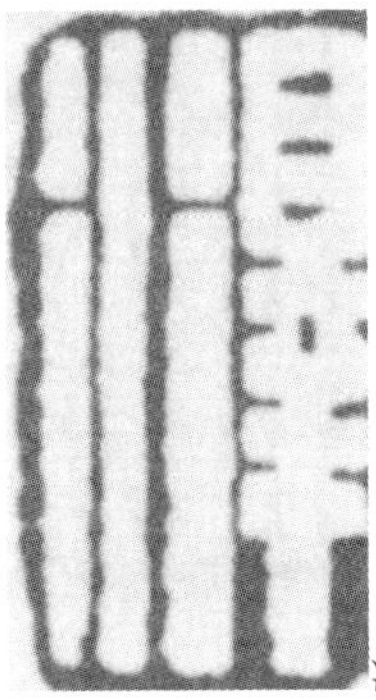
漢晉南北朝印風

漢晉南北朝印風

東漢・景君碑

〇深堅曠澤

東漢・石門頌

○川澤股躬

西晉・臨辟雍碑

北魏・鄯乾誌

北魏・赫連悅誌

北魏・張玄誌

【淫】

《説文》：，侵淫隨理也。从水㸒聲。一曰久雨爲淫。

睡・語書 3

○去其淫避(僻)

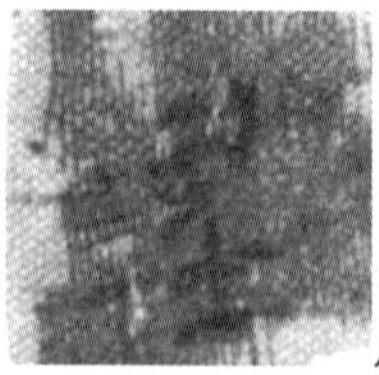
馬貳 125_102

○□淫□者

張・脈書 12

○疕赤淫爲膫

銀貳 1022

○兵尚淫天地

漢印文字徵

○李淫

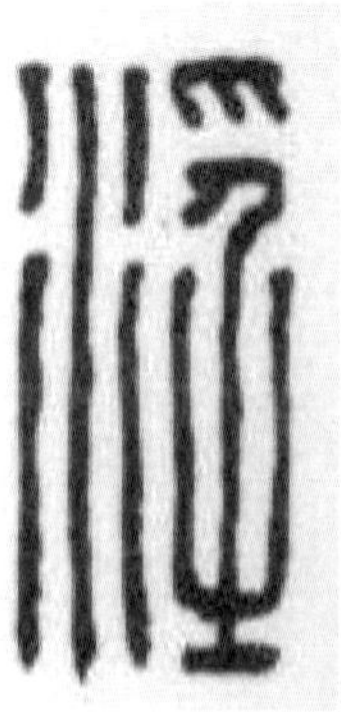
漢印文字徵

○淫葙

漢印文字徵

○孫淫私印

漢晉南北朝印風

○沙淫之印

詛楚文・沈湫

○淫夸競從刑刺不

東漢・營陵置社碑

○改秦淫祀

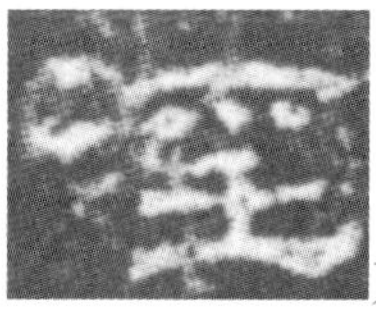東漢・西岳華山廟碑陽

○改秦淫祀

北魏・爾朱襲誌

○淫禍乃加

北魏・薛伯徽誌

○逢淫刑肆毒

北齊・吳遷誌

○侵淫王室

北齊・斛律氏誌

○福善禍淫

【瀸】

《説文》：，漬也。从水鐵聲。《爾雅》曰："泉一見一否爲瀸。"

【泆】

《説文》：，水所蕩泆也。从水失聲。

秦文字編 1650

【潰】

《説文》：，漏也。从水貴聲。

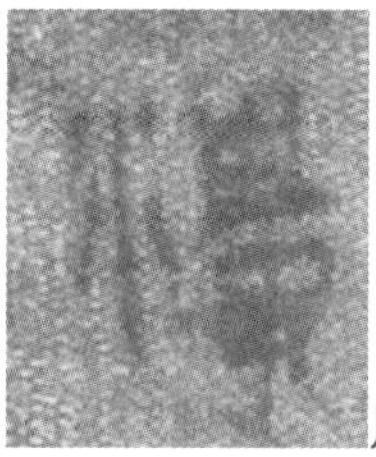馬貳 91_466/456

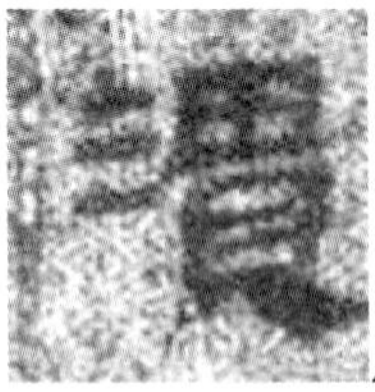
馬貳 38_68 上

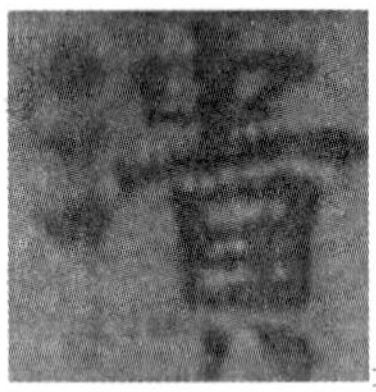
吳簡嘉禾・五・九一三

北魏・元端妻馮氏誌

北魏・元廞誌

【沴】

《説文》：，水不利也。从水㐱聲。《五行傳》曰："若其沴作。"

北魏・長孫瑱誌

○妖沴侵和

北魏・韓氏誌

○横沴濫仁

北魏・元冏誌

○驚沴夏急

北齊・報德像碑

○陽九作沴

南朝宋・明曇憘誌

○巨沴于紀

【淺】

《説文》：，不深也。从水戔聲。

里・第八層 1184

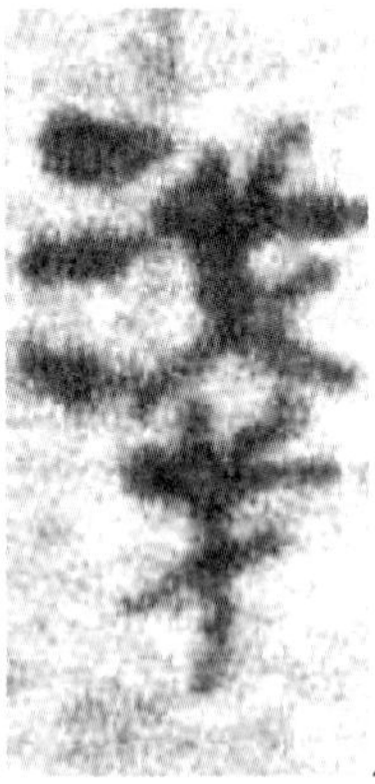
馬壹 104_41\210

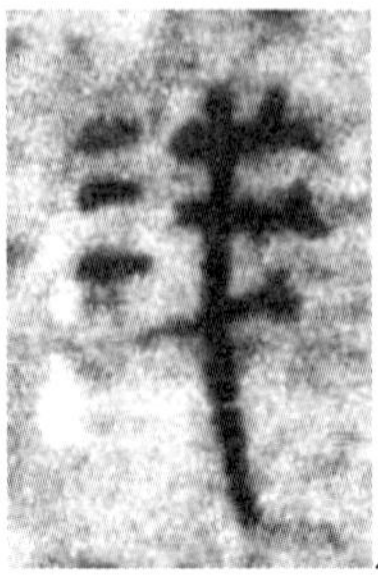
馬壹 90_251

○德趙淺（踐）盬

馬貳 109_16/16

張・脈書 61

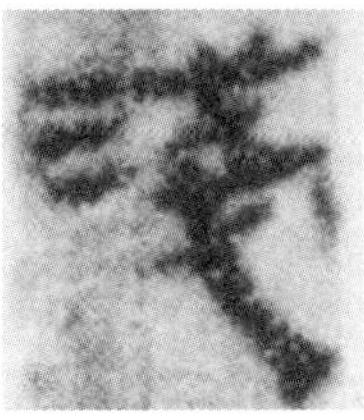
銀壹 163

北貳・老子 4

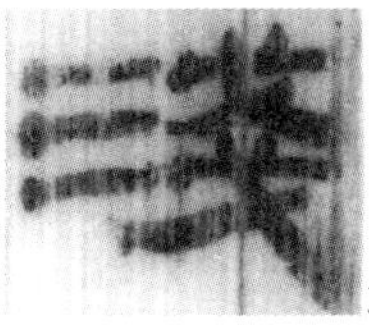
北壹・倉頡篇 39

○淺汙盱復

廿世紀璽印三-GY

○門淺

漢印文字徵

○門淺

漢印文字徵

○門淺

北魏・元恩誌

○雖在朝日淺

北魏・元汎略誌

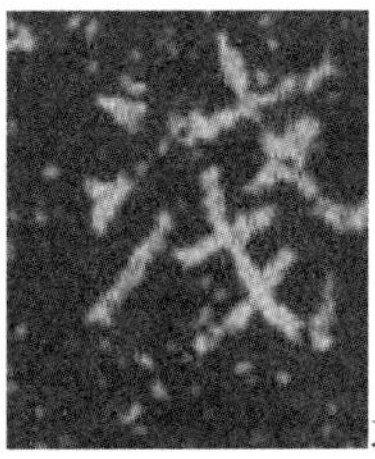
北魏・論經書詩

【洔】

《説文》：洔，水暫益且止，未減也。从水寺聲。

【湝】

《説文》：，少減也。一曰水門。又，水出丘前謂之㳙丘。从水省聲。

【淖】

《説文》：，泥也。从水卓聲。

銀壹 870

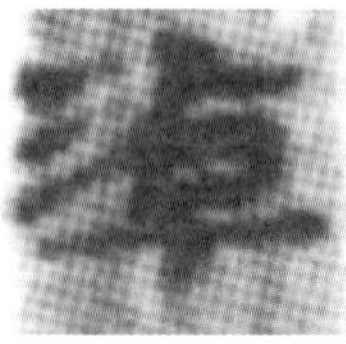
武・甲《少牢》22

漢印文字徵

○淖廣

漢印文字徵

○淖弘私印

石鼓・汧殹

東漢・利水大道刻石題記

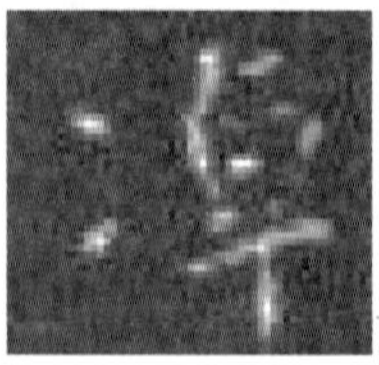
西魏・柳敬憐誌

【濢】

《説文》：，小溼也。从水翠聲。

【溽】

《説文》：，溼暑也。从水辱聲。

【涅】

《説文》：，黑土在水中也。从水从土，日聲。

馬壹 137_156 下/133 下

馬壹 133_33 下/110 下

馬貳 74_130/130

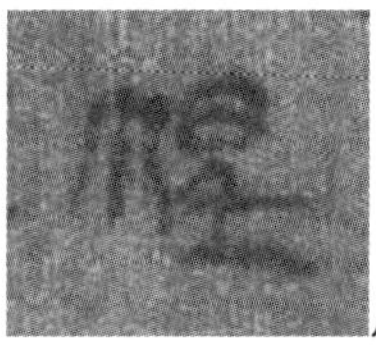
馬貳 134_10/65

○黑涅衣屯（純）

張・秩律 455

○涅襄垣

金關 T23:920

○涅蒲里不更童

歷代印匋封泥

○子涅

廿世紀璽印二-SY

○支涅

漢晉南北朝印風

○涅陽右尉

廿世紀璽印三-SY

○涅士輪

漢印文字徵

漢印文字徵

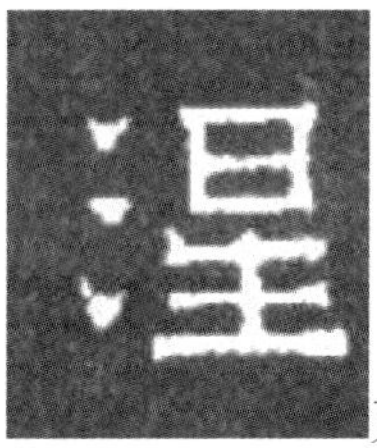
東晉・劉媚子誌

○故夫人南陽涅陽劉氏

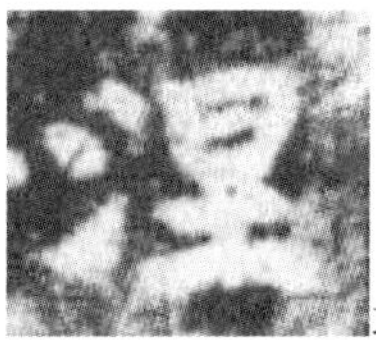
北齊・文殊般若經

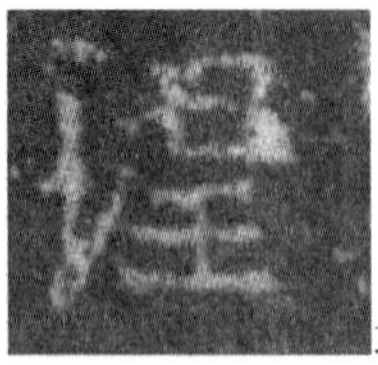
北齊・張思伯造浮圖記

○猶歸涅槃

北齊・高淯誌

北周・梁嗣鼎誌

○涅槃經二部卒於

【滋】

《説文》：，益也。从水兹聲。一曰滋水，出牛飲山白陘谷，東入呼沱。

春中・仲滋鼎

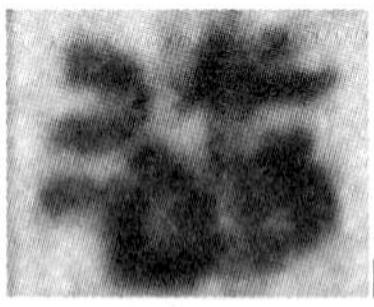
睡・日甲《稷叢辰》34

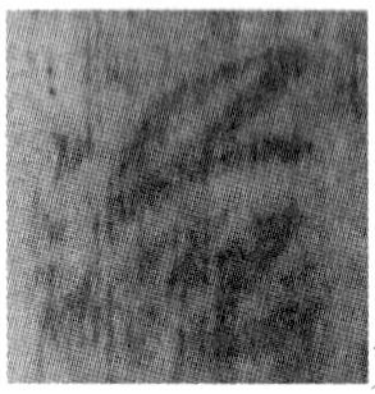
東牌樓 048 背

○污穢滋列

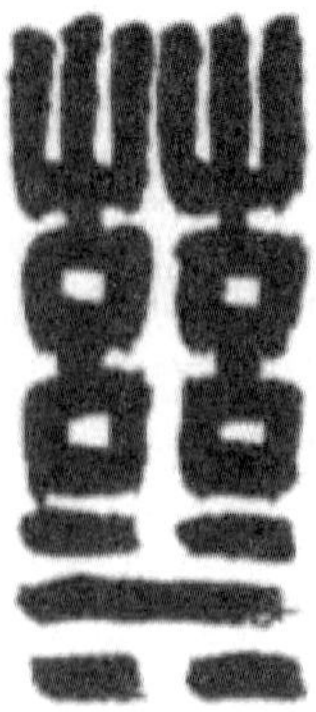
漢印文字徵

○李滋

東漢・相張壽殘碑

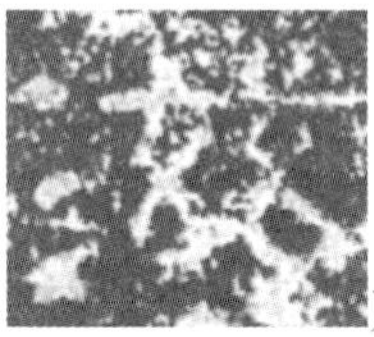
東漢・孟孝琚碑

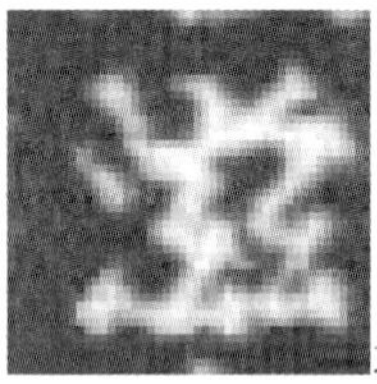
北朝・千佛造像碑

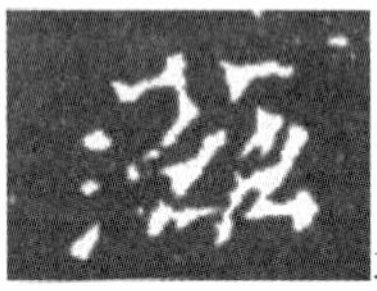
北魏・劉滋誌

北魏・元彥誌

【溜】

《説文》：，青黑色。从水曶聲。

【浥】

《説文》：，溼也。从水邑聲。

漢銘・□平浥家斗

漢印文字徵

○浥石□

漢印文字徵

○浥之解印

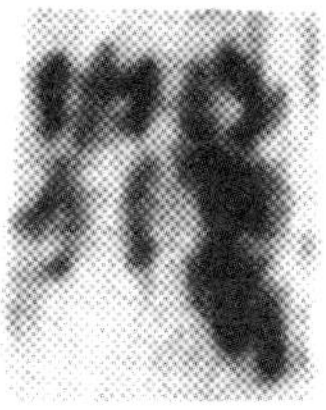
秦文字編 1668

北魏・元瞻誌

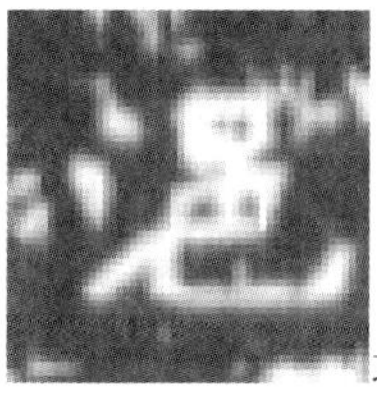
北周・韋彪誌

【沙】

《説文》：沙，水散石也。从水从少。水少沙見。楚東有沙水。

【沙】

《説文》：沙，譚長説，沙或从尐。尐，子結切。

漢銘・長沙七斤銅錠

漢銘・剌廟鼎一

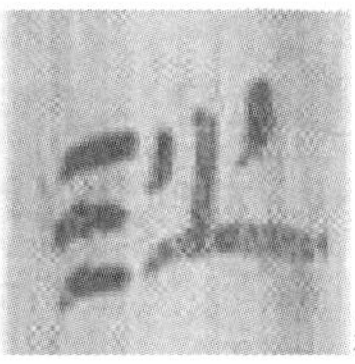
嶽・癸瑣案 10

○未到沙羡

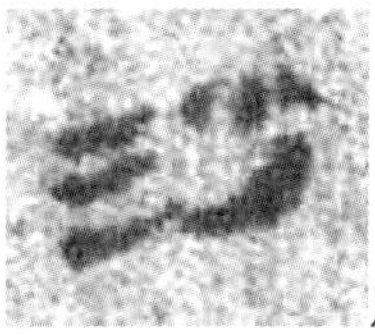
馬壹 5_22 上

馬貳 245_271

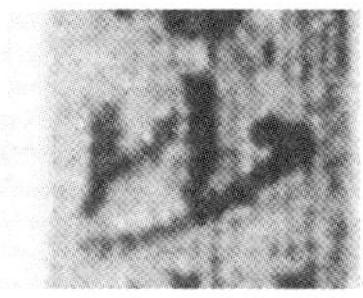
敦煌簡 2396A

○高沙督

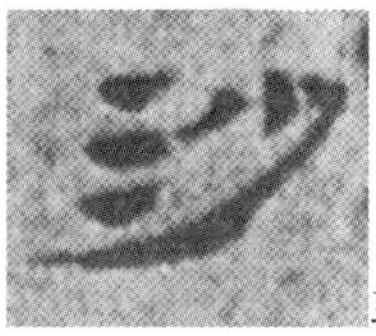
敦煌簡 2253

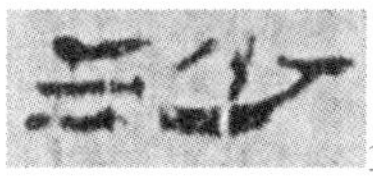
金關 T09:119

北壹・倉頡篇 19

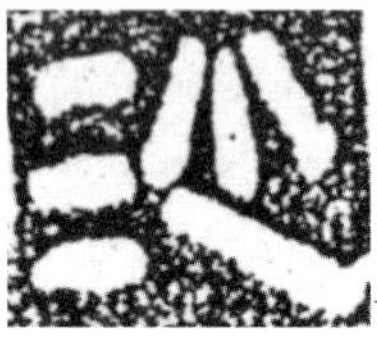
廿世紀璽印二-SP

○咸沙里冢

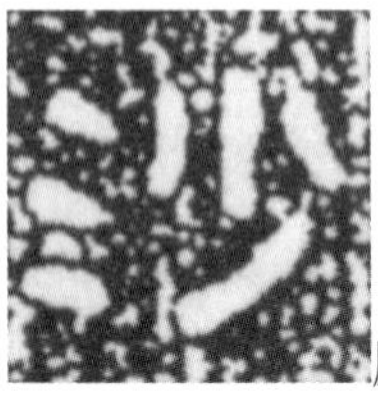
歷代印匋封泥

廿世紀璽印三-GY

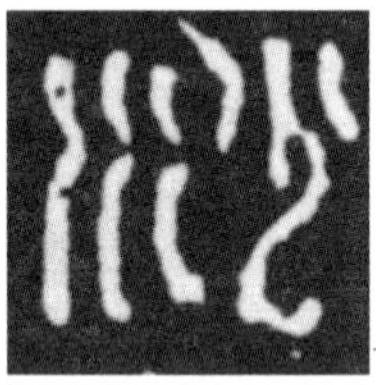
廿世紀璽印三-GY

廿世紀璽印三-GY

廿世紀璽印三-GY

漢晉南北朝印風

○長沙僕

廿世紀璽印三-GP

○長沙右丞

漢晉南北朝印風

漢晉南北朝印風

歷代印匋封泥

漢印文字徵

○長沙都水

漢印文字徵

漢印文字徵

漢印文字徵

○長沙相印章

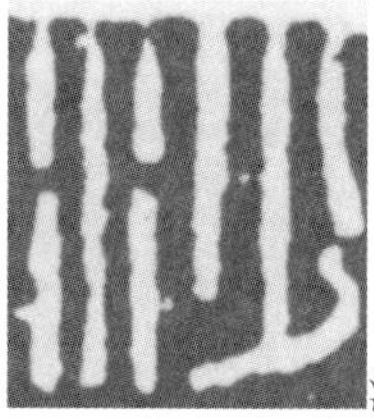
漢晉南北朝印風

漢晉南北朝印風

○杜子沙印

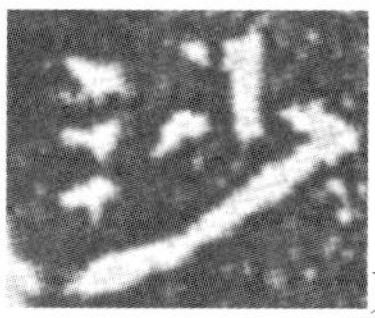
東漢・倉頡廟碑側

東漢・倉頡廟碑側

北魏・穆循誌

北魏・元珍誌

北魏・郭定興誌

【瀨】

《説文》：，水流沙上也。从水賴聲。

漢代官印選

○下瀨將軍

晉・洛神十三行

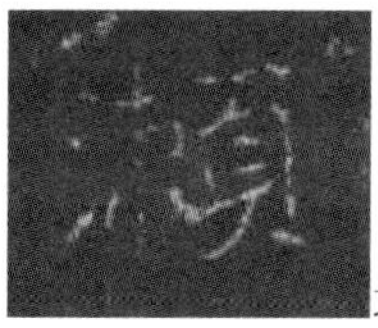
北魏・元端妻馮氏誌

○石瀨長清

【瀆】

《説文》：，水厓也。从水賁聲。《詩》曰：“敦彼淮瀆。”

睡・日甲《詰》50

○以灰瀆之

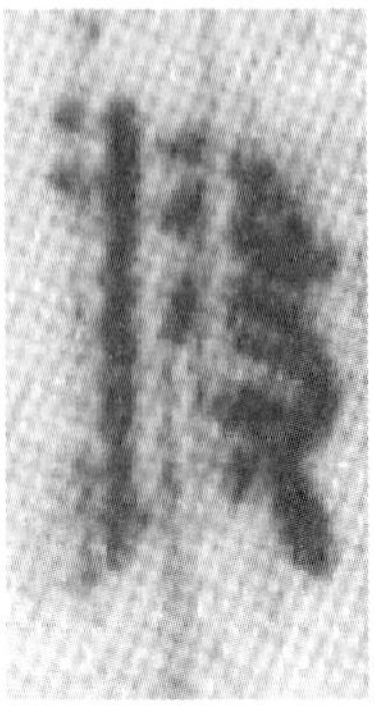
關・病方 339

〇禹步漬房

馬貳 79_208/195

〇漬（噴）者

【涘】

《說文》：，水厓也。从水矣聲。《周書》曰：“王出涘。”

北魏・元乂誌

北魏・崔承宗造像

〇於靡涘

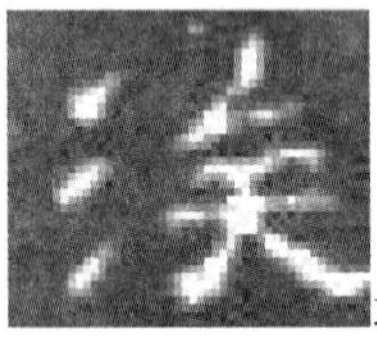
北齊・韓裔誌

【汻】

《說文》：，水厓也。从水午聲。

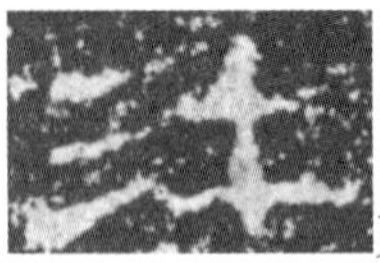
東漢・元嘉元年畫像石題記一

〇生汻相和仳吹廬

【氿】

《說文》：，水厓枯土也。从水九聲。《爾雅》曰：“水醮曰氿。”

東魏・元鷙妃公孫甑生誌

〇東陽氿池鎮

【漘】

《說文》：，水厓也。从水脣聲。《詩》曰：“寘河之漘。”

【浦】

《說文》：，瀕也。从水甫聲。

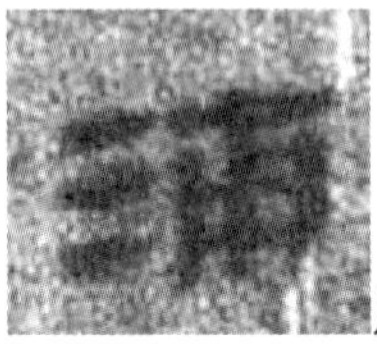
馬壹 45_71 上

金關 T30:106

秦代印風

廿世紀璽印三-GY

○營浦

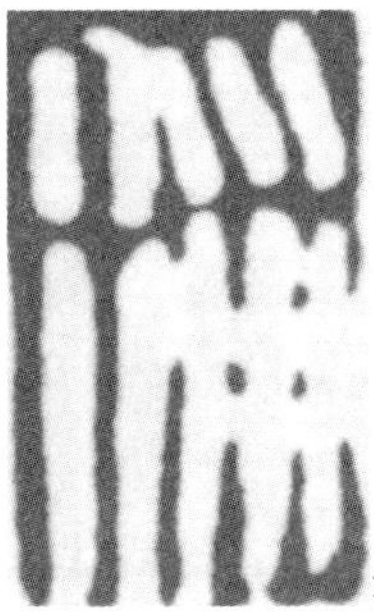
漢晉南北朝印風

○合浦太守章

漢晉南北朝印風

○留浦

廿世紀璽印三-GY

○合浦太守章

漢印文字徵

北魏・元珍誌

北魏・元侔誌

北魏・元嵩誌

【沚】

《説文》：，小渚曰沚。从水止聲。《詩》曰："于沼于沚。"

北魏・長孫子澤誌

東魏・元季聰誌

【沸】

《説文》：，滭沸，濫泉。从水弗聲。

馬壹 103_16\185

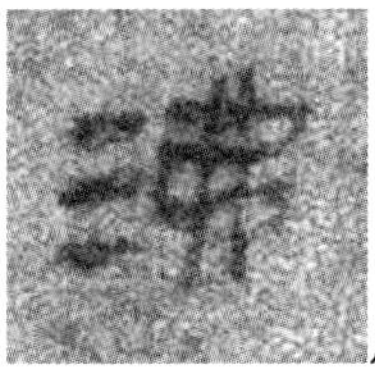
馬貳 115_109/108

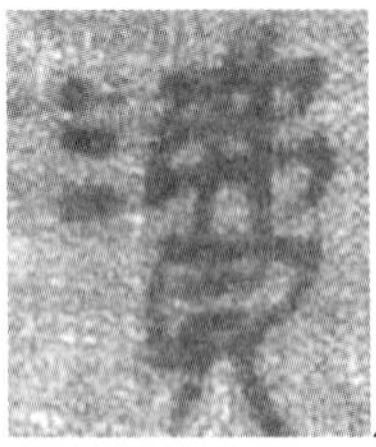
馬貳 108_4/4

○爨大沸止火

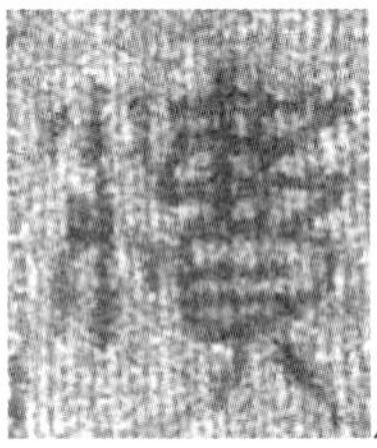
馬貳 70_44/44

○煎之沸

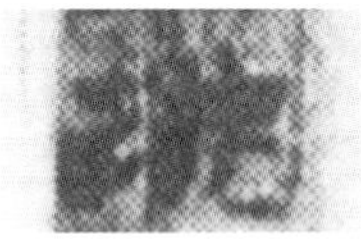
敦煌簡 2052

○煮三沸分以三灌五

漢印文字徵

北魏・元誨誌

北魏・侯剛誌

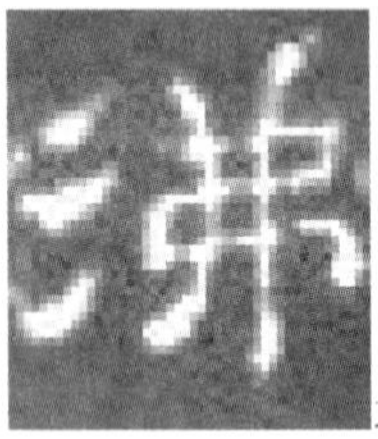
北齊・韓裔誌

【潀】

《説文》：，小水入大水曰潀。从水从眾。《詩》曰：“鳧鷖在潀。”

漢印文字徵

○申潀私印

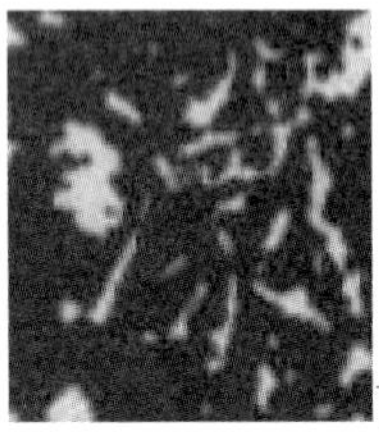
南朝宋・石颿銘

○下潀地軸

【派】

《説文》：，别水也。从水从𠂢，𠂢亦聲。

北魏・元肅誌

○派浚源於天漢

北魏・元馗誌

○派源天漢

北魏・元悌誌

○派源帶地

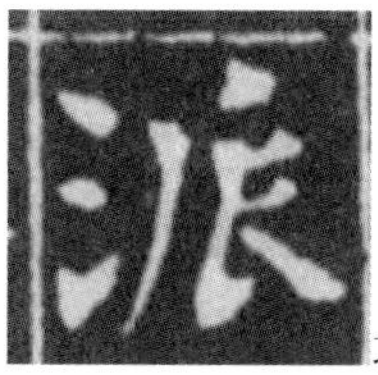
北魏·淨悟浮圖記

○遠公師之法派也幼

北齊·崔宣華誌

南朝梁·王慕韶誌

【汜】

《説文》：，水别復入水也。一曰汜，窮瀆也。从水巳聲。《詩》曰："江有汜。"

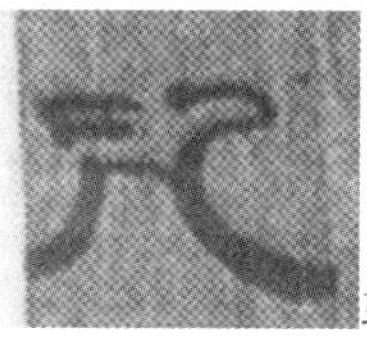
敦煌簡 1448

○自汜滅名

金關 T01:165

○襄國汜里

漢印文字徵

○汜肇

漢印文字徵

○賴汜印信

漢印文字徵

○汜嘉私印

漢印文字徵

○汜建私印

漢印文字徵

○汜丁

漢印文字徵

○汜寄

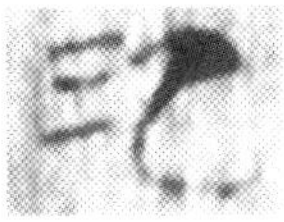
秦文字編 1651

東漢・孔彪碑陽

三國魏・曹真殘碑

北魏・暉福寺碑

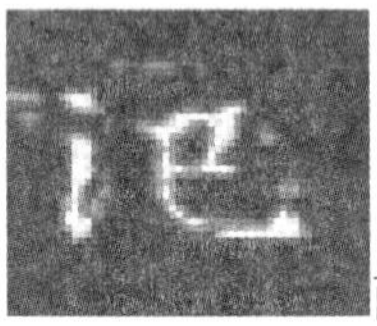
西魏・趙超宗妻誌

北齊・張海翼誌

【湀】

《說文》：湀，湀辟，深水處也。从水癸聲。

【濘】

《說文》：濘，滎濘也。从水寧聲。

【滎】

《說文》：滎，絕小水也。从水，熒省聲。

金關 T09:244

○滎陽宜秋里公乘

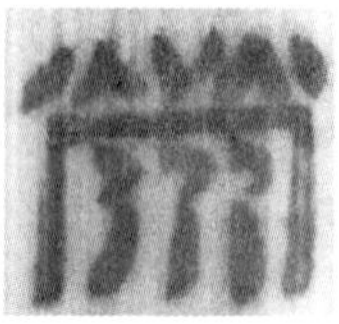
北壹・倉頡篇 43

○狛賜溓滎鼉纅

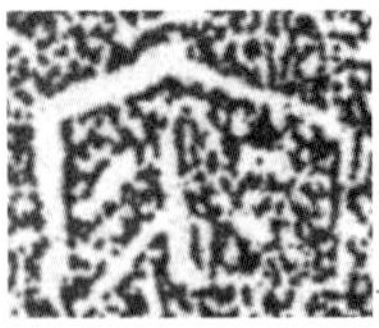
廿世紀璽印二-GP

○滎陽廩匋

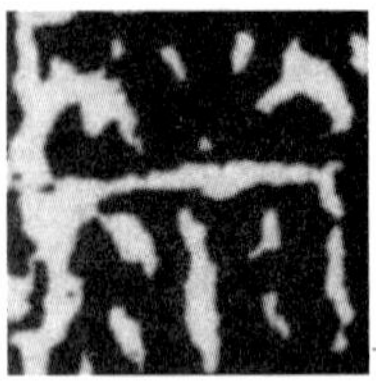
廿世紀璽印三-SP

○咸亭沙里滎器

漢代官印選

○滎陽令印

北魏・甯懋誌

○妻滎陽鄭兒女

【洼】

《說文》：洼，深池也。从水圭聲。

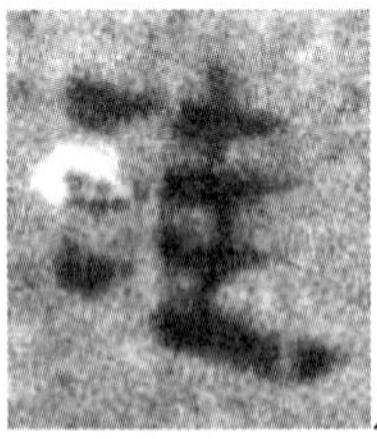
馬壹 101_136

北貳・老子 179

【漥】

《說文》：，清水也。一曰窒也。从水室聲。

【潢】

《說文》：，積水池。从水黄聲。

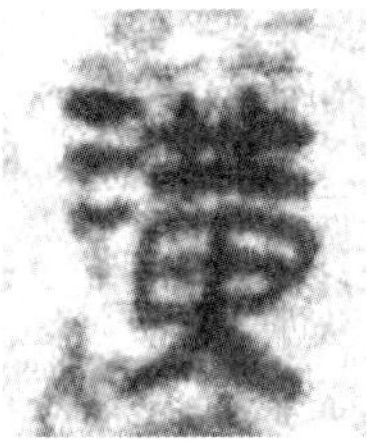
馬壹 90_255

金關 T26:136

○潢從者淮陽苦柳里

北齊・高肅碑

【沼】

《說文》：，池水。从水召聲。

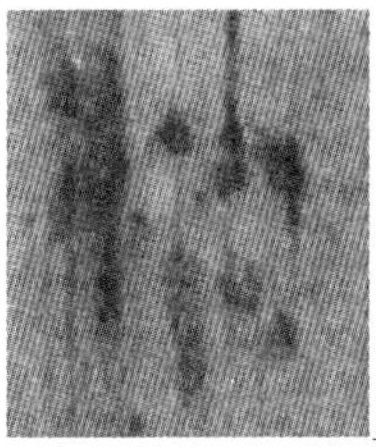
里・第八層 538

○□丑沼里士五

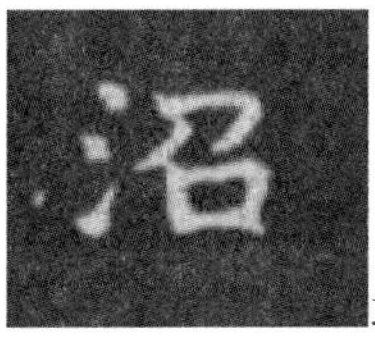
北魏・元子正誌

北魏・元暐誌

○鳳沼嚴貴

東魏・元季聰誌

○服勤沼沚

【湖】

《說文》：，大陂也。从水胡聲。揚州浸，有五湖。浸，川澤所仰以灌漑也。

敦煌簡 0111

○湖部尉得虜橐它上

吳簡嘉禾・五・七〇六

北魏・元瞻誌

北魏・元隱誌

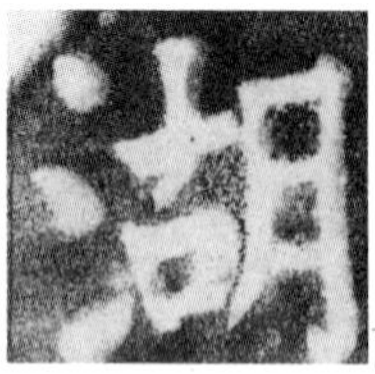
南朝宋・湖城縣界石

【汥】

《説文》：汥，水都也。从水支聲。

【洫】

《説文》：洫，十里爲成。成閒廣八尺、深八尺謂之洫。从水血聲。《論語》曰："盡力于溝洫。"

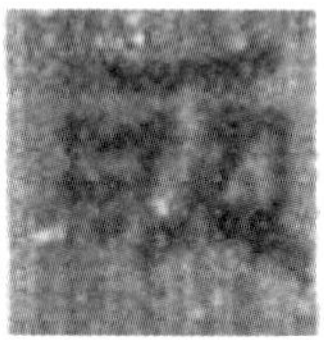
嶽・占夢書 29

馬壹 8_41 下

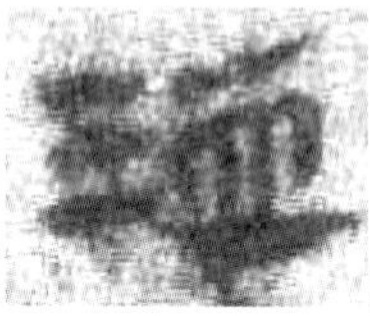
馬壹 3_5 上

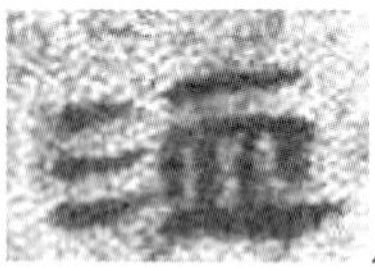
馬貳 34_37 上

張・脈書 53

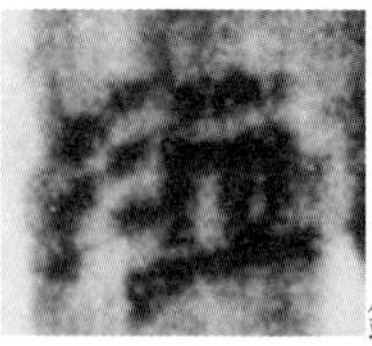
銀壹 45

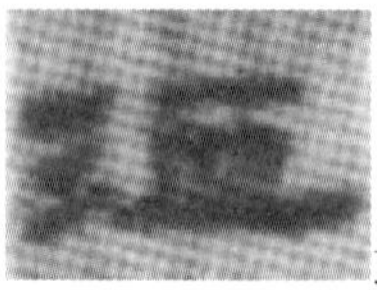
武・儀禮甲《服傳》4

北壹・倉頡篇 57

【溝】

《説文》：溝，水瀆。廣四尺、深四尺。从水冓聲。

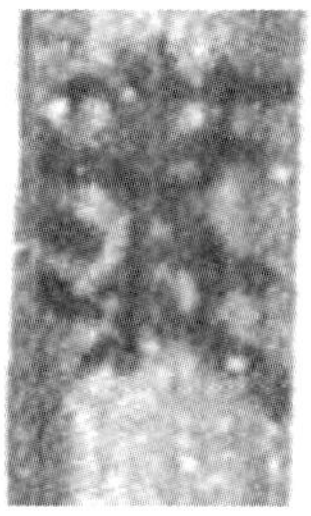
嶽・占夢書 22

○者死溝渠中

馬壹 84_102

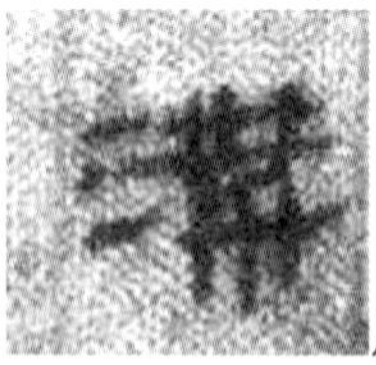
馬貳 33_16 下

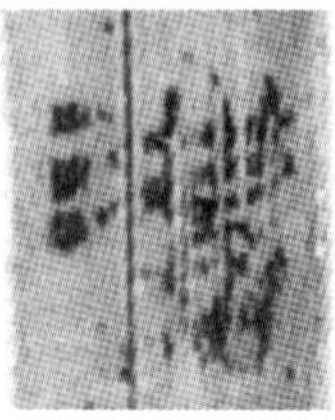
銀貳 1170

○春則溝澮枯

金關 T22:098

○郡扶溝樂成里

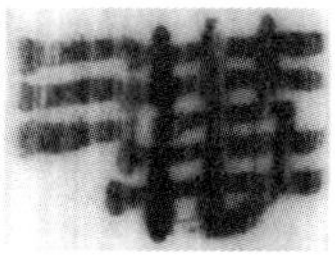
北壹・倉頡篇 57

漢印文字徵

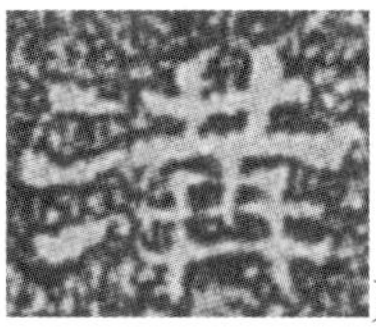
東漢・史晨後碑

北魏・元顥誌

○拯民溝壑

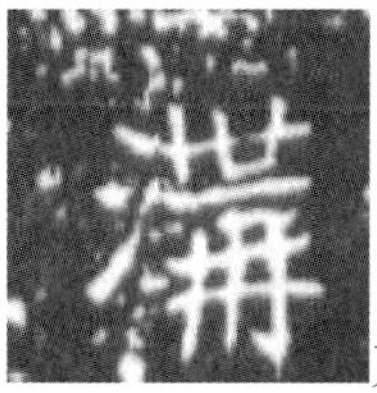
東魏・崔令姿誌

○滎山鄉石溝里

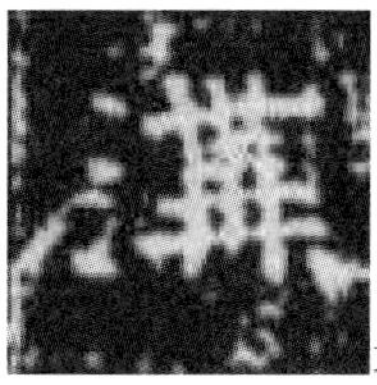
北周・匹婁歡誌

○時鴻溝尚隔

【瀆】

《說文》：，溝也。从水賣聲。一曰邑中溝。

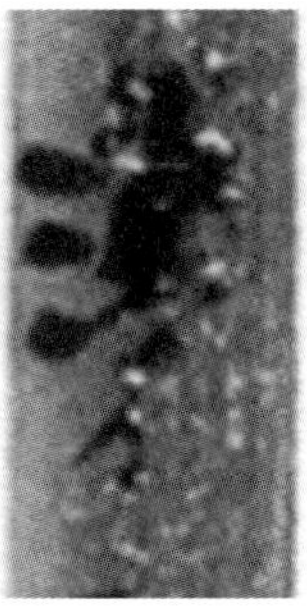
嶽・為吏 59

○水瀆不通船隧毋廡

里・第八層 1407

○上水瀆

馬壹 6_29 下

○井瀆（谷）射鮒

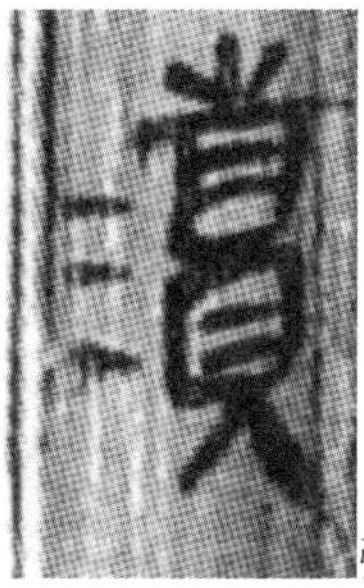
張・脈書 54

○脈者瀆殹（也）

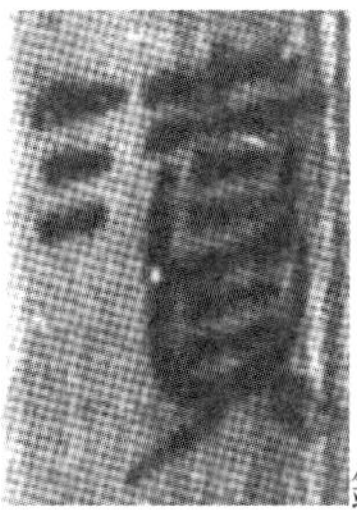
銀貳 1810

○瀆溝淽洫

漢印文字徵

○瀆弘之印

東漢・史晨後碑

東漢・史晨後碑

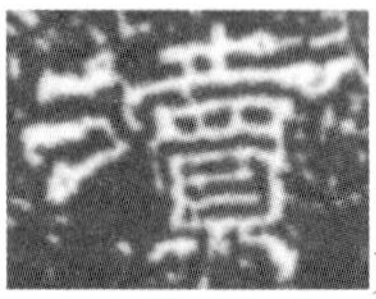
東漢・桐柏淮源廟碑

北魏・司馬悅誌

【渠】

《説文》：渠，水所居。从水，榘省聲。

漢銘・成山宮渠斗

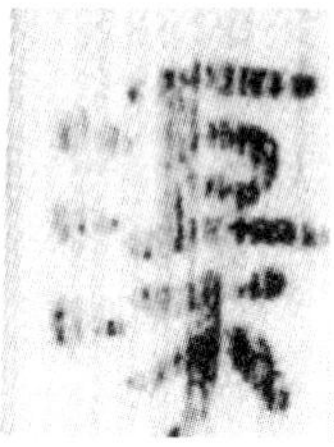
睡・為吏 16

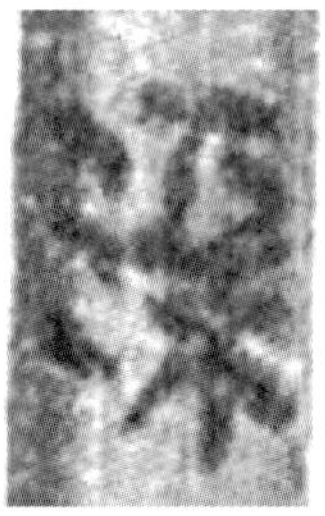
嶽・占夢書 22

嶽・癸瑣案 18

里・第八層 1123

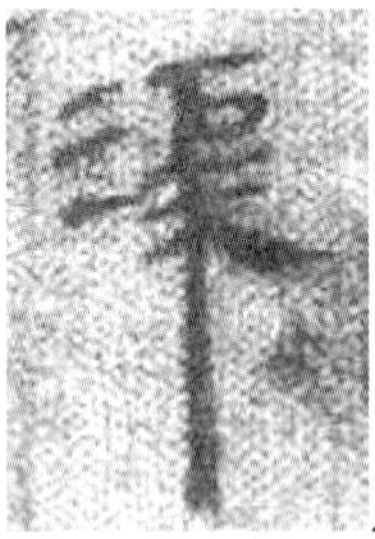
馬貳 33_16 下

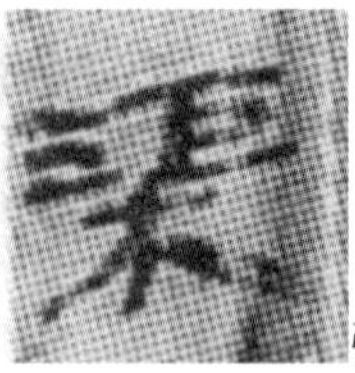
張・秩律 451

銀壹 682

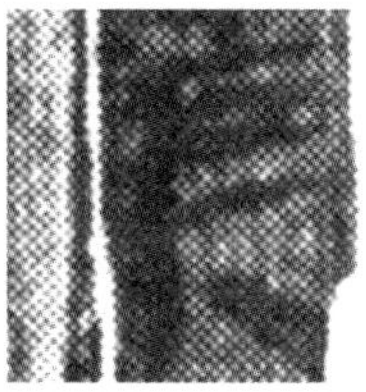
敦煌簡 1382A

○道當所渠

金關 T01:144

金關 T31:034A

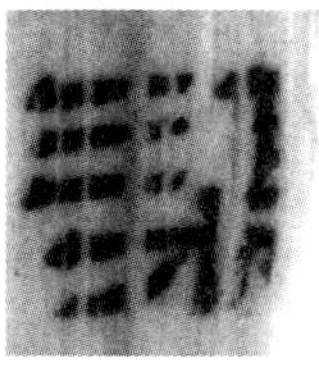
北壹・倉頡篇 79

○渠波

歷代印匋封泥

○新城義渠

秦代印風

廿世紀璽印三-SY

廿世紀璽印三-SY

柿葉齋兩漢印萃

漢印文字徵

漢印文字徵

漢印文字徵

漢晉南北朝印風

漢晉南北朝印風

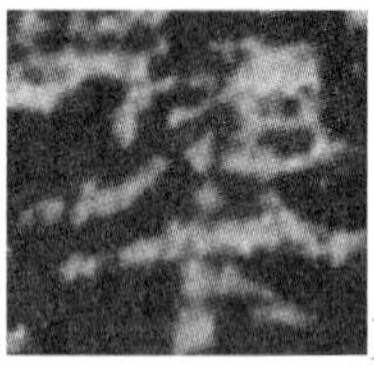
東漢・利水大道刻石題記

○東索渠□伯長

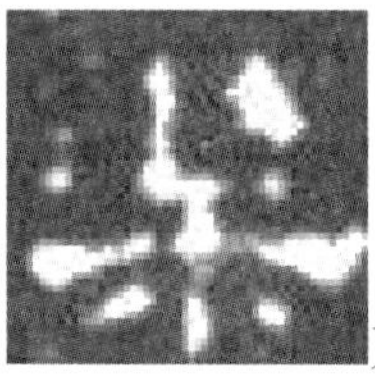
東漢・柳敏碑

○宕渠令

北魏・慈慶誌

北魏・高貞碑

○瞻石渠而式踐

北魏・元悛誌

北魏・王悅及妻郭氏誌

北魏・元壽妃麴氏誌

○沮渠時揚列將軍

【瀶】

《説文》：，谷也。从水臨聲。讀若林。一曰寒也。

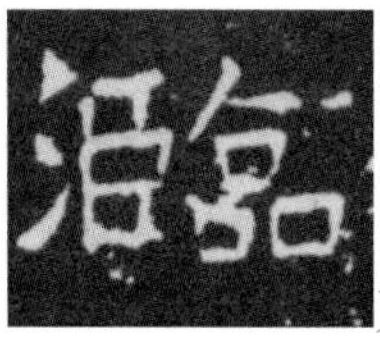
東魏・源磨耶壙志

○瀶漳縣

【湄】

《説文》：，水艸交爲湄。从水眉聲。

北魏・李璧誌

○分竹海湄

西魏・辛萇誌

○討之河湄

【洐】

《説文》：，溝水行也。从水从行。

【澗】

《説文》：，山夾水也。从水閒聲。

一曰澗水，出弘農新安，東南入洛。

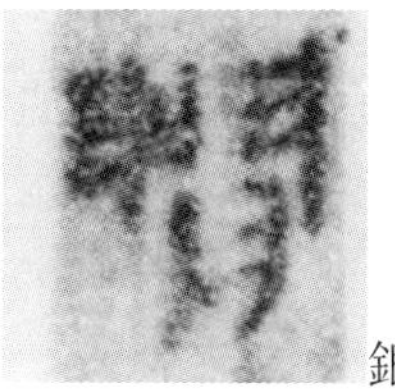
銀壹 415

○澗（簡）練

北魏・元斌誌

北魏・趙光誌

北魏・元颺妻王氏誌

北魏・元思誌

【澳】

《説文》：，隈，厓也。其内曰澳，其外曰隈。从水奥聲。

東魏・高湛誌

○挹餘瀾於海澳

【澩】

《説文》：，夏有水，冬無水，曰澩。从水，學省聲。讀若學。

【澩】

《説文》：，澩或不省。

【灘】

《説文》：，水濡而乾也。从水鷬聲。《詩》曰："灘其乾矣。"

【灘】

《説文》：，俗灘从隹。

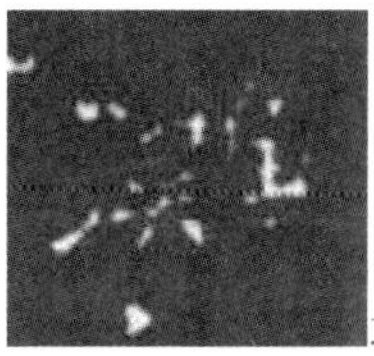
北魏・陸紹誌

○涒灘

北周・韋彪誌

○涒灘

【汕】

《説文》：，魚游水皃。从水山聲。《詩》曰："蒸然汕汕。"

【決】

《説文》：，行流也。从水从夬。廬江有決水，出於大別山。

睡・秦律雜抄 6

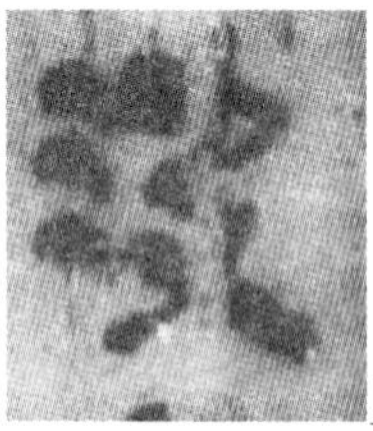
里・第八層 2317

里・第八層 1639

馬壹 86_157

馬貳 212_11/112

張・具律 115

張・引書 19

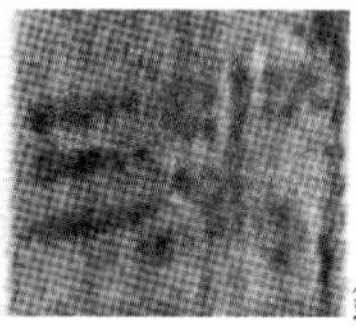
銀貳 1151

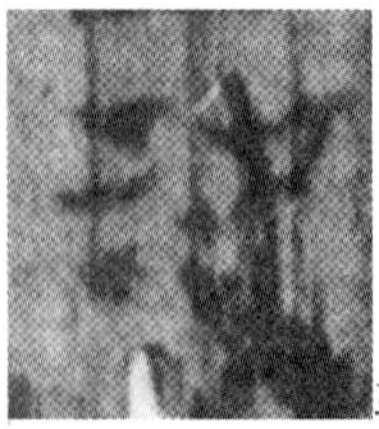
敦煌簡 0235

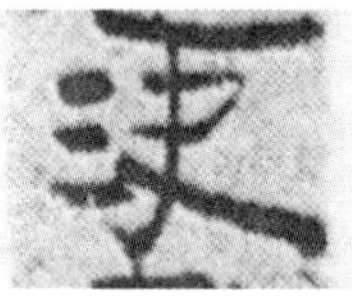
敦煌簡 1751

敦煌簡 0172

〇即馬未決

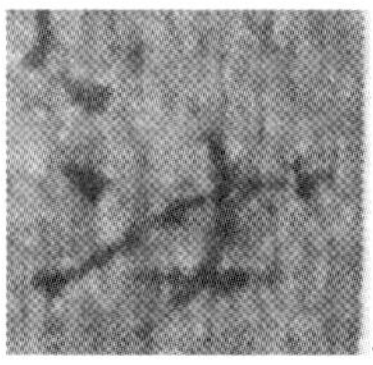
敦煌簡 0071

〇趣治決已言如律令

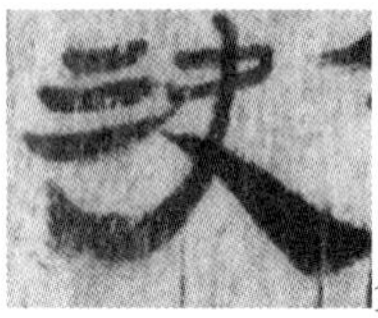
金關 T28:008A

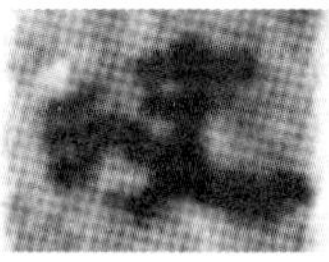
武・甲《泰射》51

北壹・倉頡篇 44

〇騎淳沮決議篇

魏晉殘紙

漢印文字徵

〇決敞

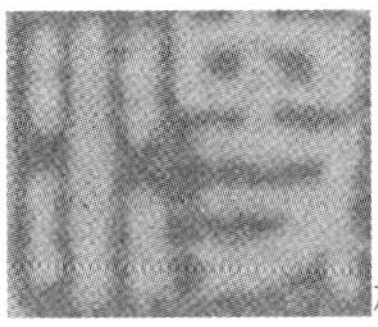
柿葉齋兩漢印萃

〇鐘青決

東漢・史晨後碑

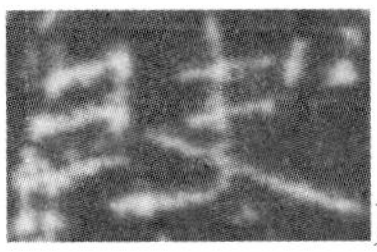
東漢・石祠堂石柱題記額

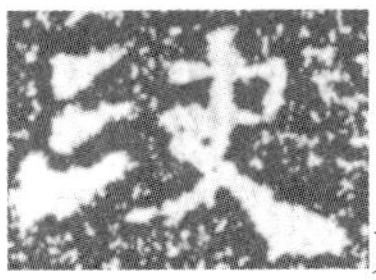
東漢・元嘉元年畫像石題記二

北魏・賈瑾誌

〇識智剛決

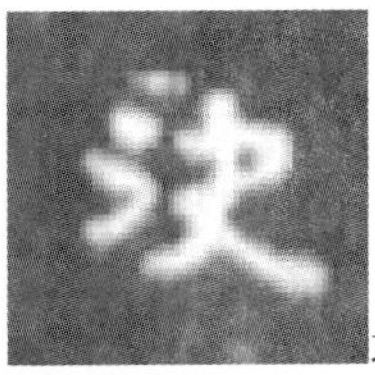
北魏・慕容纂誌

北魏・宋虎誌

北魏・元子永誌

〇決勝千里

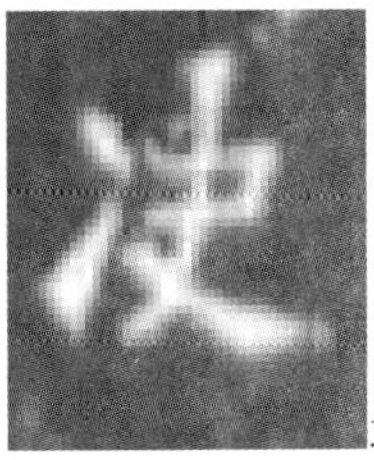
北魏・元龍誌

〇君臨機電決

【灓】

《說文》：灓，漏流也。从水䜌聲。

【滴】

《說文》：滴，水注也。从水啻聲。

【注】

《說文》：注，灌也。从水主聲。

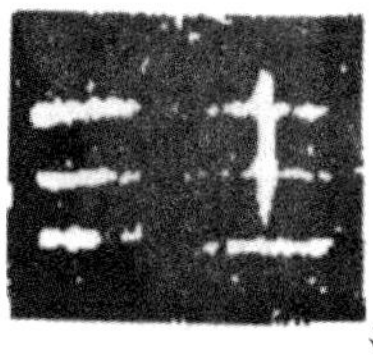
漢銘・注氏器

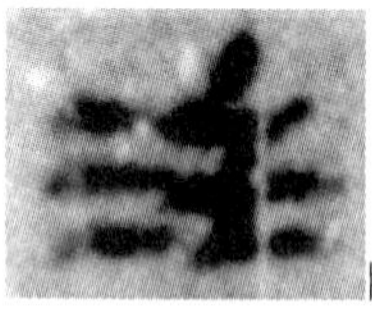
睡・日甲《詰》31

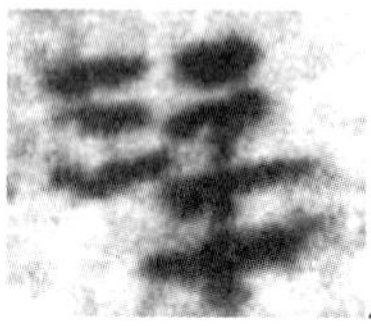
馬壹 82_55

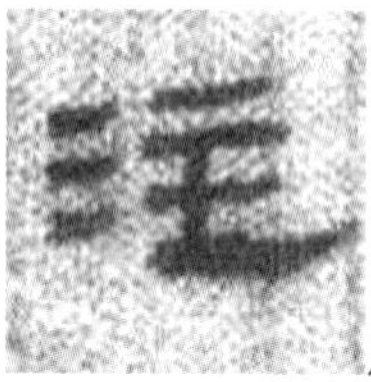
馬貳 33_21 下

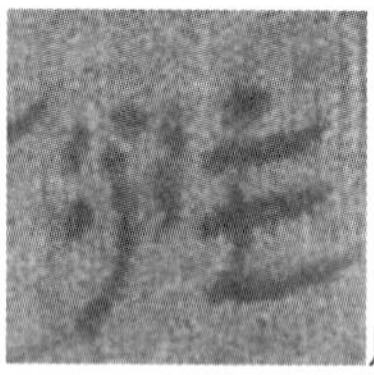
馬貳 130_43

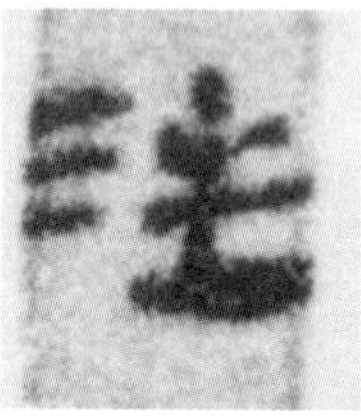
銀壹 345

銀貳 1172

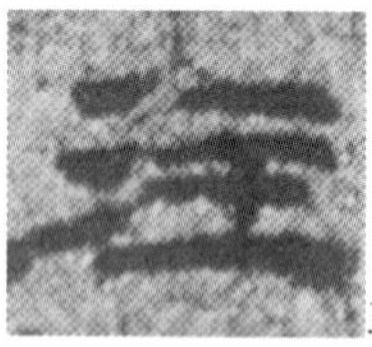
敦煌簡 2253

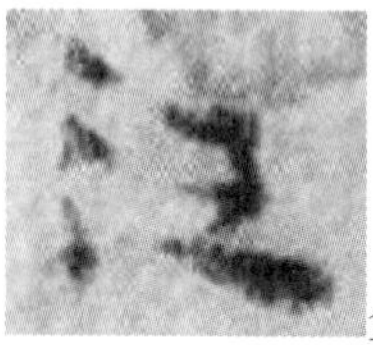
金關 T23:359A

○注以故

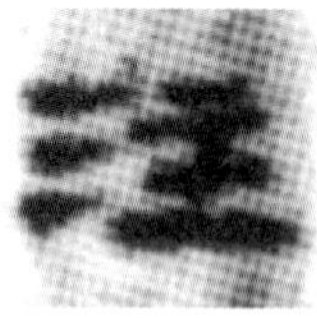
武・甲《有司》16

廿世紀璽印三-SY

○劉注

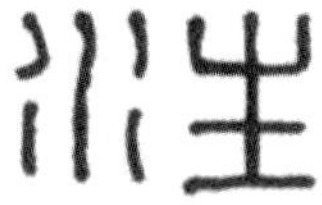
漢印文字徵

○鄭鄉注

東漢・史晨後碑

東漢・石門頌

三國魏・曹真殘碑

北魏・李超誌

北魏・緱靜誌

【⿰氵芙】

《説文》：⿰氵芙，溉灌也。从水芙聲。

【㴩】

《説文》：㴩，所以攤水也。从水昔聲。《漢律》曰："及其門首洒㴩。"

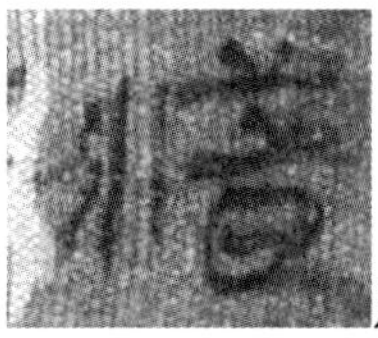
馬貳 86_371/361

○先以㴩

【澨】

《説文》：澨，埤增水邊土。人所止者。从水筮聲。《夏書》曰："過三澨。"

北魏・王□奴誌

○落羽河澨

【⿰氵𦘒（津）】

《説文》：⿰氵𦘒，水渡也。从水𦘒聲。

【⿰舟淮】

《説文》：⿰舟淮，古文⿰氵𦘒从舟从淮。

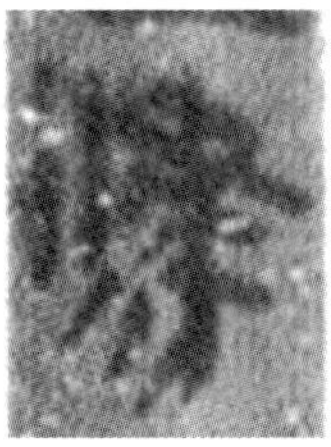
嶽・質日 3447

○尸之津

里・第八層 651

○啟陵津船人高里士

馬貳 212_2/103

張・津關令 509

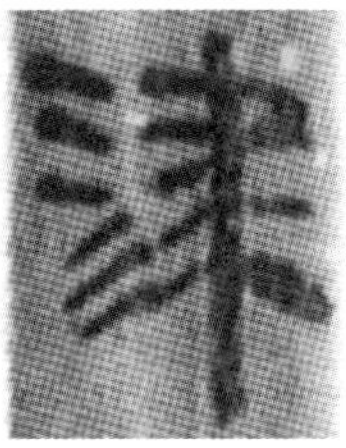
銀貳 1554

○毅津示民

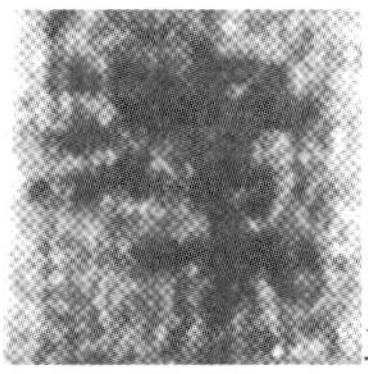
敦煌簡 1846

○知所津君將何以輔

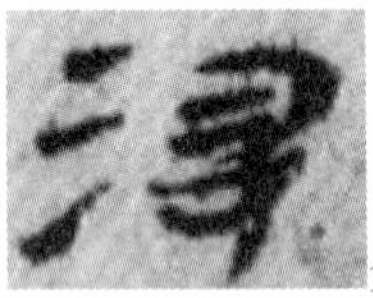
金關 T23:929

○河津金關

金關 T23:621

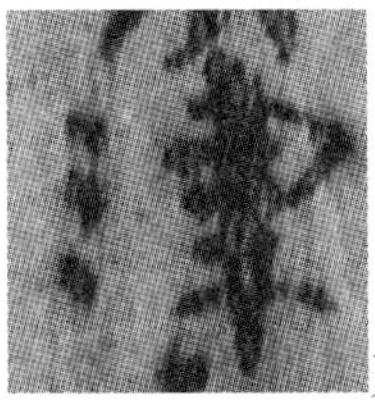
東牌樓 130

○雇東津卒五人

北壹・倉頡篇 13

○錯𩠐津郎

秦代印風

○宜陽津印

漢印文字徵

漢印文字徵

漢印文字徵

歷代印匋封泥

○葆不津

漢印文字徵

漢代官印選

漢晉南北朝印風

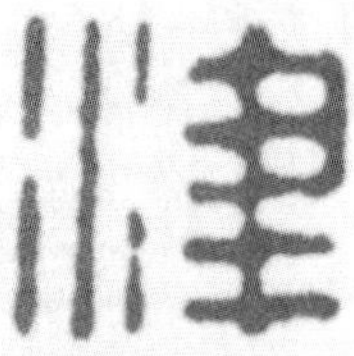
漢晉南北朝印風

東漢・夏承碑

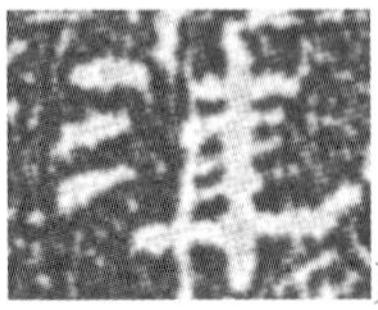
東漢・倉頡廟碑側

○曹掾馬津

北魏・元濬嬪耿氏誌

北魏・穆亮誌

北魏・王普賢誌

〇宋琲沉津

北魏・和醜仁誌

東魏・高歸彥造像

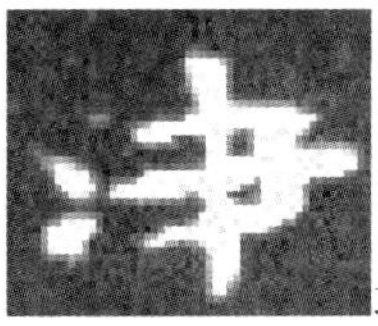
北齊・崔芬誌

〇浩若長津

【淜】

《說文》：，無舟渡河也。从水朋聲。

【潢】

《說文》：，小津也。从水横聲。一曰以船渡也。

【泭】

《說文》：，編木以渡也。从水付聲。

金關 T04:017

〇乘泭入

【渡】

《說文》：，濟也。从水度聲。

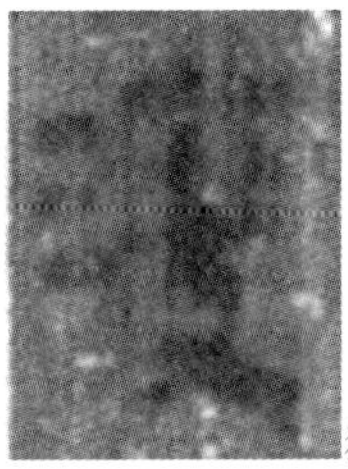
嶽・為吏 14

〇男女渡量徹迣不數

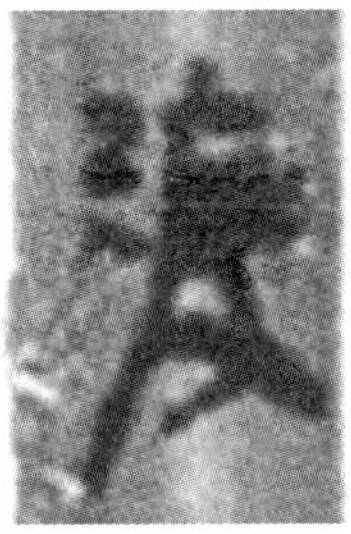
嶽・占夢書 34

張・賊律 6

金關 T26:196

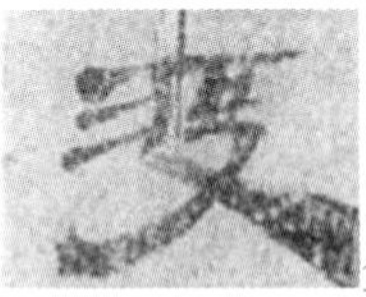
金關 T21:245

東漢・孔褒碑

○濟渡窮戹

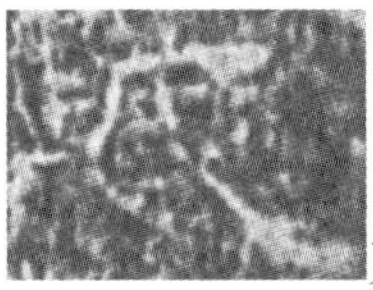
東漢・行事渡君碑

○渡君碑

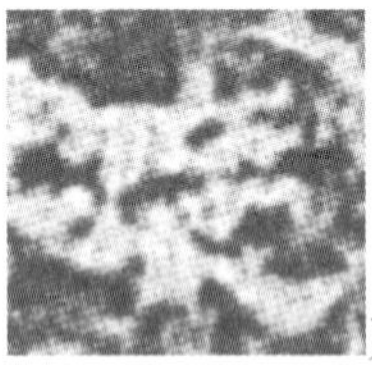
東漢・行事渡君碑

○統國法渡

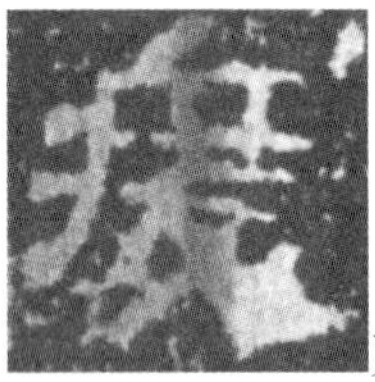
東漢・元嘉元年畫像石題記一

○從兒刺舟渡諸母

北魏・慈慶誌

北魏・王僧男誌

北魏・淨悟浮圖記

【沿】

《説文》：沿，緣水而下也。从水㕣聲。《春秋傳》曰："王沿夏。"

北魏・李超誌

○泛爾沿流

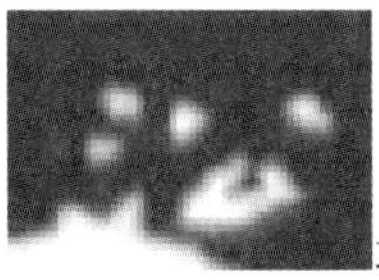
北齊・崔幼妃誌

○事多沿革

【㴔（泝）】

《説文》：㴔，逆流而上曰㴔洄。㴔，向也。水欲下違之而上也。从水㡿聲。

【溯】

《説文》：溯，㴔或从朔。

北魏・嵩高靈廟碑

○南㴔淮汝

北魏・元悌誌

○奄溯丘隴

【洄】

《説文》：洄，㴔洄也。从水从回。

【泳】

《說文》：，潛行水中也。从水永聲。

北魏・王悅及妻郭氏誌

北魏・元譿誌

【潛】

《說文》：，涉水也。一曰藏也。一曰漢水爲潛。从水朁聲。

漢印文字徵

○時潛私印

東漢・肥致碑

○穆若潛龍

東漢・桐柏淮源廟碑

○復潛行地中

晉・洛神十三行

三國魏・曹真殘碑

北魏・元順誌

○公迺忘潛

北魏・元暐誌

○潛相端舉

北魏・元祐誌

○道風潛被

北魏・元濬嬪耿氏誌

○乾光潛晦

北魏・陶浚誌

東魏・元公妻李夫人誌

○寶鏡潛輝

南朝宋·劉懷民誌

○潛照長冥

【淦】

《說文》：，水入船中也。一曰泥也。从水金聲。

【汵】

《說文》：，淦或从今。

春早·卜淦口高戈

馬壹 244_5 上\6 上

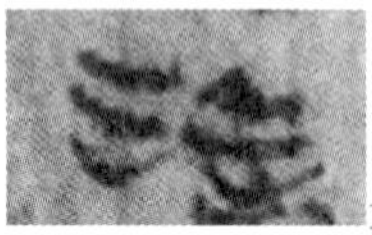
金關 T14:002

○呼淦年廿五

吳簡嘉禾·五·六七九

○淦丘男子潘邸佃田

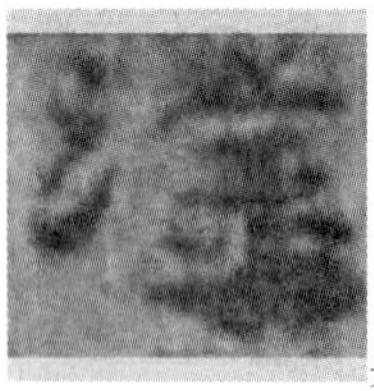
吳簡嘉禾·五·六七五

漢印文字徵

漢印文字徵

【泛】

《說文》：，浮也。从水乏聲。

睡·秦律雜抄 25

○未越泛蘇從之虎環

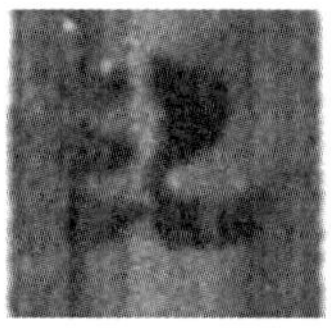
嶽·為吏 23

○圂泛毋棲（搜）

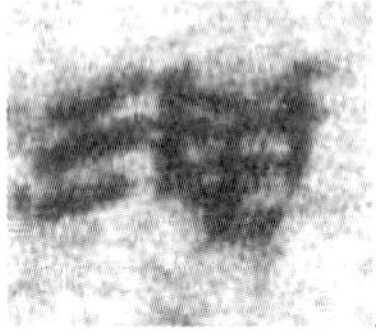
馬壹 148_75/249 上

○道泛

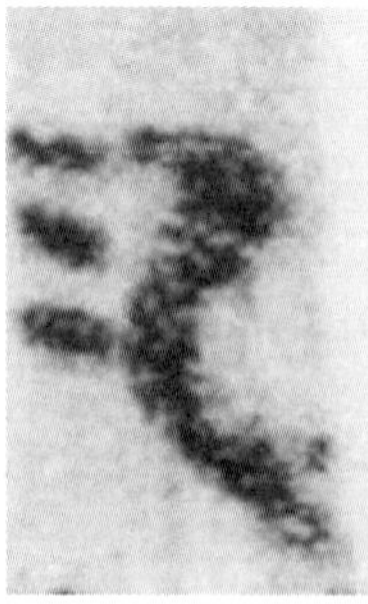
銀壹 453

○而禽（擒）氾（范）皋也

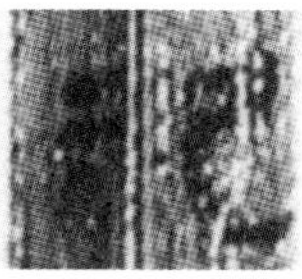
銀貳 1218

○泛水者死

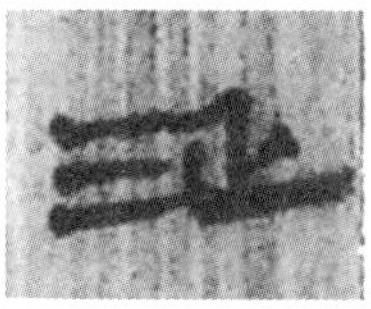
北貳·老子 213

○道泛旖（兮）

金關 T31:051B

○□□泛尚□

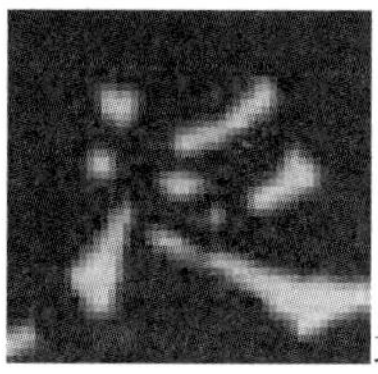
北魏·弔比干文

○泛目睇川，

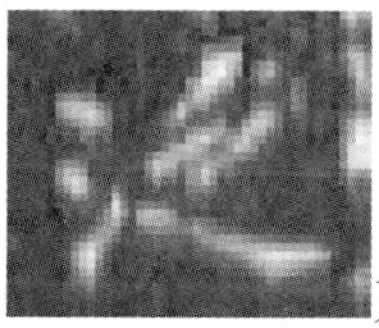
東魏·昌樂王元誕誌

○泛鷁波而容與

【汓】

《說文》：，浮行水上也。从水从子。古或以汓爲没。

【泅】

《說文》：，汓或从囚聲。

【砅】

《說文》：，履石渡水也。从水从石。《詩》曰：“深則砅。”

【濿】

《說文》：，砅或从厲。

【湊】

《說文》：，水上人所會也。从水奏聲。

北魏·元寶月誌

北齊·元賢誌

【湛】

《說文》：，没也。从水甚聲。一曰湛水，豫章浸。

【㴱】

《說文》：，古文。

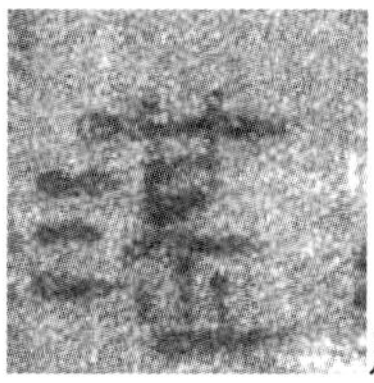
馬貳 120_221/216

○取其湛以實

銀貳 1933

北貳・老子 134

金關 T27:048

○許湛舒年卌一

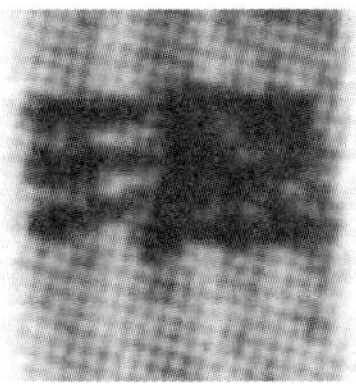
武・甲《少牢》19

○韭菹湛（醓）醢

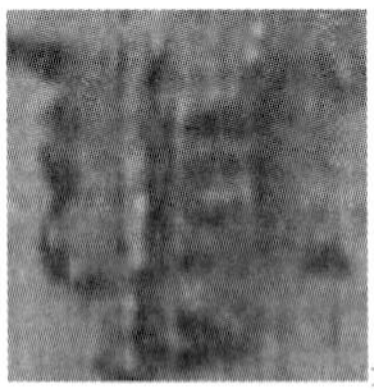
吳簡嘉禾・四・三九三

吳簡嘉禾・四・三九二

漢印文字徵

○莊湛

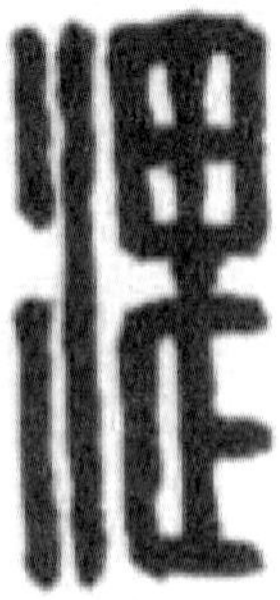
漢印文字徵

○移湛

漢印文字徵

○耿湛

漢印文字徵

○室孫湛

漢印文字徵

○李湛私印

漢印文字徵

○梁湛私印

廿世紀璽印四-SY

○湛邵南

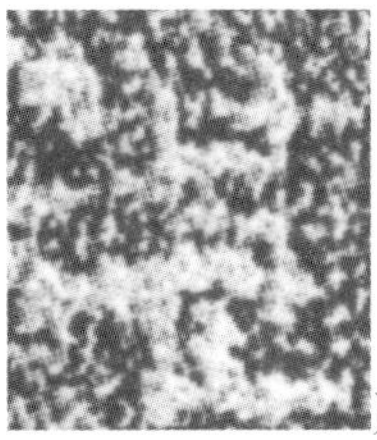
東漢・昭覺石表

東漢・營陵置社碑

北魏・元新成妃李氏誌

北魏・元秀誌

北魏・山暉誌

東魏・馬都愛造像

○夫至極湛然

【湮】

《説文》：，没也。从水垔聲。

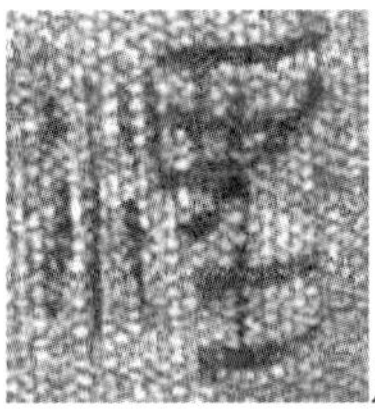
馬貳70_57/57

西晉・趙氾表

北魏・元顥平妻王氏誌

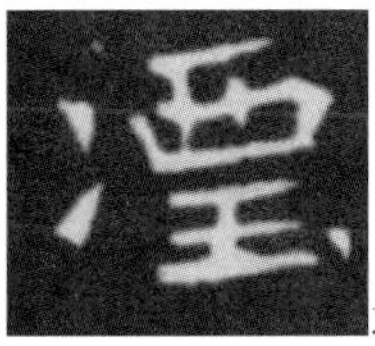
北魏・寇猛誌

○摧年盛湮

北魏・元弼誌

【㲼】

《説文》：，没也。从水从人。

【沒】

《説文》：，沈也。从水从𠬛。

睡・秦律十八種 103

里・第八層 2274

○債沒負償

馬貳 212_9/110

張・具律 97

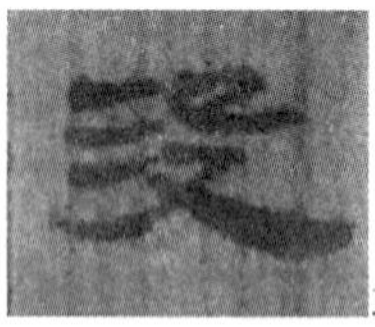
北貳・老子 176

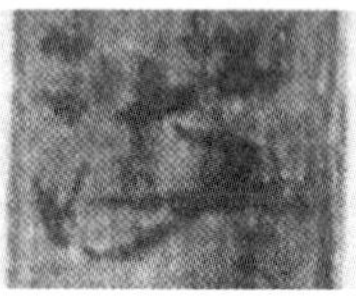
敦煌簡 0175

○及前沒校來先至

東漢・成陽靈臺碑

東漢・毗上等字殘碑

○終君既沒矣

北魏・韓震誌

北魏・元思誌

北魏・元演誌

北魏・馮會誌

北魏・慈慶誌

北魏・元華光誌

北魏・元繼誌

東魏・司馬興龍誌

北齊・崔德誌

北周・王通誌

【渨】

《說文》：渨，没也。从水畏聲。

【滃】

《說文》：滃，雲气起也。从水翁聲。

【泱】

《說文》：泱，滃也。从水央聲。

漢晉南北朝印風

○泱意

北魏・宋虎誌

○故風亮泱泱

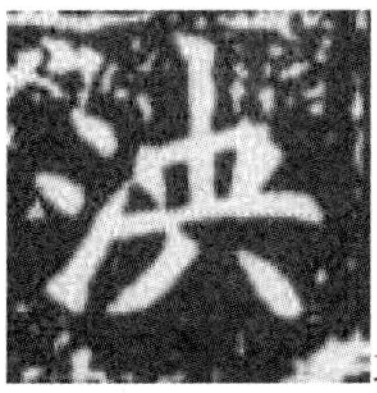
北魏・李超誌

北魏・李超誌

東魏・崔鷫誌

【淒】

《說文》：淒，雲雨起也。从水妻聲。《詩》曰：“有渰淒淒。”

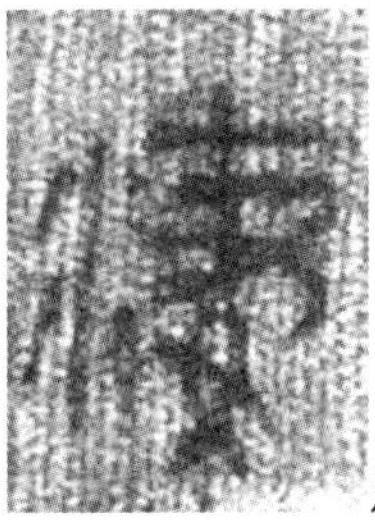
馬貳 71_70/70

北魏・王翊誌

北魏・元愨誌

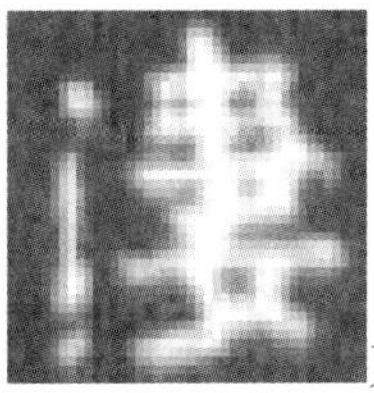
東魏・公孫略誌

【渰】

《說文》：渰，雲雨皃。从水弇聲。

北魏·穆纂誌

○渰湛萬尋

【溟】

《説文》：，小雨溟溟也。从水冥聲。

北魏·山暉誌

○方振南溟

北魏·東堪石室銘

○照燭空溟

北齊·天柱山銘

○北眺滄溟

北齊·高百年誌

○家奄四溟

【涑】

《説文》：，小雨零皃。从水束聲。

【瀑】

《説文》：，疾雨也。一曰沫也。一曰瀑，資也。从水暴聲。《詩》曰：“終風且瀑。”

【澍】

《説文》：，時雨，澍生萬物。从水尌聲。

里·第八層 682

漢晉南北朝印風

○嚴澍之印

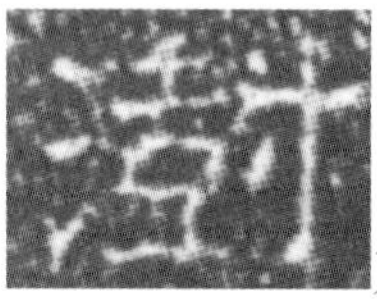
東漢·白石神君碑

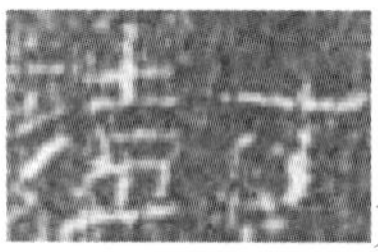
東漢·禮器碑

北魏·四十一人等造像

【湒】

《説文》：，雨下也。从水咠聲。一曰沸涌皃。

【澬】

《説文》：，久雨涔資也。一曰水

名。从水資聲。

【潦】

《説文》：，雨水大皃。从水尞聲。

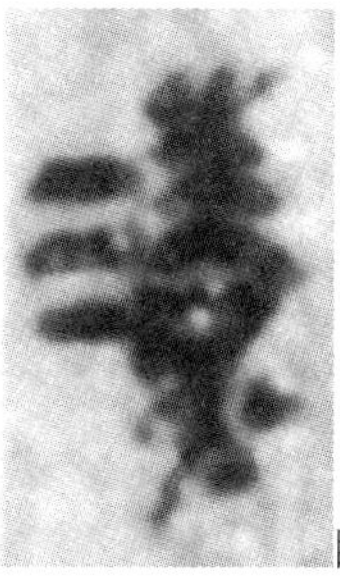
睡・秦律十八種 2

○雨水潦

漢印文字徵

歷代印匋封泥

○潦（遼）東守印

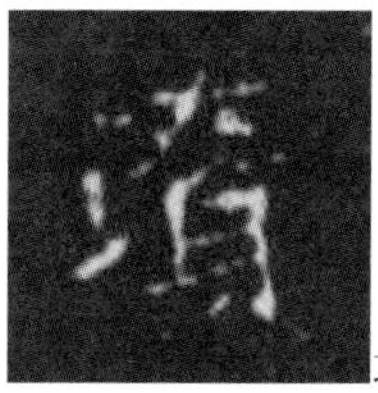
北魏・皇甫驎誌

○渡潦之瓊胤

【濩】

《説文》：，雨流霤下。从水蒦聲。

馬壹 271_5 上\11 上

○鑿濩（汙）浴

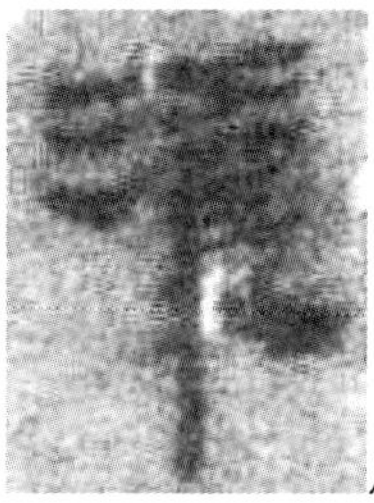
馬壹 3_10 上

○濩（獲）亓（其）

金關 T21:394

○右濩薪居家使□

廿世紀璽印三-GP

○濩澤丞印

秦代印風

○濩留

漢印文字徵

○濩留

西晉・臨辟雍碑

○布濩流衍，

北魏・元順誌

○布濩素冊矣

【涿】

《說文》：涿，流下滴也。从水豖聲。上谷有涿縣。

【㫚】

《說文》：㫚，奇字涿从日、乙。

馬貳 78_185/172

○令涿（濁）而飲（歙）之

張・引書 98

○益涿（啄）之

秦代印風

○涿喜

漢印文字徵

○涿郡太守章

東漢・燕然山銘

○遂踰涿耶

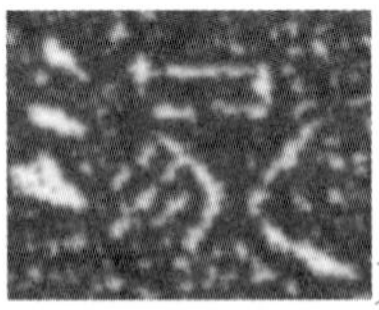
東漢・許安國墓祠題記

○琢癘摩治

東漢・禮器碑

○故涿郡大守

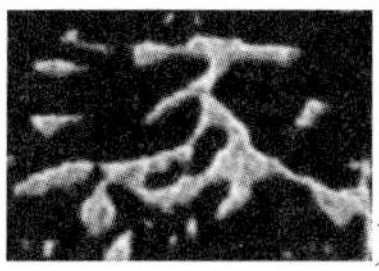
東漢・楊震碑

○東萊涿郡太守

北齊・盧脩娥誌

○范陽涿人也

【瀧】

《説文》：，雨瀧瀧皃。从水龍聲。

【渿】

《説文》：，沛之也。从水柰聲。

【滈】

《説文》：，久雨也。从水高聲。

【漊】

《説文》：，雨漊漊也。从水婁聲。一曰汝南謂飲酒習之不醉爲漊。

【溦】

《説文》：，小雨也。从水，微省聲。

【濛】

《説文》：，微雨也。从水蒙聲。

北魏・緱光姬誌

北魏・元昭誌

【沈】

《説文》：，陵上滈水也。从水冘聲。一曰濁黕也。

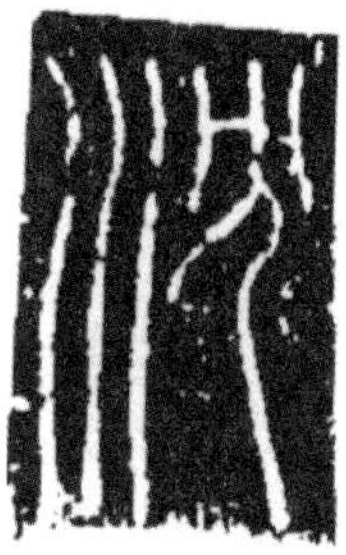
漢銘・新嘉量二

漢銘・新衡杆

里・第八層 1214

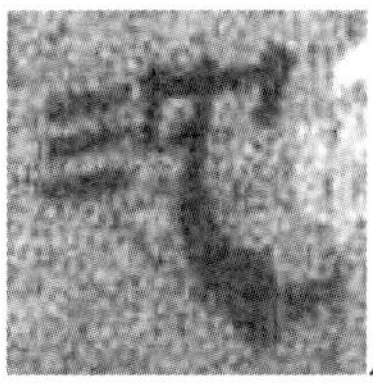
馬壹 36_24 上

馬貳 244_258

張・脈書 56

廿世紀璽印二-GP

○泰沈

秦代印風

漢晉南北朝印風

廿世紀璽印三-SY

廿世紀璽印三-SY

漢印文字徵

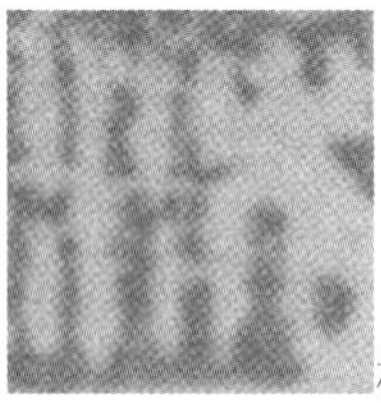
柿葉齋兩漢印萃

○犢沈憲印

漢印文字徵

漢印文字徵

廿世紀璽印四-SY

漢晉南北朝印風

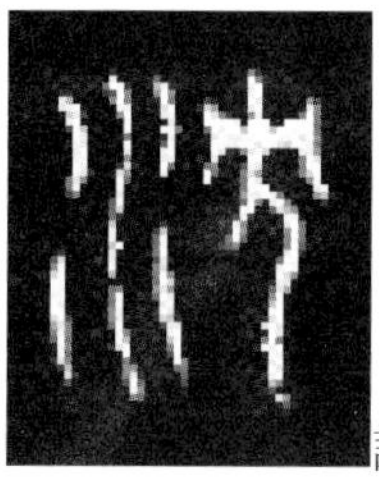
詛楚文・沈湫

○大沈久湫

東漢・北海相景君碑陰

○諒闇沈思

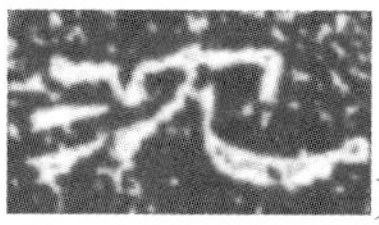
東漢・桐柏淮源廟碑

○齋絜沈祭

東漢・桐柏淮源廟碑

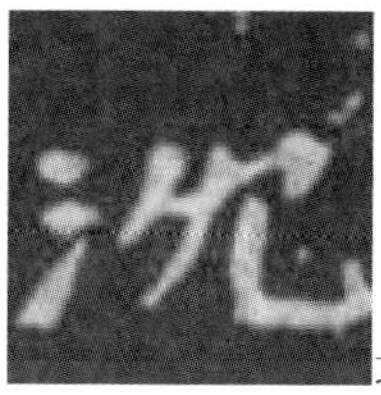
北魏・李渠蘭誌

北魏・王基誌

○玉質沈壤

北魏・元倪誌

北齊・賈致和造像

北周・華岳廟碑

【洅】

《説文》：洅，雷震洅洅也。从水再聲。

【淊】

《説文》：淊，泥水淊淊也。一曰繅絲湯也。从水臽聲。

【涵（涵）】

《説文》：涵，水澤多也。从水圅聲。《詩》曰："僭始既涵。"

東魏・元鷙誌

○涵岳瀆之逸氣

【溼】

《説文》：，漸溼也。从水㬎聲。

【瀀】

《説文》：，澤多也。从水憂聲。《詩》曰：“既瀀既渥。”

【涔】

《説文》：，漬也。一曰涔陽渚，在郢中。从水岑聲。

【漬】

《説文》：，漚也。从水責聲。

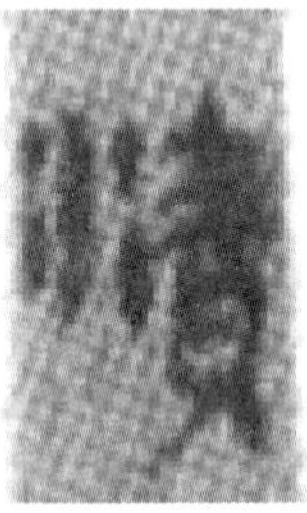
關・病方 315

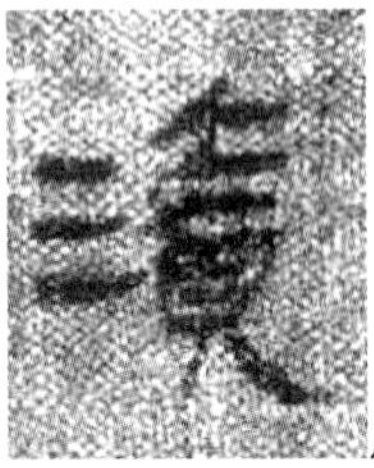
馬貳 111_52/52

馬貳 68_5/5

張・引書 33

廿世紀璽印三-GP

○漬郭鄉印

漢印文字徵

○王漬

【漚】

《説文》：，久漬也。从水區聲。

漢印文字徵

○巨漚千万

漢晉南北朝印風

○巨漚千萬

秦文字編 1655

北齊・崔宣華誌

【浞】

《說文》：浞，濡也。从水足聲。

張・脈書 54

北魏・楊昱誌

○羿浞肆姦

【渥】

《說文》：渥，霑也。从水屋聲。

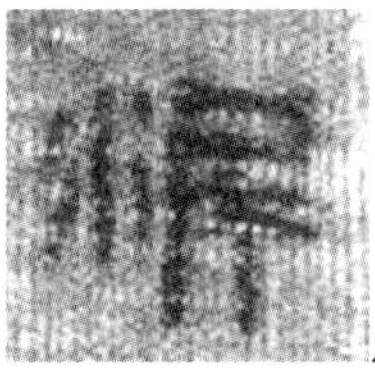
馬貳 69_20/20

○渥之

歷代印匋封泥

○渥符子夫人

漢印文字徵

○渥符子夫人

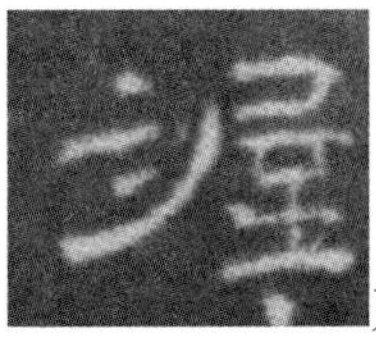
東漢・曹全碑陽

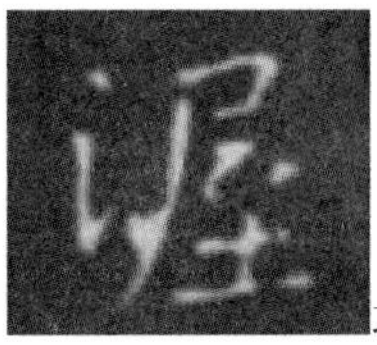
北魏・元鑽遠誌

北魏・慈慶誌

【潅】

《說文》：潅，灌也。从水雈聲。

【洽】

《說文》：洽，霑也。从水合聲。

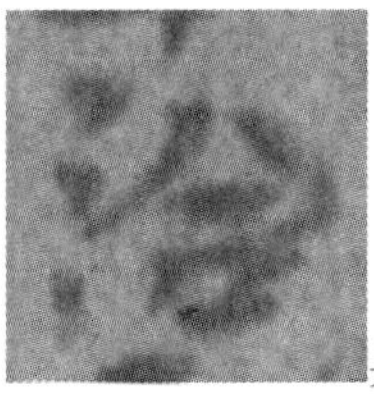
吳簡嘉禾・八二九七

漢印文字徵

○洽平馬丞印

東漢・岐子根畫像石墓題記

東漢・楊震碑

北魏・元誘誌

北魏・楊舒誌

【濃】

《説文》：，露多也。从水農聲。《詩》曰：“零露濃濃。”

金關 T21:199B

○濃酒十買

東漢・行事渡君碑

北魏・元誘誌

北魏・馮迎男誌

北魏・馮迎男誌

【瀌】

《説文》：，雨雪瀌瀌。从水麃聲。

【溓】

《説文》：，薄水也。一曰中絕小水。从水兼聲。

馬壹 44_34 下

北壹・倉頡篇 43

○畦狛賜溓滎竈

漢印文字徵

漢印文字徵

漢印文字徵

漢晉南北朝印風

【泐】

《説文》：泐，水石之理也。从水从阞。《周禮》曰："石有時而泐。"

【滯】

《説文》：滯，凝也。从水帶聲。

東漢·石門頌
○遰（滯）㝵（礙）弗前

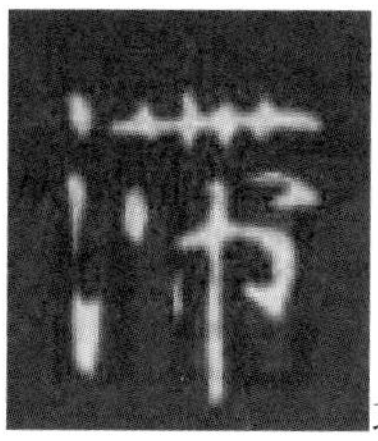
北魏·乞伏寶誌

北魏·于纂誌

北魏·元靈曜誌

北魏·高衡造像

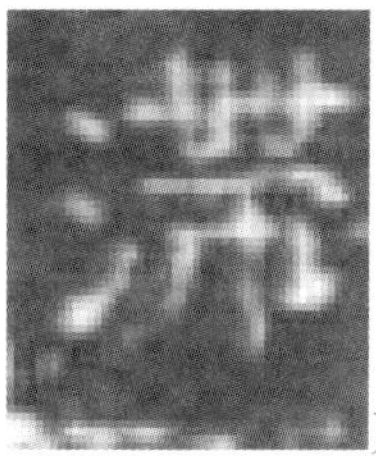
東魏·嵩陽寺碑

【汦】

《説文》：汦，著止也。从水氏聲。

【滮】

《説文》：滮，水裂去也。从水虢聲。

【澌】

《説文》：澌，水索也。从水斯聲。

【汔】

《説文》：汔，水涸也。或曰泣下。从水气聲。《詩》曰："汔可小康。"

【涸】

《説文》：涸，渴也。从水固聲。讀若狐貈之貈。

【⿰氵⿰鹵舟】

《説文》：⿰氵⿰鹵舟，涸亦从水、鹵、舟。

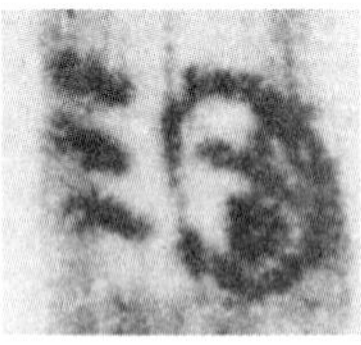
銀壹 821

北魏・崔隆誌

北周・若干雲誌

北周・田弘誌

【消】

《説文》：消，盡也。从水肖聲。

馬貳 86_368/358

銀貳 1900

魏晉殘紙

東漢・肥致碑

東漢・開母廟石闕銘

北魏・元文誌

北魏・長孫盛誌

【潐】

《説文》：潐，盡也。从水焦聲。

【渴】

《説文》：渴，盡也。从水曷聲。

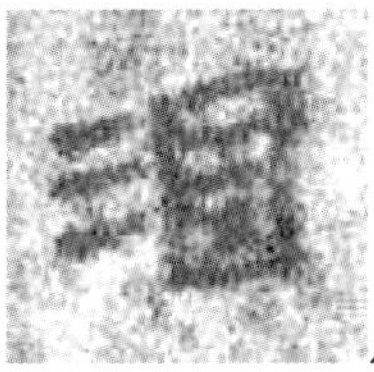
馬壹 41_24 上

〇夫人渴（竭）力

馬貳 120_217/213

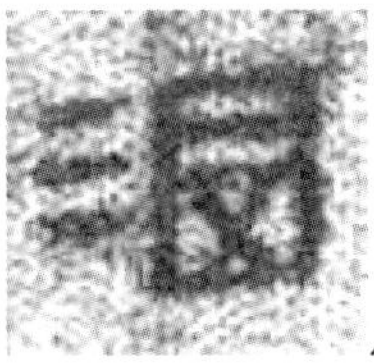
馬貳 38_69 上

〇前者渴（揭）後者

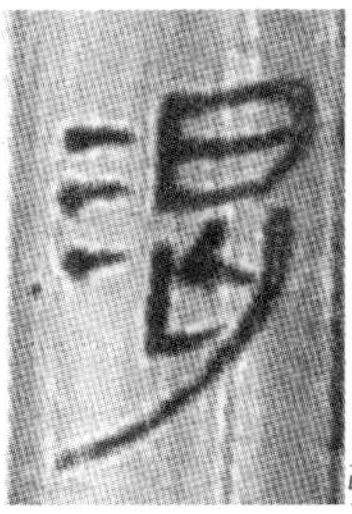
張・脈書 15

銀貳 1065

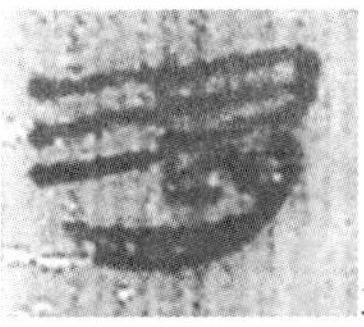
北貳・老子 8

北魏・元瞻誌

〇思賢若渴

北魏・元寧誌

北魏・慈香慧政造像

〇渴法津

北魏・叔孫協及妻誌

〇魏馮翊景王渴羅侯之孫

【濂】

《説文》：，水虛也。从水康聲。

【溼】

《説文》：，幽溼也。从水；一，所以覆也，覆而有土，故溼也。㬎省聲。

【湆】

《説文》：，幽溼也。从水音聲。

【洿】

《説文》：，濁水不流也。一曰窳下也。从水夸聲。

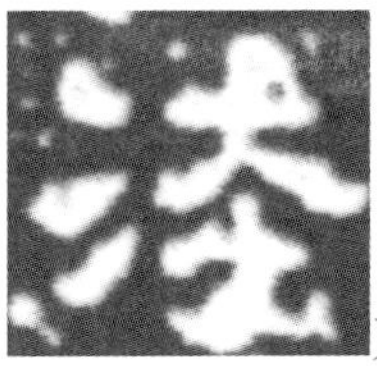
東漢・樊敏碑

〇賴無洿恥

【浼】

《説文》：，汙也。从水免聲。《詩》曰："河水浼浼。"《孟子》曰："汝安能浼我？"

【污（汙）】

《説文》：，薉也。一曰小池爲汙。一曰涂也。从水于聲。

睡·封診式 57

睡·日甲《生子》146

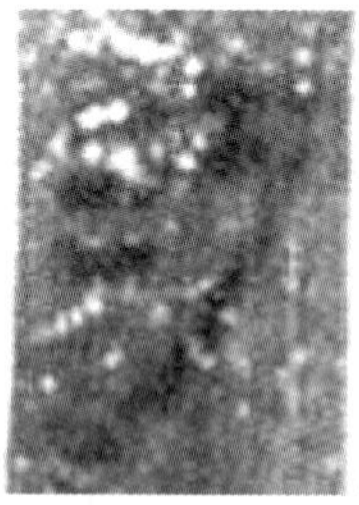
嶽·占夢書 29

馬壹 114_26\429

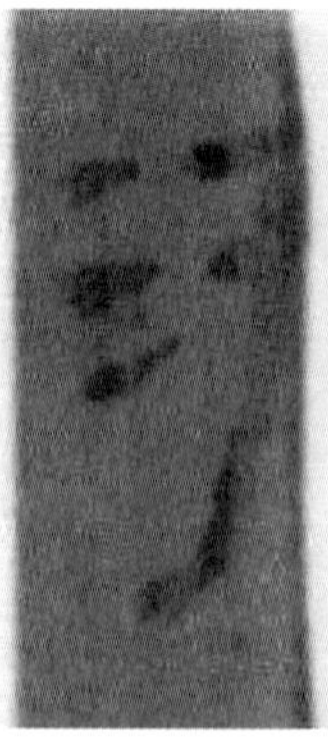
馬貳 203_9

張·引書 8

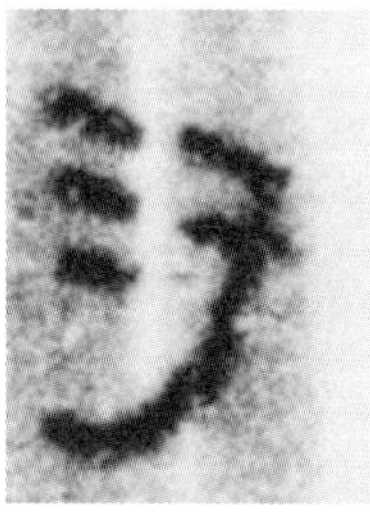
銀壹 75

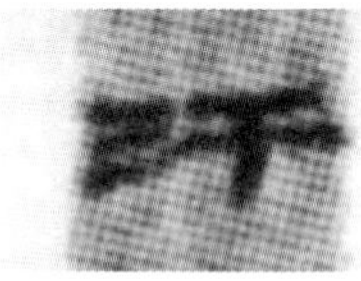
武·甲《泰射》36

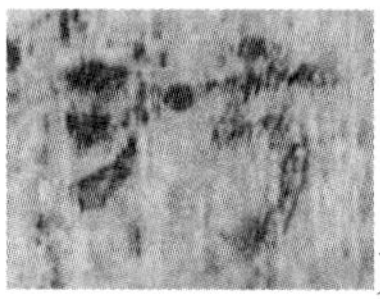
東牌樓 037 正

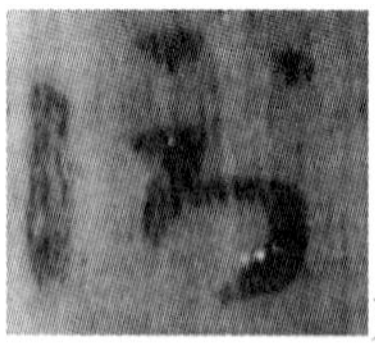
東牌樓 048 背

○污穢

北壹·倉頡篇 39

東漢・禮器碑

東漢・禮器碑

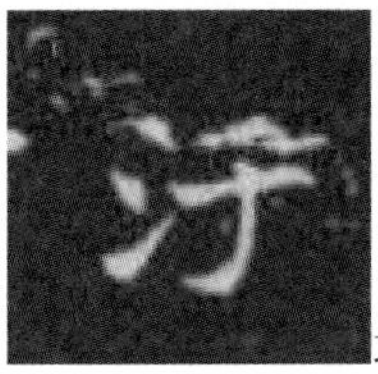
北魏・元瞻誌

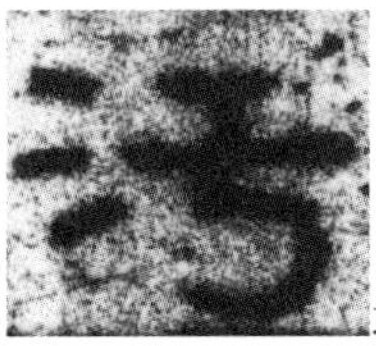
北齊・馬天祥造像

北齊・雲榮誌

【湫】

《說文》：湫，隘。下也。一曰有湫水，在周地。《春秋傳》曰："晏子之宅秋隘。"安定朝那有湫泉。从水秋聲。

敦煌簡 1169

○付張湫成未得九日

漢印文字徵

詛楚文・沈湫

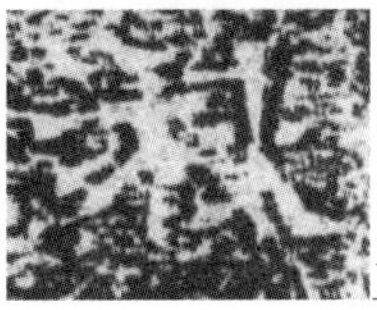
三國魏・王基斷碑

○孫湫違難

【潤】

《說文》：潤，水曰潤下。从水閏聲。

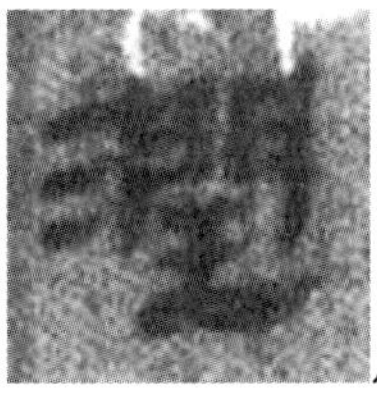
馬壹 38_11 上

漢晉南北朝印風

○潤芳啟事

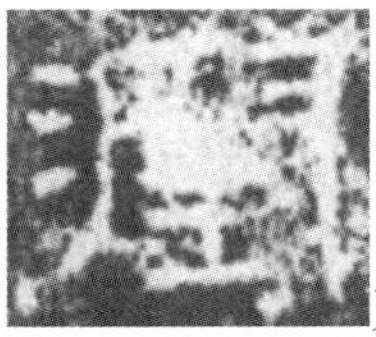
東漢・封龍山頌

北魏・元寶月誌

北魏・公孫猗誌

北魏·邢偉誌

北周·王榮及妻誌

【準】

《說文》：，平也。从水隼聲。

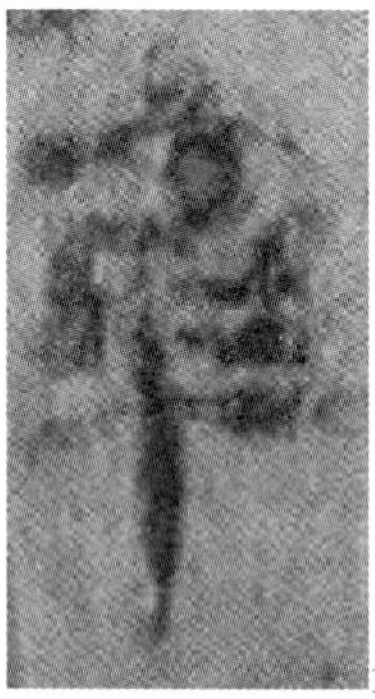
金關 T21:097

〇沐治準

北壹·倉頡篇 34

〇端直準繩

吳簡嘉禾·五·二五七

〇準入米九斗

吳簡嘉禾·五·二九六

〇準入米二斛

吳簡嘉禾·五·一〇二九

〇準入米七斗

漢印文字徵

〇胡印修準

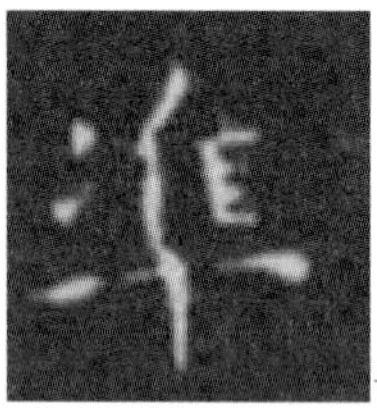
晉·黃庭內景經

〇準乎登山咳液丹

北魏·爾朱襲誌

北魏·李媛華誌

北魏·席盛誌

〇行不失準繩

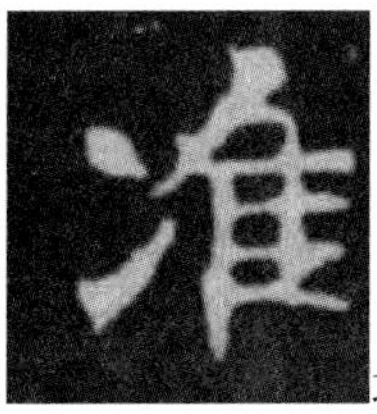
北魏·元誘妻馮氏誌

○準宋姬於往日

【汀】

《説文》：汀，平也。从水丁聲。

【汀】

《説文》：汀，汀或从平。

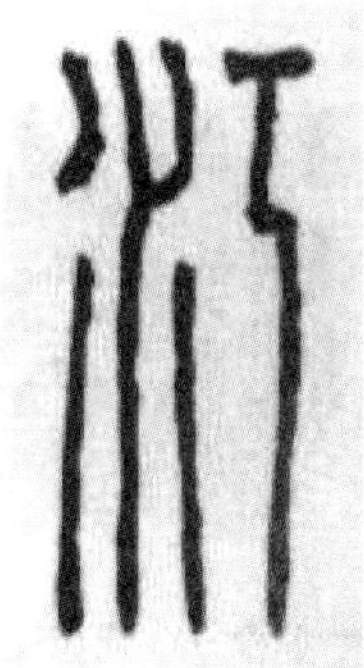
漢印文字徵

○荷汀

漢印文字徵

○趙汀之印

【沑】

《説文》：沑，水吏也。又，溫也。从水丑聲。

【瀵】

《説文》：瀵，水浸也。从水糞聲。《爾雅》曰："瀵，大出尾下。"

【滜】

《説文》：滜，新也。从水臯聲。

【瀞】

《説文》：瀞，無垢薉也。从水靜聲。

石鼓·吾水

秦公大墓石磬

【瀎】

《説文》：瀎，拭滅皃。从水蔑聲。

【泧】

《説文》：泧，瀎泧也。从水戉聲。讀若椒樧之樧。

【洎】

《説文》：洎，灌釜也。从水自聲。

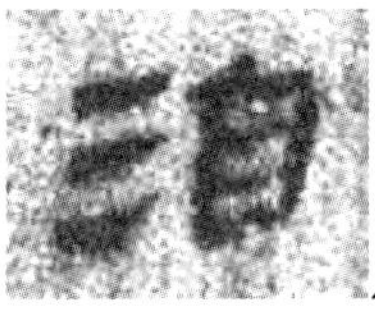
馬壹 9_60 上

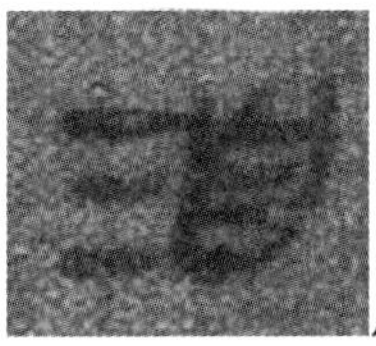
馬貳 112_66/66

馬貳 68_15/15

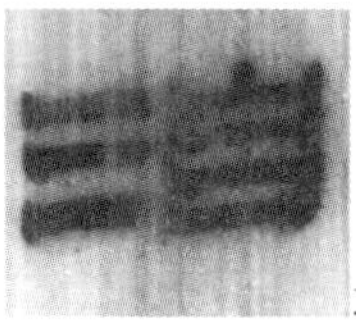
北壹·倉頡篇 30

漢印文字徵

漢印文字徵

石鼓·霝雨

北魏·寇治誌

北齊·司馬遵業誌

北齊·崔芬誌

【湯】

《說文》：，熱水也。从水昜聲。

漢銘·陽朔四年鍾

漢銘·河東鼎

漢銘·陽朔四年鍾

嶽·占夢書 19

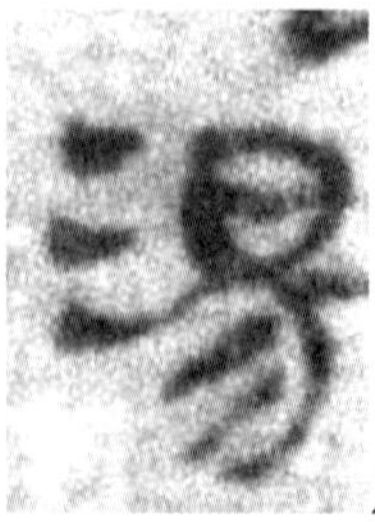
馬壹 111_3\354

馬壹 88_204

馬貳 210_88

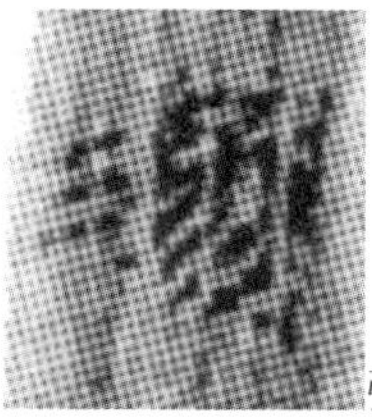
張・津關令 519

銀壹 350

銀貳 1347

金關 T24:532A

金關 T30:064

北壹・倉頡篇 65

吳簡嘉禾・四・四一八

○鄭湯佃田五十二

廿世紀璽印二-SY

○原湯

秦代印風

漢印文字徵

漢印文字徵

漢印文字徵

漢印文字徵

柿葉齋兩漢印萃

○湯賀之印

漢印文字徵

柿葉齋兩漢印萃

○醉湯私印

漢晉南北朝印風

○湯寇將軍印

漢晉南北朝印風

漢晉南北朝印風

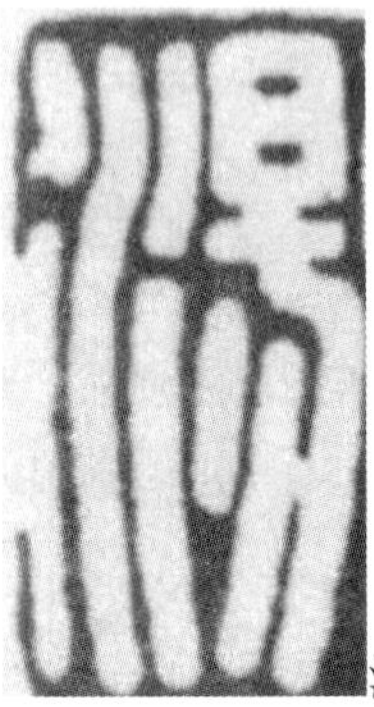
漢晉南北朝印風

漢晉南北朝印風

石鼓・霝雨

東漢・桐柏淮源廟碑

東漢・桐柏淮源廟碑

三國魏・三體石經尚書・古文
○成湯

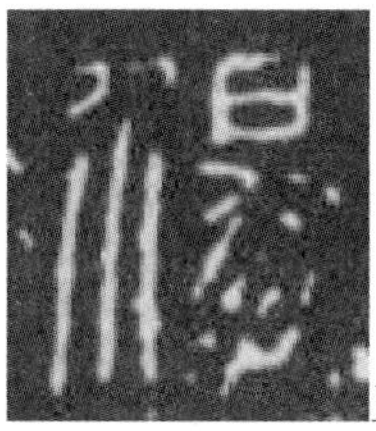
三國魏・三體石經尚書・篆文
○命公曰君我聞在昔成湯既

三國魏・三體石經尚書・隸書
○命公曰君我聞在昔成湯既

北魏・馮邕妻元氏誌

北魏・寇霄誌

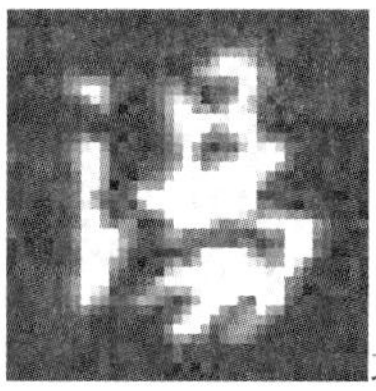
北齊・高叡修定國寺碑

【渜】

《説文》：，湯也。从水耎聲。

【洝】

《説文》：，渜水也。从水安聲。

【洏】

《説文》：，洝也。一曰煑孰也。从水而聲。

【涗】

《説文》：，財溫水也。从水兊聲。《周禮》曰："以涗漚其絲。"

【涫】

《説文》：，𤅊也。从水官聲。酒泉有樂涫縣。

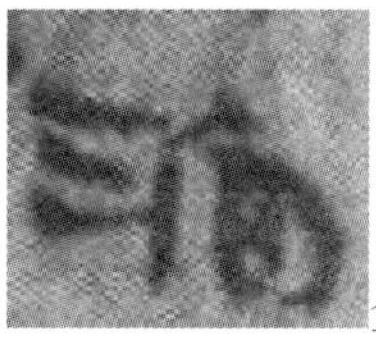
金關 T23:969
○千濼涫平旦周稚所

金關 T06:050
○濼涫文里不更王更

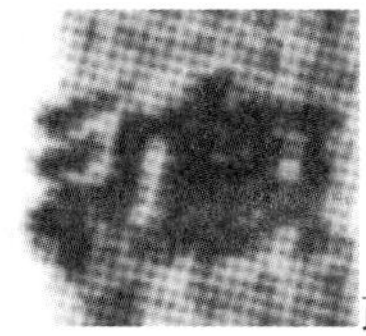
武・甲《有司》8
○拜降涫（盥）尸

漢印文字徵

【涾】

《説文》：，涫溢也。今河朔方言謂沸溢爲涾。从水沓聲。

【汏】

《説文》：，淅澗也。从水大聲。

【澗】

《説文》：，淅也。从水簡聲。

【淅】

《説文》：，汏米也。从水析聲。

【滰】

《説文》：，浚乾漬米也。从水竟聲。《孟子》曰："夫子去齊，滰淅而行。"

【溲】

《説文》：，浸渼也。从水变聲。

里・第八層793

〇巫倉溲産尸

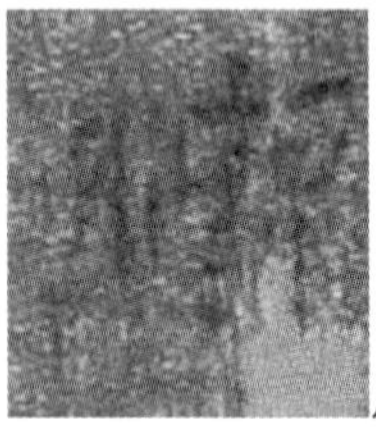
馬貳88_401/391

【浚】

《説文》：，杼也。从水夋聲。

關・病方367

〇餔時浚

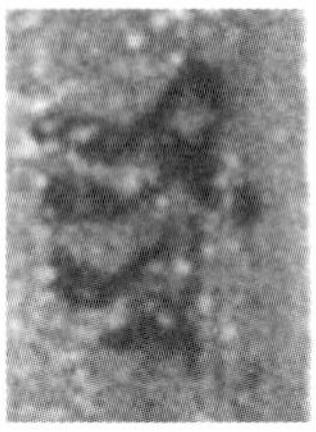
嶽・為吏77

〇棧曆(歷)浚除術尌(樹)

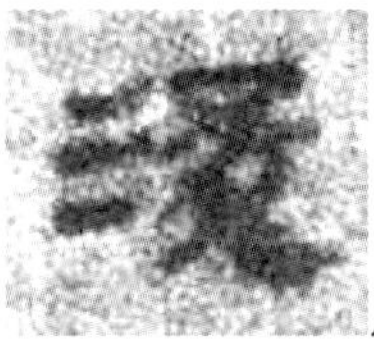
馬壹11_71上

〇晉如浚（摧）如

馬貳118_163/162

〇以水五□□□浚

張・脈書10

〇清爲浚弱（溺）

魏晉殘紙

〇具書浚叩

漢印文字徵

○浚國左尉

漢代官印選

○浚稽將軍之印

東漢·西狹頌

○鑽山浚瀆

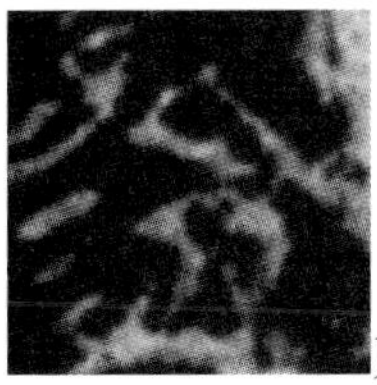
東漢·利水大道刻石題記

○泥□里浚

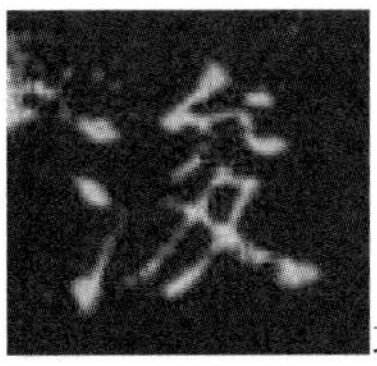
北魏·笱景誌

北魏·元楨誌

○浚源流崐

東魏·崔鶣誌

○浚渚湍流

【瀝】

《説文》：，浚也。从水歷聲。一曰水下滴瀝。

東魏·羊深妻崔元容誌

北齊·崔宣華誌

北周·須蜜多誌

【漉】

《説文》：，浚也。从水鹿聲。

【淥】

《説文》：，漉或从录。

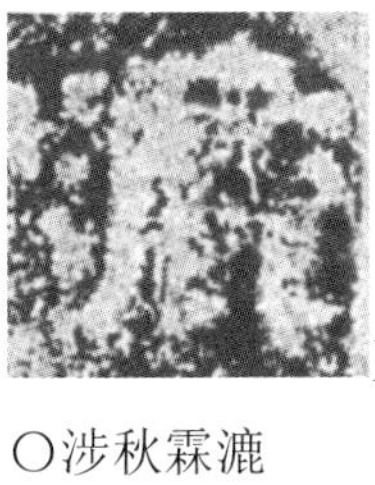
東漢·析里橋郙閣頌

○涉秋霖漉

北魏·元純陀誌

○蓮開淥渚

北魏·元茂誌

○金泉卷淥

北魏·元新成妃李氏誌

○湛如淥泉之發浦

【潘】

《説文》：潘，淅米汁也。一曰水名，在河南滎陽。从水番聲。

嶽·癸瑣案 18

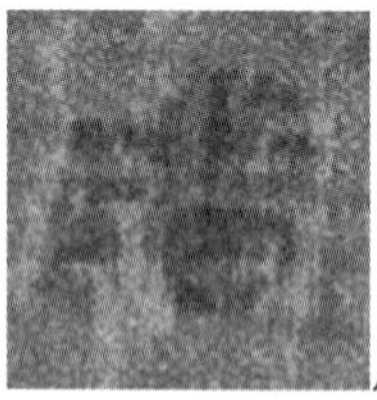
馬貳 114_85/85

金關 T06:031

北壹·倉頡篇 33

○歞潘閒簡

吳簡嘉禾·五·二〇九

吳簡嘉禾·四·五二一

○庫吏潘

吳簡嘉禾·四·九三

○庫吏潘有其旱田畝

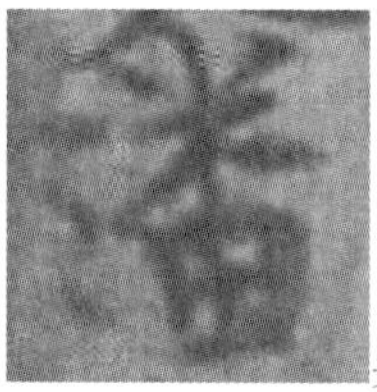
吳簡嘉禾·四·一一九

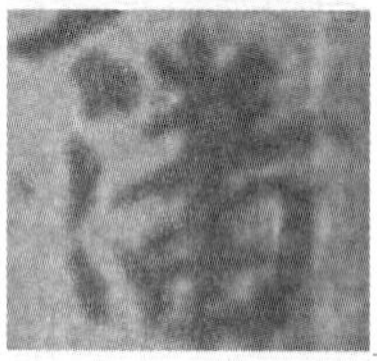
吳簡嘉禾·四·一〇

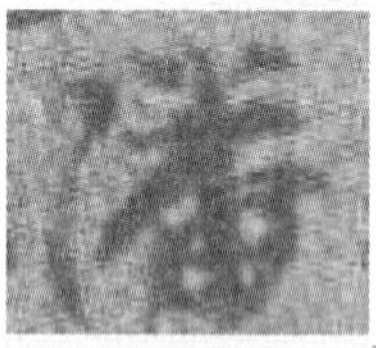
吳簡嘉禾·四·三四三

秦代印風

秦代印風

廿世紀璽印三-SP

○潘旌

漢印文字徵

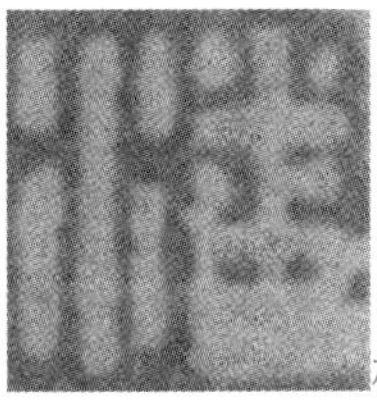
柿葉齋兩漢印萃

漢印文字徵

漢印文字徵

漢晉南北朝印風

漢晉南北朝印風

○潘赤

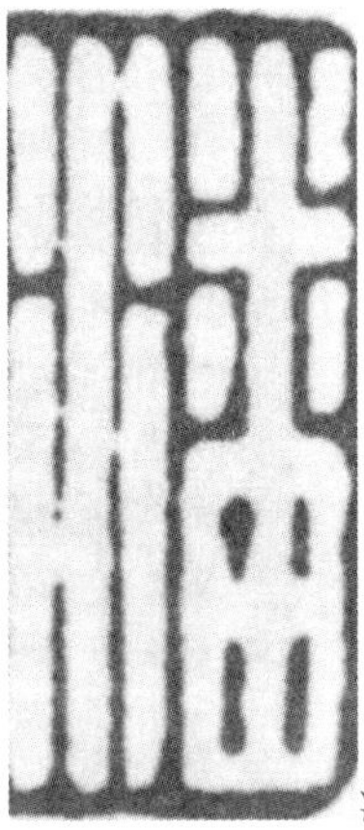
漢晉南北朝印風

漢晉南北朝印風

○潘剛私印

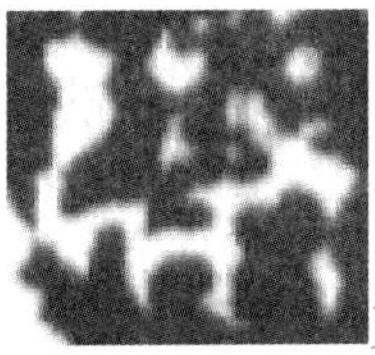
東漢・校官碑

三國魏・李苞題記

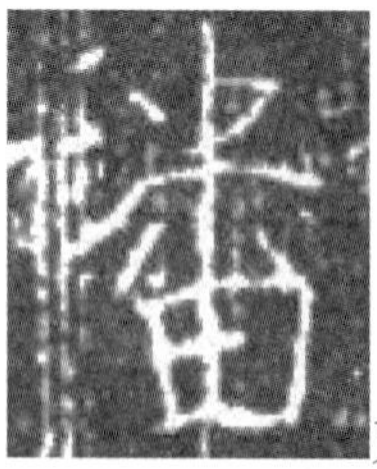
東晉·潘氏衣物券

北魏·杜遷題記

○潘祖悅

北魏·四十一人等造像

【瀾】

《說文》：，潘也。从水蘭聲。

【泔】

《說文》：，周謂潘曰泔。从水甘聲。

馬壹 114_25\428

○鼎壺泔（鑑）淺而

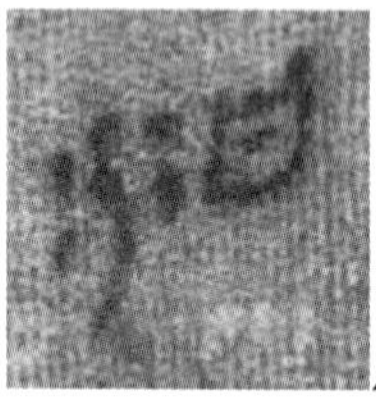
馬貳 128_7

○黍米泔若流水以洗

漢印文字徵

○王泔

【滫】

《說文》：，久泔也。从水脩聲。

睡·日甲《詰》26

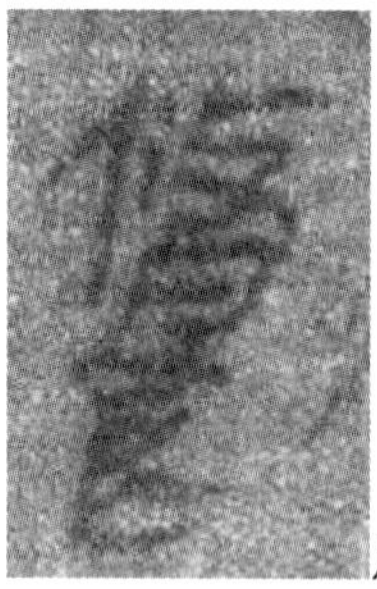
馬貳 118_177/176

○汁漬滫飯

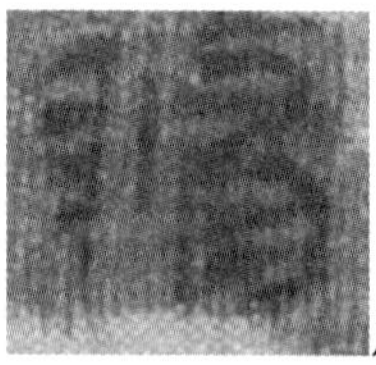
馬貳 86_371/361

北壹·倉頡篇 41

○滫鶬（⿰倉隹）鶩⿺走支

【澱】

《說文》：，滓滋也。从水殿聲。

【淤】

《說文》：，澱滓，濁泥。从水於聲。

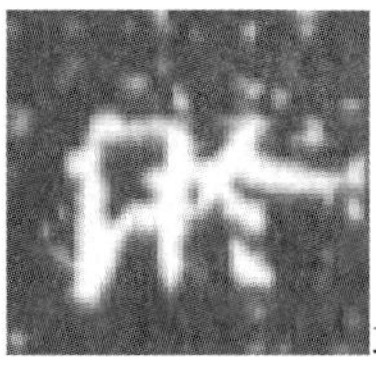
北魏・染華誌

○如泚水之去煩淤

【滓】

《說文》：，澱也。从水宰聲。

馬貳 111_48/48

○棄其滓以汁染布

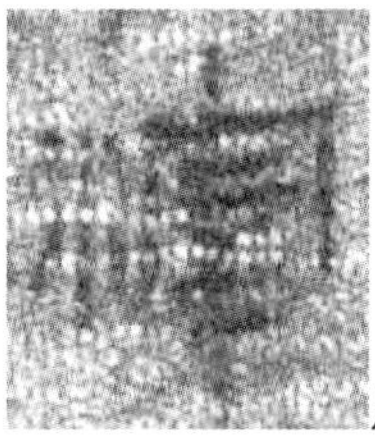
馬貳 78_187/174

○去滓有（又）煮

【淰】

《說文》：，濁也。从水念聲。

【淪】

《說文》：，漬也。从水侖聲。

東漢・熹平石經殘石五

○利淪

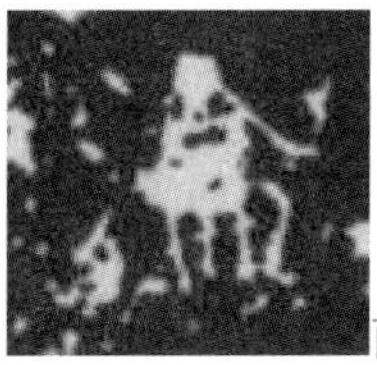
南朝宋・石颿銘

○淪天測際

【灑】

《說文》：，釃酒也。一曰浚也。从网从水，焦聲。讀若《夏書》“天用勦絕”。

【㲄】

《說文》：，側出泉也。从水㱿聲。㱿，籒文磬字。

北魏・元爽誌

【湑】

《說文》：，莤酒也。一曰浚也。一曰露皃。从水胥聲。《詩》曰：“有酒湑我。”又曰：“零露湑兮。”

北魏・元廞誌

○餗實伊湑

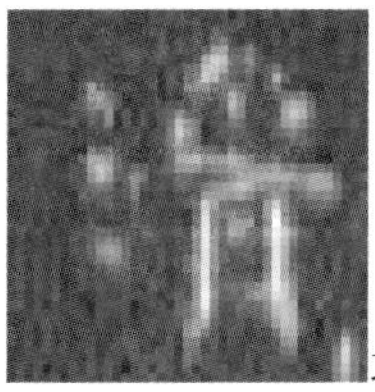
北周・賀蘭祥誌

〇衆軍淪湑

【湎】

《説文》：，沈於酒也。从水面聲。《周書》曰："罔敢湎于酒。"

秦代印風

〇王湎

北魏・弔比干文

〇沉湎而不知申兮

【漿】

《説文》：，酢㯱也。从水，將省聲。

【牀】

《説文》：，古文㯱省。

闕沮・蕭・遣冊 29

〇漿器一枚

北魏・元暐誌

北魏・元子直誌

北魏・楊舒誌

【涼】

《説文》：，薄也。从水京聲。

馬貳 214_28/129

〇清涼

馬貳 33_20 下

〇涼月

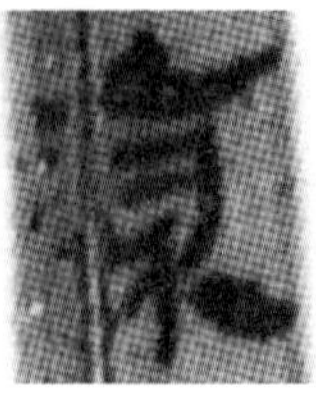
銀貳 1743

〇涼風

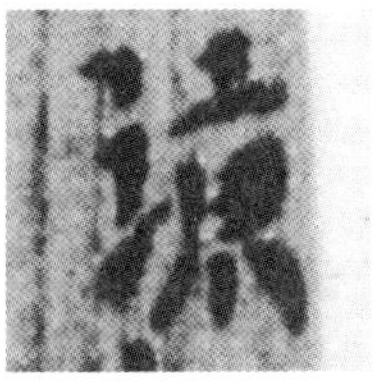
敦煌簡 2415A

○吏江涼相拊授官雜

金關 T06:135A

○涼州刺史

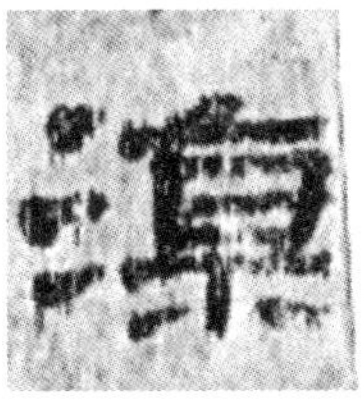
金關 T08:064

○樹木涼宦老

東牌樓 149 背

○李涼主在布鹿

魏晉殘紙

○清涼

廿世紀璽印三-SY

○莊涼私印

漢印文字徵

○黃涼印信

漢印文字徵

○涼儉印信

漢代官印選

○涼州刺史

漢印文字徵

○嗛涼私印

漢晉南北朝印風

○涼珍

東漢・石門頌

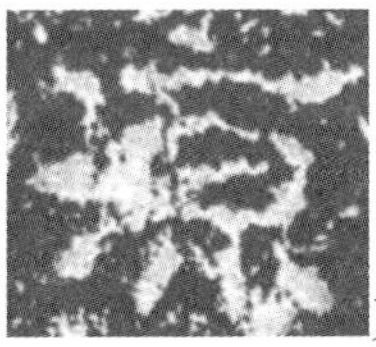
東漢・孟孝琚碑

十六國前秦・梁舒表

○涼故中郎中督護公

北魏・萬福榮造像

○涼州刺史

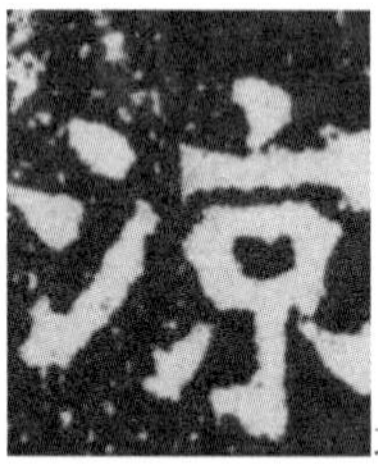
北魏・萬福榮造像

北魏・王蕃誌

○涼州平定

北魏・元始和誌

○涼州諸軍

北齊・徐顯秀誌

○涼州刺史

北周・賀蘭祥誌蓋

○周故大師柱國大司馬涼國景公之墓誌

北周・王德衡誌

○枕辭涼扇

【淡】

《説文》：淡，薄味也。从水炎聲。

馬壹 149_76/250 下

北貳・老子 216

晉・黃庭内景經

北魏・宋靈妃誌

【涒】

《説文》：涒，食已而復吐之。从水君聲。《爾雅》曰："太歲在申曰涒灘。"

東漢・禮器碑

北周・韋彪誌

【澆】

《説文》：澆，渼也。从水堯聲。

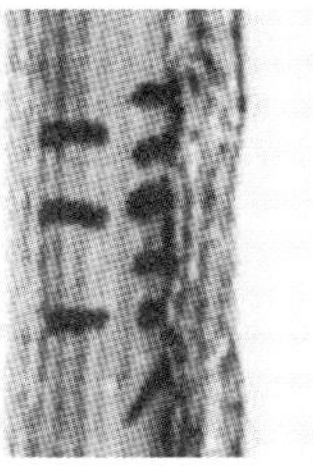
張・脈書 3

○出爲澆在脣唇

北魏・元鑽遠誌

北魏・元壽妃麴氏誌

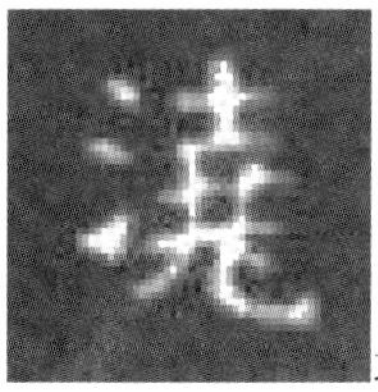
北齊・和紹隆誌

【液】

《説文》：液，盡也。从水夜聲。

北魏・堯遵誌

北魏・元澄妃誌

北齊・高湝誌

【汁】

《説文》：汁，液也。从水十聲。

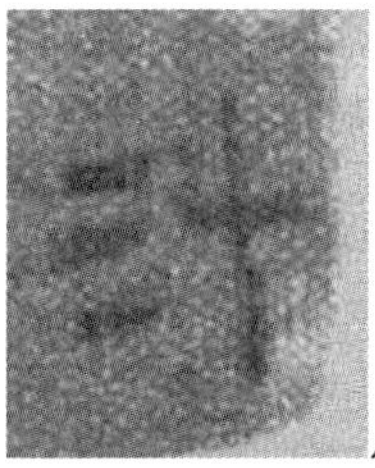
馬貳 114_91/91

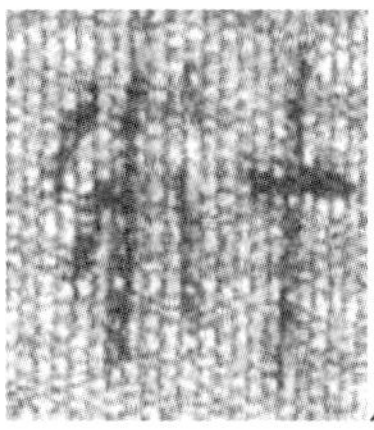
馬貳 69_36/36

張・脈書 12

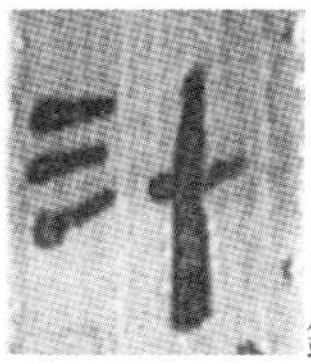
銀貳 1900

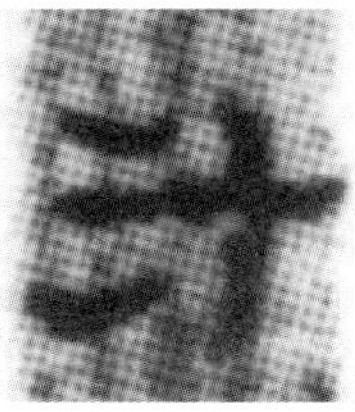
武・甲《少牢》45

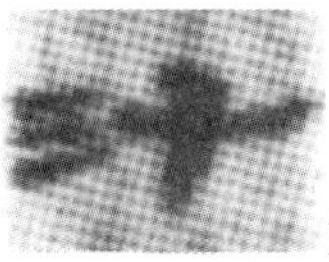
武・甲《有司》26

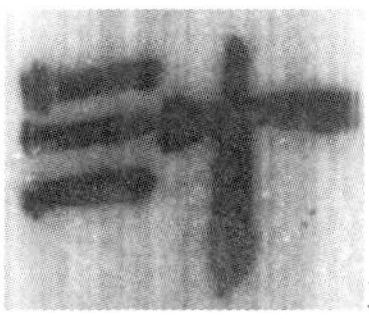
北壹・倉頡篇 30

○汁洎流敗

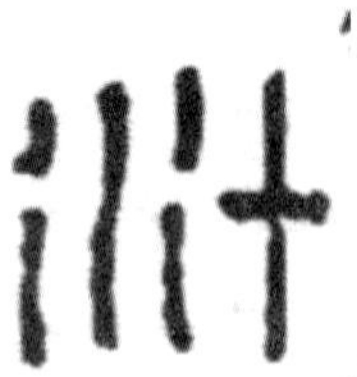
廿世紀璽印三-GP

漢印文字徵

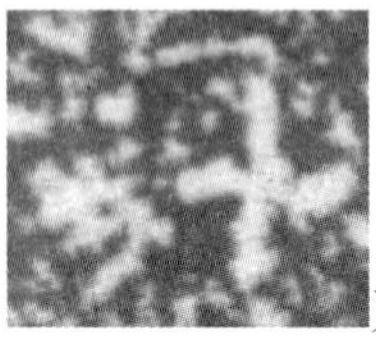
東漢・西狹頌

東漢・史晨前碑

東漢・三老諱字忌日刻石

北魏・元瞻誌

【滒】

《説文》：滒，多汁也。从水哥聲。讀若哥。

【灝】

《説文》：灝，豆汁也。从水顥聲。

【溢】

《説文》：溢，器滿也。从水益聲。

敦煌簡 0190

〇候溢賤為署

北壹・倉頡篇 30

〇資貨羡溢跂□

東漢・營陵置社碑

北魏・高猛妻元瑛誌

北魏・元引誌

北魏・穆亮誌

【洒】

《説文》：洒，滌也。从水西聲。古文爲灑埽字。

馬貳 87_389/379

〇以湯洒去藥已（巳）

張・引書 2

〇漱洒齒泃（呴）

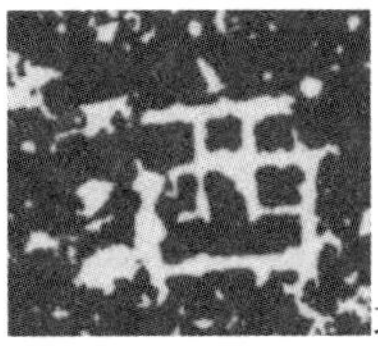
北齊・邑義等造靈塔記

北周・拓跋虎誌

【滌】

《説文》：，洒也。从水條聲。

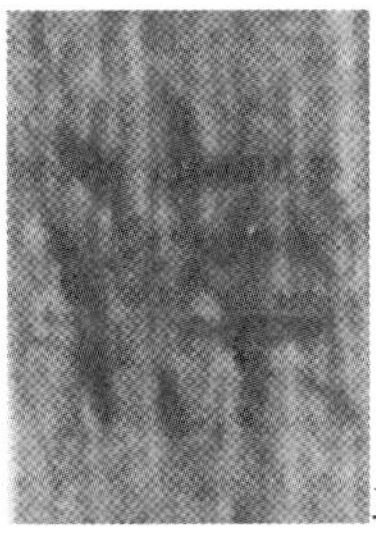
敦煌簡 0107

〇故不立滌清

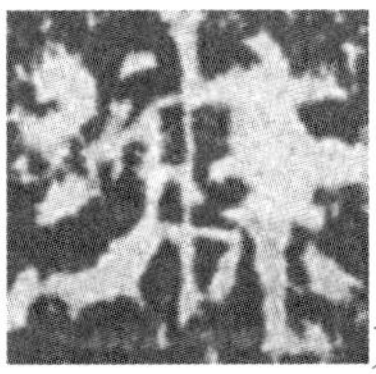
東漢・衛尉卿衡方碑

〇脩清滌俗

北齊・高建妻王氏誌

〇西南滌蕩

北齊・元洪敬誌

〇掃滌青光兩州之梗

【瀸】

《説文》：，和也。从水戢聲。

【瀋】

《説文》：，汁也。从水審聲。《春秋傳》曰："猶拾瀋。"

【渳】

《説文》：，飲也。从水弭聲。

【潩】

《説文》：，飲歃也。一曰吮也。从水算聲。

北壹・倉頡篇 68

〇鷩犴潩僂

【漱】

《説文》：，盪口也。从水敕聲。

東魏・慧光誌

【泂】

《説文》：，滄也。从水同聲。

【滄】

《説文》：，寒也。从水倉聲。

北魏·尉氏誌

北魏·元緒誌

北周·王德衡誌

【灝】

《説文》：，冷寒也。从水靚聲。

【淬】

《説文》：，滅火器也。从水卒聲。

馬貳 81_260/247

○石淬醯中

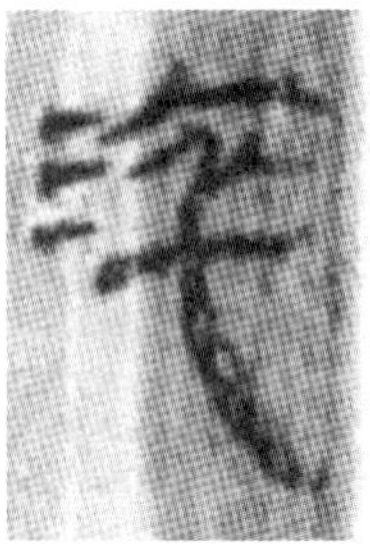張·奏讞書 167

○其莞淬（碎）媚

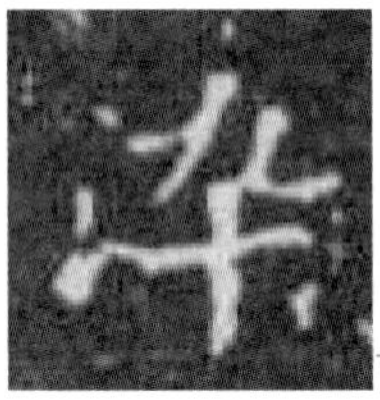南朝齊·劉岱誌

○山陰令淬太守事

【沐】

《説文》：，濯髮也。从水木聲。

漢銘·張端君沐盤

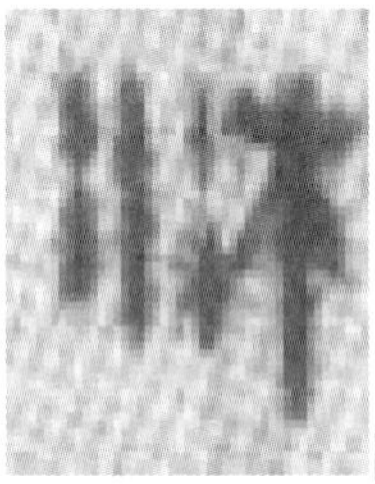關·病方 314

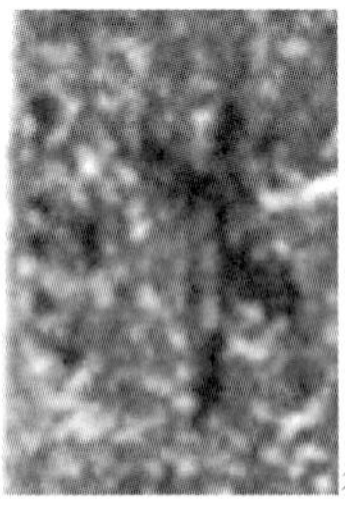嶽·為吏 64

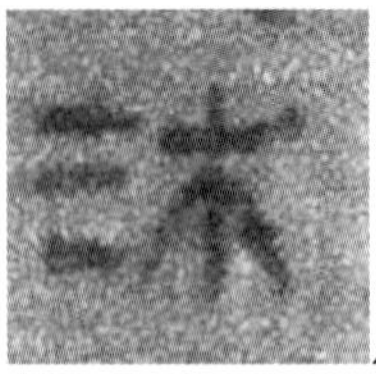馬貳 112_61/61

張・引書 4

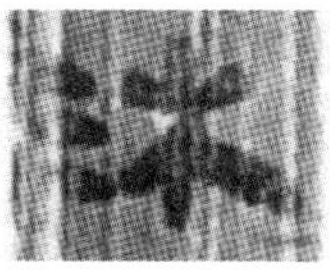
張・遣策 40

吳簡嘉禾・四・五三五

廿世紀璽印三-SP

漢印文字徵

○渝沐可印

漢印文字徵

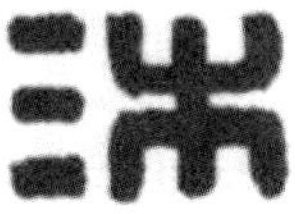
漢印文字徵

柿葉齋兩漢印萃

漢印文字徵

漢晉南北朝印風

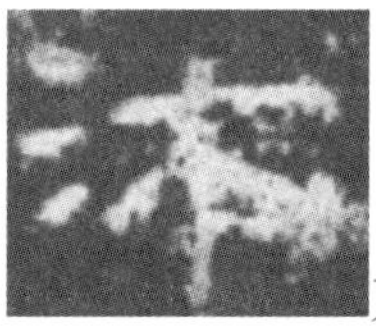
東漢・封龍山頌

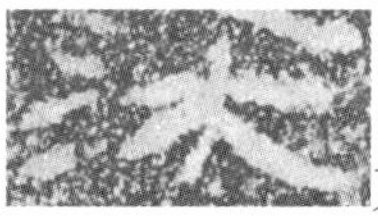
東漢・和平元年畫像石墓題記

晉・黃庭內景經

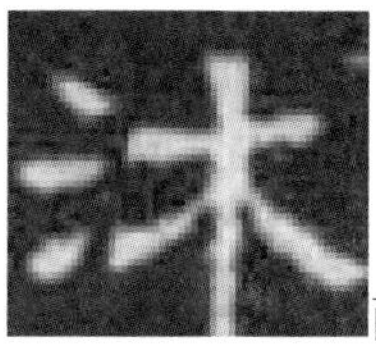
西晉・臨辟雍碑

北魏・吳光誌

北魏・高衡造像

北齊・宋靈媛誌

○共沬仁恩

北齊・雲榮誌

【沬】

《說文》：，洒面也。从水未聲。

【湏】

《說文》：，古文沬从頁。

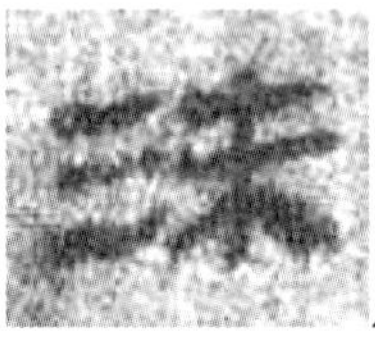
馬壹 14_1 下\94 下

○不沬（昧）

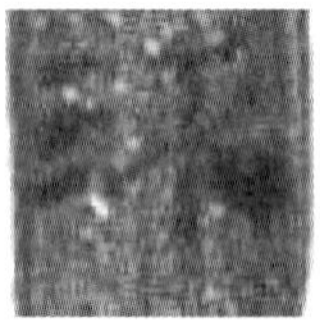
馬貳 217_20/31

○二曰致沬

北貳・老子 13

○道如沬（昧）進

廿世紀璽印三-SY

○子湏

漢印文字徵

○王湏之印

漢印文字徵

○李湏

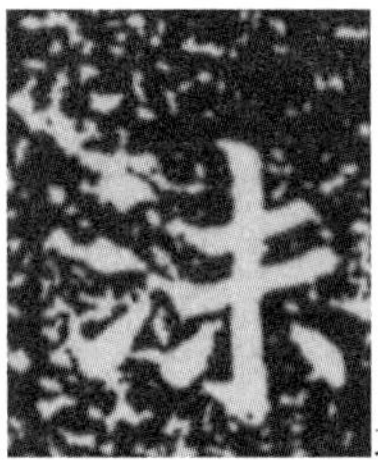
北魏・元詳誌

○餘休弗沬

北魏・元鸞誌

北魏・高貞碑

○所湏悉仰本州營□

【浴】

《說文》：，洒身也。从水谷聲。

漢銘・常浴盆二

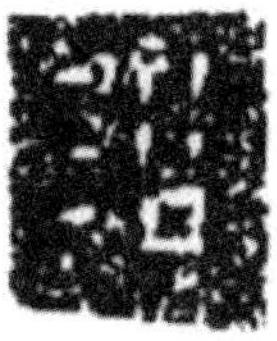
漢銘・常浴盆一

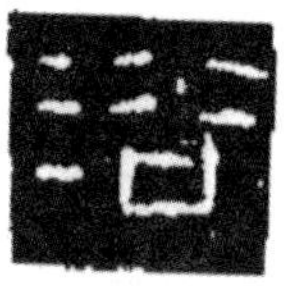
漢銘・桂宮行鐙

漢銘・中山宦者常浴銅錠二

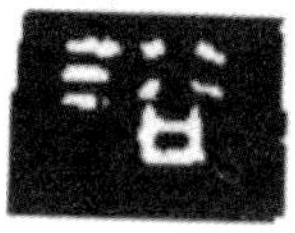
漢銘・尚浴府行燭盤

睡・為吏 40

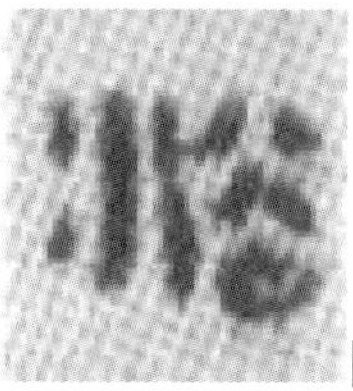
關・病方 368

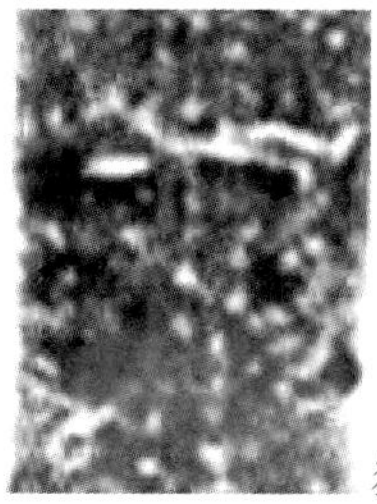
嶽・為吏 64

○洗沐浴吏

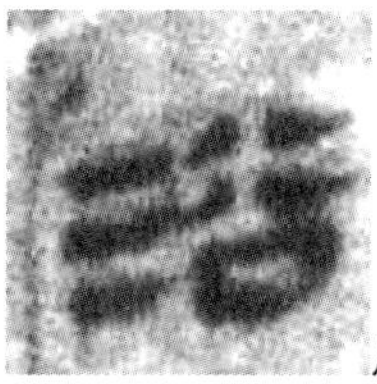
馬壹 145_29/203 下

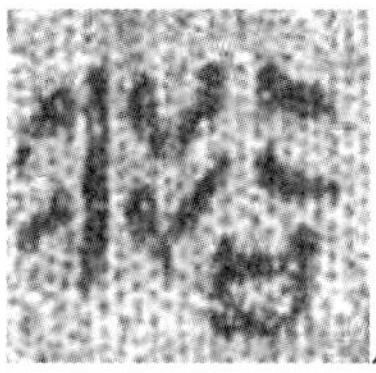
馬壹 254_38 上

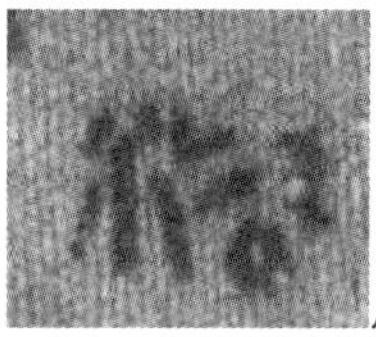
馬貳 142_30

張・引書 7

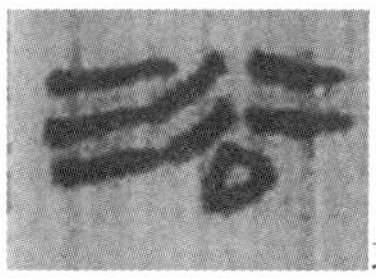
北貳・老子 161

廿世紀璽印三-GP

秦代印風

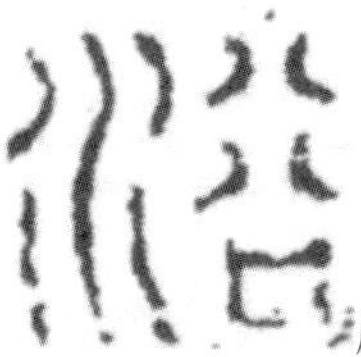
歷代印匋封泥

漢晉南北朝印風

漢印文字徵

〇尚宮南浴

漢印文字徵

晉・黃庭内景經

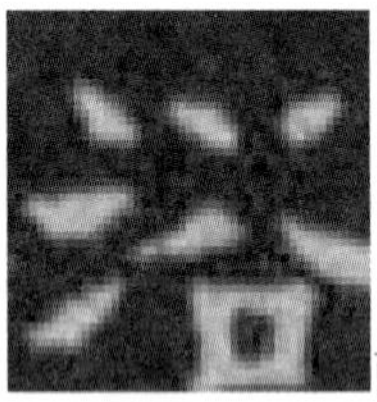
西晉・臨辟雍碑

東魏・司馬韶及妻侯氏誌

北齊・徐顯秀誌

【澡】

《說文》：，洒手也。从水喿聲。

馬貳 214_28/129

張・引書 4

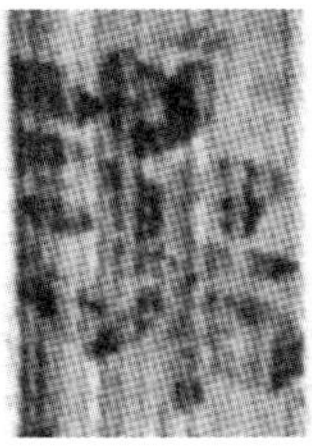
張・遣策 28

東魏・司馬韶及妻侯氏誌

〇澡身浴義

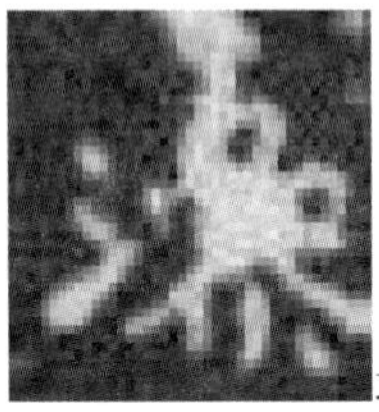
北齊・靜明等造像

〇欲澡心於正

【洗】

《說文》：，洒足也。从水先聲。

關・病方 324

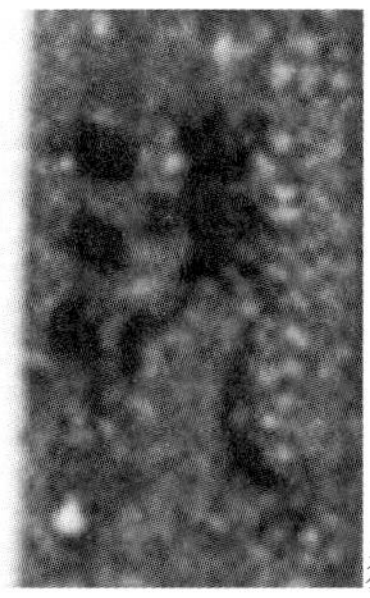
嶽・為吏64

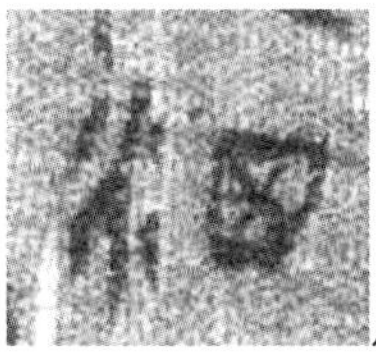
馬貳69_22/22

○中以洗癰

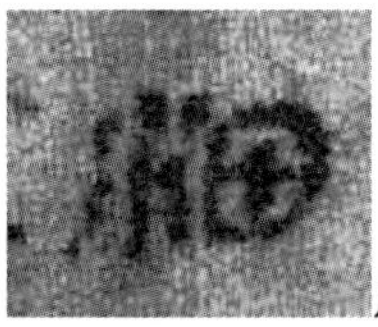
馬貳141_15

○洗辭包（胞）

武・甲《特牲》47

武・甲《少牢》15

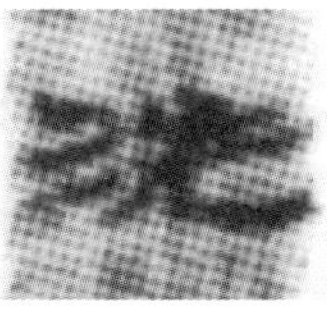
武・甲《有司》66

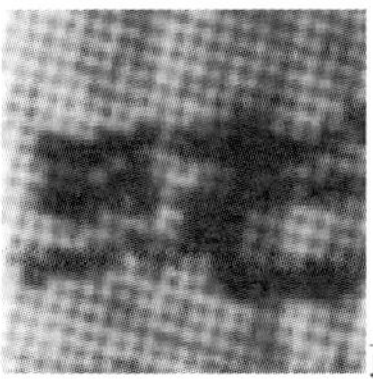
武・甲《泰射》19

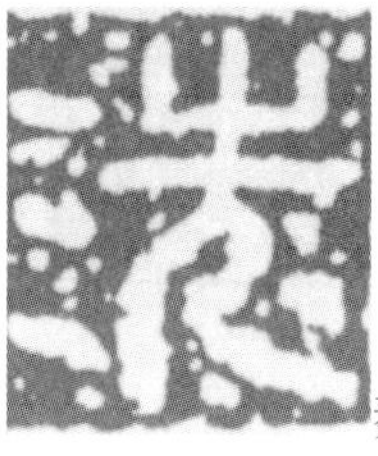
秦代印風

○洗

漢印文字徵

東漢・曹全碑陽

東漢・禮器碑

西晉・石尠誌

北魏・邢偉誌

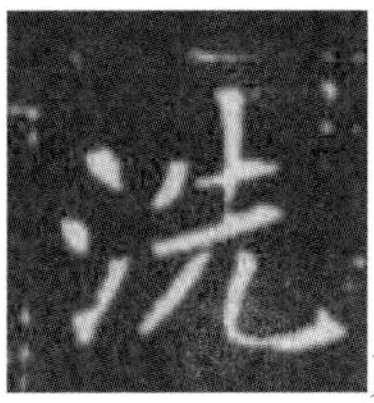
東魏・盧貴蘭誌

【汲】

《説文》：，引水於井也。从水从及，及亦聲。

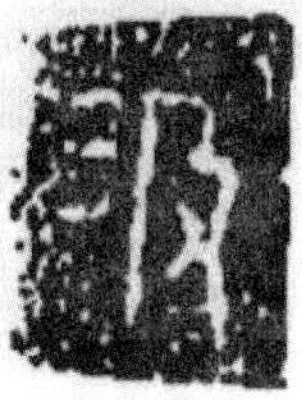
漢銘・汲□家行錠

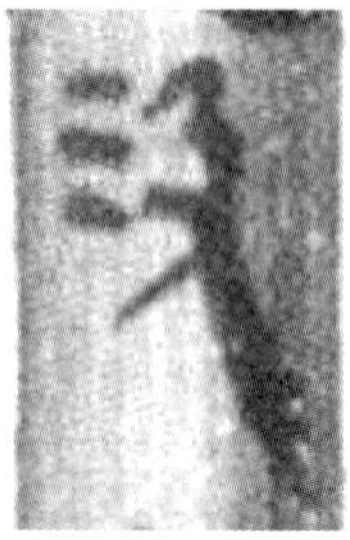
嶽・占夢書 42

○夢見汲者癘租欲食

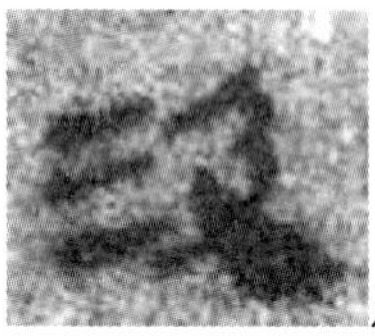
馬壹 6_29 下

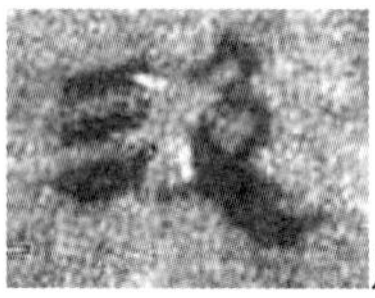
馬壹 6_28 下

馬貳 73_114/114

○治湮汲以飲（歙）

張・秩律 455

○汲滈陰

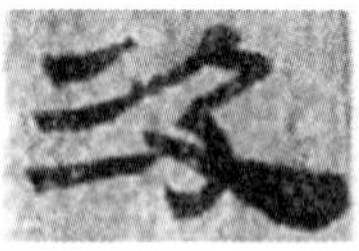
金關 T23:305

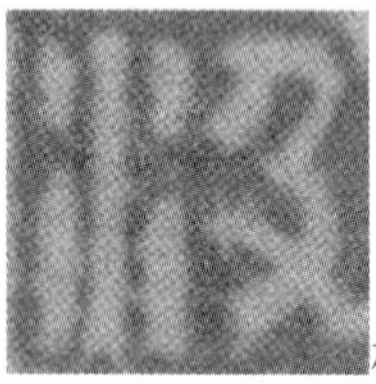
柿葉齋兩漢印萃

漢印文字徵

漢印文字徵

漢晉南北朝印風

○汲靚之印

東漢・成陽靈臺碑

東漢・校官碑

西晉・石尠誌

北魏・侯剛誌

北魏・侯掌誌

北魏・元冏誌

東魏・呂貶誌

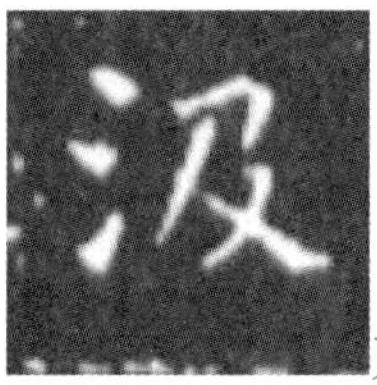
東魏・呂貶誌

【淳】

《説文》：，渌也。从水𦎧聲。

漢銘・大司農權

漢銘・淳于罍

漢銘・光和斛二

漢銘・淳于鍾

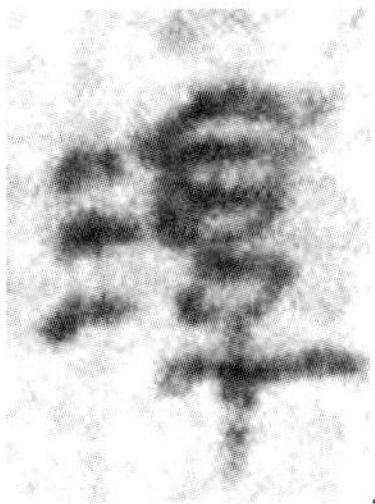
馬壹 212_40

馬貳 205_23

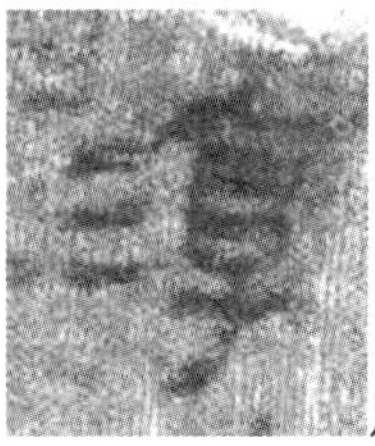
馬貳 117_142/142

○其汁淳

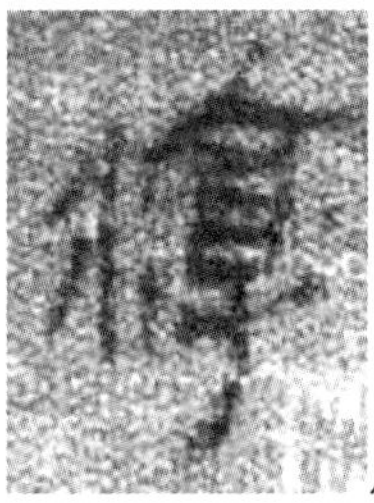
馬貳 83_301/287

○淳之

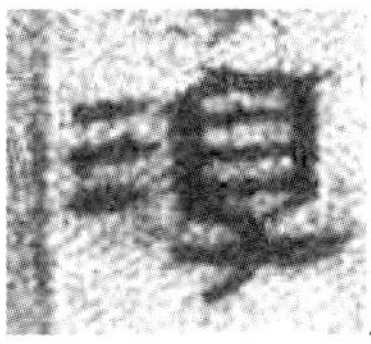
馬貳 34_41 上

金關 T04:154

北壹・倉頡篇 44

○耆侯騎淳沮決

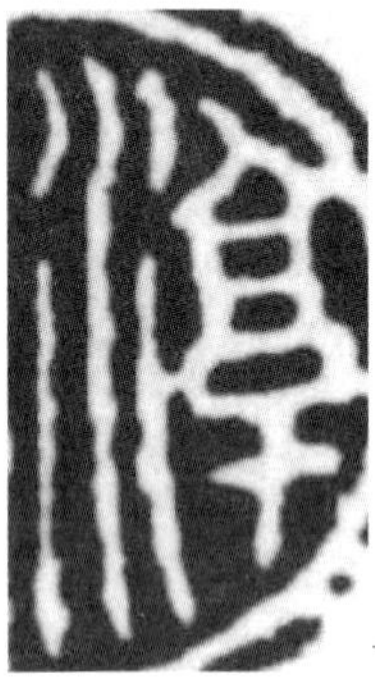
廿世紀璽印三-SY

秦代印風

秦代印風

秦代印風

廿世紀璽印三-SP

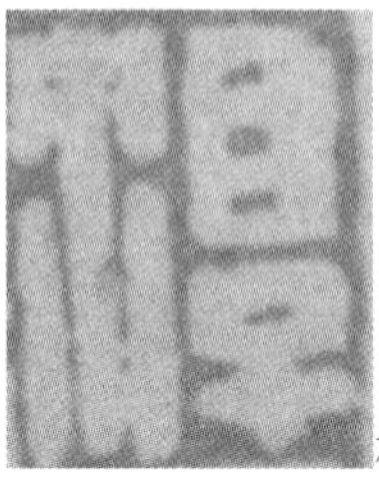
柿葉齋兩漢印萃

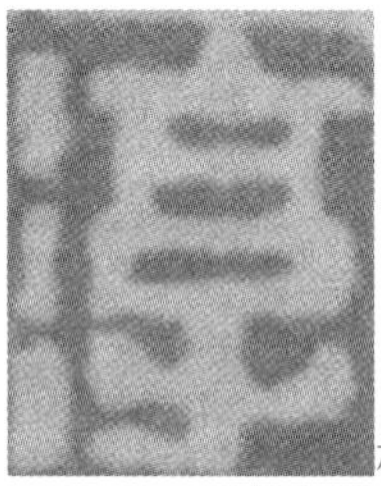
柿葉齋兩漢印萃

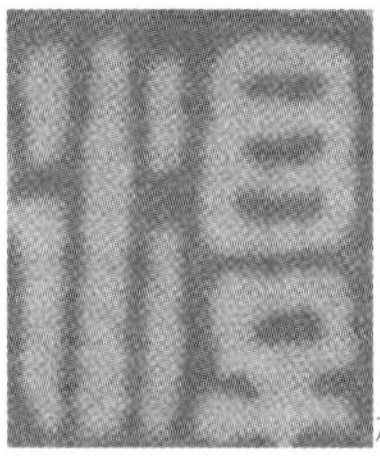
柿葉齋兩漢印萃

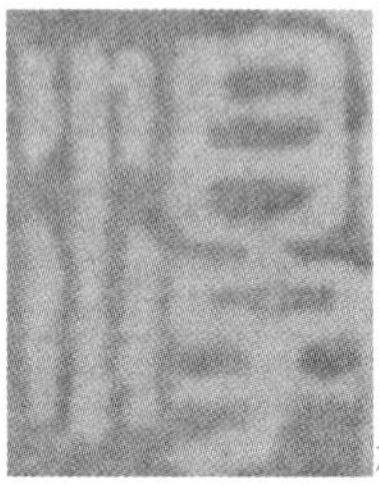
柿葉齋兩漢印萃

歷代印匋封泥

○淳於邑丞

漢印文字徵

漢印文字徵

漢印文字徵

漢印文字徵

漢印文字徵

○淳于叔

漢印文字徵

漢印文字徵

廿世紀璽印四-SY

○淳于翊印

漢晉南北朝印風

漢晉南北朝印風

漢晉南北朝印風

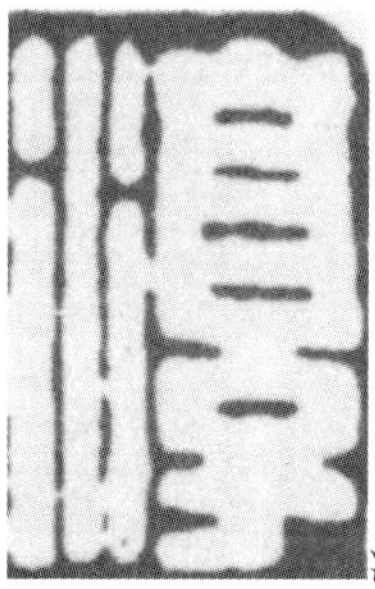
漢晉南北朝印風

東漢・北海相景君碑陰

○故脩行淳于趙尚

東漢・夏承碑

北魏・元鸞誌

○淳風有沫

北魏・王普賢誌

○七德淳鏡

北齊・淳于元皓造像

【淋】

《説文》：，以水渶也。从水林聲。一曰淋淋，山下水皃。

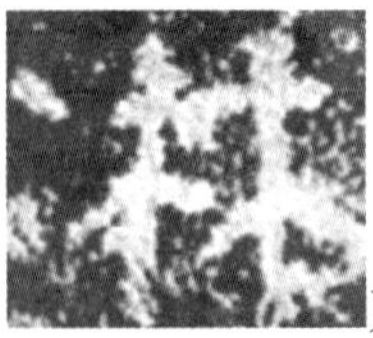
東漢・孟孝琚碑

○涼風滲淋

【渫】

《説文》：，除去也。从水枼聲。

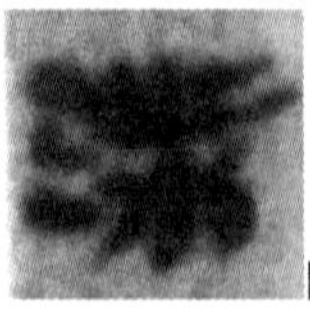
睡・日甲《毀弃》122

漢印文字徵

○渫丹

漢印文字徵

○田渫

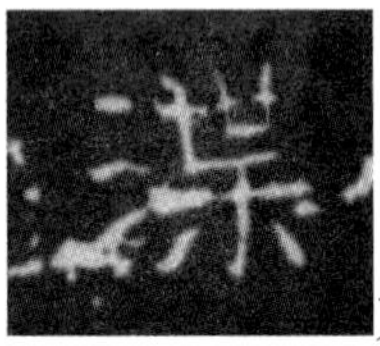
東魏・侯海誌

東魏・王偃誌

【瀚】

《説文》：，濯衣垢也。从水榦聲。

【浣】

《説文》：，瀚或从完。

武・甲《特牲》13

○主婦浣（盥）

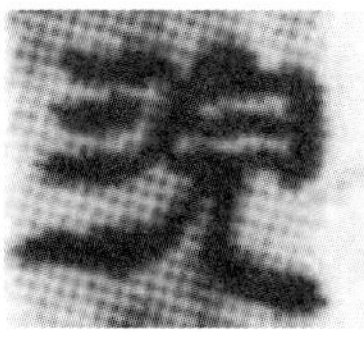
武・甲《少牢》43

○佐食浣升下

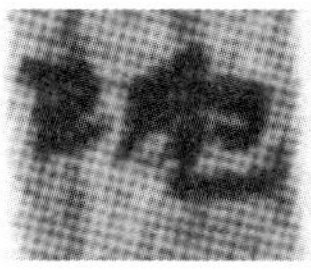
武・甲《泰射》13

○對卒浣（盥）賓

東漢・鮮於璜碑陽

○免浣息隸

北魏・元華光誌

○脩曷浣以歸寧

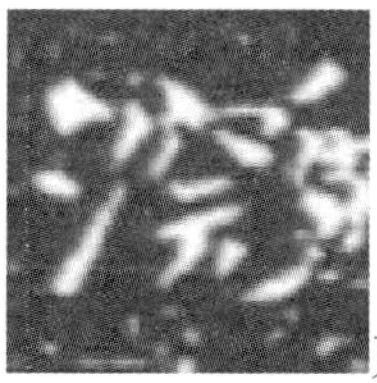
東魏・羊深妻崔元容誌

○服有浣濯之衣

北齊・皇甫豔誌

○夫人躬服浣衣

【濯】

《說文》：濯，瀚也。从水翟聲。

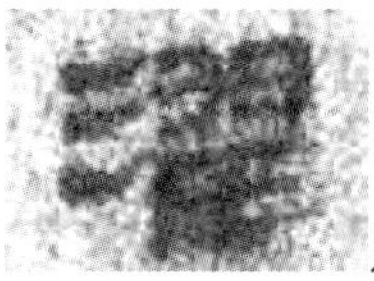
馬壹 6_26下

馬貳 275_197/217

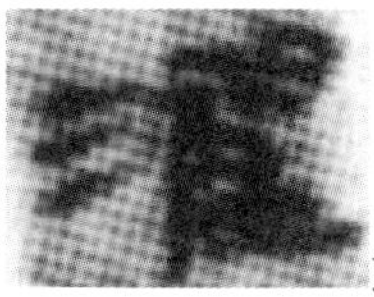
武・甲《特牲》9

漢印文字徵

漢印文字徵

東漢・成陽靈臺碑

東漢・樊敏碑

北魏・元純陀誌

北魏・楊舒誌

東魏・元仲英誌

【涑】

《説文》：涑，澣也。从水束聲。河東有涑水。

漢印文字徵

○涑忠

北齊・劉悅誌

【潎】

《説文》：潎，於水中擊絮也。从水敝聲。

【瀧】

《説文》：瀧，涂也。从水从土，龙聲。讀若隴。

【灑】

《説文》：灑，汛也。从水麗聲。

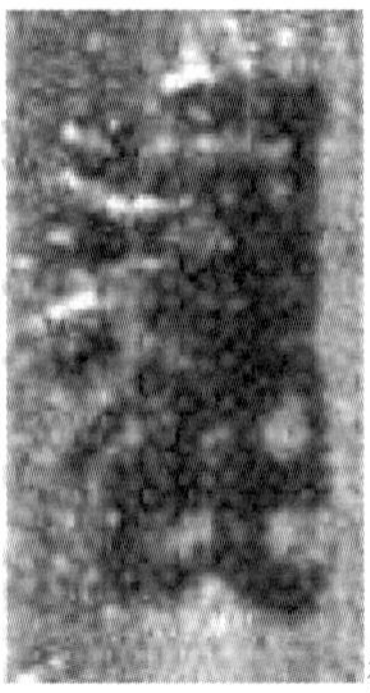
嶽・占夢書 32

里・第八層 529

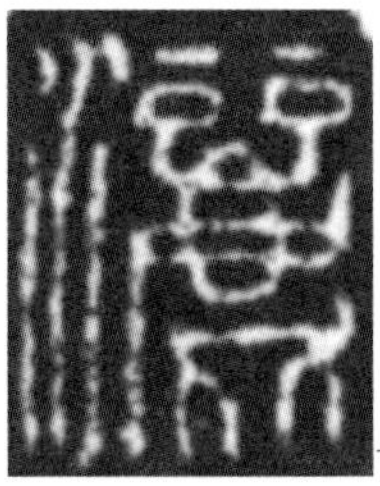
廿世紀璽印三-SY

漢印文字徵

漢印文字徵

北魏・爾朱紹誌

北魏・元彝誌

北魏・元崇業誌

【汛】

《説文》：，灑也。从水卂聲。

【染】

《説文》：，以繒染爲色。从水杂聲。

漢銘・史侯家染桮

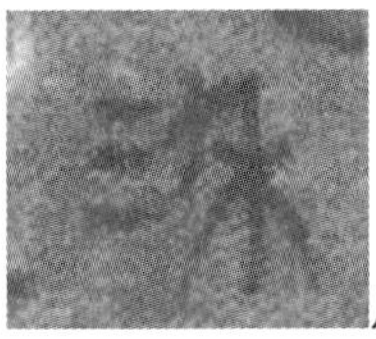
馬貳 112_59/59

漢印文字徵

○染香

北魏・張寧誌

北齊・無量義經二

北齊・無量義經二

【泰】

《説文》：，滑也。从廾从水，大聲。

【夳】

《説文》：，古文泰。

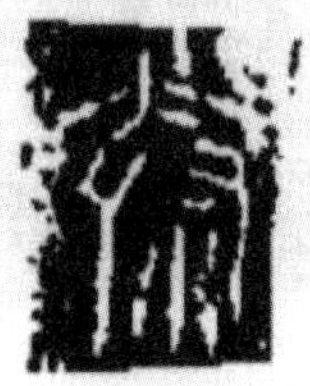
漢銘・泰官鼎

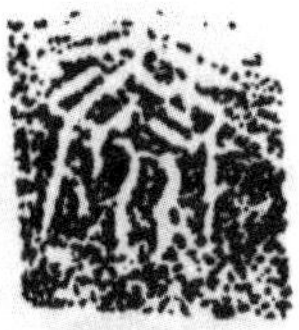
漢銘・泰鈁

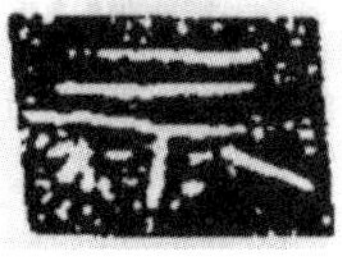
漢銘・泰山宮鼎

漢銘・駘蕩宮高行鐙

漢銘・駘蕩宮壺

漢銘・駘蕩宮高行鐙

里・第六層 12

里・第八層 772

里・第八層 672

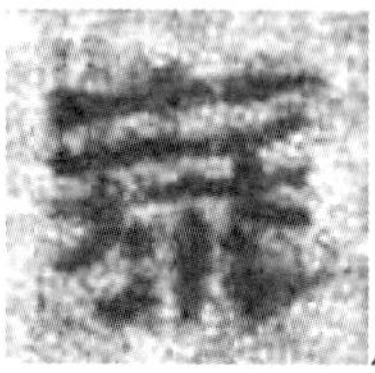
馬壹 11_70 上

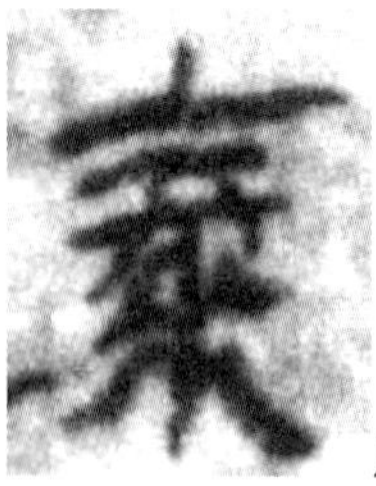
馬壹 82_55

馬壹 259_8 下\24 下

馬貳 117_142/142

北貳・老子 200

○奢去泰

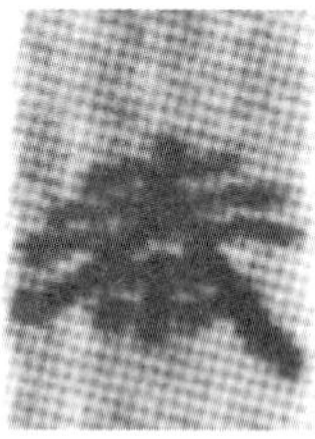
武・甲《泰射》9

○泰（大）射

廿世紀璽印二-GP

○泰沈

歷代印匋封泥

秦代印風

歷代印匋封泥

○泰宰

歷代印匋封泥

歷代印匋封泥

歷代印匋封泥

漢晉南北朝印風

廿世紀璽印三-GY

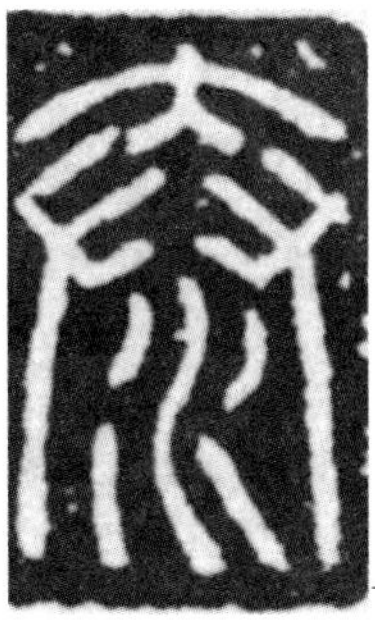
廿世紀璽印三-GY

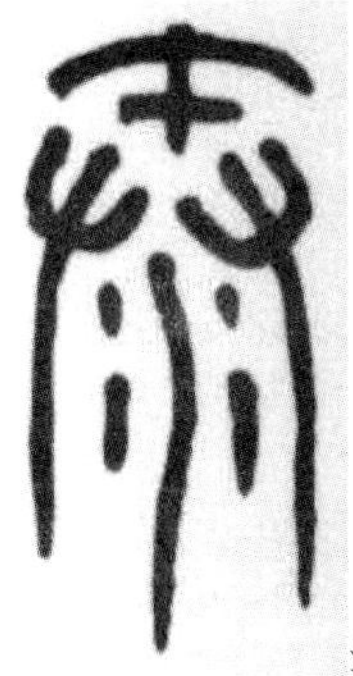
漢印文字徵

○馮泰

漢代官印選

漢印文字徵

○泰倉

漢印文字徵

漢晉南北朝印風

漢晉南北朝印風

漢代官印選

○上郡夲（太）守章

漢代官印選

○夲（太）傅之章

東漢・泰山都尉孔宙碑額

○有漢泰山都尉孔君之銘

東漢・孔宙碑陽

○有漢泰山都尉孔君之銘

東漢・太室石闕銘

○中岳泰

西晉・臨辟雍碑

西晉・臨辟雍碑

北魏・劇市誌

北魏・秦洪誌

○晉泰始

北魏・于纂誌

○景泰鄉熙寧里

北魏・山徽誌

○泰山公

北魏・長孫盛誌

北魏・高珪誌

北齊・斛律氏誌

【濶】

《説文》：濶，海岱之閒謂相汙曰濶。从水閻聲。

【灒】

《説文》：灒，汙灑也。一曰水中人。从水贊聲。

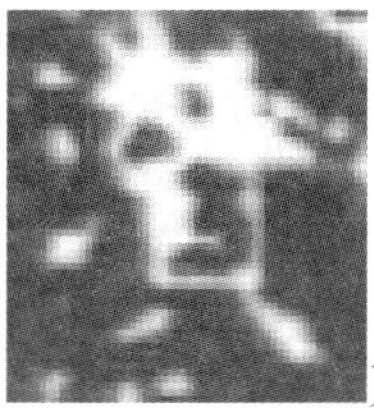
東魏・嵩陽寺碑

○潺流灒瀨

【湫】

《説文》：湫，腹中有水气也。从水从愁，愁亦聲。

【湩】

《説文》：湩，乳汁也。从水重聲。

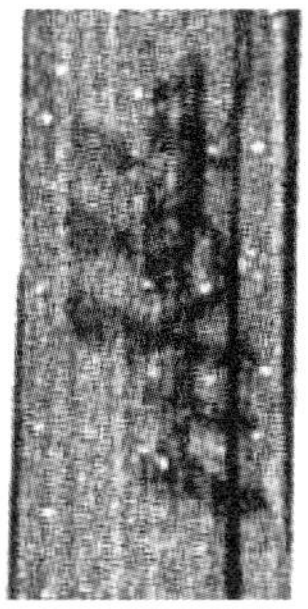
馬貳 209_72

○禹於是飲（歠）湩

東漢・景君碑

東漢・景君碑

【洟】

《説文》：洟，鼻液也。从水夷聲。

【潸】

《説文》：潸，涕流皃。从水，散省聲。《詩》曰："潸焉出涕。"

北魏・劇市誌

○潸焉□涕之

【汗】

《説文》：汗，人液也。从水干聲。

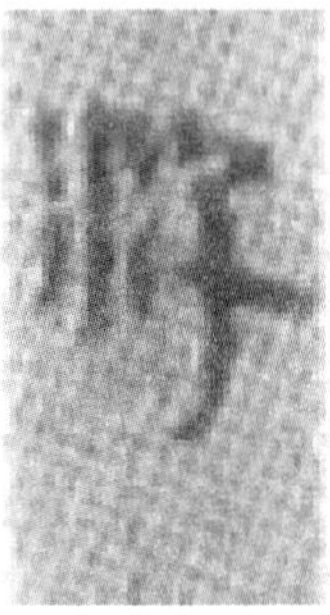
關・病方 316

○令汗出

馬貳 212_6/107

馬貳 69_32/32

張・引書 109

金關 T24:006B

漢印文字徵

漢印文字徵

○騏湧汗

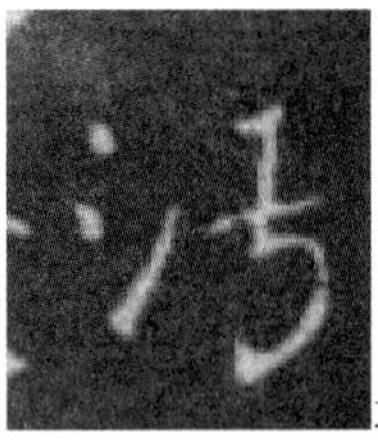
北魏・元端誌

○皇基浩汗之事

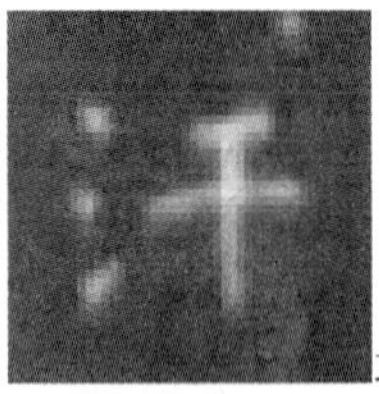
北魏・元邵誌

北魏・元譚誌

○彪汗石室

北魏・侯愔誌

北魏・元弘嬪侯氏誌

【泣】

《説文》：，無聲出涕曰泣。从水立聲。

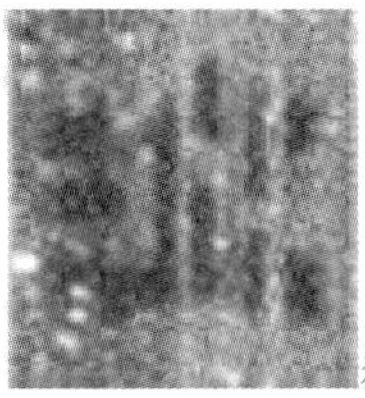
嶽・占夢書 32

〇夢以泣灑人

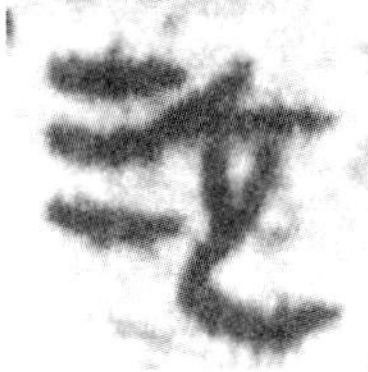
馬壹 88_194

馬貳 215_5

張・脈書 2

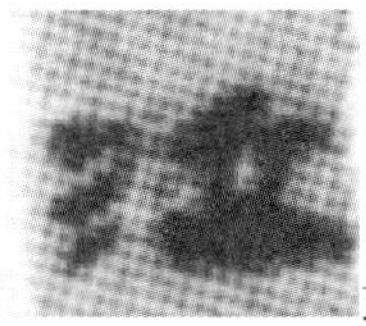
武・甲《特牲》6

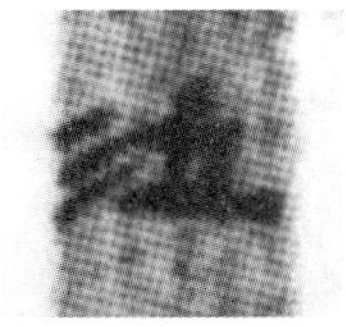
武・甲《泰射》42

東漢・景君碑

東漢・夏承碑

東漢・從事馮君碑

北魏・吐谷渾氏誌

北魏・元子直誌

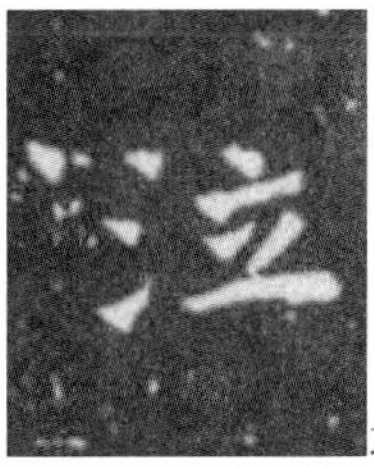
北魏・長孫瑱誌

北魏・王普賢誌

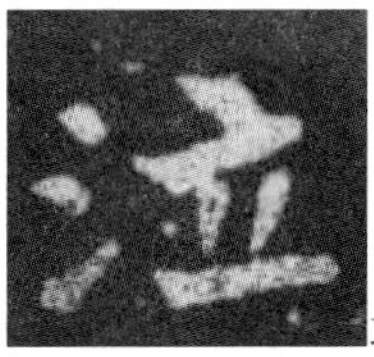
北魏・元始和誌

【涕】

《說文》：，泣也。从水弟聲。

馬壹 12_69 下

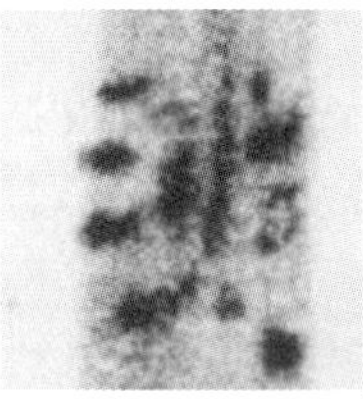
銀壹 115

○坐者涕

東漢・譙敏碑

東漢・建寧三年殘碑

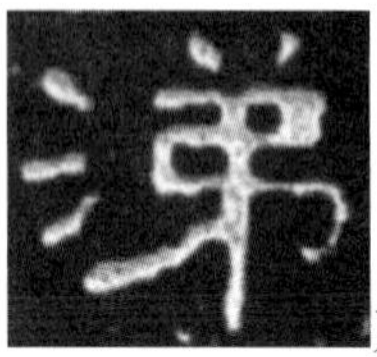
東漢・楊震碑

西晉・管洛誌

○姻族涕零千秋萬歲

北魏・王翊誌

○行路霣涕

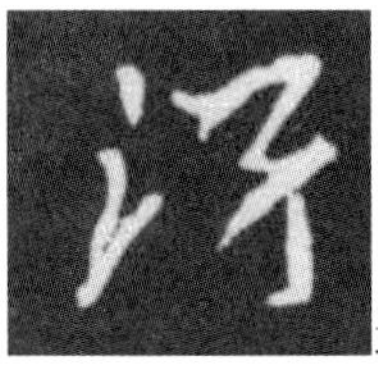
北魏・孟元華誌

○莫不涕泣

北魏・馮邕妻元氏誌

北齊・石信誌

【涑】

《說文》：，澣也。从水束聲。

漢銘・建初元年鐖

漢銘・陽朔四年鍾

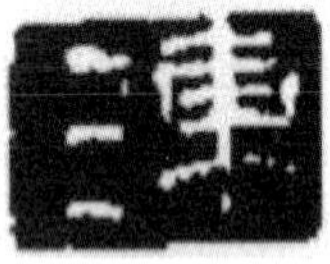
漢銘・元延乘輿鼎一

漢銘・永始三年乘輿鼎

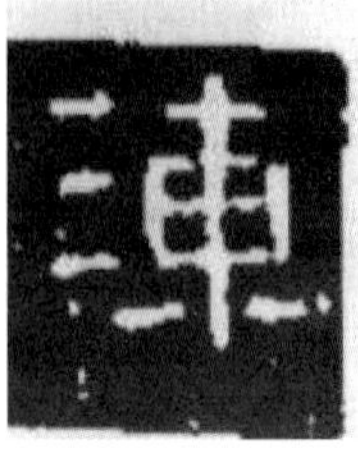
漢銘・上林鼎一

【瀻】

《說文》：瀻，議辠也。从水、獻。與法同意。

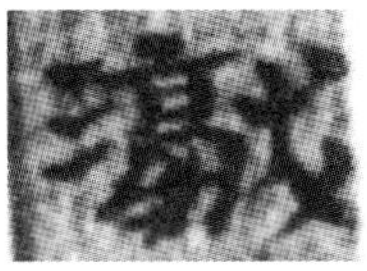
武・王杖 8

○上瀻廷尉

【渝】

《說文》：渝，變汙也。从水俞聲。一曰渝水，在遼西臨俞，東出塞。

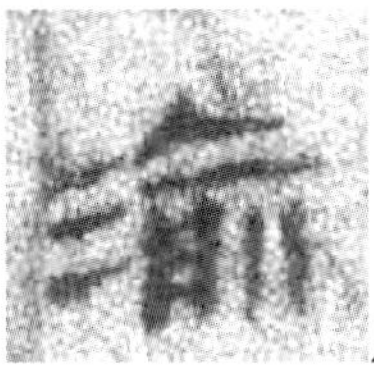
馬壹 44_36 下

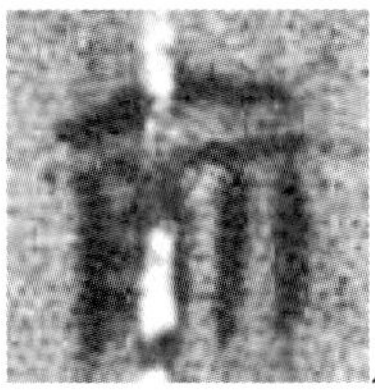
馬壹 4_5 下

漢印文字徵

○渝沐可印

北魏・元過仁誌

北魏・王基誌

北魏・元嵩誌

【減】

《說文》：減，損也。从水咸聲。

睡・效律 60

睡・日甲《土忌》139

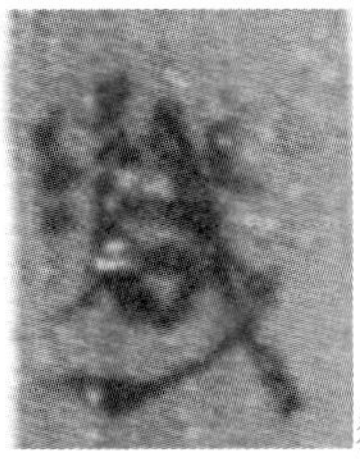
嶽・數 42

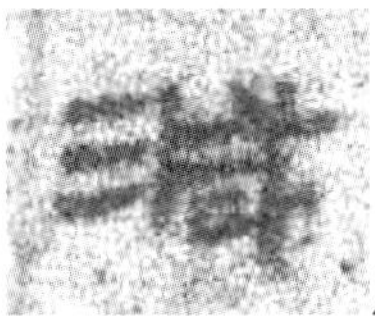
馬壹 138_11 上/153 上

馬貳 7_5 下\15

張・金布律 434

張・賊律 14

張・算數書 84

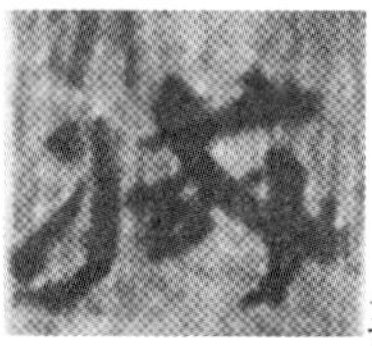
敦煌簡 1305

○舉露減水

漢印文字徵

○減充印

漢印文字徵

○減安

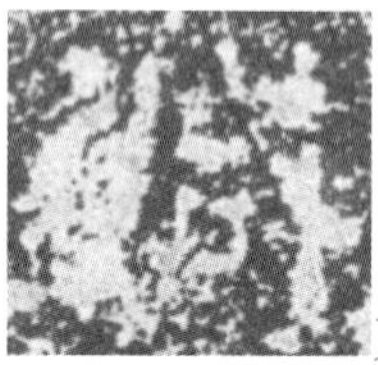
東漢・析里橋郙閣頌

○減西□□高閣

東漢・西狹頌

北魏・曹望憘造像

○恨未逢如來之際減

北魏・司馬顯姿誌

○食減重膳

北魏・張石生造像

北齊・石信誌

北齊・張世寶造塔記

【滅】

《說文》：，盡也。从水烕聲。

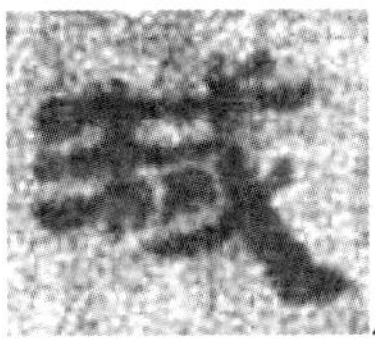
馬壹 11_79 上

敦煌簡 1448

○自汜滅名絕

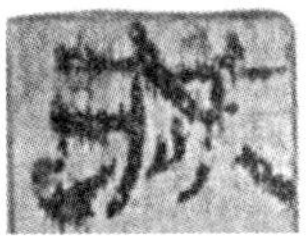
金關 T08:093

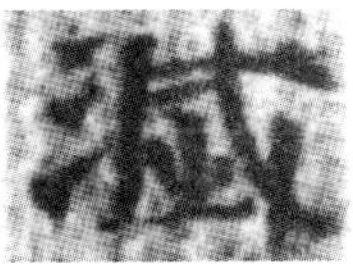
武・王杖 1

東漢・景君碑

東漢・西岳華山廟碑陽

北魏・李璧誌

○令聲猷而不滅

北魏・尉氏誌

北魏・李蕤誌

北魏・趙謐誌

北周・董道生造像

○道滅應

【漕】

《說文》：，水轉轂也。一曰人之所乘及船也。从水曹聲。

里・第八層背 2191

○閬中漕

張・津關令 523

銀貳 1622

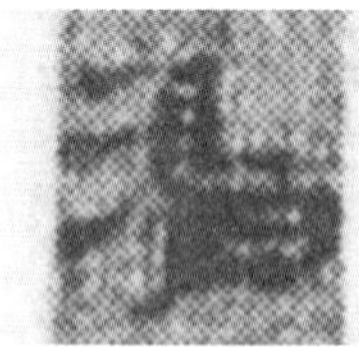
敦煌簡 2052

〇盡□漕孝寧方

金關 T07:080A

〇爲卒漕

漢印文字徵

漢代官印選

【泮】

《説文》：泮，諸矦鄉射之宮，西南爲水，東北爲牆。从水从半，半亦聲。

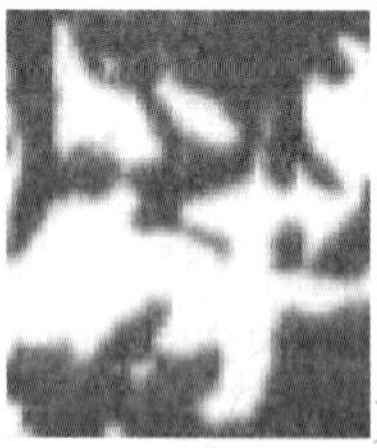
東漢・校官碑

西晉・臨辟雍碑

北魏・惠猛誌

〇泮若冰拆□□□之□之□□遠

北魏・源延伯誌

東魏・鄭君殘碑

【漏】

《説文》：漏，以銅受水，刻節，晝夜百刻。从水屚聲。

漢銘・干章銅漏壺

漢銘・干章銅漏壺

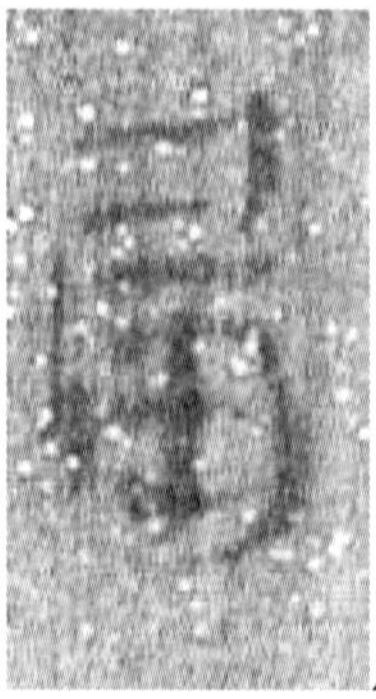
馬貳 207_55

金關 T21:047

北魏・元悌誌

北魏・元瑑誌

北魏・馮邕妻元氏誌

北齊・赫連子悅誌

【澒】

《說文》：，丹沙所化，爲水銀也。从水項聲。

【萍】

《說文》：，苹也。水艸也。从水、苹，苹亦聲。

【濊】

《說文》：，水多皃。从水歲聲。

廿世紀璽印三-GY

〇夫租濊君

【汩】

《說文》：，治水也。从水曰聲。

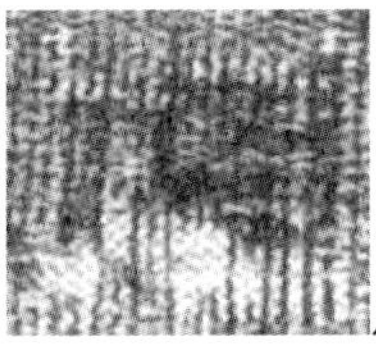
馬貳 66_9/80

〇主病它脈（脈）汩（滑）此

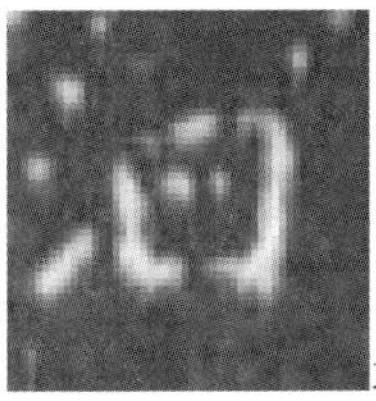
北魏・王温誌

〇瑟汩松聲

北魏・元彝誌

〇瑶源汩清

【瀼】

《說文》：，露濃皃。从水襄聲。

【漙】

《說文》：，露皃。从水專聲。

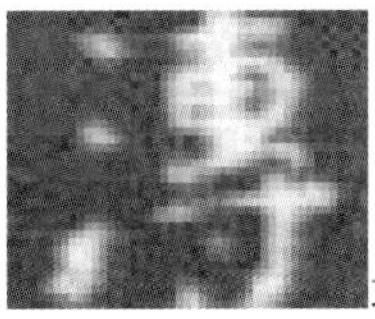
北朝・千佛造像碑

【汍】

《說文》：，泣淚皃。从水丸聲。

【泯】

《說文》：泯，滅也。从水民聲。

吳簡嘉禾·五·一〇七〇

〇蔡泯佃田廿一町

東漢·尹宙碑

北魏·元乂誌

北魏·元彬誌

東魏·叔孫固誌

【瀡】

《說文》：瀡，沆瀡，气也。从水，䨓省聲。

北魏·弔比干文

〇吸沆瀡之純粹兮

【瀘】

《說文》：瀘，水名。从水盧聲。

【瀟】

《說文》：瀟，水名。从水蕭聲。

【瀛】

《說文》：瀛，水名。从水嬴聲。

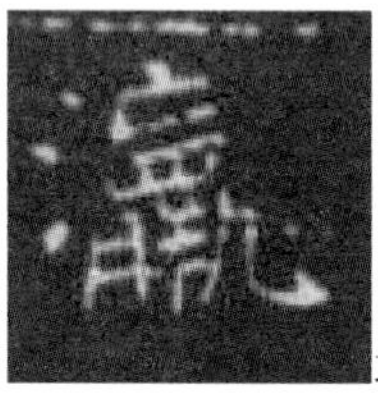北魏·元廞誌

〇瀛州

北魏·元乂誌

〇滄瀛

北魏·王蕃誌

〇定瀛二州

東魏·元悰誌

〇定瀛二州

北齊·暴誕誌

〇瀛渤

北齊・高淯誌

○滄瀛

北齊・賀拔昌誌

○滄瀛二州

【滁】

《説文》：滁，水名。从水除聲。

【洺】

《説文》：洺，水名。从水名聲。

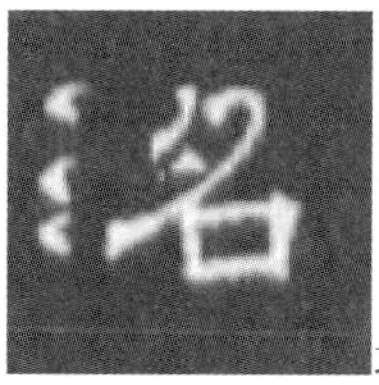
北周・宇文儉誌

○齊冀趙滄瀛恒潞洺貝十五州刺史

【潺】

《説文》：潺，水聲。从水孱聲。

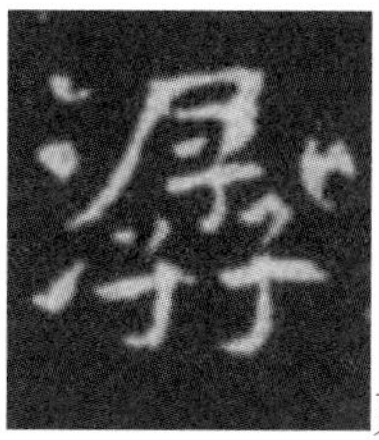
東魏・王令媛誌

【湲】

《説文》：湲，潺湲，水聲。从水爰聲。

金關 T24:015B

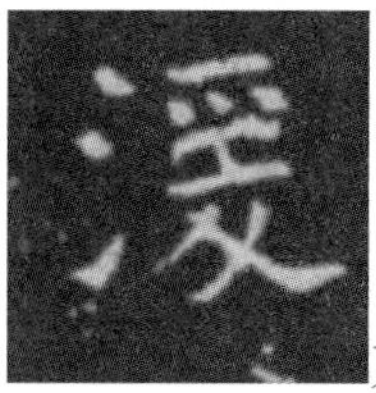
東魏・王令媛誌

【濤】

《説文》：濤，大波也。从水壽聲。

北魏・元項誌

北魏・侯愔誌

東魏・侯海誌

北周・王通誌

【漵】

《説文》：漵，水浦也。从水敘聲。

【港】

《說文》：，水派也。从水巷聲。

【瀦】

《說文》：，水所亭也。从水豬聲。

【瀰】

《說文》：，大水也。从水彌聲。

【淼】

《說文》：，大水也。从三水。或作渺。

北魏・元恭誌

北魏・元欽誌

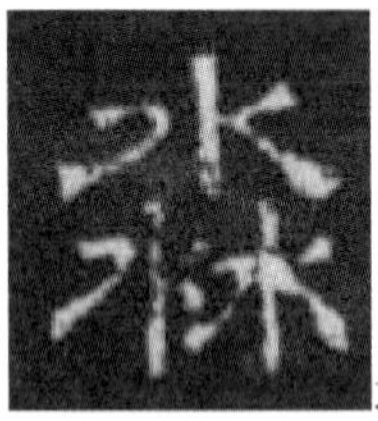
北齊・暴誕誌

【潔】

《說文》：，瀞也。从水絜聲。

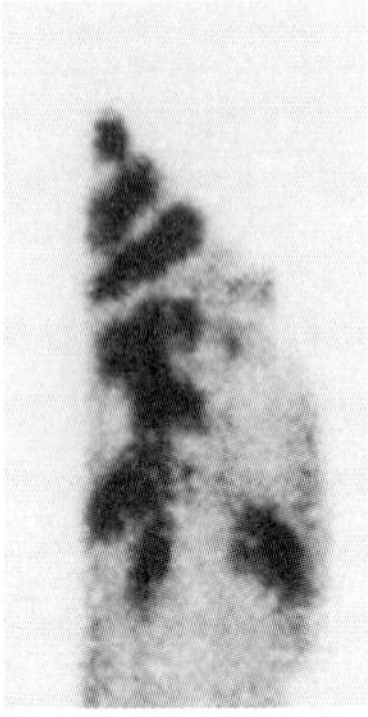
銀壹 87

○潔廉可辱

秦駰玉版

○陘乚潔

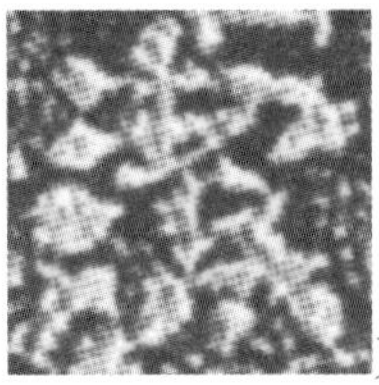
東漢・楊耿伯題記

○質（犢）性清潔

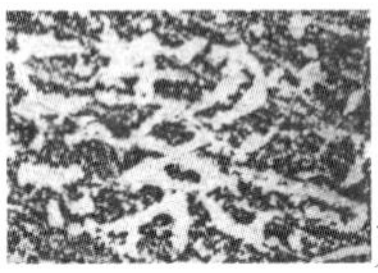
東漢・延光四年殘碑

○潔水明□

北魏・元濬嬪耿氏誌

北魏・元悅誌

北魏・王誦妻元氏誌

〇玉潔蘭芳

北魏・王□奴誌

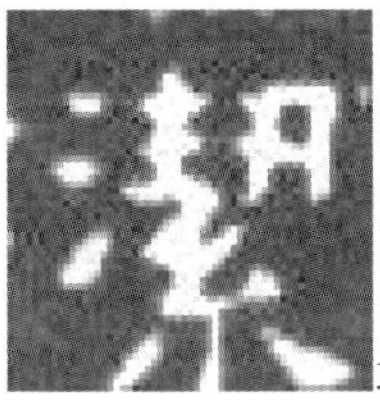
北齊・狄湛誌

【浹】

《説文》：浹，洽也。从也。从水夾聲。

北魏・山徽誌

〇浹興誰嗣之詠

西魏・辛萇誌

〇化未浹旬

【溘】

《説文》：溘，奄忽也。从水盍聲。

北魏・元子直誌

北魏・盧令媛誌

北齊・逢哲誌

【潠】

《説文》：潠，含水噴也。从水巽聲。

【涯】

《説文》：涯，水邊也。从水从厓，厓亦聲。

東漢・成陽靈臺碑

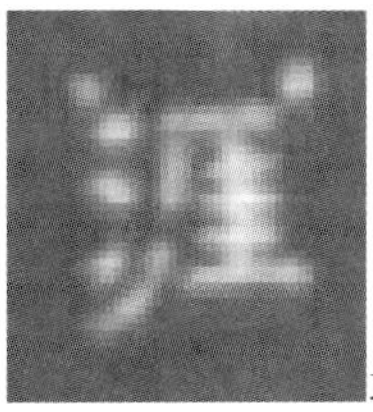
北魏・元邵誌

〖汅〗

北魏・元璨誌

〇再光江汅

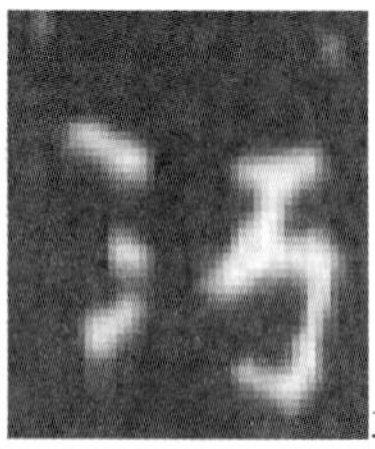北魏・楊播誌

○南清江汚

〖汜〗

西晉・趙汜表

○君諱汜（氾）

〖⿰氵乃〗

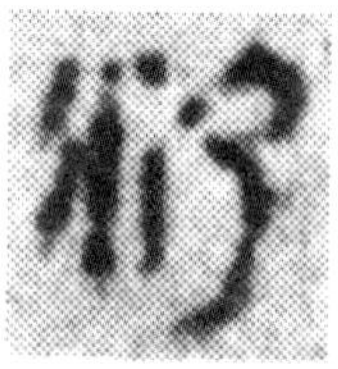秦文字編 1668

〖汌〗

金關 T25:164

○陶西汌里大夫

〖汐〗

馬貳 212_6/107

○曰下汐（液）股濕

〖沴〗

秦文字編 1668

〖池〗

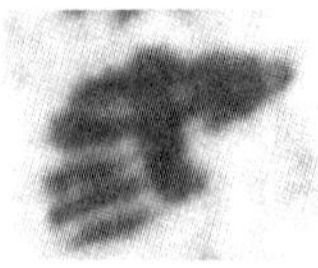睡・日甲 15

○爲池正北不利其

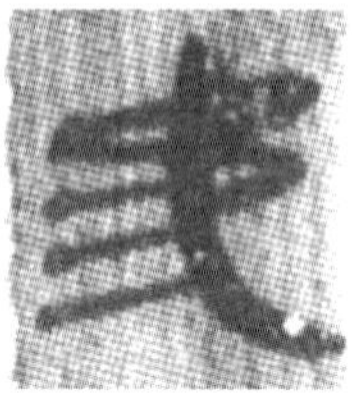銀貳 1708

○污沱(池)

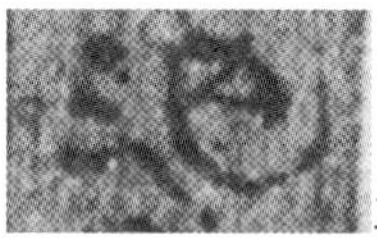敦煌簡 1649

○汾陰南池里

金關 T07:039

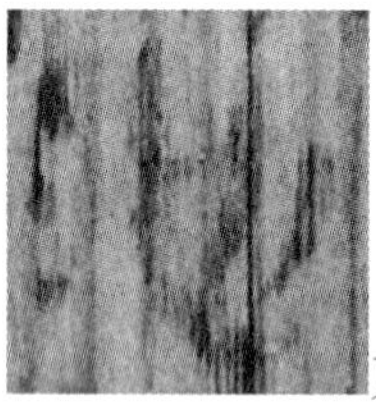東牌樓 092

○徵池掾

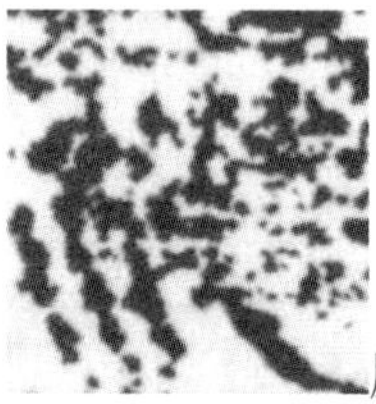歷代印匋封泥

○沱(池)室之印

漢印文字徵

東漢・華岳廟殘碑陰

東漢・倉頡廟碑側

北魏・盧令媛誌

〖汞〗

北齊・宋始興造像

○邑子張汞宗

〖汱〗

漢印文字徵

○蓋汱印信

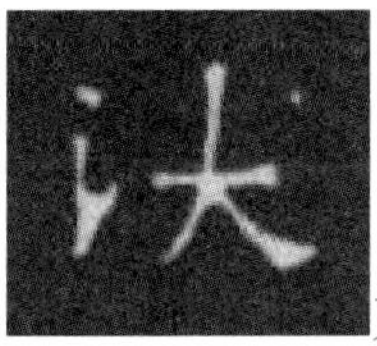
東魏・廉富等造義井頌

○六若滄汱之鯨

〖汰〗

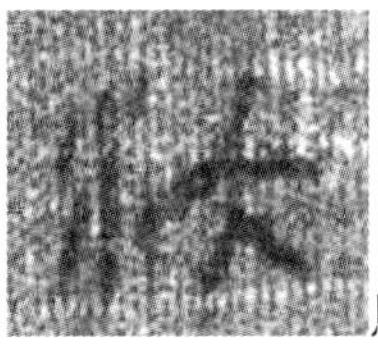
馬貳 79_206/193

○析汰以水

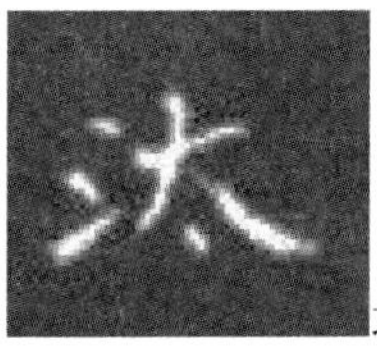
北魏・侯掌誌

北魏・穆循誌

○沙汰人物

〖洰〗

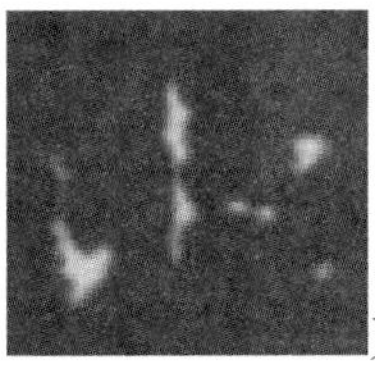
東魏・朱永隆等七十人造像銘

〖沌〗

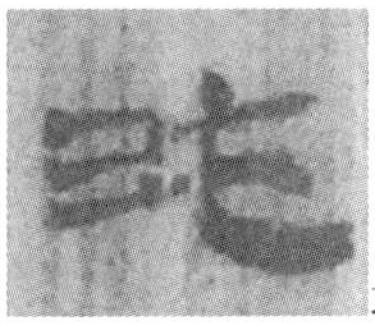
北貳・老子 160

○如樸沌

〖沍〗

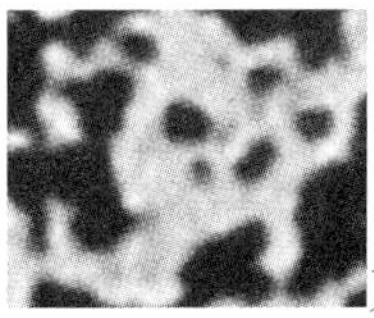
東漢・秦君神道石闕

〖沓〗

秦文字編 1667

〖汽〗

馬貳 86_357/347

〇煮之汽（汔）以傅

〖沃〗

睡・日甲《詰》32

〇以水沃之則已矣

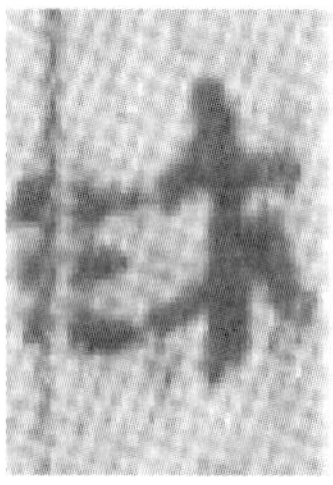
關・病方 348

〇以酒沃祝曰

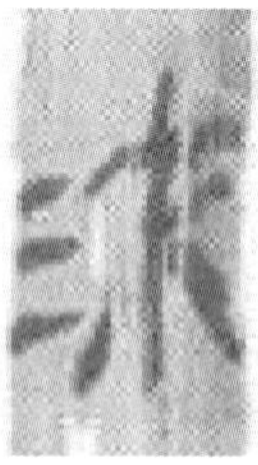
嶽・癸、瑣相移謀購案 8

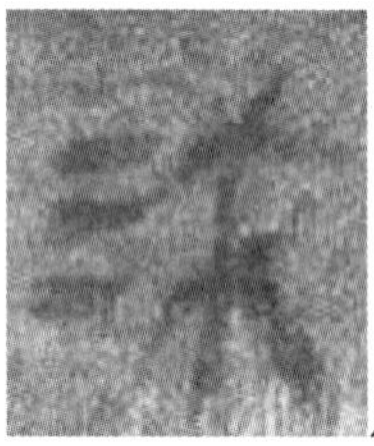
馬貳 118_166/165

張・引書 81

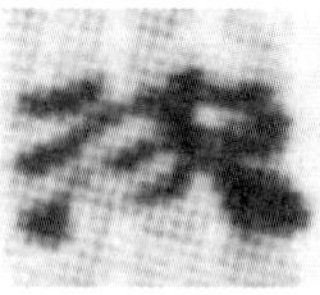
武・甲《特牲》49

三國魏・曹真殘碑

〇曲沃農都尉

北魏・緱光姬誌

〇鬱沃流薰

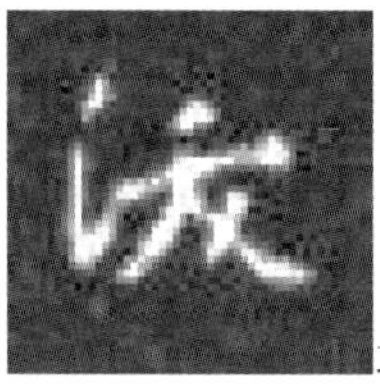
北魏・高猛誌

〇六轡沃若

北魏・元賄誌

〇厭寧沃野

〖涓〗

秦文字編 1668

秦文字編 1668

〖沉〗

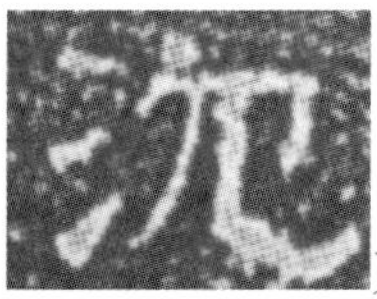
東漢・白石神君碑

○水無沉氣

北魏・元弼誌

○沉沉夜戶

北魏・塔基石函銘刻

○永離昏沉

〖沕〗

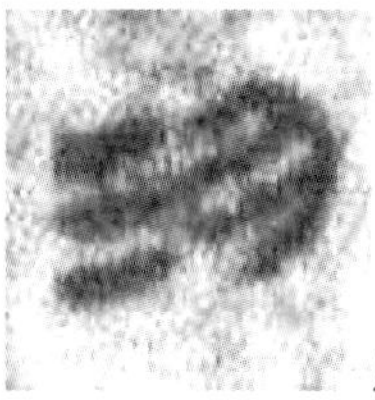
馬壹 147_42/216 下

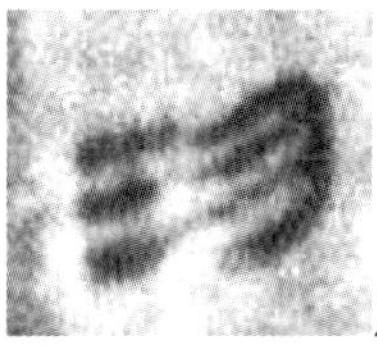
馬壹 147_62/236 下

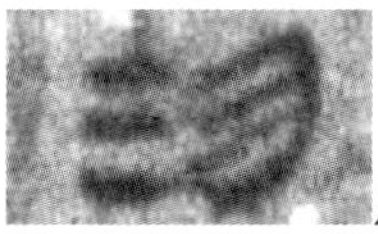
馬壹 146_62/236 上

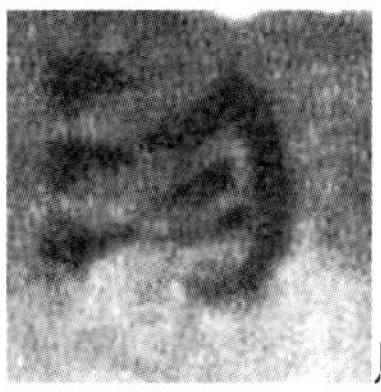
馬壹 100_124

〖洀〗

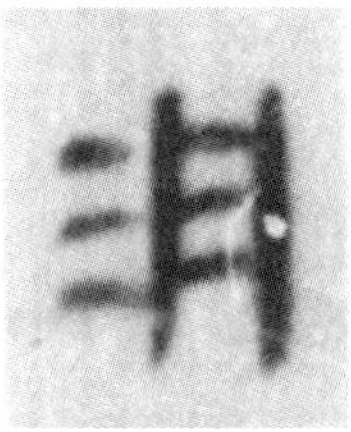
睡・效律 45

○溙洀相易

〖汴〗

金關 T21:419

○睢陽汴陽里牛充

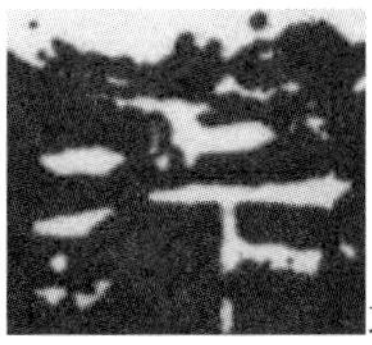
北魏・翟普林造像

○汴州

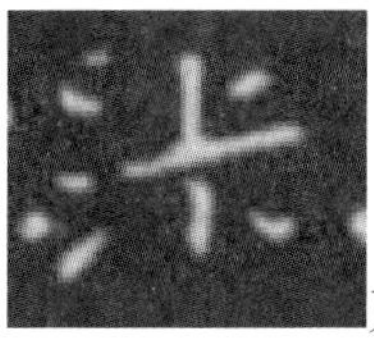
東魏・元鷙誌

○牧我彭汴

〖沘〗

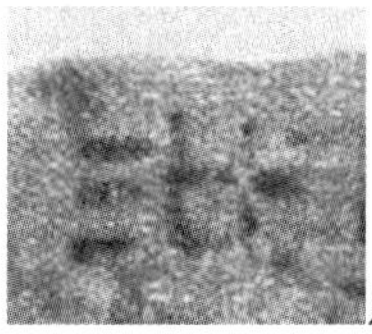
馬貳 113_75/75

○□而沘取汁以漬【

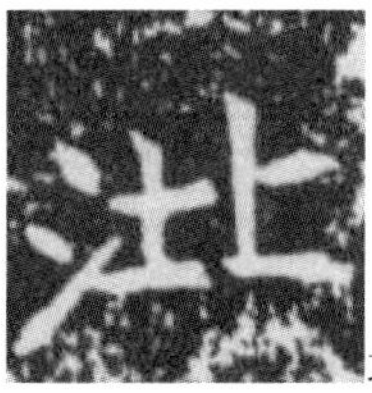
北魏・寇臻誌

〖泿〗

里・第八層 1290

○數恒㳇（服）藥

〖泳〗

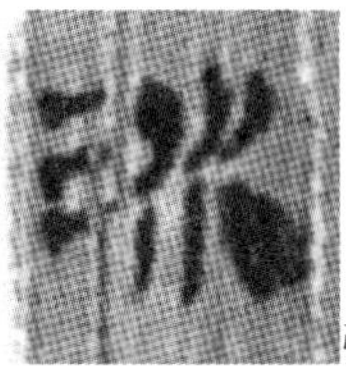
張・奏讞書 54

○徒令史泳

〖泺〗

秦文字編 1669

〖洩〗

漢印文字徵

○蘇猜洩

漢印文字徵

○洩傷

漢晉南北朝印風

○蘇猜洩

漢晉南北朝印風

○成洩印

〖沖〗

北魏・郭魯勝造像

○妙竟沖廬

〖洫〗

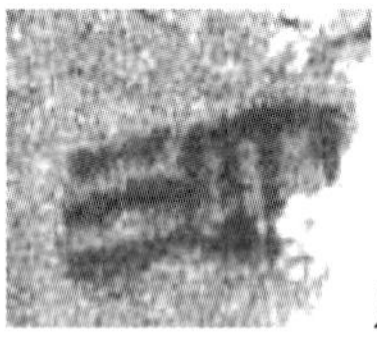
馬壹 132_38 上/115 上

○以欲浧=洫=（淫溢淫溢）

〖洑〗

漢銘・洑君孺盤

漢銘・□君孺壺

〖沶〗

秦文字編 1668

〖沲〗

北齊・崔昂誌

〇呼沲東瀉

〖沺〗

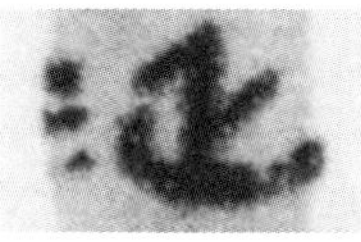
銀壹 395

〇所以沺（延）氣

〖泊〗

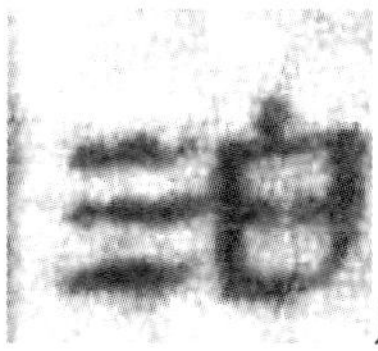
馬壹 143_2/176 下

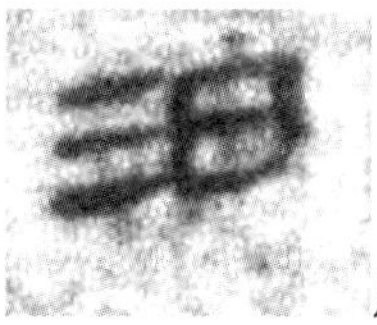
馬壹 142_2/176 上

〇信之泊（薄）也

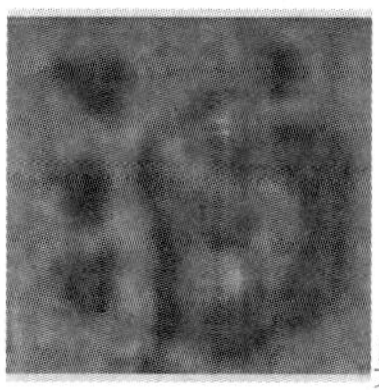
吳簡嘉禾・五・四三三

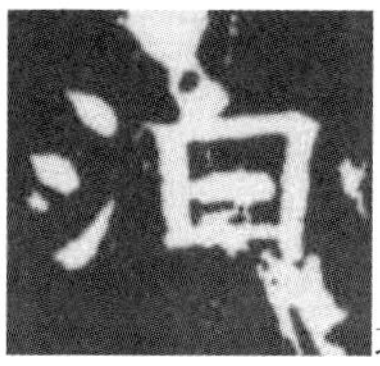
北齊・無量義經二

〖洶〗

張・引書 2

〇洒齒洶（呴）被

秦代印風

〇徐洶

〖茫〗

北魏・元譚妻司馬氏誌

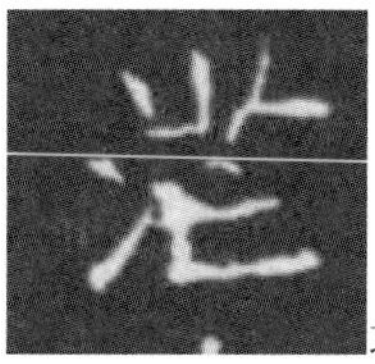
北魏・程法珠誌

北魏・程法珠誌

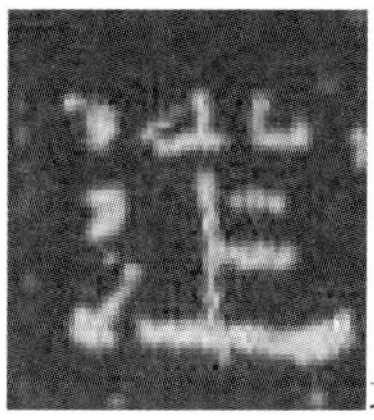
北齊・魯思明造像

〇茫茫易遠

〖洱〗

北魏・元珍誌

東魏・李祈年誌

〖浭〗

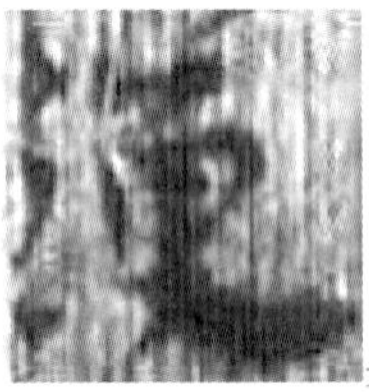
吳簡嘉禾・五・七四二

○楊浭丘男子

吳簡嘉禾・五・九五七

○彈浭丘男子

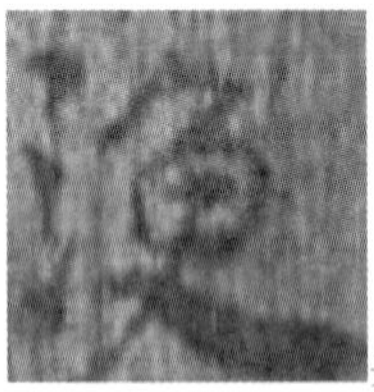
吳簡嘉禾・五・七五六

○楊浭丘縣吏

〖泵〗

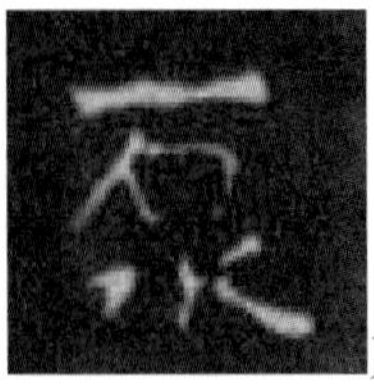
東魏・廉富等造義井頌

○文鱗相泵

〖涃〗

漢印文字徵

○涃安之印

〖涀〗

廿世紀璽印二-SP

○邦涀

〖浧〗

馬壹 133_35 下/112 下

〖浬〗

馬貳 207_52

〖涏〗

北壹・倉頡篇 42

○杪柴箸涎縞給

〖涎〗

廿世紀璽印三-SY

○談不涎

東漢・鮮於璜碑陰

○群黎慕涎

〖洽〗

北魏・乞伏寶誌

○化洽(洽)政平

北魏・元汎略誌

○既洽清風

〖洴〗

漢印文字徵

○洴印安世

〖涚〗

秦代印風

〖洲〗

北魏・馮季華誌

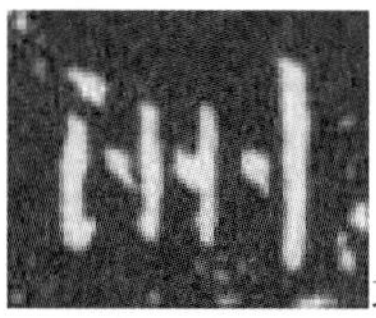
北魏・李媛華誌

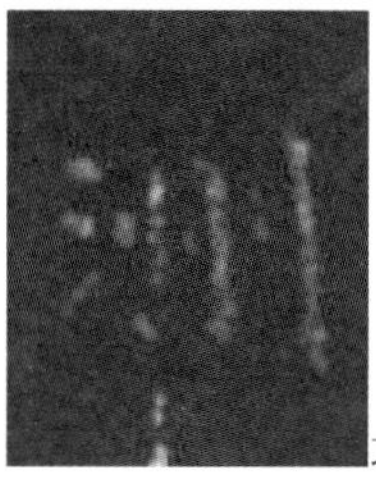
北魏・孟敬訓誌

〖洙〗

敦煌簡2396A

○一日受洙

〖浪〗

漢印文字徵

○榮浪印

〖浸〗

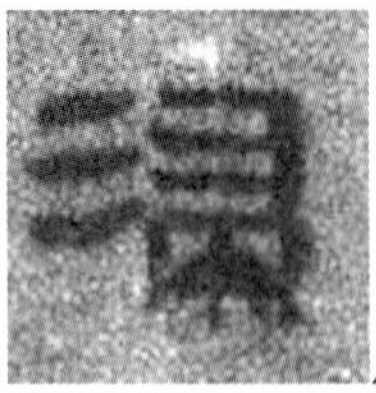
馬壹 129_3 下\80 下

○力黑浸行伏匿周留

敦煌簡 0782

○黨與浸多

吳簡嘉禾・四・三五一

吳簡嘉禾・五・六〇一

○浸頃丘縣卒番

北魏・元汎略誌

北魏・蘇屯誌

〖涺〗

秦文字編 1667

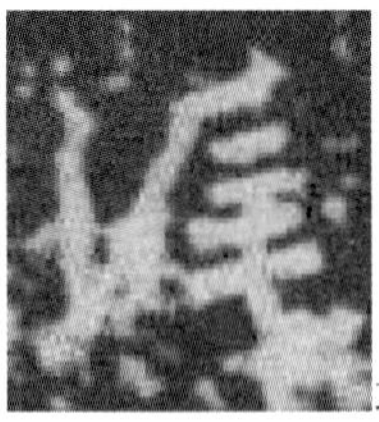
北齊・報德像碑

○涺閭狹秋水

〖洳〗

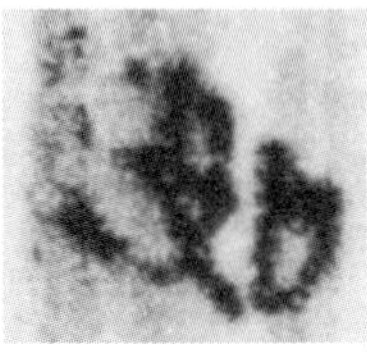
銀壹 870

○津洳

〖涊〗

北壹・倉頡篇 57

○汾河沸涊漳伊

〖渶〗

北魏・元洛神誌

○珠亡渶濱

〖渃〗

北魏・元平誌

○渃(洛)陽人也

〖渫〗

石鼓・霝雨

〇盈渫濟=

〖渏〗

北魏・馮迎男誌

北魏・馮迎男誌

〖淟〗

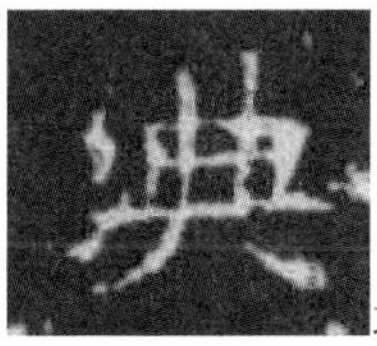
北魏・元馗誌

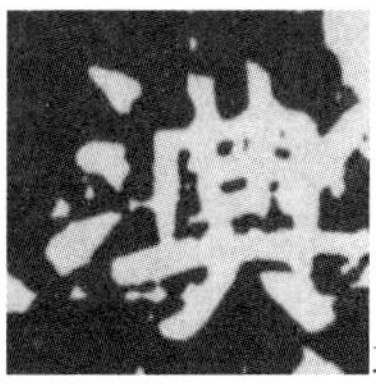
北魏・奚智誌

〖滮〗

漢印文字徵

〇武滮印信

〖渦〗

北魏・檀賓誌

〖涹〗

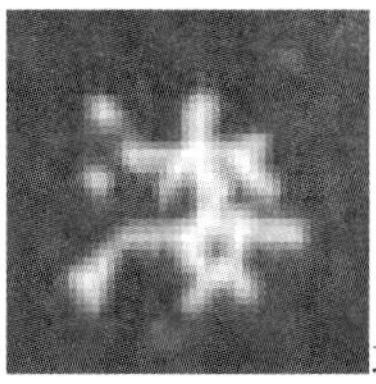
北周・尉遲運誌

〖淠〗

銀貳 1215

〇城在淠澤之中

漢印文字徵

〇淠利之印

〖淆〗

北魏・穆紹誌

北魏・元壽安誌

〖淚〗

漢印文字徵

○泪（淚）中公

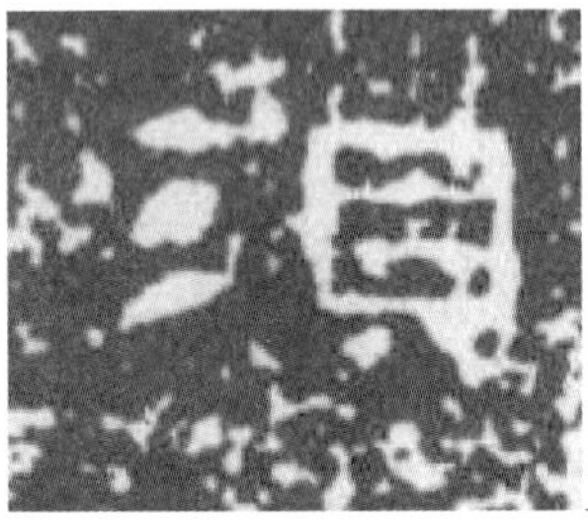
三國魏・管寧墓誌

○避地□哉泪（淚）水

東漢・景君碑

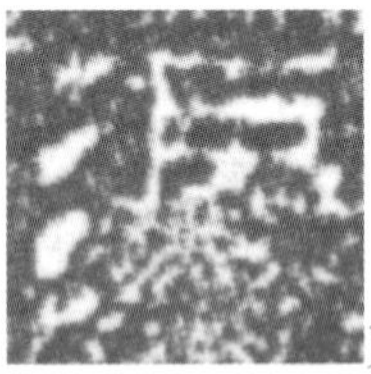
東漢・北海相景君碑陽

北魏・爾朱紹誌

北魏・元珽誌

北魏・緱光姬誌

北魏・馮邕妻元氏誌

北魏・元詳造像

北周・王榮及妻誌

〖㴆〗

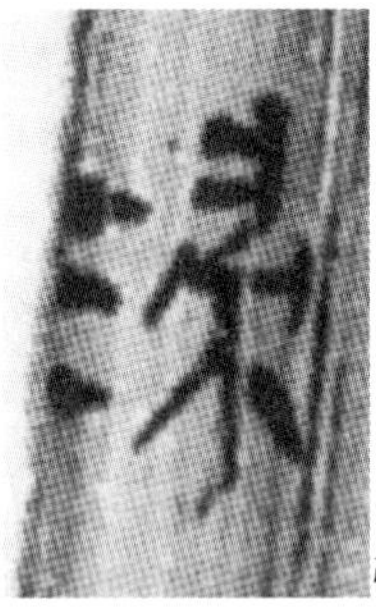
張・脈書 2

○在目泣出爲㴆（浸）

〖淄〗

漢印文字徵

○臨淄

漢代官印選

〇淄川太守章

北魏・元譚妻司馬氏誌

〇如淄如鏡

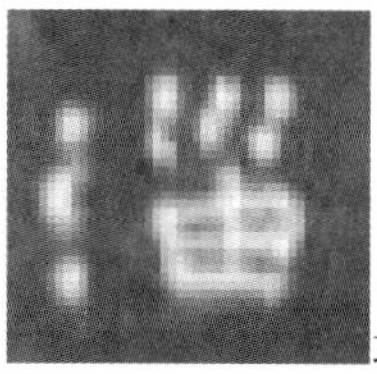
北周・田弘誌

〇淄水賢王

〖湷〗

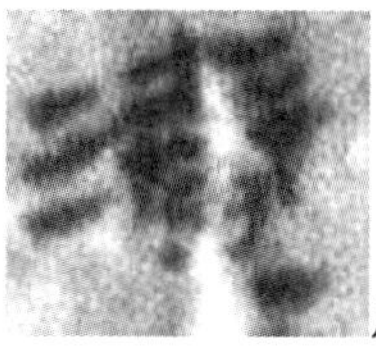
馬壹 147_61/235 下

〇湷呵鬻（俗）人昭=我獨昏

〖澍〗

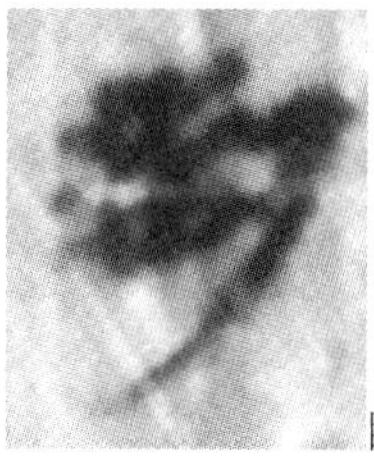
睡・秦律十八種 1

〇雨為澍（澍）

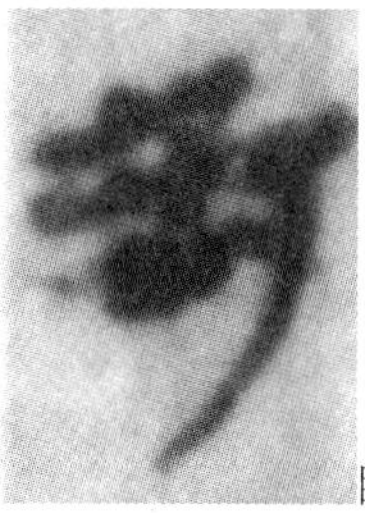
睡・秦律十八種 1

〇雨為澍（澍）

〖渤〗

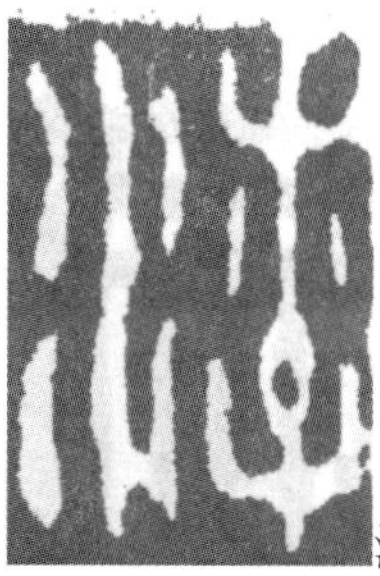
漢代官印選

〇渤海太守章

北齊・高阿難誌

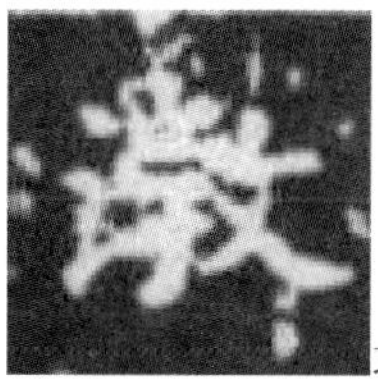
北周・盧蘭誌

〇渤河西枕

〖渺〗

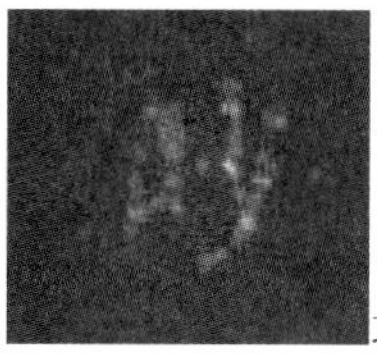
北魏・馬鳴寺根法師碑

〇渺漫長瀾

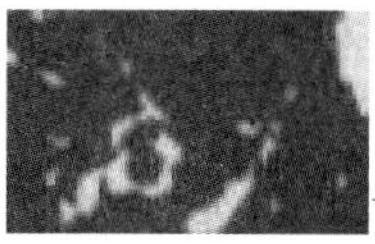
南朝宋・爨龍顔碑

〇祝融之渺也

〖浧〗

廿世紀璽印三-SY

○温浧之印

〖湶〗

馬壹 5_30 上

○寒湶（泉）食上

〖溆〗

北魏・元侔誌

〖渢〗

北魏・元睿誌

○聲實渢隆

〖渟〗

歷代印匋封泥

○齊哀渟印

西晉・張朗誌

北魏・元詮誌

北魏・元悅誌

北魏・元楨誌

〖湇〗

秦文字編 1668

〖渧〗

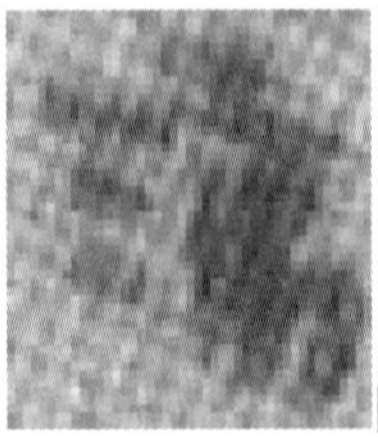
關・曆譜 50

○北上渧

〖渘〗

銀貳 1998

○弱風渘風

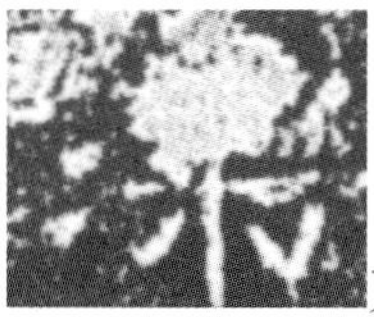
東漢・北海相景君碑陽

○寔渘寔剛

〖潒〗

漢印文字徵

○信潒印

北魏・盧令媛誌

○范陽潒(涿)人

北魏・高洛周造象

○潒(涿)縣

〖溍〗

馬壹 48_13 下

○旅之溍(資)斧

馬貳 71_69/69

○沸而溍去其宰（滓）

〖滉〗

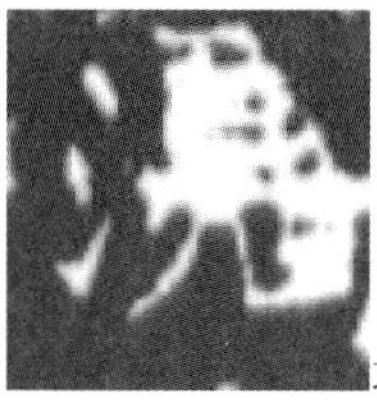
北周・王通誌

○波濤滉瀁

〖溡〗

北齊・崔博誌

○卒於溡水里

〖温〗

秦文字編 1667

秦文字編 1666

〖滊〗

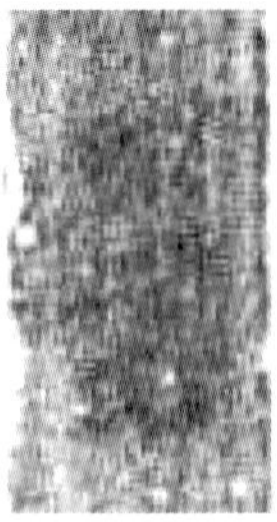
馬貳 220_47/58

○而滊=（迄迄）

〖滏〗

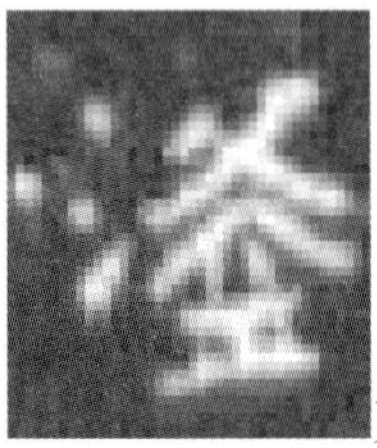
東魏・公孫略誌

○前臨漳滏

〖溪〗

馬壹 254_38 上

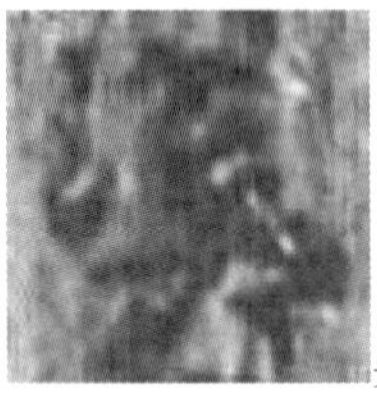
吳簡嘉禾・四・二九四

漢印文字徵

○溪宗之印

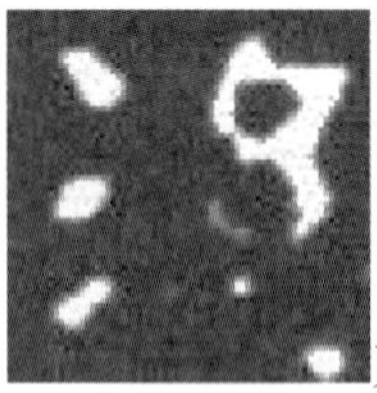
東漢・馮緄碑

○南征五溪蠻夷黄加少

北周・須蜜多誌

〖溎〗

廿世紀璽印三-SY

○孟溎之印

〖湷〗

張・脈書 53

○春秋必湷

〖湲〗

漢印文字徵

○齊悼惠湲

〖漫〗

北魏・元瞻誌

○道猷瀾漫

北魏・元欽誌

○酬仁淼漫

〖漯〗

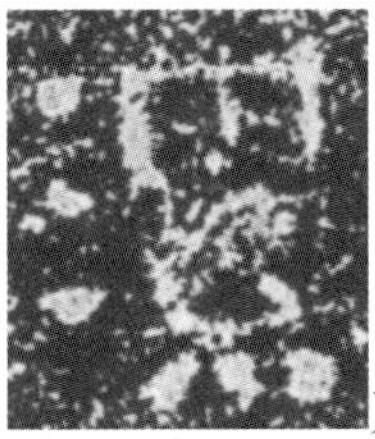
東漢・析里橋郙閣頌

北魏・元欽誌

〖漰〗

秦文字編 1667

〖漪〗

北魏・丘哲誌

北魏・丘哲誌

〖洿〗

秦文字編 1666

〖滸〗

晉・洛神十三行

北魏・楊舒誌

〖濅〗

戰晚・雍工壺

○北濅(寑)莤府

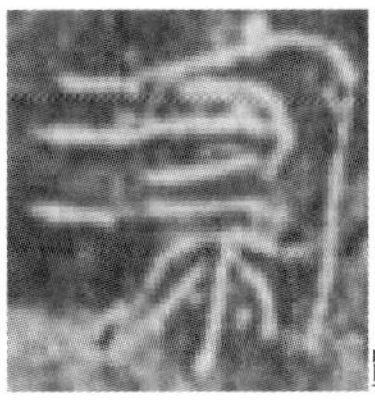
戰晚・寺工師初壺

○北濅(寑)莤府

馬壹 176_44 下

○東方濅（浸）行

馬壹 175_40 上

○⿰氵帚（浸）行百廿日

〖漝〗

金關 T24:796

漢印文字徵

○□孫漝印

〖⿰氵壹〗

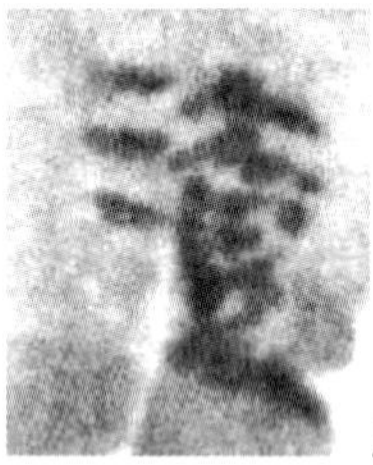
馬壹 110_174\343

〖澎〗

漢代官印選

〖澫〗

石鼓・汧殹

〖澁〗

北魏・唐耀誌

○泉途杳澁(澀)

〖澩〗

馬壹 101_133

○澩（幽）呵鳴（冥）呵

〖澈〗

北魏・元弼誌

○餘波且澈

〖潾〗

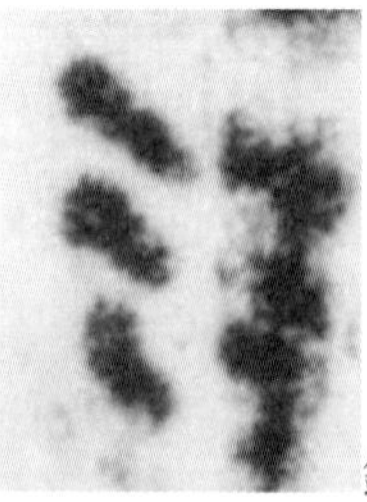
銀壹 668

○能潾湅

〖⿰氵寔〗

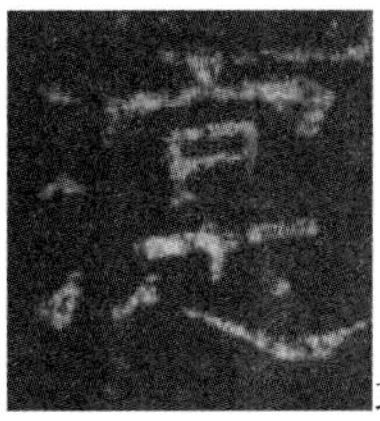
北齊・高湜誌

○王諱湜字須達

〖⿰氵塈〗

嶽・為吏 76

○涂（塗）⿰氵塈騷（掃）除

〖澅〗

漢晉南北朝印風

○澅鄉

〖瀆〗

秦文字編 1668

〖澄〗

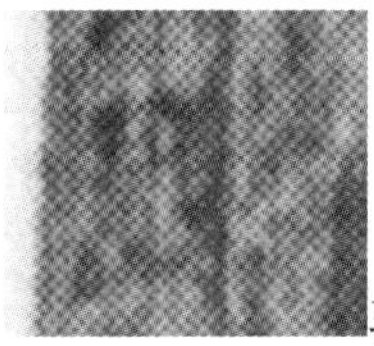
敦煌簡 1301

○審澄之

漢印文字徵

北魏・元思誌

北魏・元始和誌

北魏・元簡誌

〖⿰氵琵〗

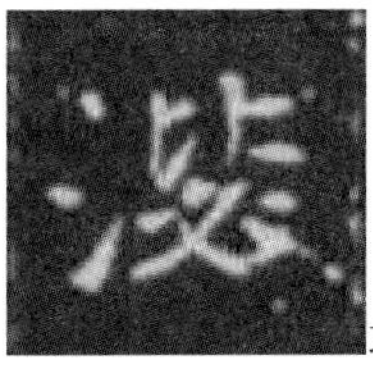
北魏・王翊誌

○波瀾遠⿰氵琵

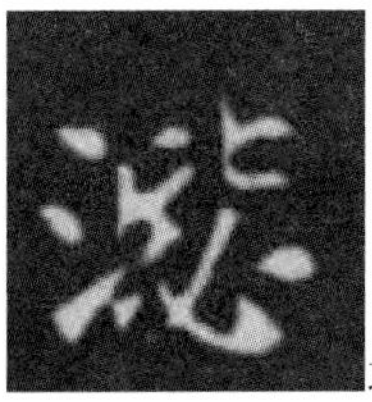
北魏・元侔誌

○泉流清⿰氵琵

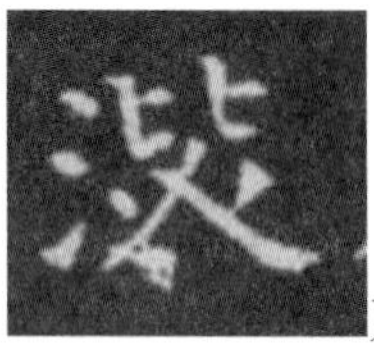
東魏・王令媛誌

○有溼清源

〖滐〗

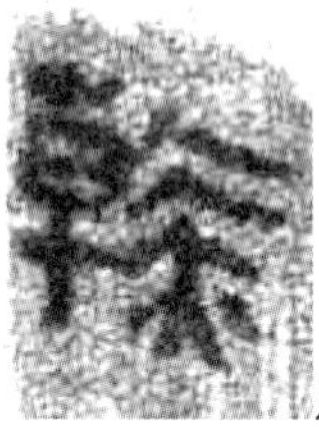
馬貳 141_14

北齊・高僧護誌

〖溘〗

北魏・元液誌

○朝露溘瑧

〖滮〗

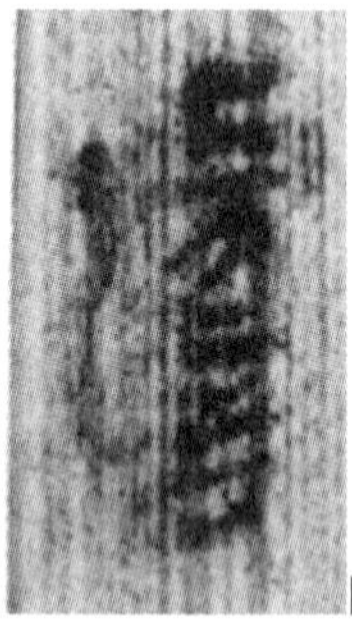
睡・封診式 62

○聞滮（號）寇者

秦文字編 386

〖濮〗

張・秩律 450

○濮（濮）陽

〖澠〗

漢印文字徵

○澠守

北魏・長孫盛誌

北齊・逢哲誌

北齊・庫狄迴洛誌

〖澰〗

張・脈書 60

○澰（斂）澰（斂）者

〖濂〗

金關 T23:056

〖濨〗

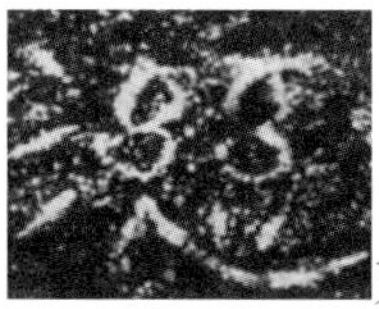
東漢・石門闕銘

○乃徙于濨

〖瀫〗

北魏・楊播誌

○瀫洛二水

〖潄〗

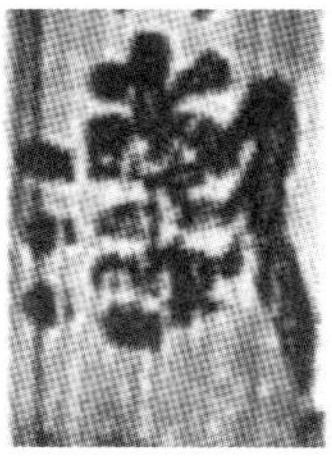
張・引書 4

○用水澡潄（漱）疏齒

〖濠〗

北魏・元颺誌

○心遊濠水

北齊・張海翼誌

〖濬〗

北魏・元昭誌

○若濛雨之濬春萌

〖湀〗

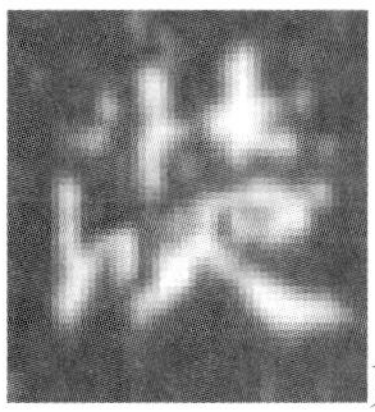
東魏・崔混誌

○氛結湀鄭

〖濱〗

東漢・成陽靈臺碑

○游觀河濱

東漢・樊敏碑

○濱近聖禹

北魏・元愔誌

○瀍澗之濱

北魏・元悛誌

○瀍澗之濱

北魏・元思誌

○瀍澗之濱

〖瀶〗

睡・為吏 33

○扁屋塗瀶

張・奏讞書 166

○食室涂瀶甚謹

秦文字編 1668

〖雒〗

秦文字編 1668

〖濺〗

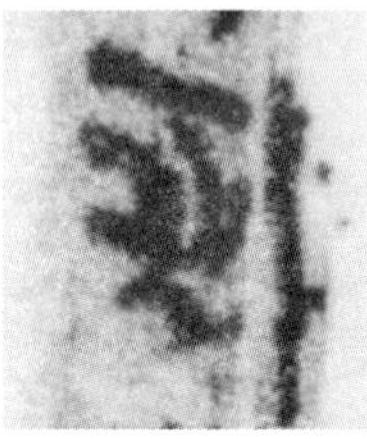
銀壹 871

○澤濺（測）水深

北魏・楊氏誌

○嘉豆濺濺

南朝宋・石颿銘

〖𣽁〗

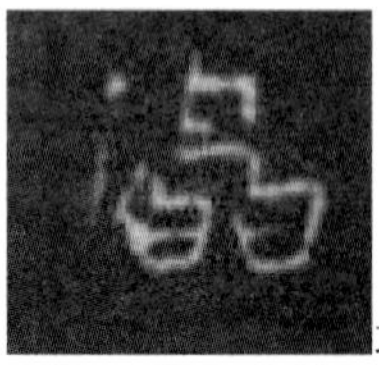
北魏・元略誌

○𣽁焉冰日

〖瀍〗

北魏・元思誌

○瀍澗之濱

北魏・韓顯宗誌

○卜窆於瀍水之西

〖瀅〗

北魏・山徽誌

北魏・暉福寺碑

東魏・元仲英誌

〖瀉〗

秦文字編 1668

北魏・張寧誌

北齊・崔昂誌

北齊・崔芬誌

〖瀚〗

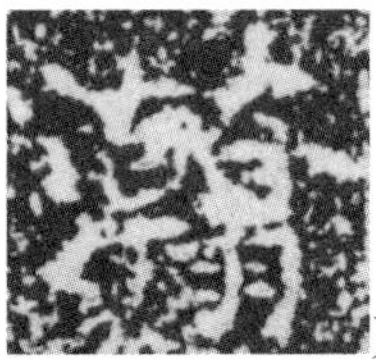
東魏・王君誌

○鴻源浩瀚

東魏・元仲英誌

○瀚海瀅渟

〖灅〗

石鼓・鑾車

○遼灅陰陽

〖瀊〗

北周・須蜜多誌

○夫人咸瀊之禮

〖灆〗

北魏・元爽誌

北魏・源延伯誌

北魏・元斑誌

北齊・高顯國妃敬氏誌

○無不挹是朱濫

〖瀰〗

北魏・楊乾誌

○都督瀰北六郡諸軍事

東魏・李希宗誌

○陰溝瀰瀰

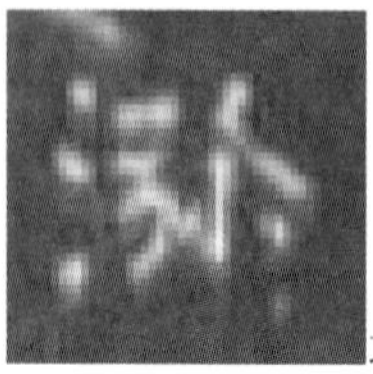
北周・尉遲運誌

○洪源沘瀰

〖漙〗

張・奏讞書 183

○杜漙（瀘）

〖𤅢〗

秦公大墓石磬

○𤅢=久商

〖灘〗

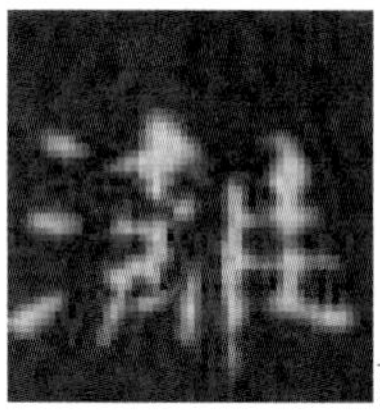
西晉・臨辟雍碑

〖濱〗

睡・為吏 32

○稾靳濱（瀆）

睡・日書甲種 18

〇水瀆（竇）南出

睡・日甲 16

〇水瀆（竇）西出

漢印文字徵

〇瀆信私印

漢印文字徵

〇瀆偏

〖灠〗

西晉・石尠誌

〖灞〗

北魏・李端誌

〇通家之号灞陵

〖灤〗

北齊・石信誌

〇恐灤瀨之遷毁

〖灛〗

北貳・老子 26

〇咎莫灛（憯）於欲得

〖瀿〗

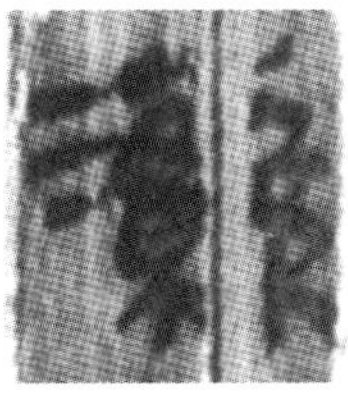
銀貳 1674

〇智瀿（繁）然后生具象

沝部

【沝】

《説文》：，二水也。闕。凡沝之屬皆从沝。

【㴇】

《說文》：，水行也。从沝、㐬。㐬，突忽也。

【流】

《說文》：，篆文从水。

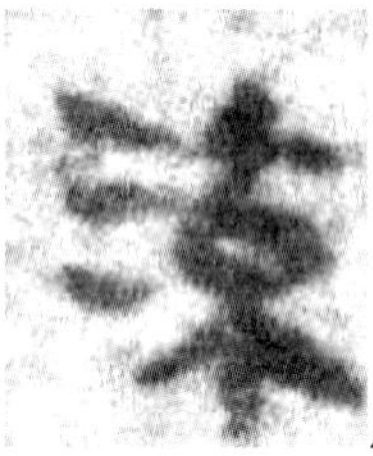
馬壹 108_117\286

○言亓（其）流體（體）也

馬壹 82_70

○出塞流河

馬壹 140_2 上/169 上

○得而流（游）獸得

馬壹 13_2 上\95 上

○水流（游）之物

馬貳 210_87

○以流刑者也

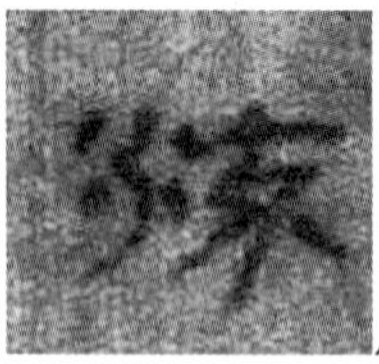
馬貳 130_41

○流水

張・脈書 55

○肉痛如浮

張・引書 37

○下流足不痿

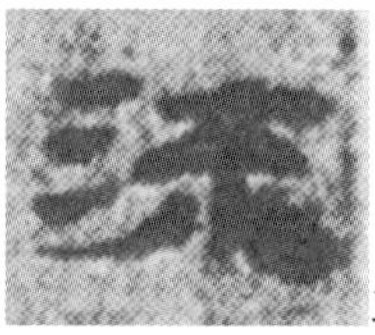
敦煌簡 2253

○河州流灌注兮轉揚

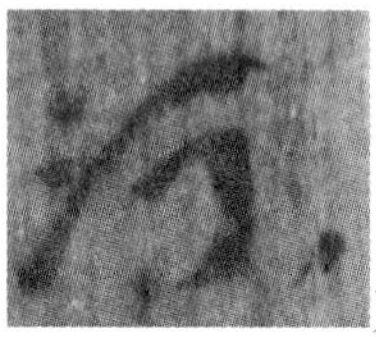
東牌樓 048 背

○命下流掌

北壹・倉頡篇 30

○汁洎流敗

漢印文字徵

石鼓・霝雨

○流迄滂滂

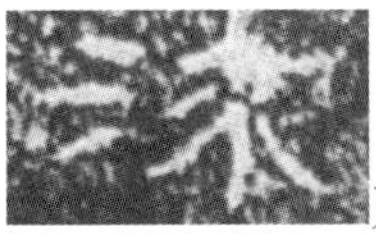
東漢・石門頌

○屈曲流顛

東漢・司馬芳殘碑額

東漢・譙敏碑

東漢・曹全碑陽

東漢・景君碑

○流名後載

東漢・景君碑

○品流刑矣

東漢・景君碑

○百姓流淚

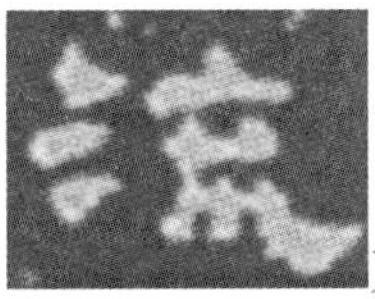
東漢・鮮於璜碑陽

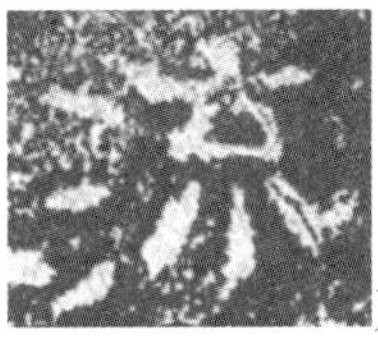
東漢・孟孝琚碑

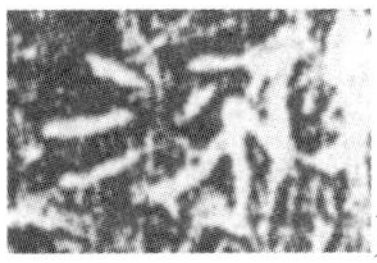
東漢・石門頌

○垂流億載，

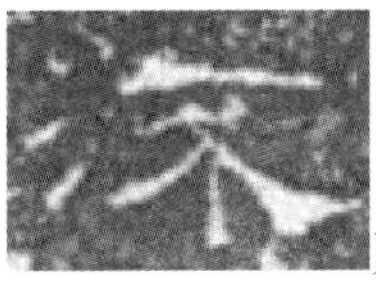
東漢・禮器碑

○以注水流（泝）

西晉・臨辟雍碑

北魏・檀賓誌

北魏・元弼誌

○藻思情流

北魏・元簡誌

○資造流仁

北魏・李伯欽誌

○名流慟惜

北魏・司馬紹誌

北魏・馮邕妻元氏誌

○風流之盛攸歸

北魏・元熙誌

北魏・元愔誌

北魏・卅一人造像

北魏・馮邕妻元氏誌

東魏・廉富等造義井頌

○方求甘流

東魏・元悰誌

北齊・暴誕誌

北齊・暴誕誌

北齊・赫連子悅誌

【𣶒】

《說文》：，徒行厲水也。从沝从步。

【涉】

《說文》：，篆文从水。

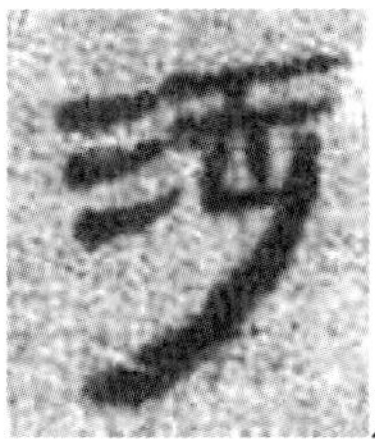
馬壹 5_22 上

○利涉大川

張・秩律 454

北貳・老子 160

敦煌簡 0639B

○秦參涉競夏連樂恢

漢印文字徵

漢印文字徵

漢晉南北朝印風

石鼓・霝雨

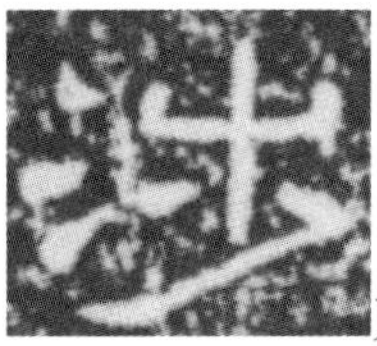
東漢・西狹頌

○若涉淵冰（氷）

西晉・徐義誌

○非美人匪涉不行

北魏・石婉誌

○學涉九流

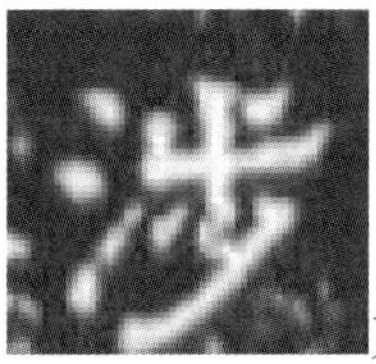
東魏・司馬興龍誌

北周・王通誌

瀕部

【瀕】

《説文》：𩔣，水厓。人所賓附，頻

蹙不前而止。从頁从涉。凡頻之屬皆从頻。

廿世紀璽印二-GP

○瀕陽

歷代印匋封泥

○瀕陽丞印

漢印文字徵

○瀕陽丞印

北齊・石信誌

○恐濼瀕之遷毁

【顰】

《説文》：顰，涉水顰蹙。从頻卑聲。

く部

【く】

《説文》：く，水小流也。《周禮》："匠人爲溝洫，相廣五寸，二相爲耦；一耦之伐，廣尺、深尺，謂之く。"倍く謂之遂；倍遂曰溝；倍溝曰洫；倍洫曰巜。凡く之屬皆从く。

【甽】

《説文》：甽，古文く从田从川。

【畎】

《説文》：畎，篆文く从田犬聲。

六畎爲一畝。

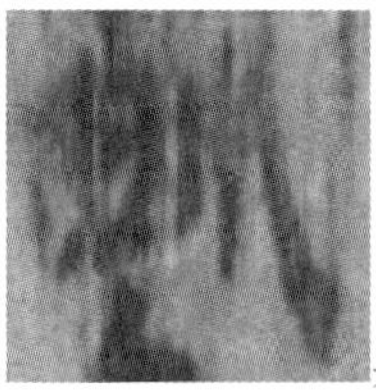
吳簡嘉禾・四・一七五

○平甽丘男子區馬佃

吳簡嘉禾・四・一七二

○平甽丘男子

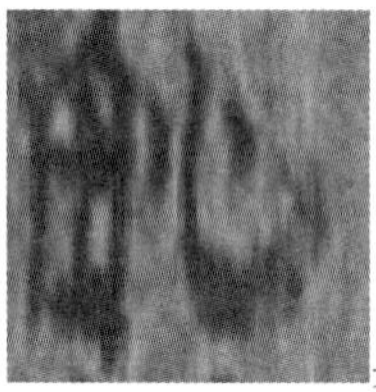
吳簡嘉禾・四・一七四

○平甽丘男子

北周・叱羅協誌

○厲精畎畝

巜部

【巜】

《説文》：巜，水流澮澮也。方百里爲巜，廣二尋，深二仞。凡巜之屬皆从巛。

【粼】

《說文》：粼，水生厓石閒粼粼也。从巛粦聲。

睡·秦律十八種 61

○人丁粼（齡）者

睡·秦律雜抄 10

○備乃粼

里·第八層 1262

○粼卒尉卒

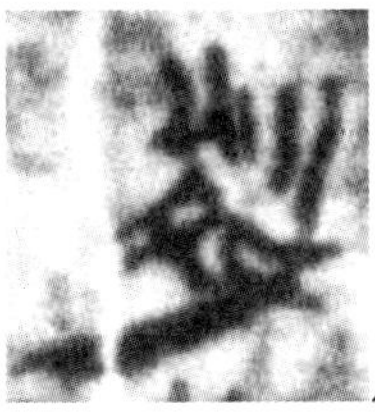
馬壹 86_166

○強秦粼（鄰）之禍

川部

【川】

《說文》：巛，貫穿通流水也。《虞書》曰：“濬く巜，距川。”言深く巜之水會爲川也。凡川之屬皆从川。

漢銘·菑川鼎蓋一

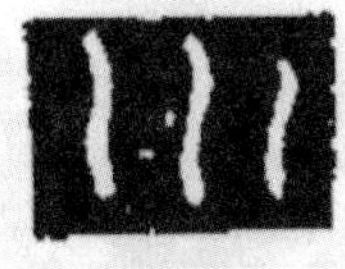
漢銘·菑川鼎二

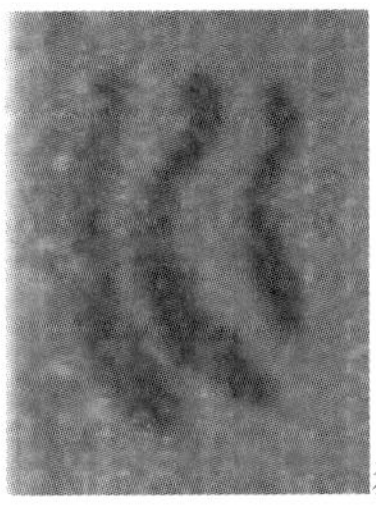
嶽·占夢書 5

○夢行川爲橋吉晦而

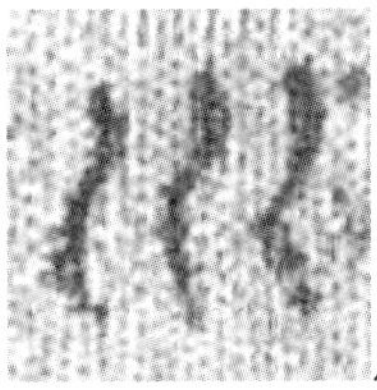
馬壹 254_38 上

○浴於川溪

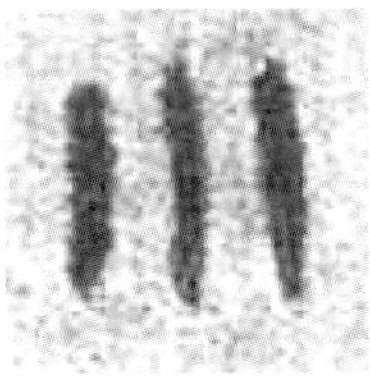
馬壹 5_22 上

○利涉大川

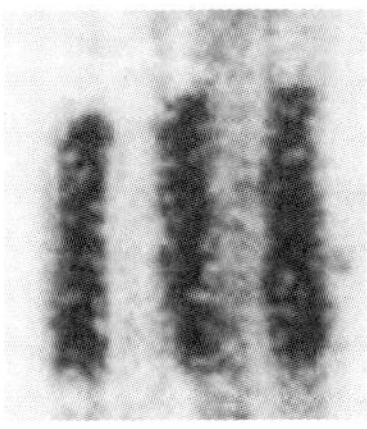
銀壹 563

○川罤（澤）

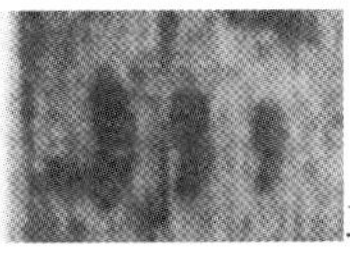
敦煌簡 1306

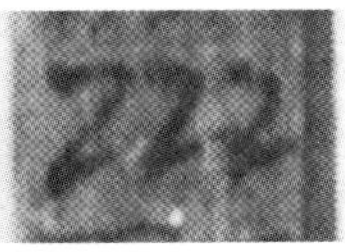
敦煌簡 0817

○穎川郡

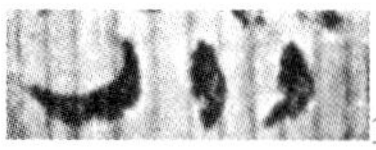
金關 T08:048

〇潁川郡

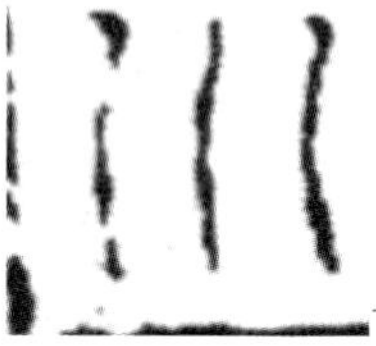
廿世紀璽印三-GP

〇潁川太守

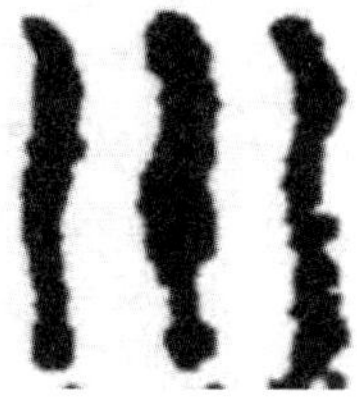
廿世紀璽印三-GP

〇菑川后府

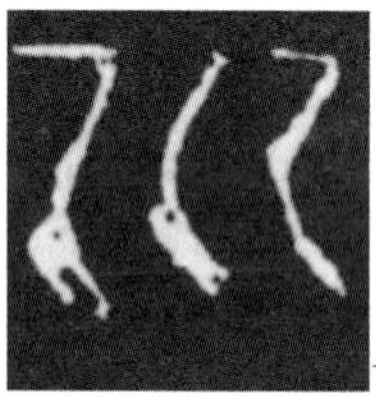
廿世紀璽印三-GY

〇龍川長印

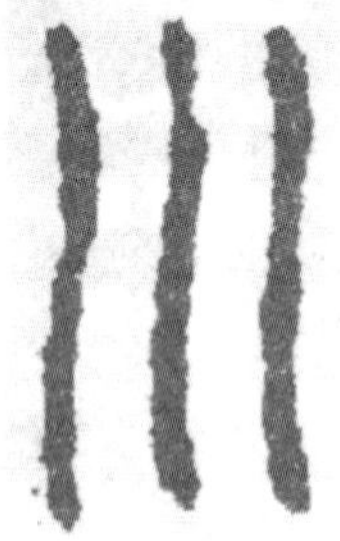
漢代官印選

〇潁川太守章

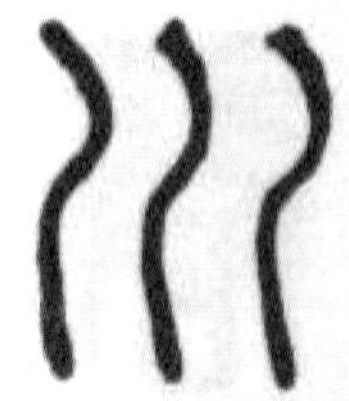
漢印文字徵

〇菑川王璽

漢印文字徵

〇史川私印

歷代印匋封泥

〇菑川中尉

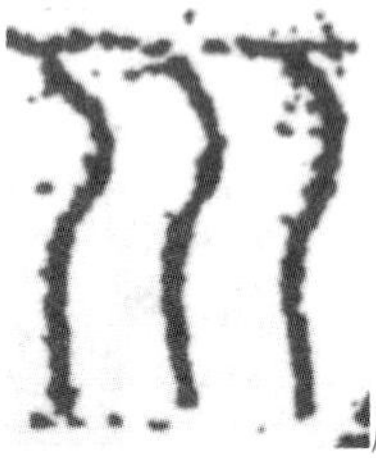
歷代印匋封泥

〇菑川王璽

漢晉南北朝印風

〇廣川令印

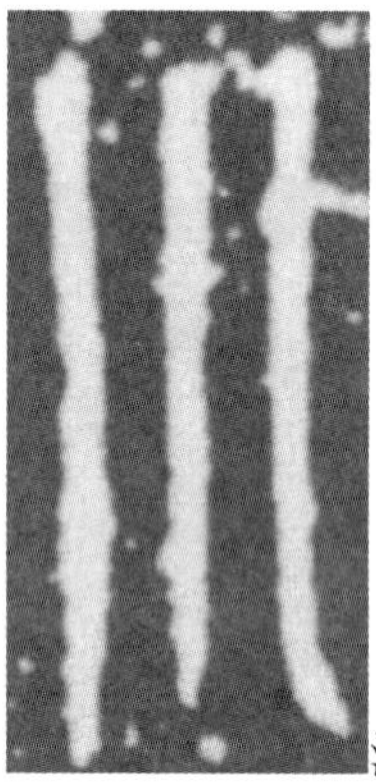
漢晉南北朝印風

〇三川護軍司馬

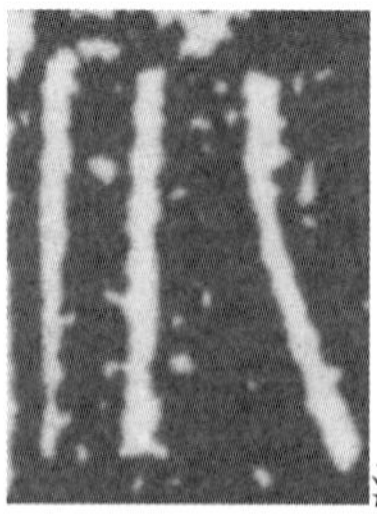
漢晉南北朝印風

〇宛川護軍章

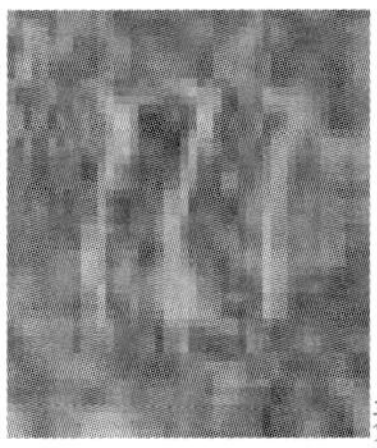
秦駰玉版

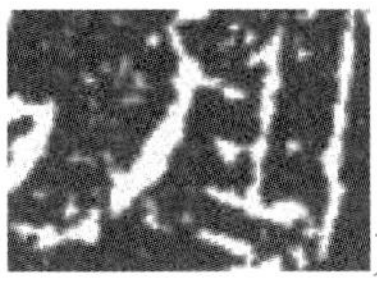
東漢・洛陽刑徒磚

○穎川

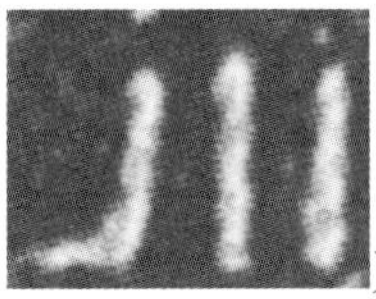
東漢・景君碑

○汶川之會

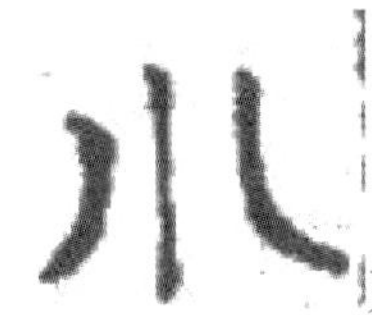
東漢・成陽靈臺碑

○穎川

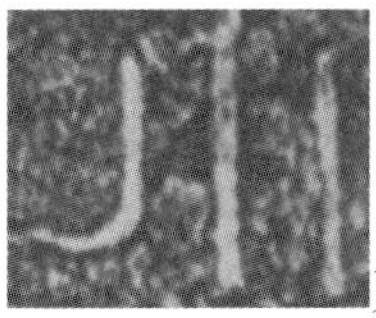
東漢・石門頌

○川澤股躬

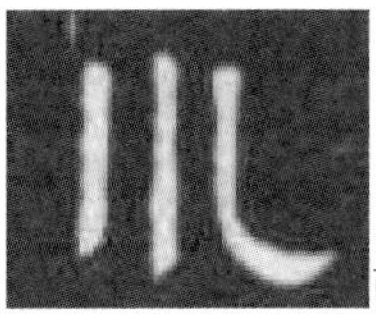
西晉・石尠誌

○穎川

西晉・華芳誌

○穎川

東晉・李纂武氏誌

○穎川

北魏・姚伯多碑

○穎川

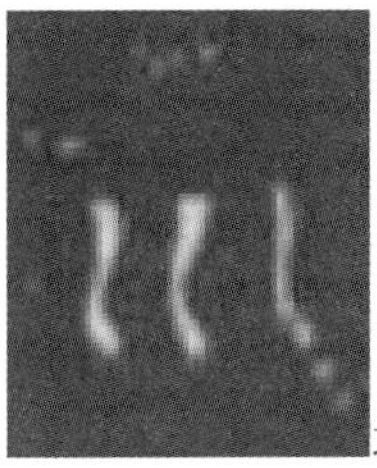
北魏・孫標誌

○穎川

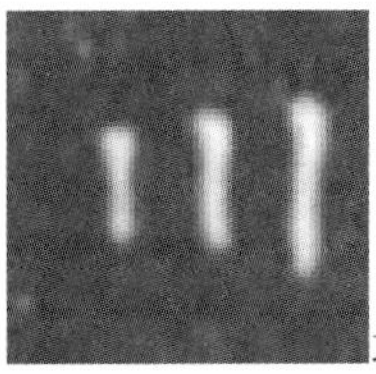
北魏・元睿誌

○驚川理切

北魏・元煥誌蓋

○廣川孝王

【巠】

《説文》：巠，水脈也。从川在一下。一，地也。壬省聲。一曰水冥巠也。

【坙】

《説文》：坙，古文巠不省。

馬壹 98_83

○民之死

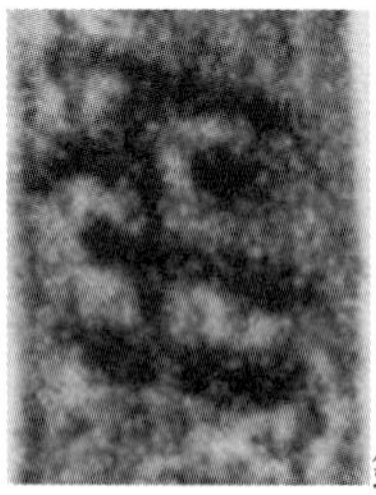
銀壹 828

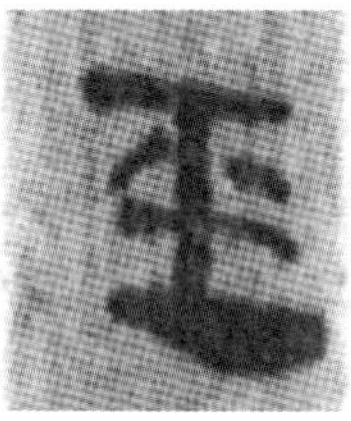
銀貳 1561

〇以强巠（勁）走

【巟】

《説文》：巟，水廣也。从川亡聲。《易》曰："包巟用馮河。"

東漢・曹全碑陽

〇威布烈安殊巟

【𡿯】

《説文》：𡿯，水流也。从川或聲。

【𡿧】

《説文》：𡿧，水流也。从川曰聲。

【𡿨】

《説文》：𡿨，水流𡿨𡿨也。从川，列省聲。

【邕】

《説文》：邕，四方有水，自邕城池者。从川从邑。

【𡿲】

《説文》：𡿲，籀文邕。

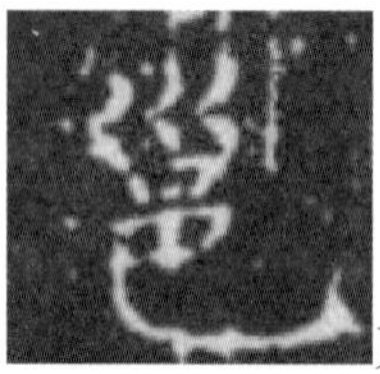
東晉・筆陣圖

北魏・元舉誌

東魏・杜文雅造像

北齊・唐邕刻經記

北齊・謝思祖夫妻造像

【巛】

《説文》：巛，害也。从一雝川。《春秋傳》曰："川雝爲澤，凶。"

【侃】

《説文》：，剛直也。从㐰，㐰，古文信；从川，取其不舍晝夜。《論語》曰："子路侃侃如也。"

東漢・司馬芳殘碑額

○字子侃

東漢・李固殘碑

○侃侃敢言

北魏・楊侃誌

○君諱侃字榮業

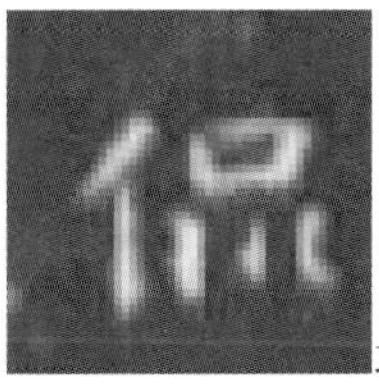
北魏・元邵誌

○朝廷侃侃

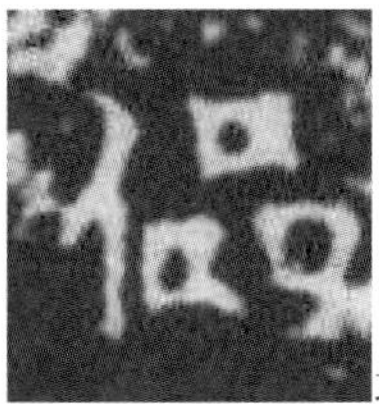
北齊・殷恭安等造像

○比丘法侃

北齊・崔芬誌

○侃侃公庭

【州】

《説文》：，水中可居曰州，周遶其旁，从重川。昔堯遭洪水，民居水中高土，或曰九州。《詩》曰："在河之州。"一曰州，疇也。各疇其土而生之。

【】

《説文》：，古文州。

漢銘・大司農權

漢銘・光和斛二

漢銘・大司農權

睡・法律答問 100

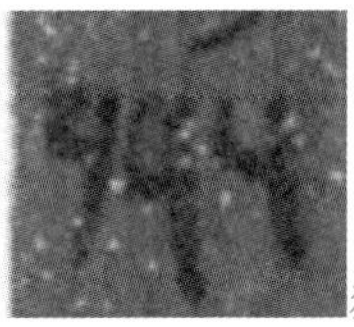
嶽・質日 2734

嶽・尸等案 38

里・第八層 63

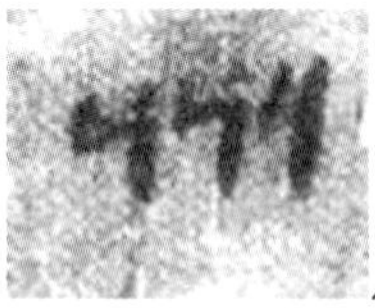
馬壹 171_7 上

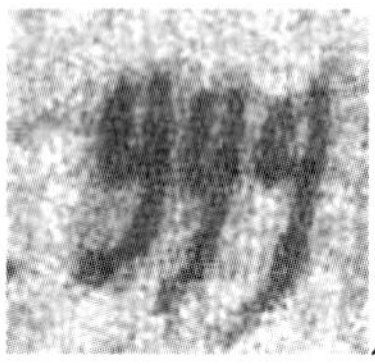
馬壹 75_29

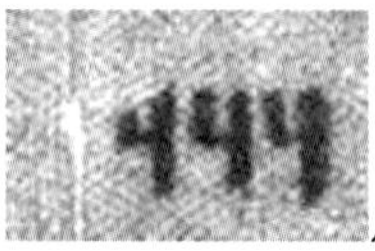
馬貳 33_21 下

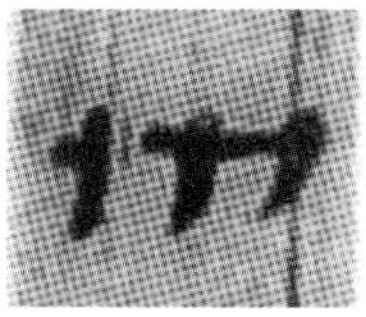
張・秩律 449

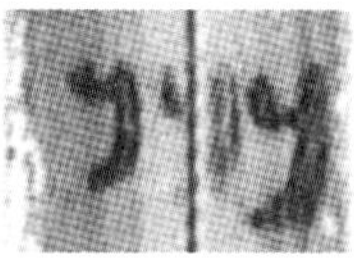
銀貳 1605

敦煌簡 2253

武・甲《特牲》33

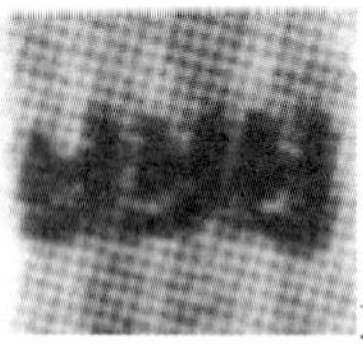
武・甲本《有司》56

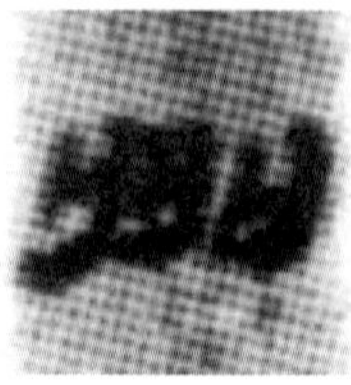
武・甲《燕禮》43

○興以州（酬）士

東牌樓 028 正

魏晉殘紙

秦代印風

廿世紀璽印三-GY

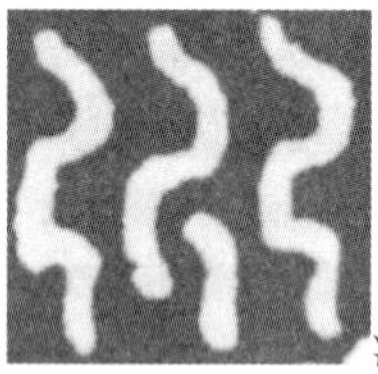
漢晉南北朝印風

廿世紀璽印三-SY

漢晉南北朝印風

漢印文字徵

漢代官印選

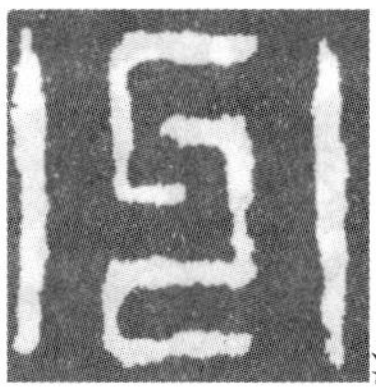
漢代官印選

○涼州刺史

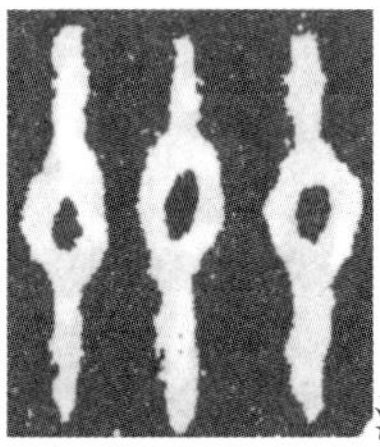
漢代官印選

歷代印匋封泥

○州陵長印

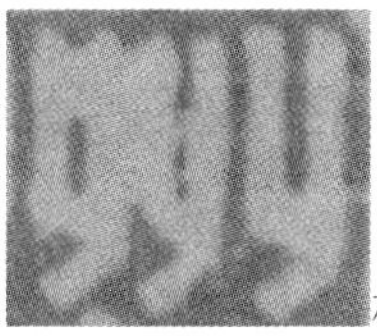
柿葉齋兩漢印萃

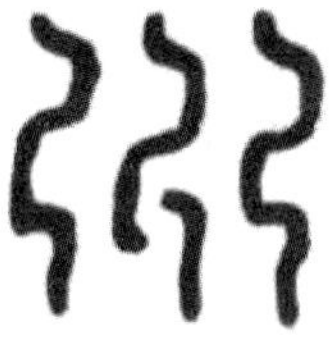
漢印文字徵

漢印文字徵

漢印文字徵

漢印文字徵

○程州私印

漢代官印選

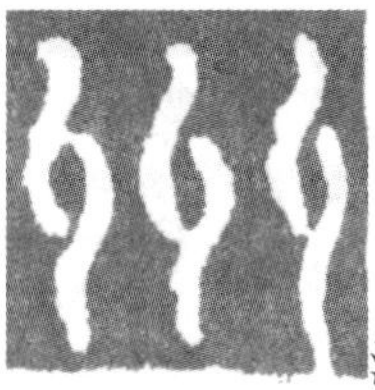
漢代官印選

漢印文字徵

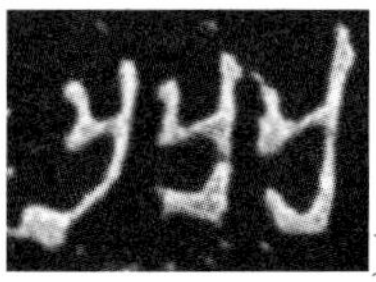
東漢・楊震碑

東漢・從事馮君碑

東漢・魏元丕碑額

西晉・荀岳誌

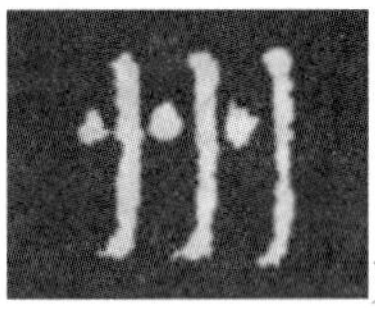
東晉・王建之誌

北魏・元斑誌蓋

北魏・寇臻誌

北魏・寇治誌

東魏・邸珍碑額

西魏・和照誌蓋

北齊・狄湛誌蓋

北齊・李祖牧誌蓋

北齊・李雲誌蓋

北齊・庫狄迴洛誌蓋

北周・侯遠誌

〖巛〗

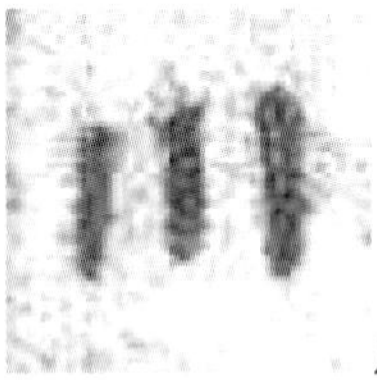
馬壹 37_40 下

○鍵（乾）巛（坤）

柿葉齋兩漢印萃

○巛(坤)衡都尉

東漢・石門頌

○下荅（答）巛(坤)皇

東漢・石門頌

○惟巛(坤)靈定位

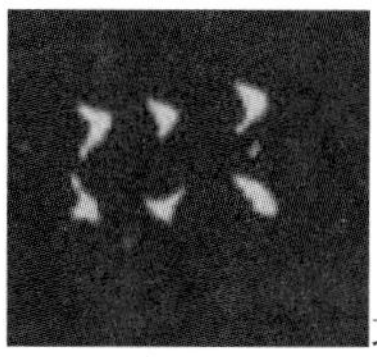
北魏・元毓誌

○乾巛(坤)

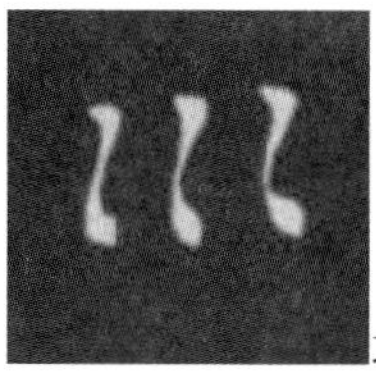
北魏・胡明相誌

○巛(坤)元

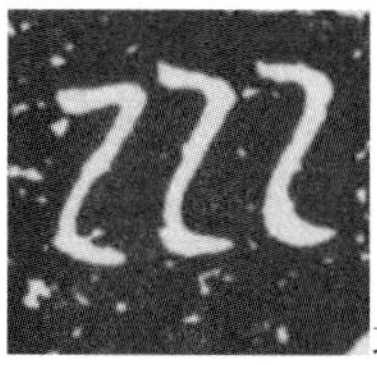
北魏・寇偘誌

○巛(坤)元

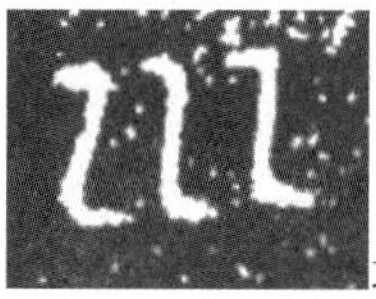
北魏・封君妻誌

○巛(坤)元之正氣

〖𦗤〗

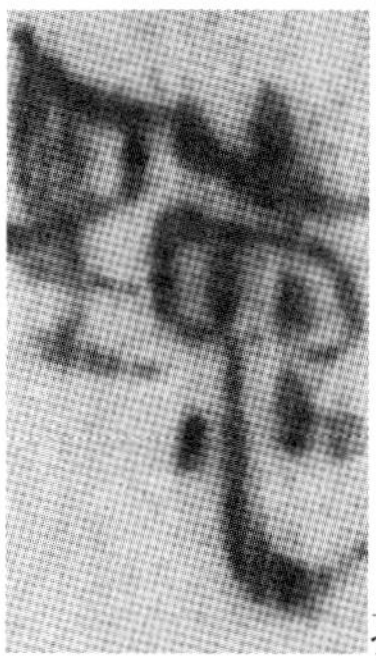
孔・歲478

○下不𦗤（聽）

泉部

【泉】

《説文》：，水原也。象水流出成川形。凡泉之屬皆从泉。

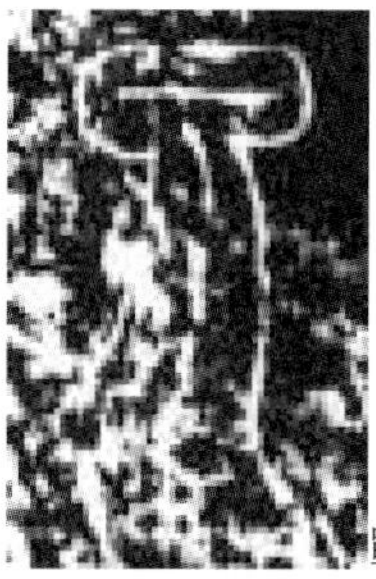
戰中・商鞅量

漢銘・日萬泉泉範

漢銘・陽泉熏鑪

漢銘・槖泉鋗二

漢銘・槖泉鋗一

漢銘・南陵鍾

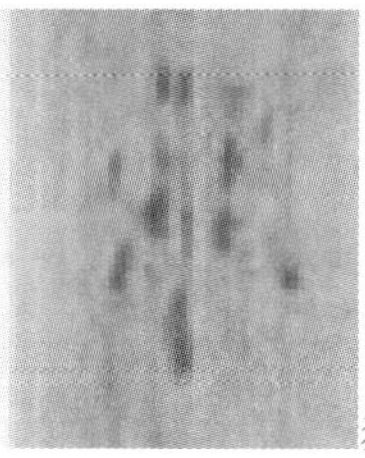
嶽・田與案205

○夫重泉隸臣

馬貳 216_10/21

○飲以玉泉

張・田律 249

○水泉

敦煌簡 0060

○書大泉都

敦煌簡 0004

○今見泉千八百卅五

金關 T24:149

○水酒泉界中當舍

金關 T04:084

○酒泉

金關 T02:023

○封酒泉大守

北壹・倉頡篇 57

○溝洫淵泉隄防

吳簡嘉禾・四・四三〇

廿世紀璽印三-GP

○南陵大泉乘與水匋

漢晉南北朝印風

廿世紀璽印三-SY

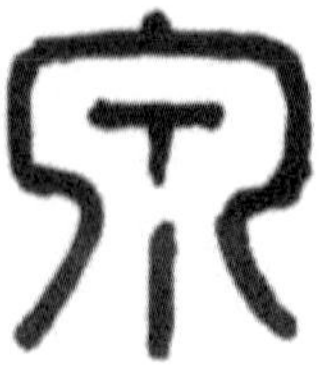
漢印文字徵

漢代官印選

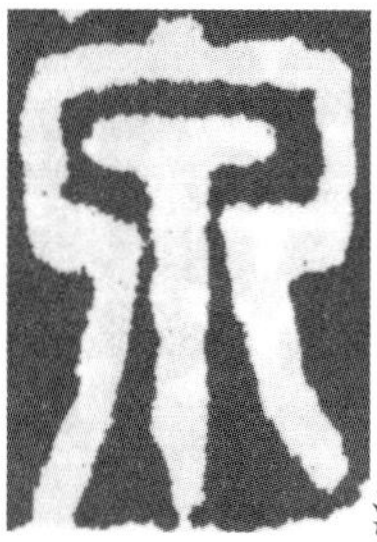
漢代官印選

歷代印匋封泥

歷代印匋封泥

漢印文字徵

漢晉南北朝印風

漢晉南北朝印風

東漢・成陽靈臺碑

東漢・少室石闕銘

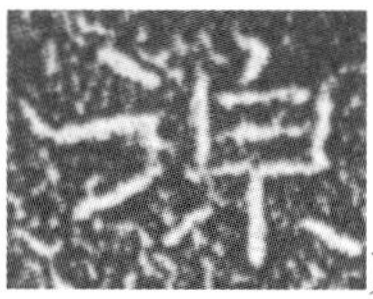
東漢・石門頌

○平阿湶（泉）泥

東漢・熹平石經殘石五

東漢・曹全碑陽

東漢・永平四年畫像石題記

北魏・馮迎男誌

○下湶（泉）

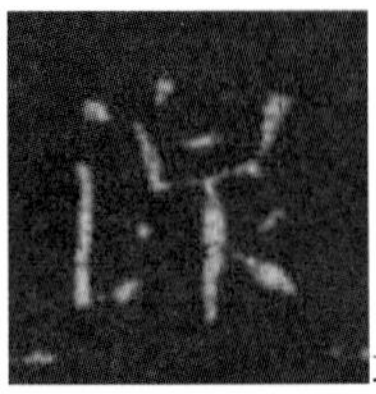
北魏・唐耀誌

○湶（泉）途杳澀

北魏・唐耀誌

○英略湶（泉）飛

北魏・元朗誌

北魏・元嵩誌

北魏・寇臻誌

○勒銘湶（泉）堂云

北魏・元澄妃誌

北魏・侯愔誌

東魏・李挺誌

○曾祖酒泉公

東魏・元季聰誌

○泉門且閉

東魏・劉幼妃誌

○泉門重啓

北齊・劉悅誌蓋

北周・李府君妻祖氏誌

【⿱緐泉】

《說文》：⿱緐泉，泉水也。从泉緐聲。讀若飯。

灥部

【灥】

《說文》：灥，三泉也。闕。凡灥之屬皆从灥。

【原】

《説文》：厵，水泉夲也。从灥出厂下。

【源】

《説文》：厡，篆文从泉。

睡・法律答問 196

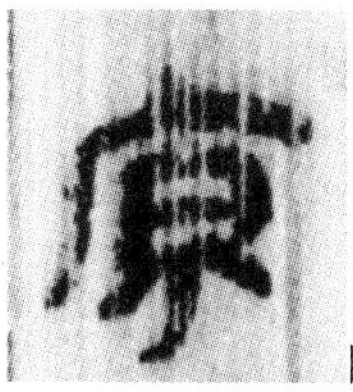
睡・為吏 28

里・第八層 92

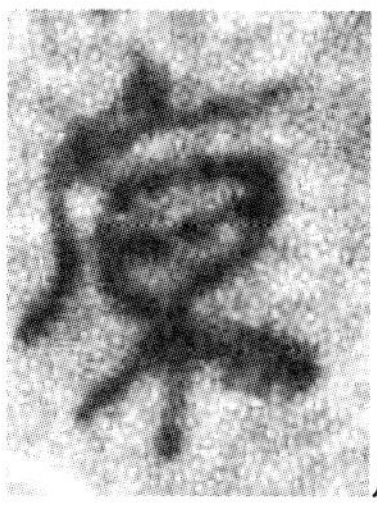
馬壹 112_26\377

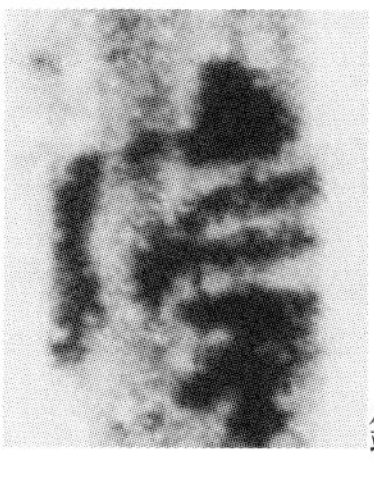
銀壹 14

○力中原內虚於家百

敦煌簡 0061

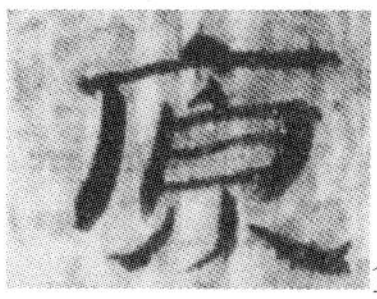
金關 T24:847

金關 T24:021

東牌樓 049 正

○□□原白一日不悉

吳簡嘉禾・四・四三八

○男子原還佃田十一

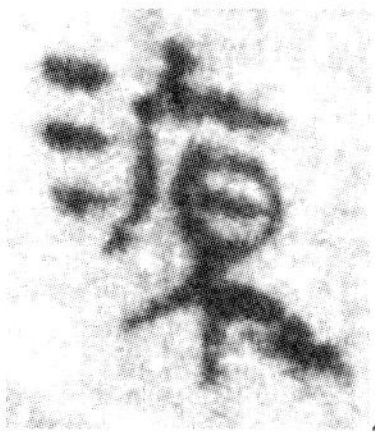
馬壹 110_164\333

馬壹 110_163\332

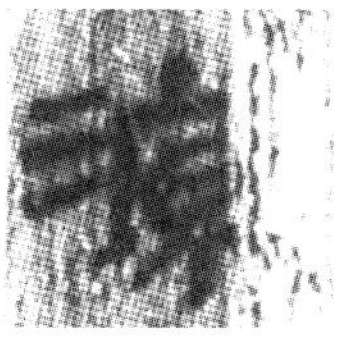
銀貳 1677

○之所原(源)也

廿世紀璽印二-SY

〇原湯

秦代印風

〇原隱

秦代印風

〇慎方敬原

廿世紀璽印三-GP

秦代印風

廿世紀璽印三-GY

廿世紀璽印三-GP

漢晉南北朝印風

漢晉南北朝印風

漢印文字徵

柿葉齋兩漢印萃

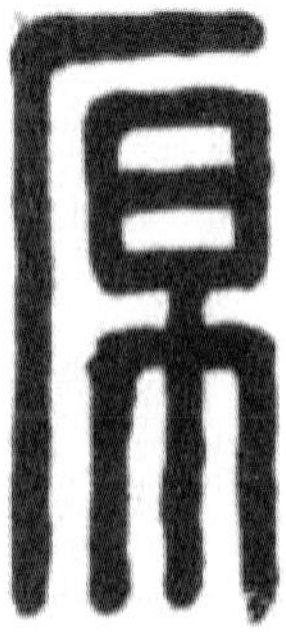
漢印文字徵

歷代印匋封泥

漢印文字徵

漢印文字徵

漢印文字徵

漢印文字徵

漢代官印選

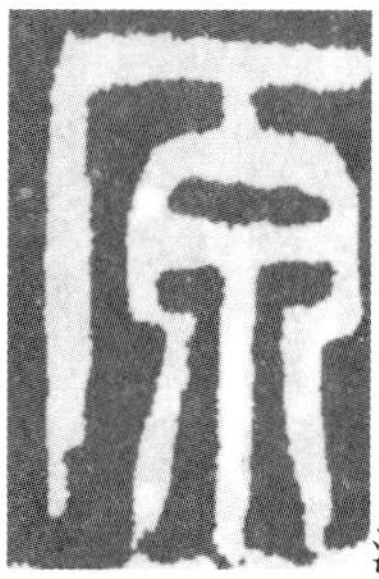
漢代官印選

歷代印匋封泥

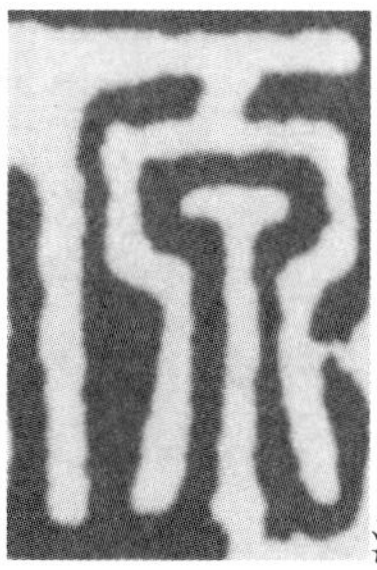
漢晉南北朝印風

漢晉南北朝印風

漢晉南北朝印風

漢印文字徵

漢晉南北朝印風

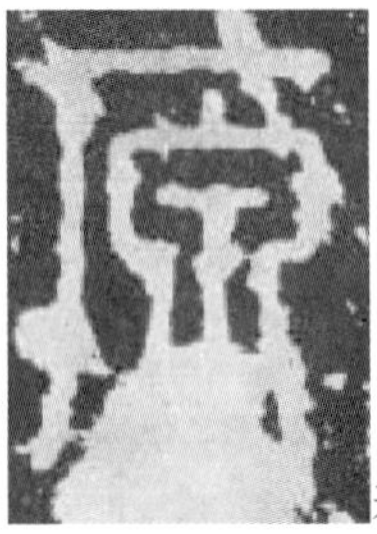
泰山刻石

東漢・東漢・魯峻碑陽

○平原樂陵

東漢・成陽靈臺碑

東漢・營陵置社碑

東漢・營陵置社碑

東漢・張遷碑陰

○故從事原宣德錢三百

東漢・建寧三年殘碑

東漢・鮮於璜碑陰

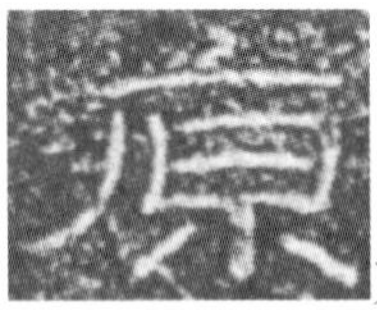
東漢・石門頌

東漢・開母廟石闕銘

東漢・陳元等字殘碑

東漢・乙瑛碑

西晉・郭槐柩記

北魏・元引誌

北魏・元恭誌

○原高日宇

北魏・公孫猗誌

○平原男

北魏・于景誌

○壘構重原

北魏・郭顯誌

北魏・郭顯誌

○平原柏氏

北魏・程法珠誌

北魏・元顯俊誌

北魏・李伯欽誌

○豹寺東原吉遷里

北魏・元弼誌

北魏・盧子真夫人誌

東魏・王偃誌

北齊・徐顯秀誌

北齊・雲榮誌

北齊・韓裔誌

北齊・法懃塔銘

北齊・感孝頌

北周・尉遲將男誌

○石安縣北原之山

北周・王鈞誌蓋

東漢・桐柏淮源廟碑

北魏・元信誌

○靈源共積石爭峻

北魏・元弼誌

北魏・元舉誌

○金流定海之源

北魏・元悌誌

○派源帶地

北魏・元靈曜誌

北魏・元譿誌

北魏・王誦妻元氏誌

北魏・元子永誌

東魏・高歸彥造像

東魏・元均及妻杜氏誌

東魏・元均及妻杜氏誌

東魏・閭叱地連誌

北齊・崔宣華誌

〇源豐九派

北齊·魯思明造像

永部

【永】

《説文》：永，長也。象水巠理之長。《詩》曰："江之永矣。"凡永之屬皆从永。

春早·卜淦口高戈

〇永寶用

西晚·不其簋

〇永屯(純)

西晚·不其簋

春晚·秦公鎛

漢銘·永興二年洗

漢銘·永和六年洗

漢銘·永平平合

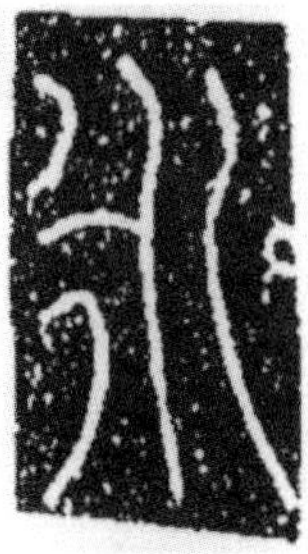
漢銘·新嘉量二

漢銘·永元七年鐎

漢銘·杜陵東園壺

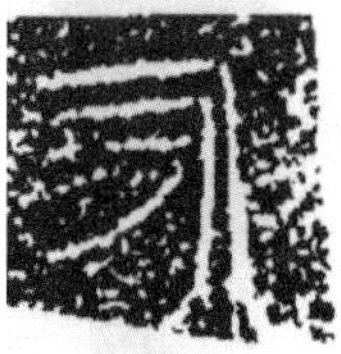
漢銘·永初鍾

漢銘·博邑家鼎

漢銘・新衡杆

張・秩律 463

○長信永巷

敦煌簡 1281A

○永平六年

敦煌簡 1974

○永和二年

金關 T03:109

○永光五年

金關 T06:076

○永光五年

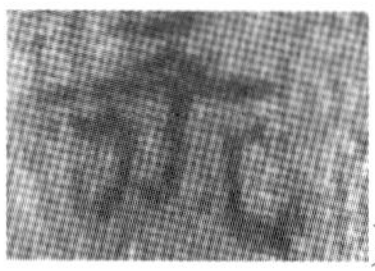
東牌樓 005

○湘李永例督盜賊殷

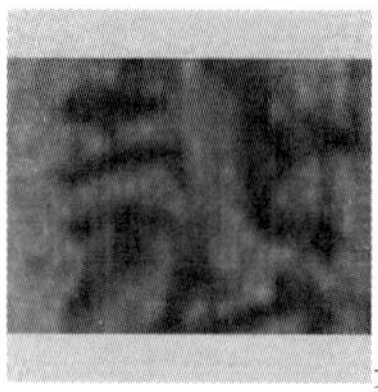
吳簡嘉禾・四・一一五

○吏吳永田八町凡卌

廿世紀璽印三-GP

廿世紀璽印三-SY

○永少孺

廿世紀璽印三-SY

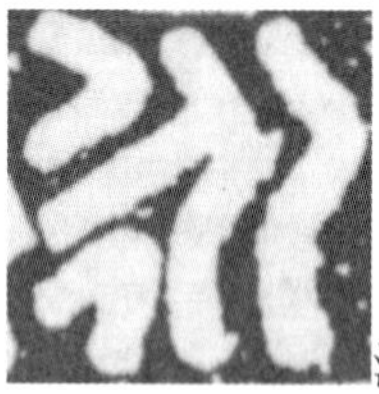
漢晉南北朝印風

漢印文字徵

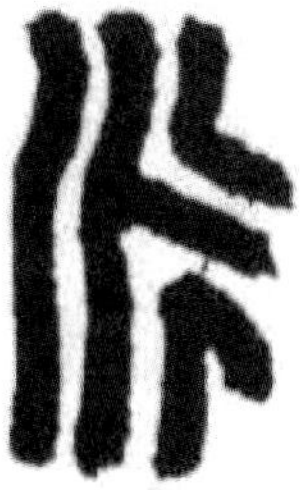
漢印文字徵

漢印文字徵

柿葉齋兩漢印萃

漢印文字徵

○宋永私印

漢印文字徵

○王永私印

漢印文字徵

漢印文字徵

○馮永印

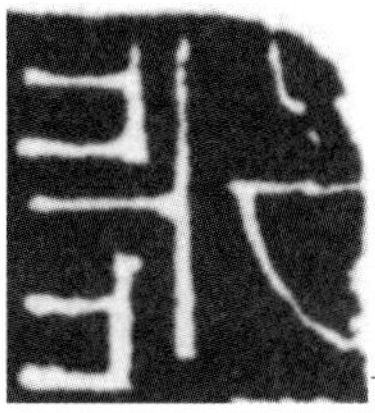
廿世紀璽印四-GY

○永貴亭侯

漢晉南北朝印風

○永世侯印

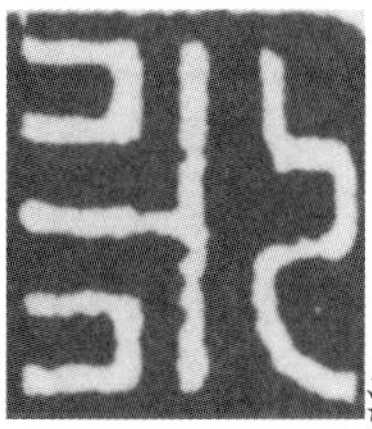
漢晉南北朝印風

○永寧男相

漢晉南北朝印風

○吳永私印

漢晉南北朝印風

○劉永

漢晉南北朝印風

石鼓・吾水

○天子永甯

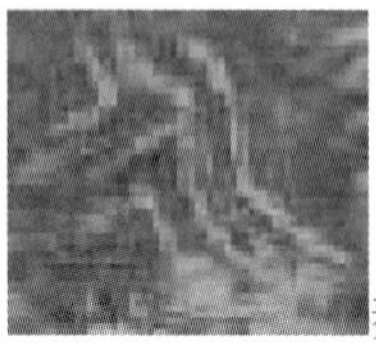
秦駰玉版

東漢・司馬芳殘碑額

○烋永葉

東漢・開母廟石闕銘

○永歷載而保之

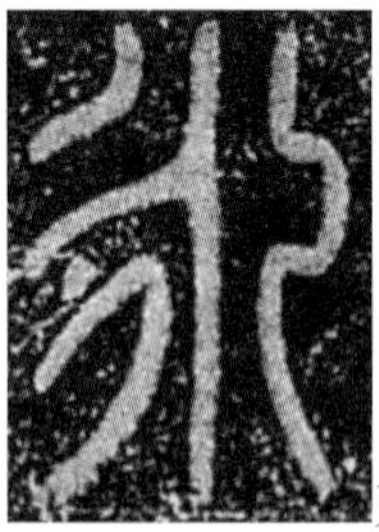
東漢・司徒袁安碑

三國魏・三體石經尚書・古文

○弗敢智厥基永

三國魏・三體石經尚書・篆文

○弗叡(敢)智厥基永

北朝・趙阿令造像

北魏・王神虎造像

○永隆吉慶

北魏・王蕃誌

北魏・張寧誌

○永熙二年

北魏・張寧誌

○哀崩山之永晦

東魏・廉富等造義井頌

○永刊維蹤

東魏・崔令姿誌

○方軌儀永室

北齊・道建造像

○國社永隆

北齊・徐顯秀誌

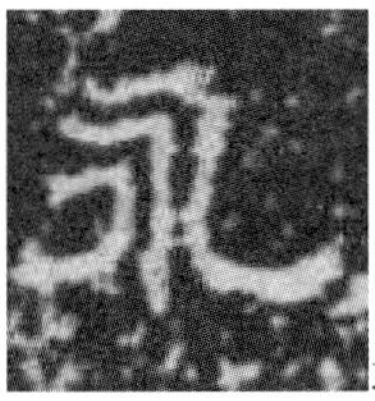
北齊・郭顯邕造經記

○永劫不遷

【羕】

《説文》：，水長也。从永羊聲。《詩》曰：“江之羕矣。”

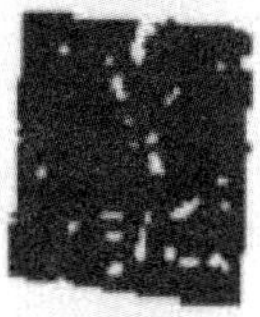
漢銘・永壽二年鐖

東牌樓 146

○羨恙羕稱

北壹・倉頡篇 30

○欲資貨羕溢跂

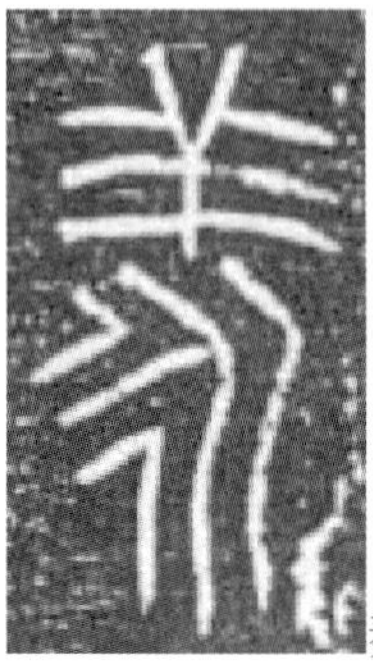
秦公大墓石磬

○螃羕

【𠂢血】

《說文》：，血理分衺行體者。从𠂢从血。

【脈（脉）】

《說文》：，𧖴或从肉。

【衇】

《說文》：，籀文。

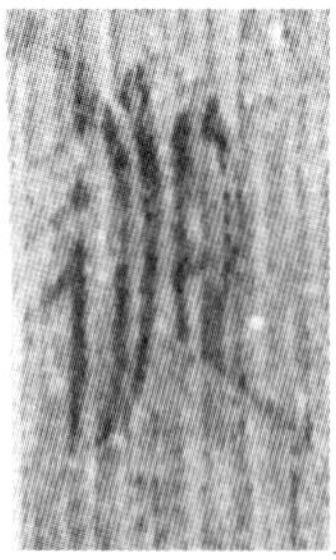
里・第八層 1224

○陰脉

張・脈書 9

○先出爲𧖴(脈)

東漢・朝侯小子殘碑

○脉并氣結

晉・黃庭內景經

【覛】

《說文》：，衺視也。从𠂢从見。

𠂢部

【𠂢】

《說文》：，水之衺流，別也。从反永。凡𠂢之屬皆从𠂢。讀若稗縣。

北魏・王温誌

○命氏𠂢（派）於子晉

谷部

【谷】

《說文》：，泉出通川爲谷。从水半見，出於口。凡谷之屬皆从谷。

漢銘・谷口鼎

漢銘・谷口鼎

漢銘・谷口宮鼎

睡・日甲 23

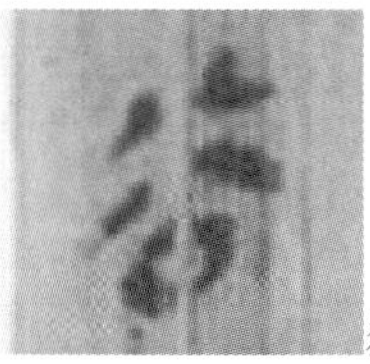
嶽・尸等捕盜疑購案 35

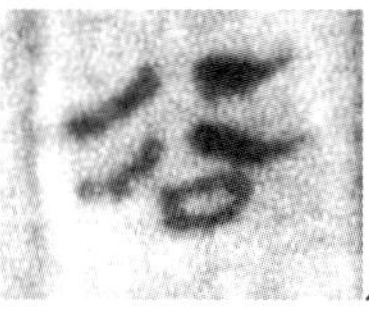
馬壹 143_3/177 下

馬壹 102_159

馬貳 39_67 下

張・津關令 506

張・奏讞書 144

銀貳 1218

北貳・老子 8

敦煌簡 0073

〇山危谷

金關 T05:068A

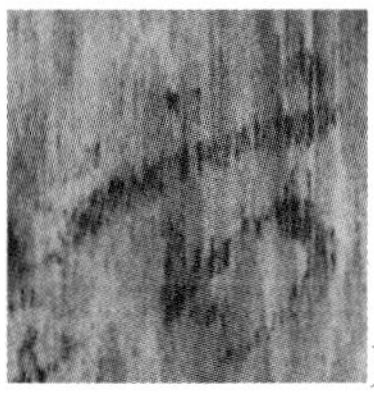
東牌樓 143 正

〇谷息老

北壹・倉頡篇 4

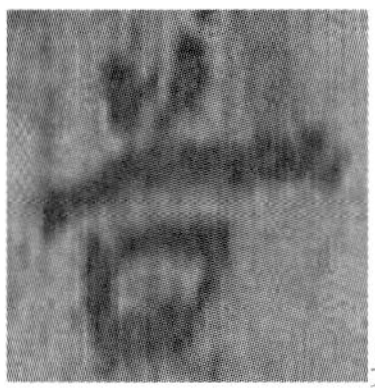
吳簡嘉禾・四・三八〇

〇子廖谷佃田三町凡

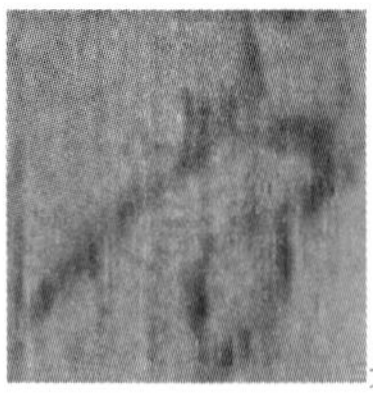
吳簡嘉禾・五・一〇二五

〇縣吏谷漢佃田廿六

歷代印匋封泥

〇谷寇丞印

漢印文字徵

歷代印匋封泥

〇穀志

漢印文字徵

漢代官印選

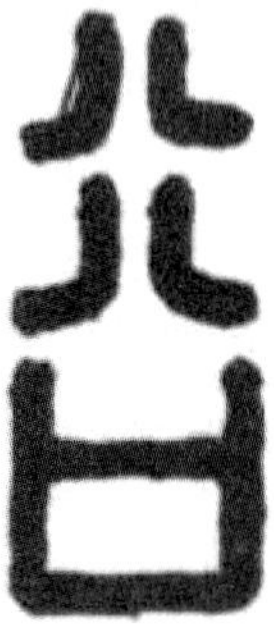
漢印文字徵

漢晉南北朝印風

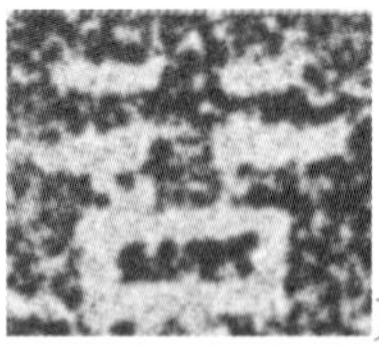
東漢・熹平石經殘石五

東漢・西狹頌

〇如臨于谷

東漢・石門頌

〇更隨圍谷

東漢・石門頌

〇余谷之川

西晉・趙氾表

北魏・寇治誌

北魏・寇猛誌

〇燕州上谷郡

北魏・寇臻誌

北魏・元詮誌

北魏・元願平妻王氏誌

東魏・鄭氏誌

西魏・韋隆妻梁氏誌

〇陵谷難常

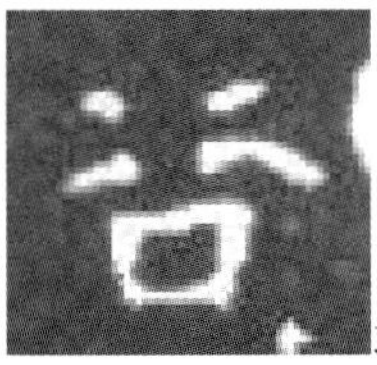
北齊・吐谷渾靜媚誌

【谿】

《說文》：谿，山瀆无所通者。从谷奚聲。

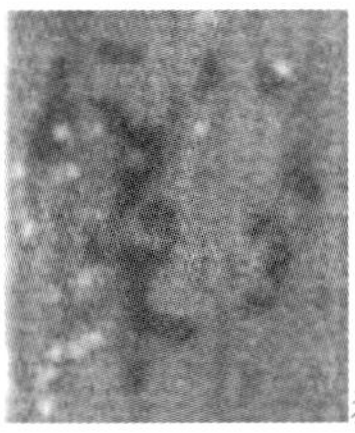
嶽・質日 2732

〇宿盧谿乙巳甲辰

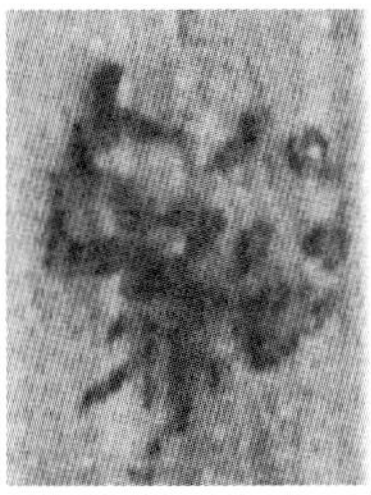
里・第八層 439

〇陽廡谿橋亡不智

馬貳 142_34

張・津關令 523

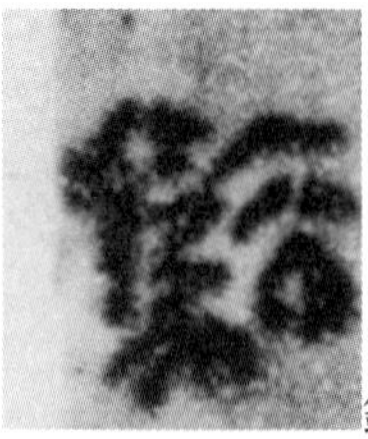
銀壹 347

北貳・老子 195

北壹・倉頡篇 4

秦代印風

漢印文字徵

漢印文字徵

○谿陵

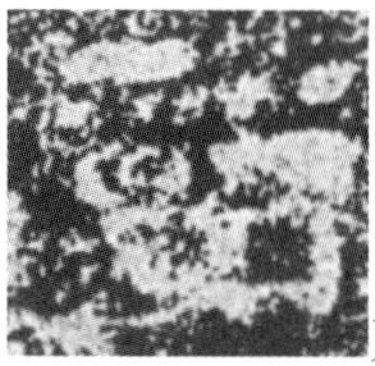
東漢・析里橋郙閣頌

○斯谿既然

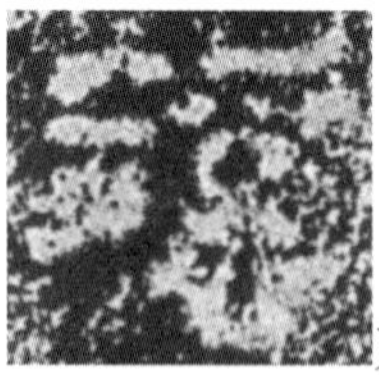
東漢・析里橋郙閣頌

○谿源漂疾

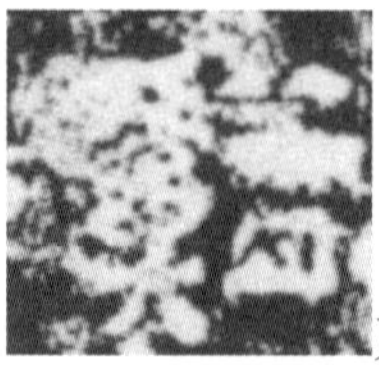
東漢・西狹頌

○下有不測之谿

【豁】

《說文》：，通谷也。从谷害聲。

北魏・元平誌

○豁達大度

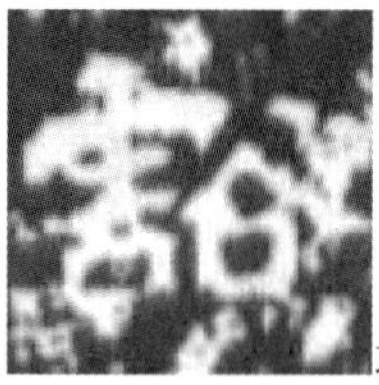
北魏・鄭羲下碑

○曾祖豁

北魏・皇興五年造像

○累消豁

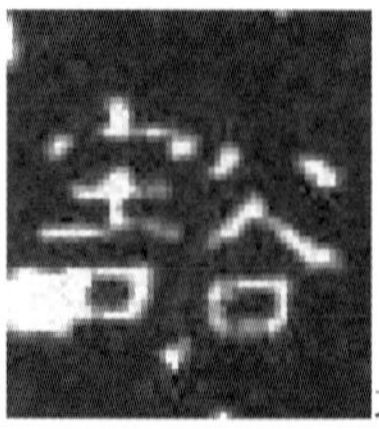
北齊・徐顯秀誌

○舟豁俄移

【䜕】

《說文》：，空谷也。从谷翏聲。

【豅】

《説文》：豅，大長谷也。从谷龍聲。讀若聾。

【谹】

《説文》：谹，谷中響也。从谷厷聲。

【㕡】

《説文》：㕡，深通川也。从谷从𣦵。𣦵，殘地；阬坎意也。《虞書》曰：“㕡畎澮距川。”

【濬】

《説文》：濬，古文㕡。

【濬】

《説文》：濬，㕡或从水。

北魏・皮演誌

〇高陽濬哲

北魏・鄯乾誌

〇濬發瀾京

東魏・元顯誌

〇波瀾濬而不已

【谸】

《説文》：谸，望山谷谸谸青也。从谷千聲。

仌部

【仌】

《説文》：仌，凍也。象水凝之形。凡仌之屬皆从仌。

【冰】

《説文》：冰，水堅也。从仌从水。

【凝】

《説文》：凝，俗冰从疑。

戰晚・二年上郡守冰戈

〇郡守冰造

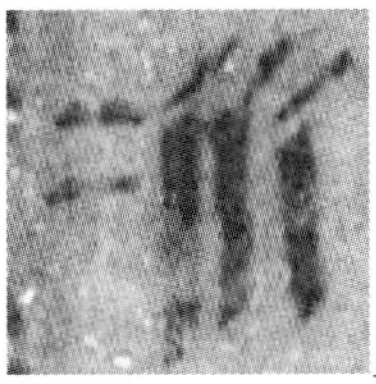
里・第八層背 60

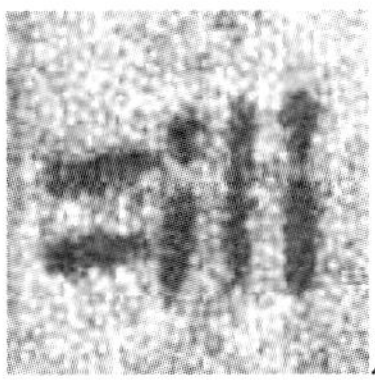
馬壹 45_63 上

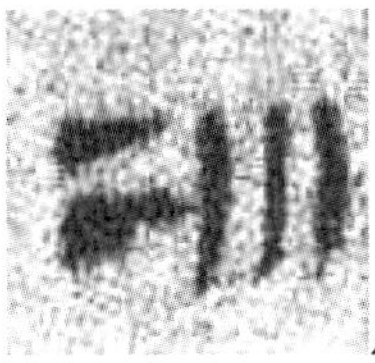
馬壹 8_44 下

北貳・老子 160

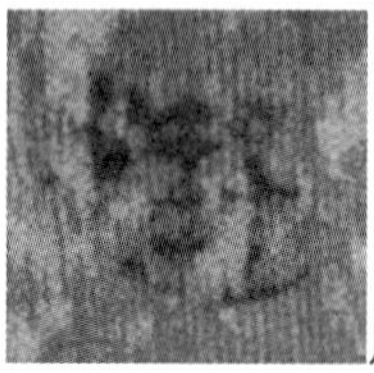
馬貳 129_26

○乾令凝以蜜

銀貳 1708

○血氣堇凝毋以聚眾

廿世紀璽印四-SY

○范冰印信

漢印文字徵

○劉冰印信

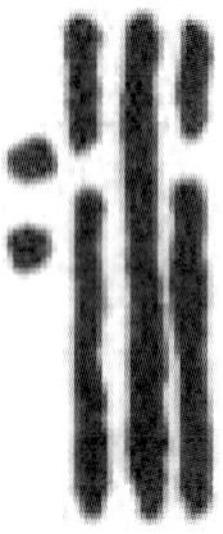
漢印文字徵

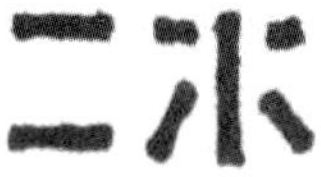
漢印文字徵

漢晉南北朝印風

○劉冰印信

東漢・西狹頌

○若涉淵冰

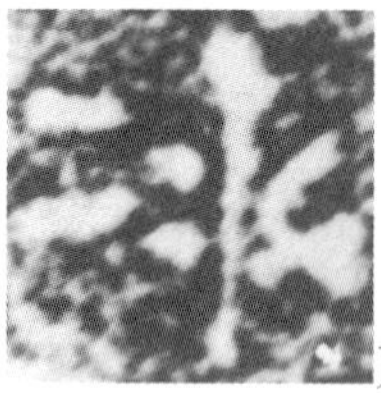
東漢・李冰石像銘

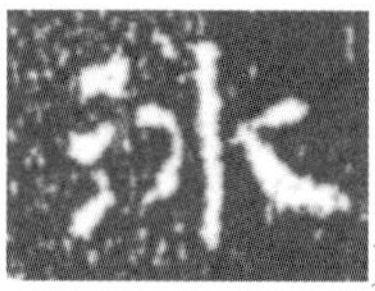
東漢・北海相景君碑陰

○故小史都昌齊冰

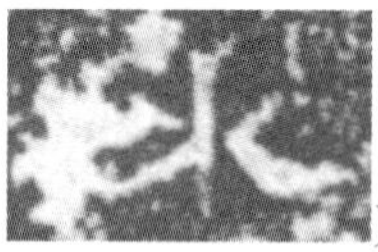
東漢・孔宙碑陰

○門生北海劇高冰

北魏・秦洪誌

○皓氣冰潔

北魏・元秀誌

北魏・李伯欽誌

○桂質冰襟

北魏・侯太妃自造像

○紹蕃國冰薄之

北魏・王□奴誌

○冰潔霜厲

北魏・鄯乾誌

○昭然冰鏡

東魏・慧光誌

○戒行冰潔

北齊・赫連子悅誌

東漢・趙寬碑

○遭時凝滯

北魏・給事君妻韓氏誌

○凝質淑麗

北魏・元纂誌

○稟氣開凝

北魏・爾朱紹誌

○志行凝厲

北魏・元純陀誌

○霜凝青櫝

北魏・元宥誌

○君既職奉嚴凝

北魏・元崇業誌

○君器懷凝峻

北魏・元朗誌

○器亮早凝

北魏・吐谷渾璣誌

○內德湛於凝津

北魏・慈慶誌

○沖凝異揆

北魏・郭顯誌

○槐路悠凝

北魏・郭顯誌

○槐路悠凝

北魏・王誦妻元妃誌

○黼帳凝塵

北魏・楊舒誌

○淵度凝深

北魏・吐谷渾璣誌

○睿德齊凝

北魏・元信誌

○節行凝明

東魏・元鷙妃公孫甑生誌

○凝華戚里

東魏・王令媛誌

○體韻閑凝

北齊・斛律氏誌

○香殿凝華

【凜】

《說文》：，寒也。从仌廩聲。

【凊】

《說文》：，寒也。从仌青聲。

北齊・邑義七十人造像

○六度凝清

【涷】

《說文》：，仌也。从仌東聲。

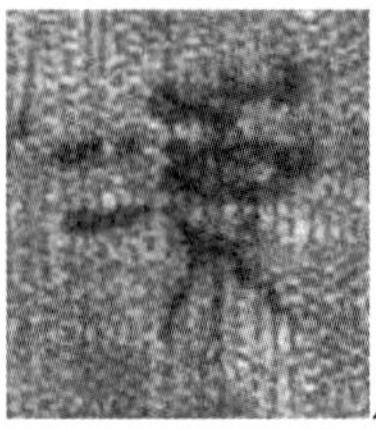
馬貳 90_441/431

○烝（蒸）凍土以尉（熨）之

【勝】

《説文》：，仌出也。从仌朕聲。《詩》曰：“納于勝陰。”

【凌】

《説文》：，勝或从夌。

廿世紀璽印三-GY

○凌之左尉

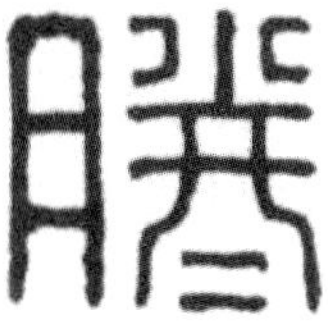
漢印文字徵

○凌雲私印

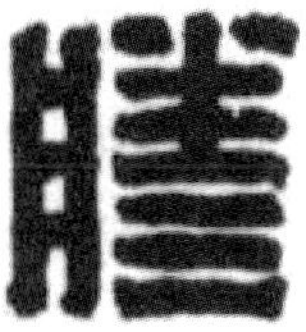
漢印文字徵

○孫凌之印

【澌】

《説文》：，流仌也。从仌斯聲。

【凋】

《説文》：，半傷也。从仌周聲。

【冬】

《説文》：，四時盡也。从仌从夂。夂，古文終字。

【㫕】

《説文》：，古文冬从日。

西晚・不其簋

戰中・商鞅量

睡・秦律十八種 90

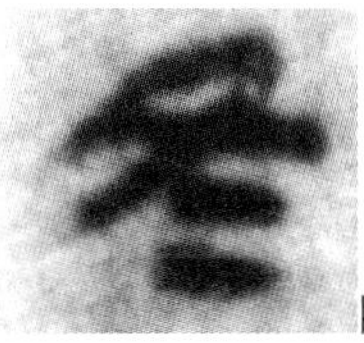
睡・日甲《歲》64

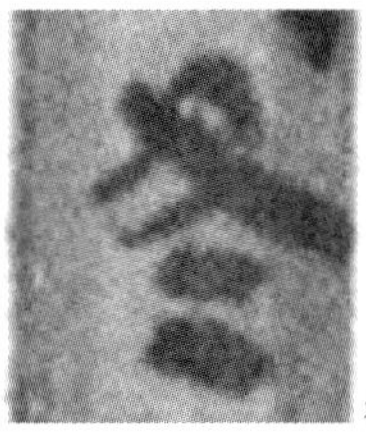
嶽・為吏 66

里・第八層 2161

馬壹 178_64 下

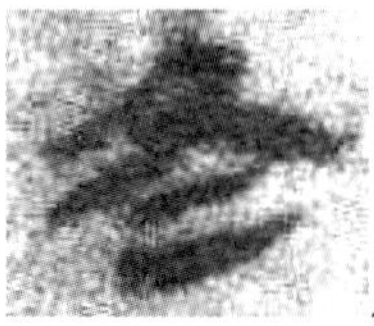
馬壹 3_5 上

張・金布律 418

張・蓋盧 15

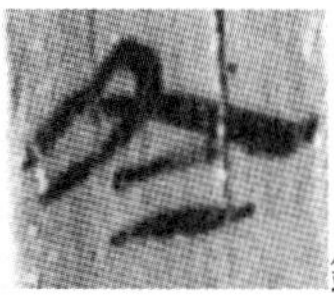
銀貳 1623

北貳・老子 190

敦煌簡 0238A

○冬時恐内小它

金關 T23:237A

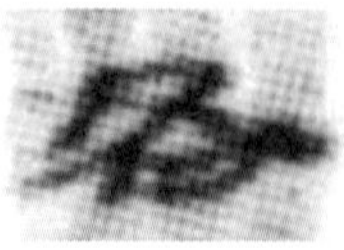
武・甲《特牲》48

○冬亘（萓）棘心枇（匕）刻

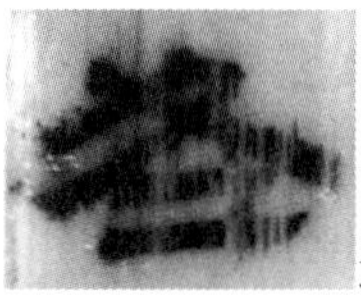
北壹・倉頡篇 59

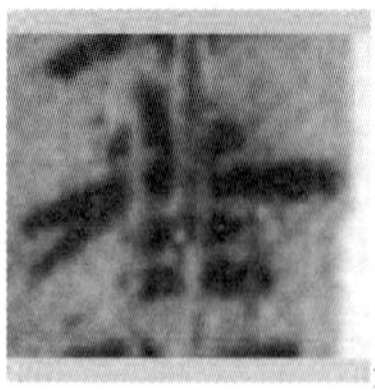
吳簡嘉禾・八三零四

○二年冬賜布一匹

秦代印風

漢印文字徵

漢印文字徵

漢印文字徵

漢印文字徵

漢印文字徵

漢印文字徵

漢印文字徵

○冬彤印信

漢印文字徵

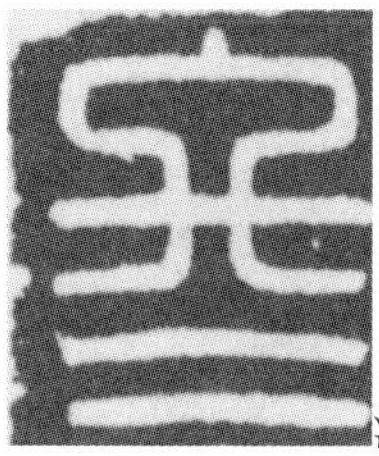
漢晉南北朝印風

漢晉南北朝印風

○朱冬可印

漢晉南北朝印風

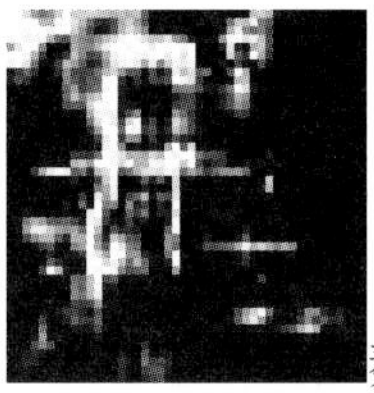
秦駰玉版

○孟冬十月

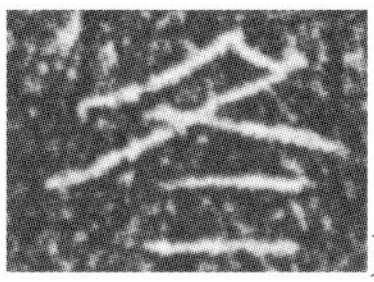
東漢・石門頌

東漢・楊著碑額

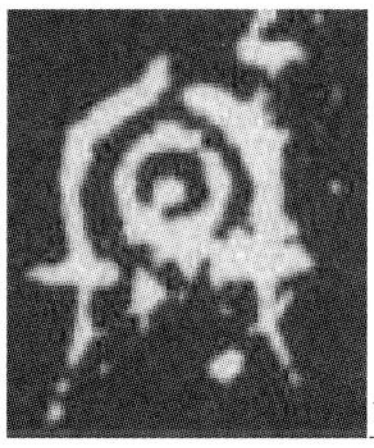
三國魏・三體石經春秋・古文

○齊冬公

三國魏・三體石經春秋・篆文

西晉・司馬馗妻誌

北魏・元鑒誌

北魏・元悅誌

北魏・韓氏誌

北魏・淨悟浮圖記

北齊・徐顯秀誌

【冶】

《說文》：冶，銷也。从仌台聲。

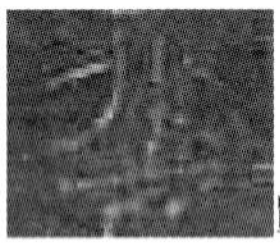
戰晚・春成左庫戈

戰晚・上臯落戈

戰晚・二年宜陽戈二

戰晚・宜陽戈

戰晚・二年宜陽戈一

戰國・十五年上郡守壽戈

○冶工

漢銘・安定軍庫鼎

漢銘・安定軍庫鼎

關・病方 372

○九日冶之

里・第八層 1243

○所燥冶

馬貳 115_106/105

○陰乾冶之

馬貳 141_22

○三冶歙之必産男

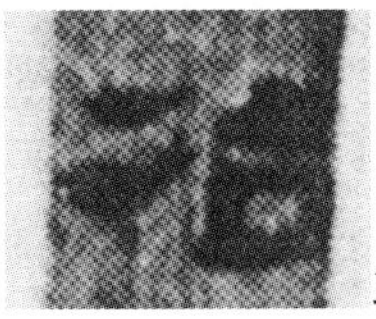
敦煌簡 2034

○冶藥以和膏

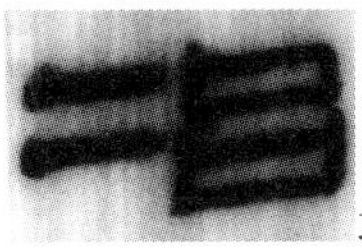
北壹・倉頡篇 62

○鑄冶容鑲

廿世紀璽印三-GP

○冶府

漢印文字徵

○冶林

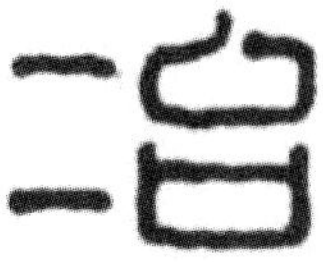
漢印文字徵

漢印文字徵

漢印文字徵

○公冶赤

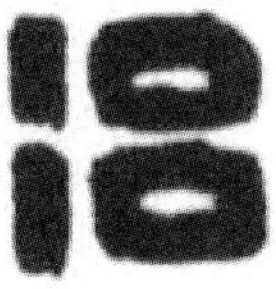
漢印文字徵

○令冶中孫

漢印文字徵

○公冶定印

漢印文字徵

○令冶成

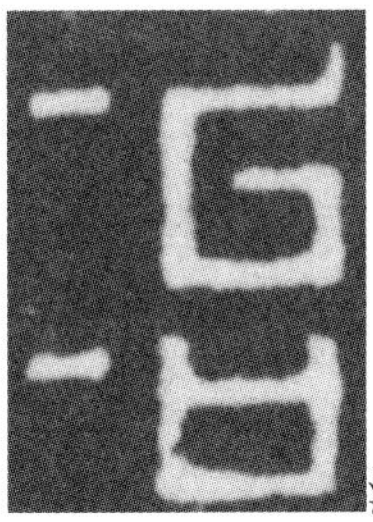
漢晉南北朝印風

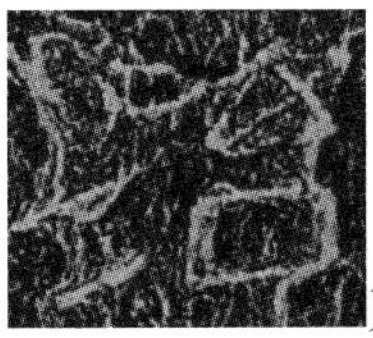
東漢・開通褒斜道摩崖刻石

○部掾冶級王弘

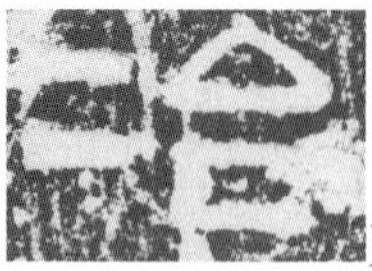
東漢・蕩陰里等字殘石

○田疆古冶

東晉・王閩之誌

○字冶民故尚書左僕

東魏・侯海誌

北齊・崔芬誌

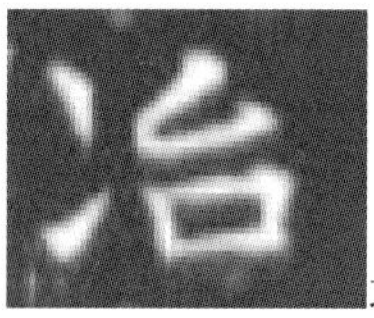
北齊・傅華誌

【滄】

《説文》：滄，寒也。从仌倉聲。

【冷】

《説文》：冷，寒也。从仌令聲。

【涵】

《説文》：涵，寒也。从仌函聲。

【滭】

《説文》：滭，風寒也。从仌畢聲。

【泼】

《説文》：泼，一之日滭泼。从仌犮聲。

【溧】

《説文》：溧，寒也。从仌栗聲。

【瀨】

《説文》：瀨，寒也。从仌賴聲。

〖汵〗

張・奏讞書 1

○夷道汵丞

〖冽〗

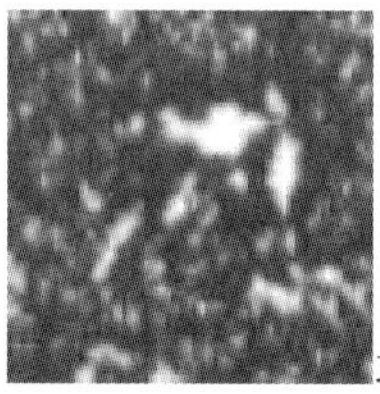
北魏・楊遵智誌

○幽隧寒冽

〖派〗

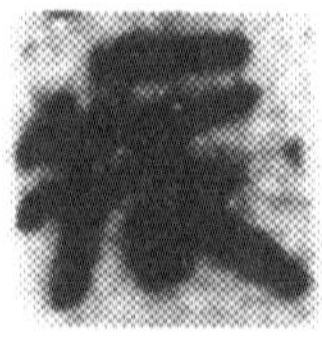
秦文字編 1676

〖凜〗

東魏・南宗和尚塔銘

○性天凛凛恰如霜

東魏・南宗和尚塔銘

○性天凛凛恰如霜

雨部

【雨】

《説文》：雨，水从雲下也。一象天，冂象雲，水霝其閒也。凡雨之屬皆从雨。

【𠕲】

《説文》：𠕲，古文。

睡・秦律十八種 115

睡・日甲《稷叢辰》41

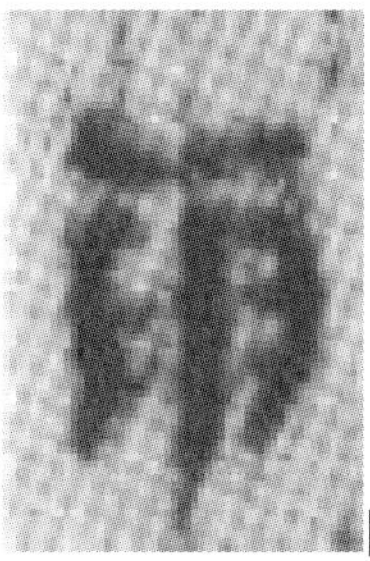
關・病方 333

嶽・占夢書 40

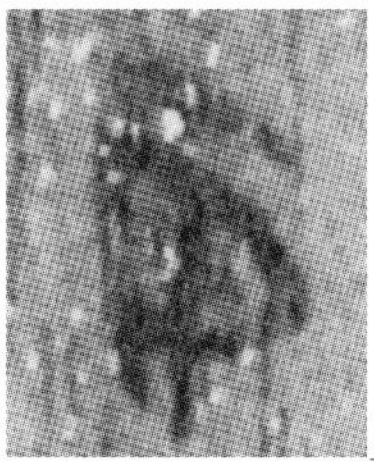
里・第五層 1

○續食雨留不能投宿

里・第八層 1786

馬壹 101_138

馬壹 7_36 上

○雲不雨自我西茭

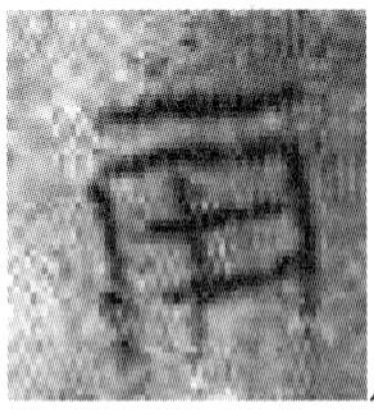
馬貳 144_2

〇雨市（師）光風雨

馬貳 38_73 上

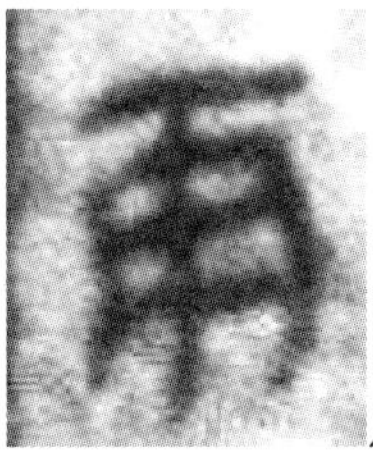
馬貳 4_9

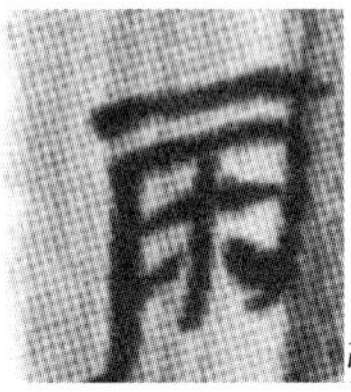
張・奏讞書 82

銀貳 1788

北貳・老子 182

敦煌簡 0063

〇陰雨

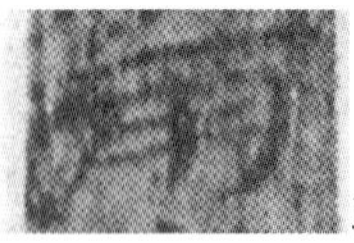
敦煌簡 0567

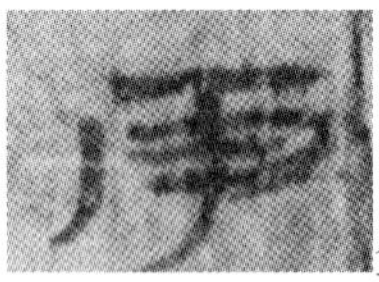
金關 T28:013A

〇風雨不見

北壹・倉頡篇 59

石鼓・霝雨

東漢・西岳華山廟碑陽

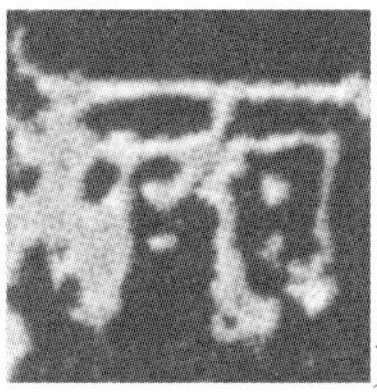
東漢・西岳華山廟碑陽

東漢・孔宏碑

〇和陰陽以興雨

東漢・開母廟石闕銘

西晉・荀岳誌

北魏・法文法隆等造像

【靁（雷）】

《説文》：靁，陰陽薄動靁雨，生物者也。从雨，畾象回轉形。

【䨓】

《説文》：䨓，古文靁。

【𩇓】

《説文》：𩇓，古文靁。

【𩆸】

《説文》：𩆸，籀文。靁閒有回；回，靁聲也。

漢銘・扶侯鍾

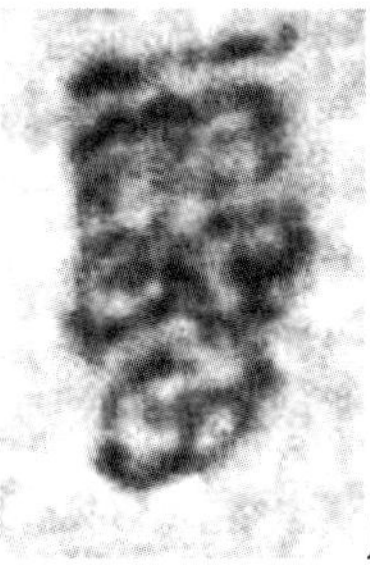
馬壹 212_43

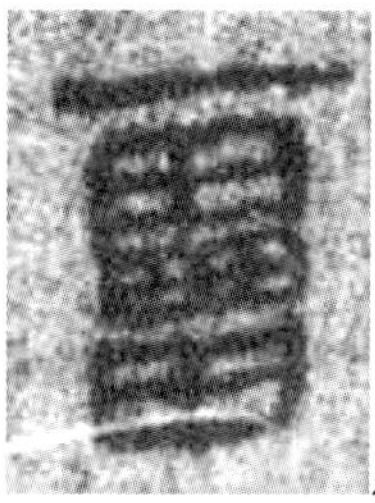
馬壹 13_2 上\95 上

馬壹 226_94

○卯風雷（靁）兵令

馬貳 4_9

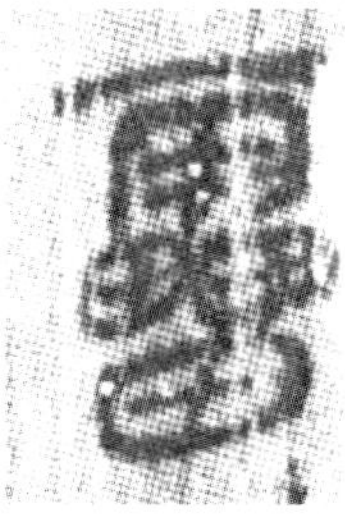
銀貳 2125

銀貳 1711

敦煌簡 1991

武・甲《少牢》11

○宮設雷（罍）水

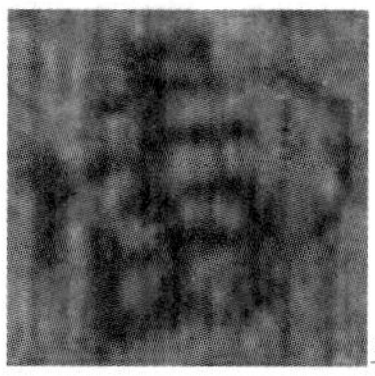
吳簡嘉禾・五・六八

○男子雷崇佃田八町

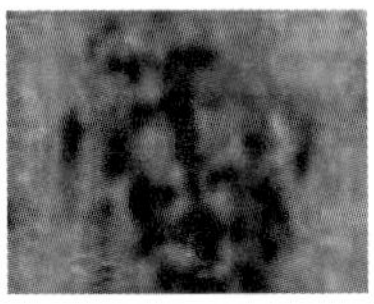
吳簡嘉禾・四・三○一

○男子雷渚佃田三町

漢印文字徵

漢印文字徵

廿世紀璽印四-SY

東漢・禮器碑

三國魏・曹真殘碑

○奮雷霆於朱然

北魏・元維誌

北魏・爾朱紹誌

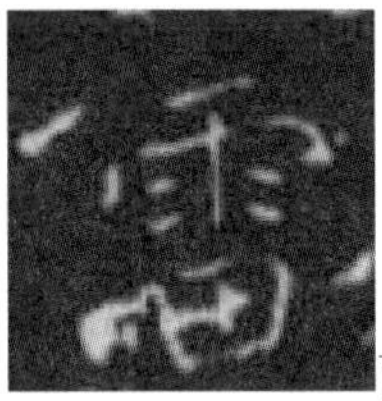
南朝宋・石颿銘

【霣】

《說文》：霣，雨也。齊人謂靁爲霣。从雨員聲。一曰雲轉起也。

【⿱雨鼏】

《說文》：⿱雨鼏，古文霣。

北壹・倉頡篇 59

東漢・西狹頌

○數有顛覆霣隧之害

東漢・夏承碑

東漢・北海相景君碑陽

○歔欷賨絕

北魏・元文誌

北魏・王翊誌

北魏・王誦妻元氏誌

東魏・劉幼妃誌

【霆】

《說文》：霆，雷餘聲也鈴鈴。所以挺出萬物。从雨廷聲。

銀貳 1690

○電動霆音

三國魏・曹真殘碑

○奮雷霆於朱然

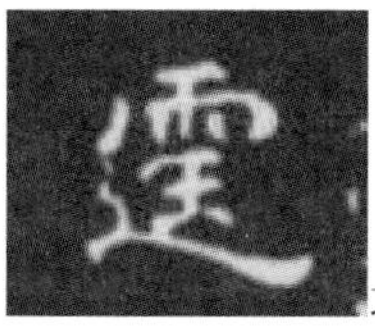
北周・華岳廟碑

○雷霆以之

【霅】

《說文》：霅，霅霅，震電皃。一曰眾言也。从雨，讋省聲。

【電】

《說文》：電，陰陽激燿也。从雨从申。

【[illegible]】

《說文》：[illegible]，古文電。

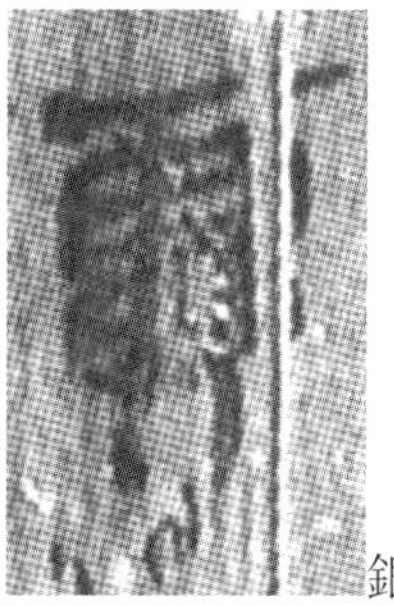
銀貳 1690

○興雷電動霆音訖作

漢印文字徵

東漢·趙寬碑

東漢·執金吾丞武榮碑

○雷震電舉

東漢·孟孝琚碑

北魏·元項誌

北魏·元悌誌

北魏·元譿誌

○丹電流暉

北魏·王誦妻元妃誌

【震】

《説文》：震，劈歷，振物者。从雨辰聲。《春秋傳》曰：“震夷伯之廟。”

【𩆏】

《説文》：𩆏，籀文震。

睡·日甲 7

馬貳 119_204/203

○震撞（動）

敦煌簡 1179

○五穀傷于震

漢印文字徵

漢晉南北朝印風

漢晉南北朝印風

東漢・尚博殘碑

東漢・孔宙碑陰

東漢・熹平石經殘石四

東漢・熹平石經殘石五

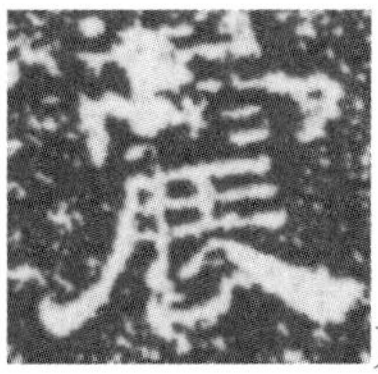
東漢・尹宙碑

東漢・張遷碑陽

北魏・穆亮誌

北魏・元楨誌

北魏・楊大眼造像

北魏・元詮誌

○哀震衢陌

北魏·元珍誌

北魏·嚴震誌

北魏·楊胤誌

北魏·楊胤季女誌

北魏·王基誌

○慶震皇京

北魏·李謀誌

○莫不震肅

北魏·元頊誌

北魏·元弼誌

【霻（雪）】

《説文》：霻，凝雨，説物者。从雨彗聲。

馬壹 130_11 上\88 上

○不出雪霜復清孟穀

北壹·倉頡篇 59

○零霚露霻霜朔

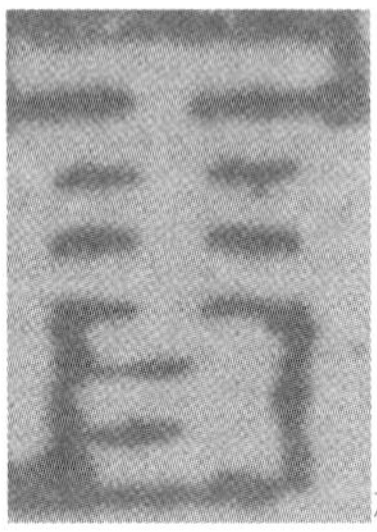
柿葉齋兩漢印萃

○刀雪之印

東漢·張遷碑陽

○雪白之性

北魏・王悅及妻郭氏誌

北魏・王誦誌

○清如冰雪

北魏・元顯俊誌

北齊・爾朱元靜誌

北齊・唐邕刻經記

○非待螢雪

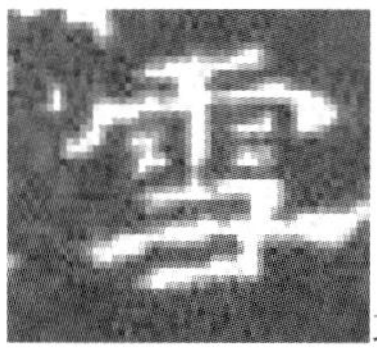
北齊・崔昂誌

【霄】

《說文》：霄，雨霓爲霄。从雨肖聲。齊語也。

北魏・元恭誌

北魏・張玄誌

○葉映霄衢

北魏・元彝誌

北魏・宇文永妻誌

○霄（宵）征必燭

北魏・元弼誌

○是以霄光唯遠

【霰（霰）】

《說文》：霰，稷雪也。从雨散聲。

【䨘】

《說文》：䨘，霰或从見。

東魏・司馬昇志

○夏凝霜霰

北齊・婁黑女誌

【雹】

《説文》：，雨冰也。从雨包聲。

【靁】

《説文》：，古文雹。

【霝】

《説文》：，雨零也。从雨，皿象零形。《詩》曰：“霝雨其濛。”

西晚・不其簋

馬壹 142_3/177 上

馬壹 38_13 上

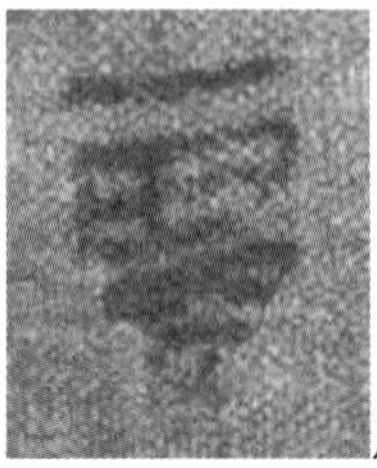
馬貳 116_127/128

○伏霝（茯苓）各二兩

銀貳 1771

○天始霝雹

石鼓・霝雨

【零】

《説文》：，雨零也。从雨各聲。

【零】

《説文》：，餘雨也。从雨令聲。

里・第八層 375

○詒零陽

馬貳 89_421/411

○伏（茯）零（苓）

敦煌簡 0280

○從者零縣宜都胡駿

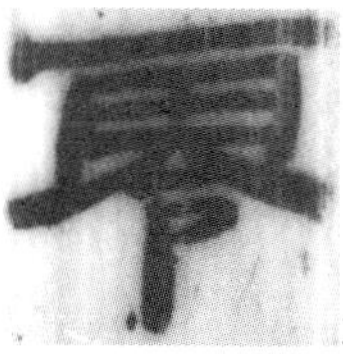
北壹・倉頡篇 59

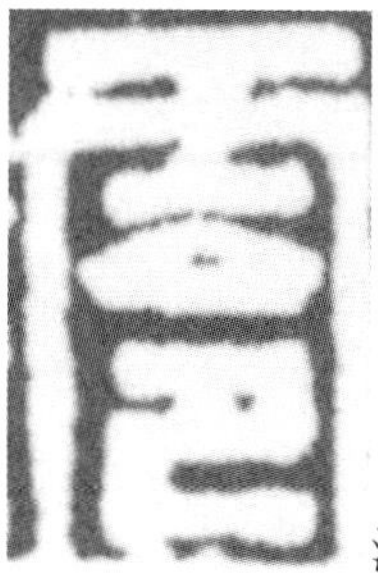
漢晉南北朝印風

○漢丁零仟長

漢代官印選

漢印文字徵

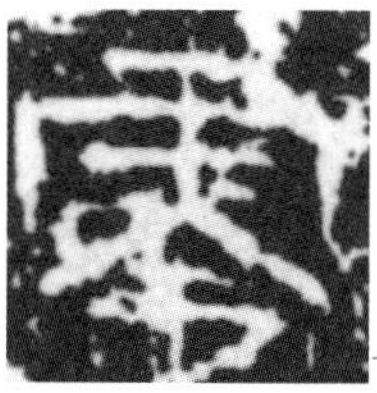
廿世紀璽印四-GY

廿世紀璽印四-GY

廿世紀璽印四-GY

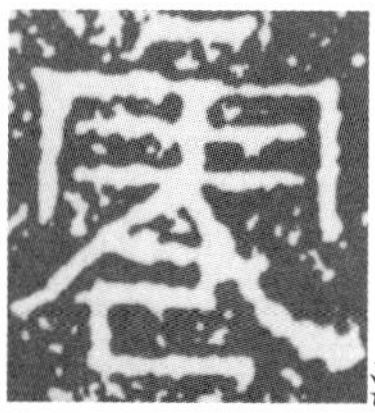
漢晉南北朝印風

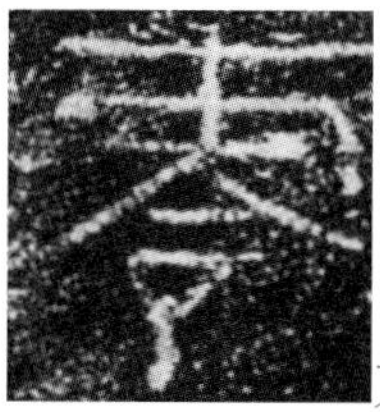
東漢・石門闕銘

東漢·少室石闕銘

北魏·元譚妻司馬氏誌

東魏·杜文雅造像

北齊·崔德誌

北齊·斛律氏誌

【⿱雨鮮】

《説文》：⿱雨鮮，小雨財雾也。从雨鮮聲。讀若斯。

【霢】

《説文》：霢，霢霂，小雨也。从雨脈聲。

【霂】

《説文》：霂，霢霂也。从雨沐聲。

【⿱雨酸】

《説文》：⿱雨酸，小雨也。从雨酸聲。

【⿱雨戔】

《説文》：⿱雨戔，微雨也。从雨戔聲。又讀若芟。

【⿱雨眾】

《説文》：⿱雨眾，小雨也。从雨眾聲。《明堂月令》曰：“⿱雨眾雨。”

【霃】

《説文》：霃，久陰也。从雨沈聲。

【⿱雨兼】

《説文》：⿱雨兼，久雨也。从雨兼聲。

【⿱雨函】

《説文》：⿱雨函，久雨也。从雨函聲。

【霖】

《説文》：霖，雨三日已往。从雨林聲。

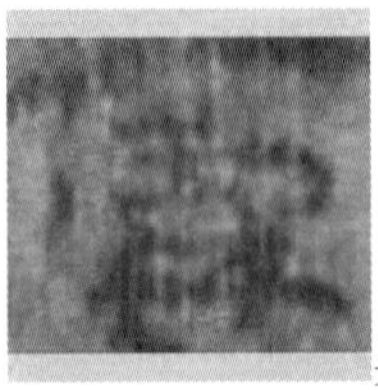
吳簡嘉禾·四·四九九
○霖丘男子秦頡

東漢·析里橋郙閣頌

○涉秋霖漉

東魏・李祈年誌

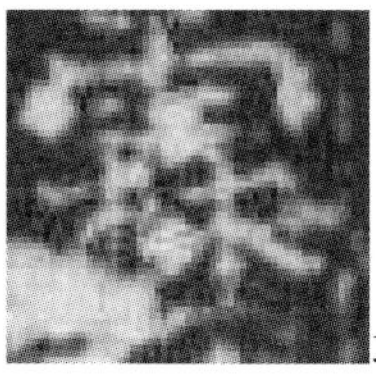
北齊・司馬遵業誌

【䨺】

《說文》：䨺，霖雨也。南陽謂霖䨺。从雨㐺聲。

【𩃳】

《說文》：𩃳，雨聲。从雨眞聲。讀若資。

【䨞】

《說文》：䨞，雨皃。方語也。从雨禹聲。讀若禹。

【𩅖】

《說文》：𩅖，小雨也。从雨僉聲。

【霑】

《說文》：霑，雨䨲也。从雨沾聲。

東魏・高歸彥造像

北周・華岳廟碑

○無復霑濡之事

【䨲】

《說文》：䨲，濡也。从雨染聲。

【霤】

《說文》：霤，屋水流也。从雨畱聲。

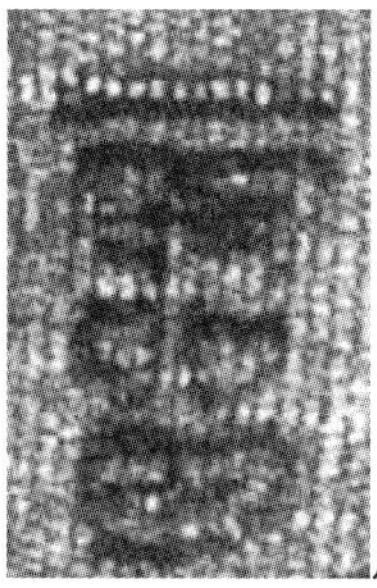
馬貳 79_219/206

○屋霤下

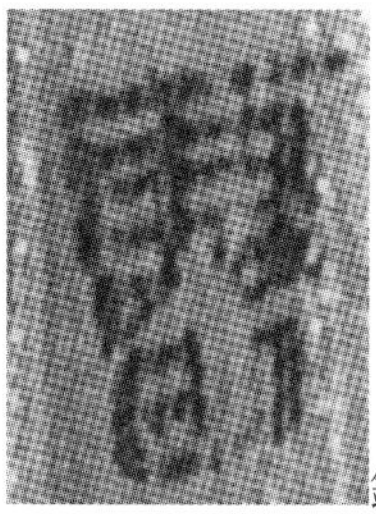
銀貳 1832

○家霤不可出

東魏・嵩陽寺碑

○溝霤雙泉

【屚】

《說文》：屚，屋穿水下也。从雨在

尸下。尸者，屋也。

睡・效律 37

睡・為吏 33

○屚（漏）屋

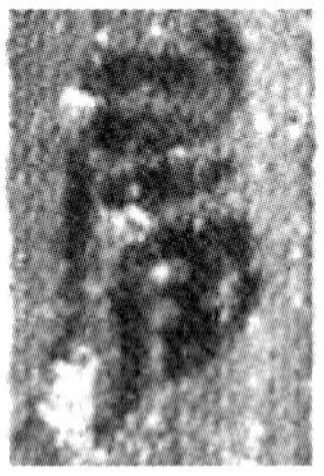
嶽・為吏 24

○屋聯屚（漏）畏

漢印文字徵

○屚調

【䨣】

《說文》：䨣，雨濡革也。从雨从革。讀若膊。

【霽】

《說文》：霽，雨止也。从雨齊聲。

北魏・胡明相誌

○霽此鳴旭

【霋】

《說文》：霋，霽謂之霋。从雨妻聲。

【霩】

《說文》：霩，雨止雲罷皃。从雨郭聲。

【露】

《說文》：露，潤澤也。从雨路聲。

漢銘・右丞宮鼎

漢銘・承安宮鼎一

漢銘・弘農宮銅方鑪

漢銘・池陽宮行鐙

漢銘・泰山宮鼎

漢銘・右丞宮鼎

漢銘・承安宮鼎二

漢銘・承安宮行鐙

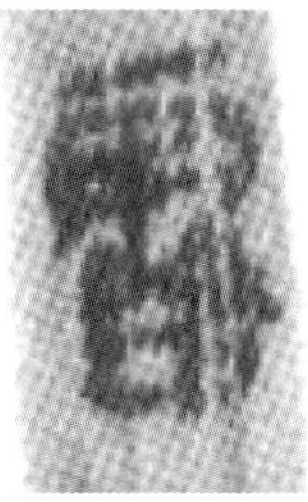
關・病方 348

○以壺露牛胙爲先農

馬壹 226_83

○二月露雨至不有流

張・引書 103

北貳・老子 210

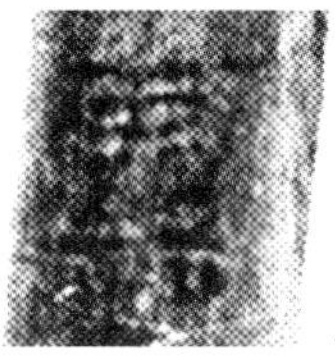
敦煌簡 1374

○令暴露關庆

金關 T28:022

北壹・倉頡篇 59

吳簡嘉禾・五・七三三

秦代印風

漢印文字徵

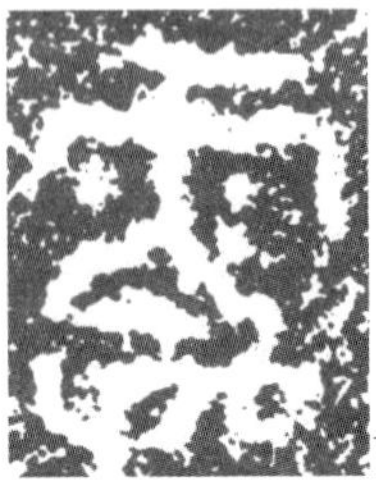
西漢・治河刻石

〇甘露五年二月十六

東漢・五瑞圖摩崖

東漢・西狹頌

〇致黃龍嘉禾木連甘露之瑞

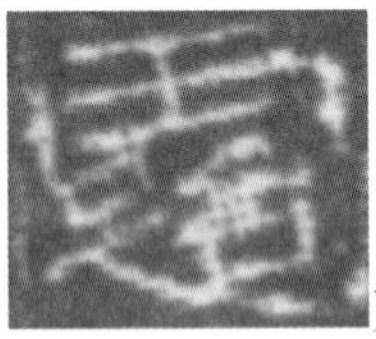
東漢・石祠堂石柱題記

北魏・山公寺碑頌

北魏・盧令媛誌

北魏・元崇業誌

北魏・緱光姬誌

北魏・元悌誌

北魏・元誘妻馮氏誌

西魏・鄧子詢誌

北齊・柴季蘭造像

〇瞬如朝露

【霜】

《説文》：霜，喪也。成物者。从雨相聲。

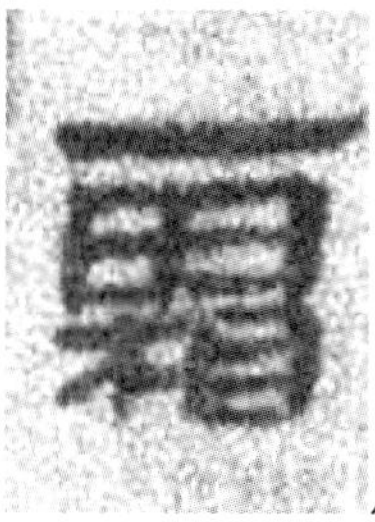
馬壹 130_11 上\88 上

馬貳 287_328/348

銀貳 1744

敦煌簡 0523

○隧長霜普等詣官請

北壹・倉頡篇 59

漢印文字徵

漢印文字徵

東漢・楊震碑

東漢・石門頌

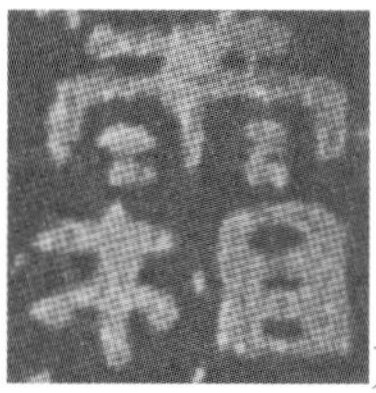
東漢・楊統碑陽

西晉・徐義誌

北魏・劉阿素誌

○陵霜吐馥

北魏・元誘妻馮氏誌

北魏・元孟輝誌

北魏・元鸞誌

○痛擗霜孤

東魏・王僧誌

北齊・元賢誌

○嚴霜暮夜

【霚】

《説文》：霚，地气發，天不應。从雨敄聲。

【雺】

《説文》：雺，籀文省。

【霾】

《説文》：霾，風雨土也。从雨貍聲。《詩》曰：“終風且霾。”

秦文字編 1678

北魏・元汎略誌

○光儀巳霾

東魏・元睟誌

○昏霾氣色

【霿】

《説文》：霿，天气下，地不應，曰霿。霿，晦也。从雨瞀聲。

【霓】

《説文》：霓，屈虹，青赤，或白色，陰气也。从雨兒聲。

北周・華岳廟碑

○霓裳於焉屢拂

【䨢】

《説文》：䨢，寒也。从雨執聲。或曰：早霜。讀若《春秋傳》“墊阨”。

【雩】

《説文》：雩，夏祭，樂于赤帝，以祈甘雨也。从雨于聲。

【𩁹】

《説文》：𦐖，或从羽。雩，羽舞也。

【需】

《説文》：需，頦也。遇雨不進，止頦也。从雨而聲。《易》曰："雲上於天，需。"

里・第八層 1361

〇需米百卌六

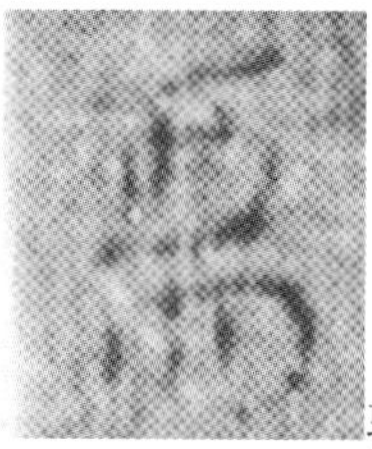
敦煌簡 0644

〇五斗需

【䨩】

《説文》：䨩，水音也。从雨羽聲。

【霞】

《説文》：霞，赤雲气也。从雨叚聲。

北魏・登百峯詩

北魏・元乂誌

北魏・郭顯誌

北魏・元秀誌

北魏・元祐誌

北魏・元演誌

〇淵霞雖遠

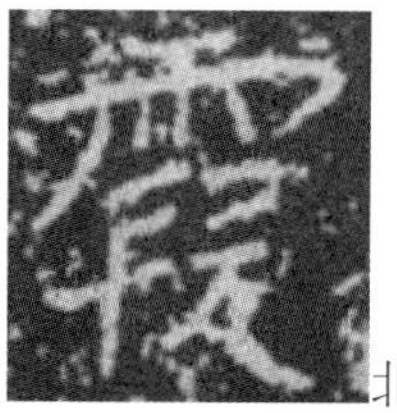
北魏・論經書詩

北魏・石婉誌

北齊・高百年誌

【霏】

《說文》：霏，雨雲皃。从雨非聲。

北齊・郭顯邕造經記

北齊・郭顯邕造經記

【霎】

《說文》：霎，小雨也。从雨妾聲。

【䨴】

《說文》：䨴，黮䨴雲黑皃。从雨對聲。

【靄】

《說文》：靄，雲皃。从雨，藹省聲。

〖𩃎〗

春晚・秦公鎛

○昭𩃎(格)

〖𩄍〗

北齊・徐之才誌

○辯同河𩄍

〖𩅾〗

張・引書 2

○逆𩅾（露）之清

〖霧〗

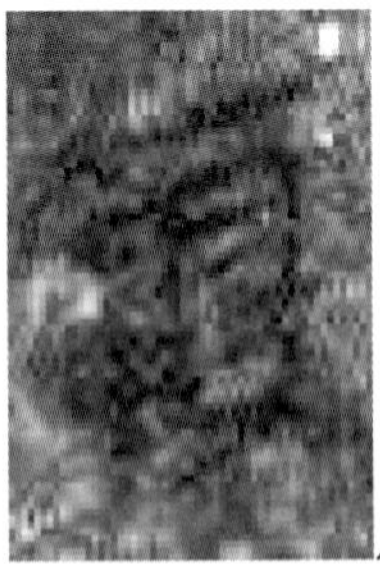
馬貳 98_3

○霜霧（霚）

北壹・倉頡篇 59

○零霚露霻

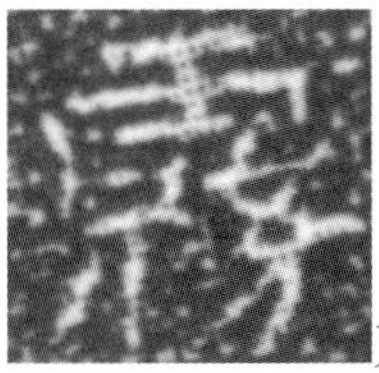
東漢・許安國墓祠題記

○迫褾有制財幣霧

北魏・元恭誌

北魏・元誘誌

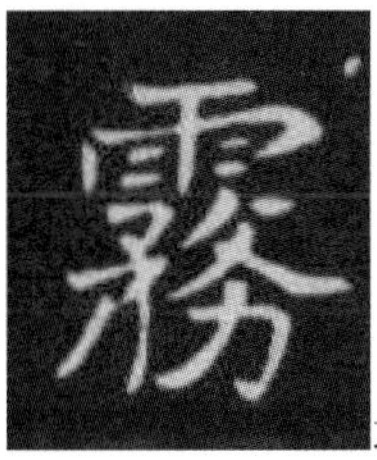
北魏・元暐誌

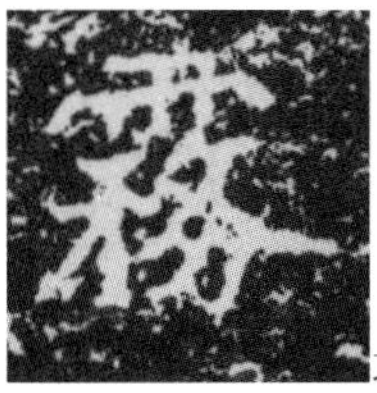
北魏・觀海童詩刻石

北齊・高百年誌

〖霫〗

北齊・法懃塔銘

○均潤過涔霫

〖䨳〗

秦文字編 1678

〖䨳〗

石鼓・吾水

○四鸲鸲=

〖𩇔〗

秦公大墓石磬

○龢又𩇔殸

雲部

【雲】

《說文》：雲，山川气也。从雨，云象雲回轉形。凡雲之屬皆从雲。

【云】

《說文》：云，古文省雨。

【】

《說文》：，亦古文雲。

漢銘·雲陽鼎

漢銘·安陵鼎蓋

漢銘·雲陽鼎

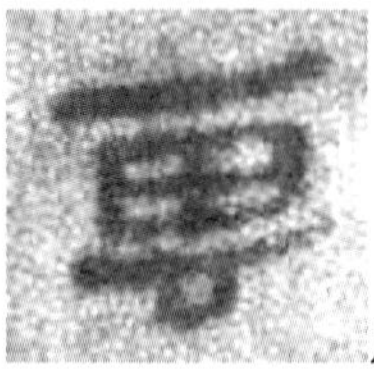
馬壹 7_36 上

○密雲不雨

馬貳 286_316/335

馬貳 243_252

張·蓋盧 30

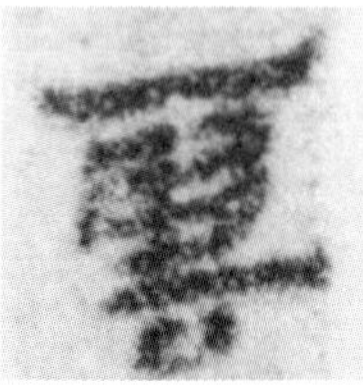
銀壹 411

○雲折重雜

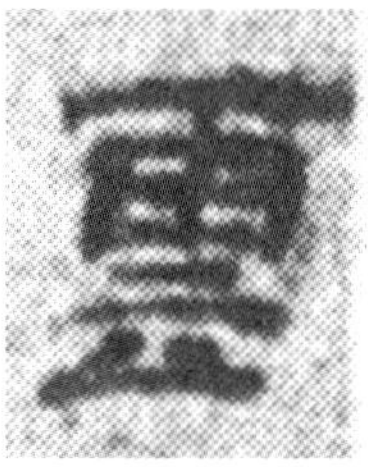
敦煌簡 2253

北壹·倉頡篇 59

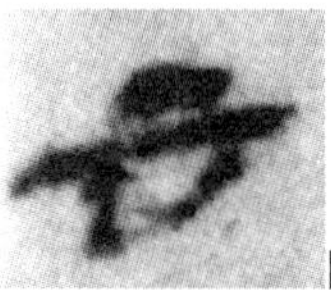
睡·日甲《詰》62

○云是餓鬼

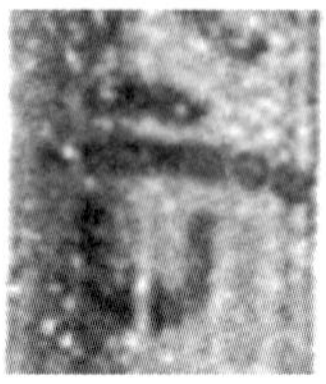
嶽·為吏 68

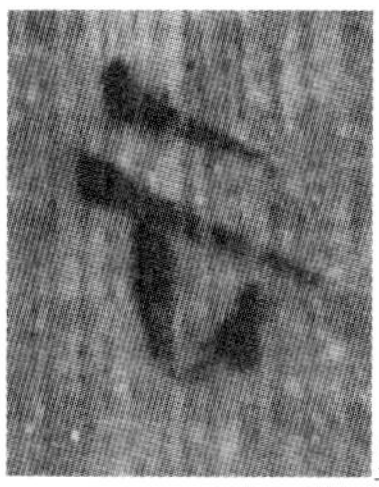
里·第八層 128

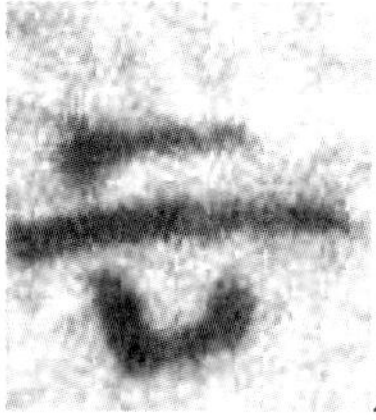
馬壹 99_90

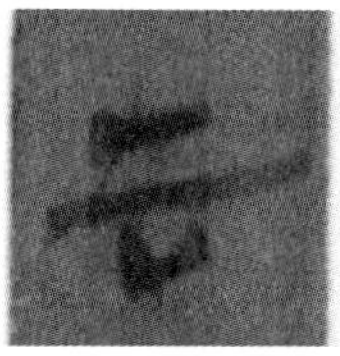
馬貳 206_34

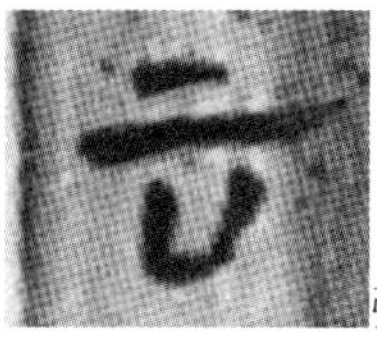
張·奏讞書 216

北貳·老子 56

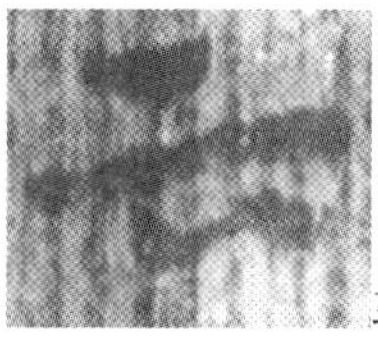
敦煌簡 0064

○問不云何行

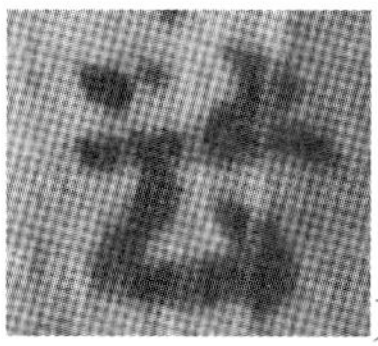
東牌樓 012

○赦令云

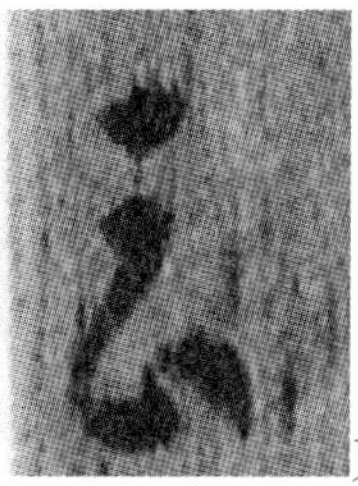
東牌樓 066 背

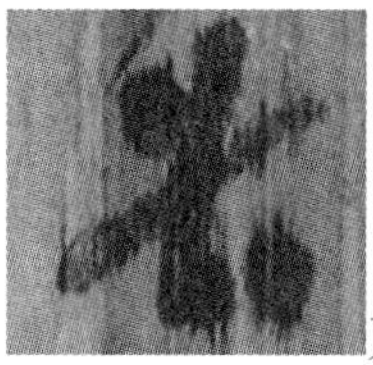
東牌樓 044

○功云衆白爲得既

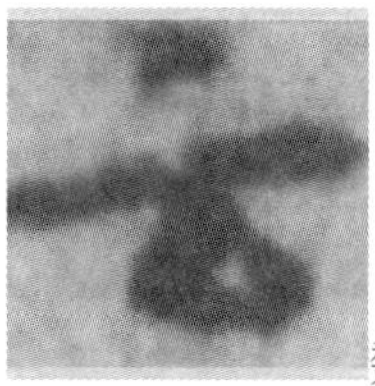
魏晉殘紙

廿世紀璽印三-GP

○雲亭

廿世紀璽印三-GP

漢晉南北朝印風

廿世紀璽印三-GY

柿葉齋兩漢印萃

○鮑雲私印

柿葉齋兩漢印萃

○[illegible]云之印

漢代官印選

漢印文字徵

漢印文字徵

○田雲之印

漢印文字徵

漢印文字徵

漢印文字徵

漢印文字徵

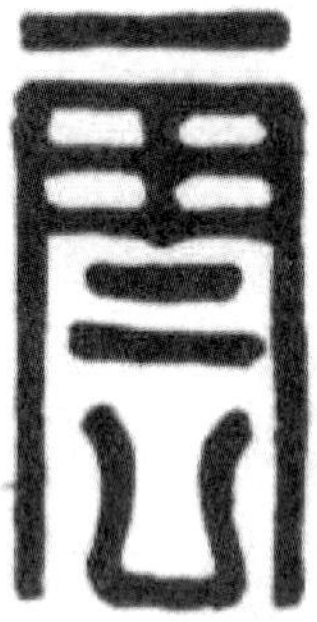
漢印文字徵

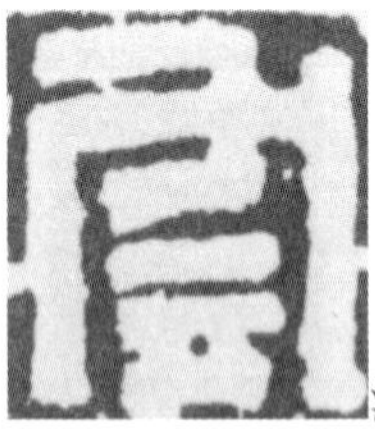
漢晉南北朝印風

漢晉南北朝印風

漢晉南北朝印風

○王雲名印

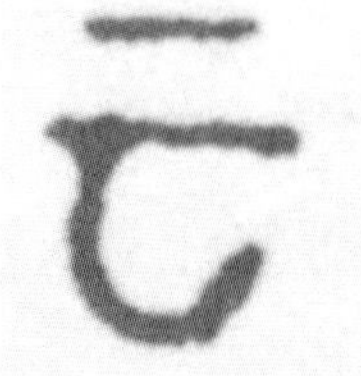
秦代印風

○云子思士

柿葉齋兩漢印萃

○任云私印

漢印文字徵

漢印文字徵

○云唐

東漢・何君閣道銘

○道史任雲

東漢・開母廟石闕銘

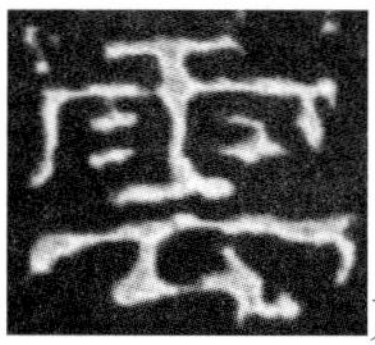
東漢・楊震碑

東漢・西岳華山廟碑陽

東漢・趙寬碑

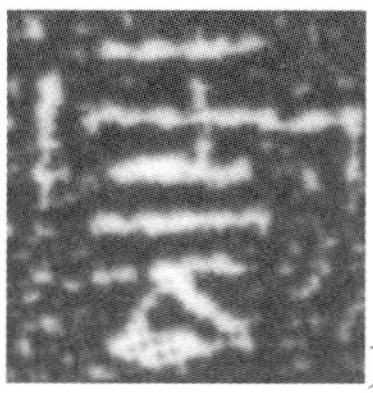
東漢・許安國墓祠題記

○萬狩雲布

北魏・淨悟浮圖記

○雲（靈）巖寺

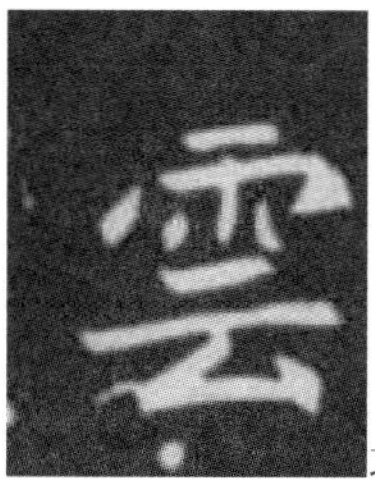
北魏・元弼誌

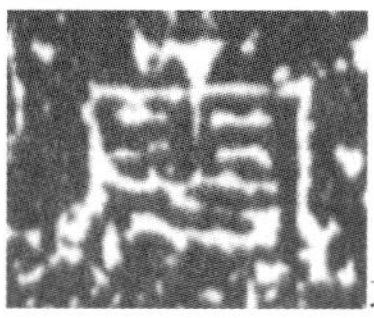
北魏・霍揚碑額

○密雲太守霍揚之碑

北魏・長孫盛誌

北魏・鞠彦雲誌蓋

北魏・韓曳雲造像

○曳雲等共造供養

東魏・嵩陽寺碑

○布慈雲於多士之世

東魏・李顯族造像

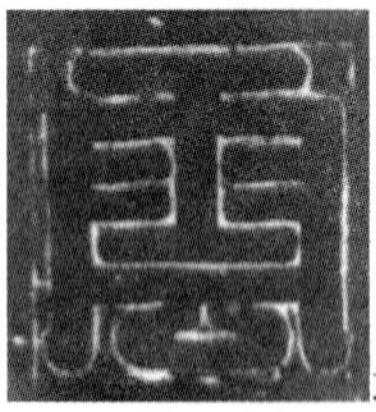
北齊・雲榮誌蓋

○齊故開府儀同雲公銘

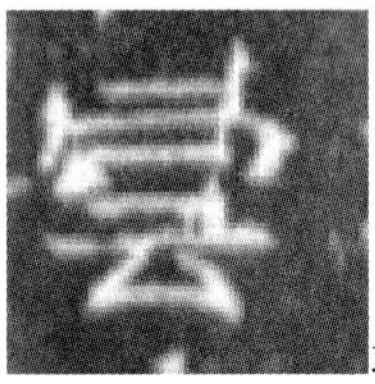
北齊・雲榮誌

○一沾雲雨

北齊・柴季蘭造像

○思違濁如履雲梯

北周・匹婁歡誌

東漢・鮮於璜碑陽

東漢・張遷碑陽

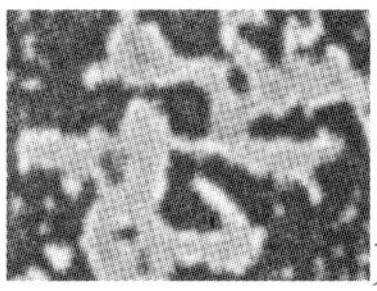
東漢・白石神君碑

○卜云其吉

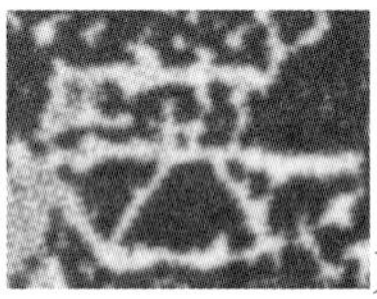
東漢・張遷碑陽

○詩云愷悌

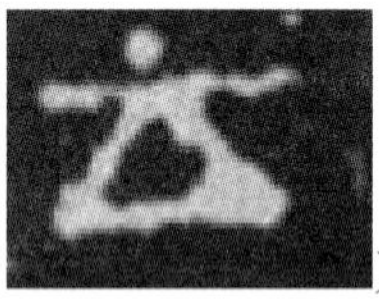
東晉・高句麗好太王碑

○而新羅遣使白王云

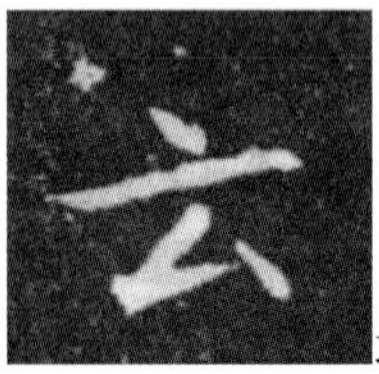
北魏・元理誌

北魏・韓顯宗誌

北齊・高建妻王氏誌

○詔贈云

【霒】

《説文》：霒，雲覆日也。从雲今聲。

【侌】

《説文》：侌，古文或省。

【倾】

《説文》：倾，亦古文霒。

魚部

【魚】

《説文》：魚，水蟲也。象形。魚尾與燕尾相似。凡魚之屬皆从魚。

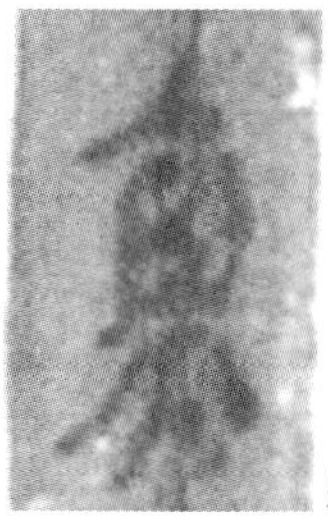
嶽・為吏 61

里・第八層 26

○簪褱魚（漁）陽

里・第八層 1705

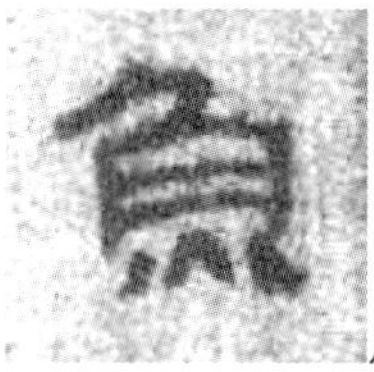
馬壹 13_2 上\95 上

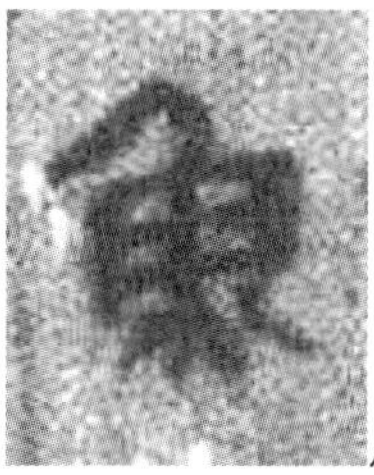
馬壹 46_58 下

馬壹 149_77/251 下

馬貳 269_128/145

○魚膚一笥

馬貳 262_55/75

馬貳 33_4 下

張・脈書 21

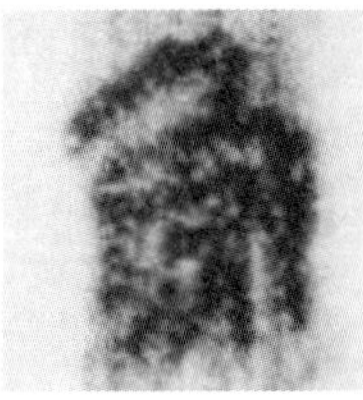
銀壹 563

○多田（畋）魚（漁）

北貳・老子 219

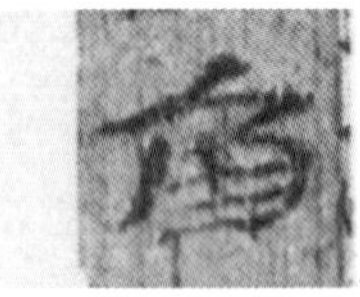
敦煌簡 0230A

○敦德魚離邑東循不

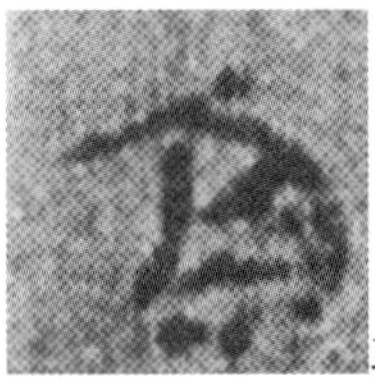
敦煌簡 1683

○第三魚澤

金關 T10:363

○魚直十五

武・甲《特牲》15

武・甲《少牢》21

北壹・倉頡篇 29

魏晉殘紙

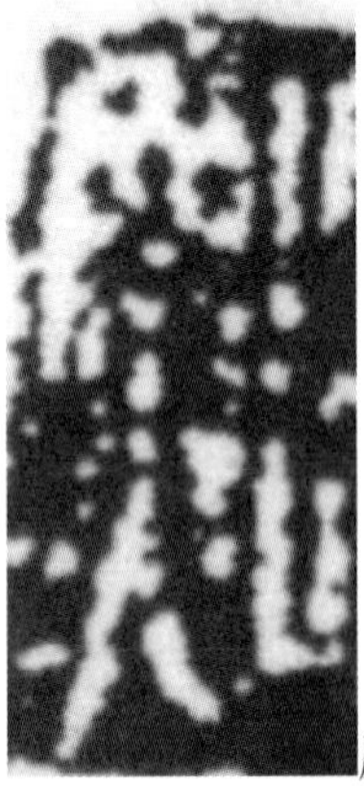
歷代印匋封泥

○盧魚

秦代印風

廿世紀璽印三-GP

○衆魚

漢印文字徵

漢印文字徵

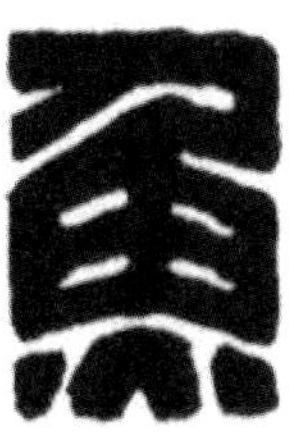
漢印文字徵

漢印文字徵

漢印文字徵

漢印文字徵

漢印文字徵

漢晉南北朝印風

○魚丘中公

石鼓・汧殹

石鼓・汧殹

東漢・熹平石經殘石五

東漢・孔宙碑陰

三國吳・浩宗買地券

○魚下入淵

北魏・張玄誌

○若魚之樂水

北魏・崔隆誌

北魏・李媛華誌

○宛宛遊魚

北魏・李頤誌

○上有魚水之歡

北魏・元瞻誌

○魚水好合

北魏・唐耀誌

○用彰魚水

西魏・韋隆妻梁氏誌

○復此施魚

【鰖】

《說文》：鰖，魚子已生者。从魚，憜省聲。

【䲖】

《說文》：䲖，籀文。

北壹・倉頡篇 20

○竊鮒鰤鰫

【鮞】

《說文》：鮞，魚子也。一曰魚之美者，東海之鮞。从魚而聲。讀若而。

【魼】

《說文》：魼，魚也。从魚去聲。

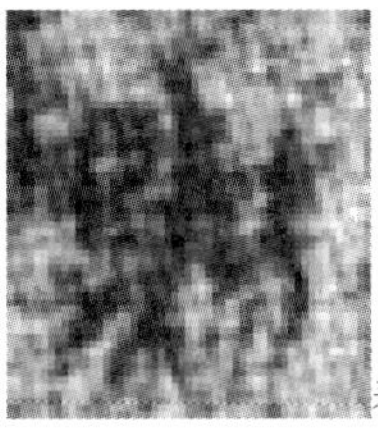
春早・秦子戈

○左右市魼

春早・秦子戈

○左右市魼

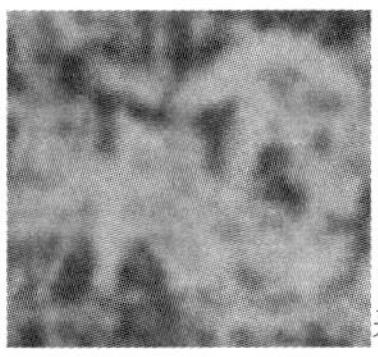
春早・秦子戈

○左右市魼

春早・秦子矛

○ 魼（旅）用逸宜

【魶】

《說文》：魶，魚。似鼈，無甲，有尾，無足，口在腹下。从魚納聲。

【鰨】

《說文》：鰨，虛鰨也。从魚㬱聲。

【鱒】

《說文》：鱒，赤目魚。从魚尊聲。

【鰲】

《說文》：鰲，魚也。从魚敖聲。

【鰫】

《說文》：鰫，魚也。从魚容聲。

【鰖】

《說文》：鰖，魚也。从魚胥聲。

【鮪】

《說文》：鮪，鮥也。《周禮》：“春獻王鮪。”从魚有聲。

北壹・倉頡篇 20

漢印文字徵

漢印文字徵

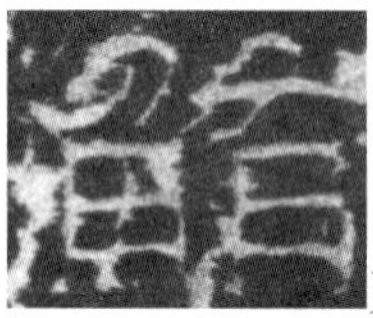
東漢・何君閣道銘

〇臨邛舒鮪

【䲅】

《說文》：，䰾也。《周禮》謂之䲅。从魚恆聲。

【䰾】

《說文》：，䲅䰾也。从魚亢聲。

【鮥】

《說文》：，叔鮪也。从魚各聲。

【鯀】

《說文》：，魚也。从魚系聲。

【鰥】

《說文》：，魚也。从魚眔聲。李陽冰曰：“當从罤省。”

北壹・倉頡篇 31

〇鰥寡特孤

東漢・曹全碑陽

〇撫育鰥寡

北魏・元昭誌

〇嫠婦鰥夫

【鯉】

《說文》：，鱣也。从魚里聲。

馬貳 264_74/94

北壹・倉頡篇 20

〇鱣鮪鯉鰌

漢印文字徵

石鼓・汧殹

東漢·元嘉元年畫像石題記一

○僮（偅）女隨後駕鯉魚

北魏·元瞻誌

○既昭灼於芳鯉

北齊·崔宣華誌

【鱣】

《説文》：，鯉也。从魚亶聲。

【鱣】

《説文》：，籀文鱣。

馬貳 85_351/341

○鱣血

北壹·倉頡篇 20

北周·華岳廟碑

○庭鱣夜萃

【鱄】

《説文》：，魚也。从魚專聲。

【鮦】

《説文》：，魚名。从魚同聲。一曰鱶也。讀若絝襱。

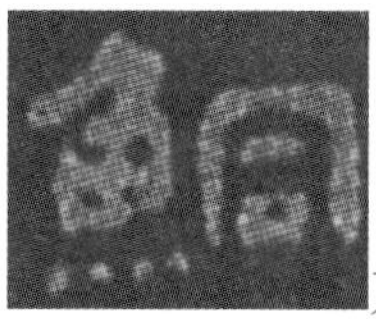東漢·楊統碑陽

○遷鮦陽侯相

【鱶】

《説文》：，鮦也。从魚蠡聲。

【𩼗】

《説文》：，魚名。一名鯉，一名鰜。从魚婁聲。

【鰜】

《説文》：，魚名。从魚兼聲。

【鯈】

《説文》：，魚名。从魚攸聲。

馬貳 83_303/289

○始發鯈=

北齊·逄哲誌

○鯈忽奄化

【𩶁】

《說文》：𩶁，魚名。从魚豆聲。

【鯾】

《說文》：鯾，魚名。从魚便聲。

【鯿】

《說文》：鯿，鯾又从扁。

【魴】

《說文》：魴，赤尾魚。从魚方聲。

【鰟】

《說文》：鰟，魴或从旁。

馬貳 266_97/114

○魴一坑

馬貳 229_99

漢印文字徵

○武魴

漢印文字徵

漢晉南北朝印風

○魴勳

石鼓・汧殹

○又魴又鮊

東漢・鮮於璜碑陽

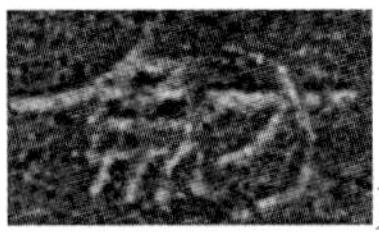
東漢・公乘田魴畫像石墓題記

○公乘田魴

北魏・元純陀誌

【鱮】

《說文》：鱮，魚名。从魚與聲。

石鼓·汧殹

○隹鱮隹鯉

【鰱】

《說文》：鰱，魚名。从魚連聲。

【鮍】

《說文》：鮍，魚名。从魚皮聲。

馬貳 263_59/79

○鯉鮍

【鰍】

《說文》：鰍，魚名。从魚幼聲。讀若幽。

【鮒】

《說文》：鮒，魚名。从魚付聲。

馬貳 81_262/249

○鮒魚如手者

武·甲《少牢》18

○用鮒十有五

北壹·倉頡篇 20

○鮒鰿鱝

【鮏】

《說文》：鮏，魚名。从魚巠聲。

【鰖】

《說文》：鰖，魚名。从魚胥聲。

【鱺】

《說文》：鱺，魚名。从魚麗聲。

【鰻】

《說文》：鰻，魚名。从魚曼聲。

【鱯】

《說文》：鱯，魚名。从魚蒦聲。

【鯀】

《說文》：鯀，大鱯也。其小者名鮡。从魚丕聲。

【鱧】

《說文》：鱧，鱯也。从魚豊聲。

【鰈】

《說文》：鰈，鱧也。从魚果聲。

【鱠】

《說文》：鱨，揚也。从魚嘗聲。

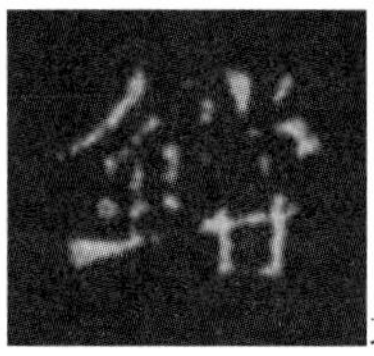
北魏・李頤誌

〇祖鱨

【鱏】

《說文》：鱏，魚名。从魚覃聲。傳曰：“伯牙鼓琴，鱏魚出聽。”

【鯢】

《說文》：鯢，刺魚也。从魚兒聲。

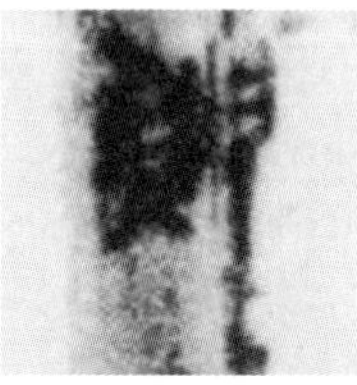
銀壹 476

〇如雲鯢（蜺）復

北魏・長孫盛誌

〇鯨鯢卷鶩

【鰼】

《說文》：鰼，鰌也。从魚習聲。

【鰌】

《說文》：鰌，鰼也。从魚酋聲。

【鯇】

《說文》：鯇，魚名。从魚完聲。

【魠】

《說文》：魠，哆口魚也。从魚乇聲。

【鮆】

《說文》：鮆，飲而不食，刀魚也。九江有之。从魚此聲。

【鮀】

《說文》：鮀，鮎也。从魚它聲。

【鮎】

《說文》：鮎，鰋也。从魚占聲。

【鰋】

《說文》：鰋，鮀也。从魚妟聲。

【鰋】

《說文》：鰋，鰋或从匽。

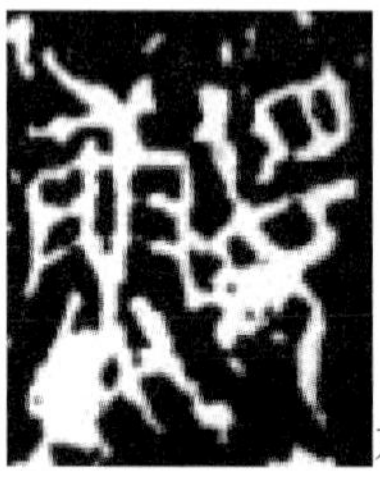
石鼓・汧殹

〇鰋鯉處之

【鮷】

《說文》：鮷，大鮎也。从魚弟聲。

【鱱】

《說文》：鱱，魚名。从魚賴聲。

【鱛】

《説文》：⿰魚朁，魚名。从魚朁聲。

【⿰魚翁】

《説文》：⿰魚翁，魚名。从魚翁聲。

【⿰魚臽】

《説文》：⿰魚臽，魚名。从魚臽聲。

【鱖】

《説文》：鱖，魚名。从魚厥聲。

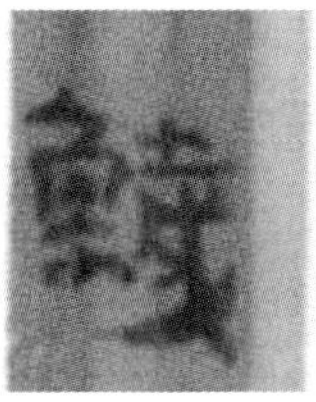
馬貳 276_206/226

○烝（蒸）鱖一器

【鯫】

《説文》：鯫，白魚也。从魚取聲。

【鱓】

《説文》：鱓，魚名。皮可爲鼓。从魚單聲。

馬貳 141_6

○稻麥鱓魚

【鮸】

《説文》：鮸，魚名。出薉邪頭國。从魚免聲。

【魵】

《説文》：魵，魚名。出薉邪頭國。从魚分聲。

【⿰魚虜】

《説文》：⿰魚虜，魚名。出樂浪潘國。从魚虜聲。

【鰸】

《説文》：鰸，魚名。狀似蝦，無足，長寸，大如叉股，出遼東。从魚區聲。

馬貳 230_100

○鰸一坑

【鯜】

《説文》：鯜，魚名。出樂浪潘國。从魚妾聲。

【魳】

《説文》：魳，魚名。出樂浪潘國。从魚市聲。

【⿰魚匊】

《説文》：⿰魚匊，魚名。出樂浪潘國。从魚匊聲。一曰⿰魚匊魚出江東，有兩乳。

【魦】

《説文》：魦，魚名。出樂浪潘國。从魚，沙省聲。

【鱳】

《説文》：鱳，魚名。出樂浪潘國。从魚樂聲。

【鮮】

《説文》：鮮，魚名。出貉國。从魚，羴省聲。

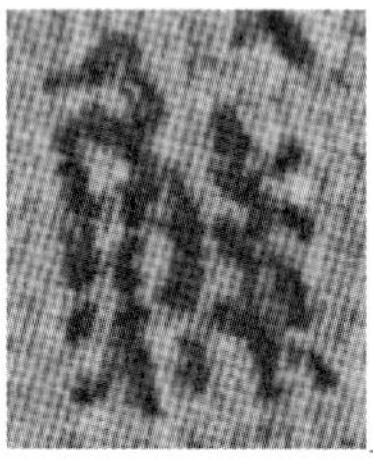
里・第八層 145

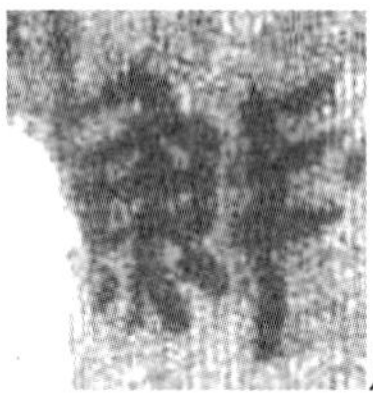
馬壹 75_38

馬貳 263_60/80

○鮮鱖禺（藕）

銀貳 1716

北貳・老子 63

金關 T23:344

○鮮于長史

武・王杖 6

秦代印風

○鮮于何

廿世紀璽印三-SY

漢晉南北朝印風

○漢鮮卑率衆長

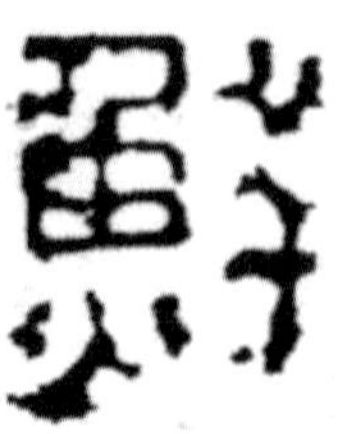
廿世紀璽印三-GP

○朝鮮令印

漢印文字徵
○鮮于當時

漢印文字徵

漢印文字徵

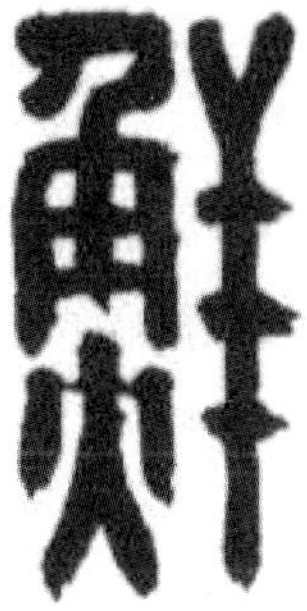
漢印文字徵

漢印文字徵

柿葉齋兩漢印萃

漢印文字徵
○丘鮮私印

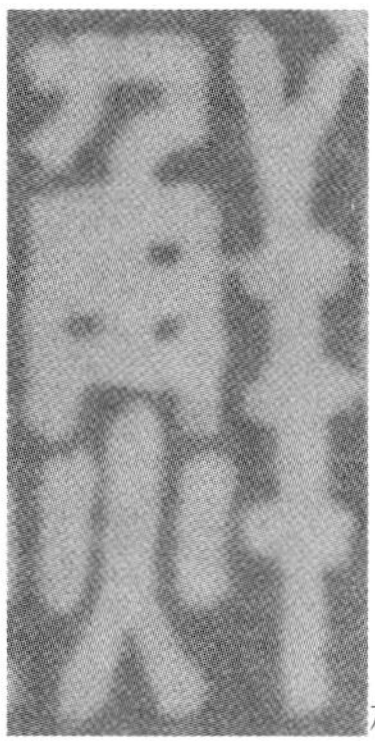
柿葉齋兩漢印萃

漢印文字徵
○徐鮮

廿世紀璽印四-GY
○晉鮮卑率善中郎將

漢晉南北朝印風
○鮮城亭侯

漢晉南北朝印風

〇晉鮮卑率善邑長

漢晉南北朝印風

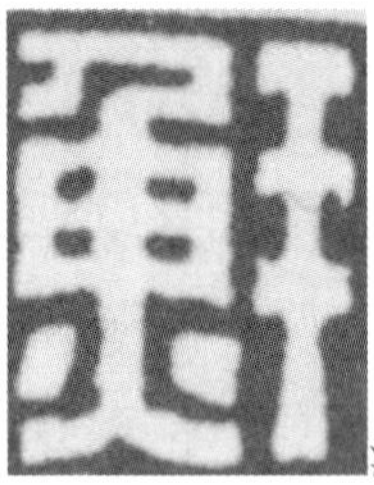
漢晉南北朝印風

〇鮮于富昌

石鼓・汧殹

東漢・石門頌

東漢・鮮於璜碑額

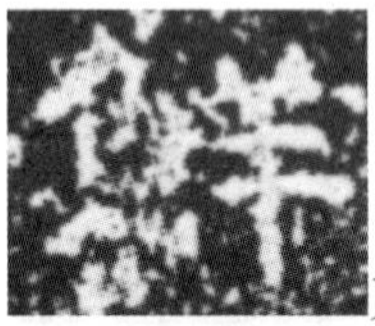
東漢・仙人唐公房碑陽

晉・黃庭内景經

西晉・臨辟雍碑

北魏・王基誌

北魏・元乂誌

東魏・李挺誌

〇德爲民鮮

北周・豆盧恩碑

【鰅】

《説文》：鰅，魚名。皮有文，出樂浪東暆。神爵四年，初捕收輸考工。周成王時，揚州獻鰅。从魚禺聲。

【鱅】

《説文》：鱅，魚名。从魚庸聲。

【鰂】

《説文》：鰂，烏鰂，魚名。从魚則聲。

【鯽】

《説文》：鯽，鰿或从即。

馬貳 276_204/224

〇鯽縣（懸）孰（熟）

馬貳 222_16

〇鯽白羹一鼎

【鮐】

《説文》：鮐，海魚名。从魚台聲。

【鮊】

《説文》：鮊，海魚名。从魚白聲。

【鰒】

《説文》：鰒，海魚名。从魚复聲。

【鮫】

《説文》：鮫，海魚，皮可飾刀。从魚交聲。

里・第八層 769

〇曰取鮫魚與山

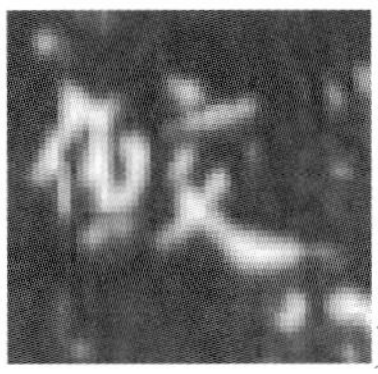
東魏・崔混誌

〇鮫泣行間

【鱷】

《説文》：鱷，海大魚也。从魚畺聲。《春秋傳》曰：“取其鱷鯢。”

【鯨】

《説文》：鯨，鱷或从京。

北魏・無名氏誌

〇鯨海將枯

北魏・長孫盛誌

〇鯨鯢卷鶩

北魏・楊大眼造像

〇掃雲鯨於天路

東魏・廉富等造義井頌

○六若滄洑之鯨

【鯁】

《說文》：鯁，魚骨也。从魚更聲。

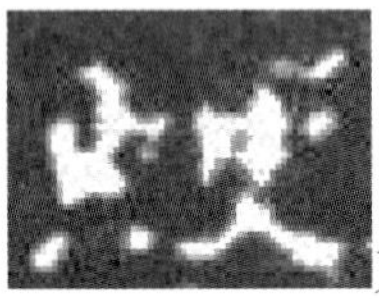
東漢・柳敏碑

○天憒（資）鯁□

北魏・王普賢誌

○以貞猷標鯁

東魏・司馬昇志

○稟操鯁直

【鱗】

《說文》：鱗，魚甲也。从魚粦聲。

銀貳 1659

○鱗虫

漢印文字徵

○鱗蓑

漢印文字徵

○白鱗

東漢・成陽靈臺碑

北魏・爾朱紹誌

北魏・元暐誌

○濯鱗尉羽

北魏・元固誌

○詵然鱗(麟)趾

【鮏】

《說文》：，魚臭也。从魚生聲。

歷代印匋封泥

〇豆里鮏

【鱢】

《說文》：，鮏臭也。从魚喿聲。《周禮》曰："膳膏鱢。"

【鮨】

《說文》：，魚䏔醬也。出蜀中。从魚旨聲。一曰鮪魚名。

【鮺】

《說文》：，藏魚也。南方謂之魿，北方謂之鮺。从魚，差省聲。

【魿】

《說文》：，鮺也。一曰大魚爲鮺，小魚爲魿。从魚今聲。

【鮑】

《說文》：，饐魚也。从魚包聲。

馬貳 262_55/75

〇鮑魚

馬貳 222_17

〇鮑白羹一鼎

金關 T08:078

〇大昌鮑順等

秦代印風

〇鮑可舍

漢印文字徵

〇鮑更

歷代印匋封泥

〇鮑賢

柿葉齋兩漢印萃

柿葉齋兩漢印萃

○鮑君渠

漢印文字徵

漢印文字徵

○鮑安成

漢印文字徵

○鮑賈

漢印文字徵

廿世紀璽印四-SY

漢晉南北朝印風

漢晉南北朝印風

東漢・乙瑛碑

北齊・和紹隆誌

【魿】

《説文》：魿，蟲連行紆行者。从魚令聲。

里・第八層 1022

○乾魿魚

秦代印風

○魿嬰

【鰕】

《說文》：鰕，魵也。从魚叚聲。

【鰝】

《說文》：鰝，大鰕也。从魚高聲。

東漢·劉君墓石羊題字

○祀鰝魚

【鮥】

《說文》：鮥，當互也。从魚各聲。

【魧】

《說文》：魧，大貝也。一曰魚膏。从魚亢聲。讀若岡。

【鮩】

《說文》：鮩，蚌也。从魚丙聲。

漢印文字徵

○鮩克用印

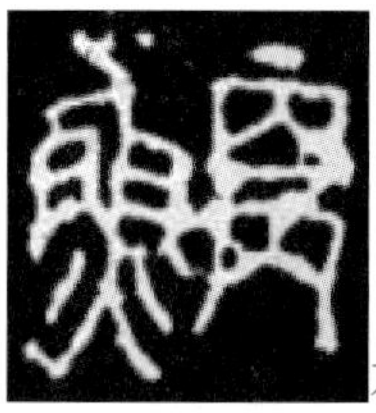

石鼓·汧殹

○黃帛其鮩

【鮚】

《說文》：鮚，蚌也。从魚吉聲。漢律：會稽郡獻鮚醬。

【鮅】

《說文》：鮅，魚名。从魚必聲。

【鱹】

《說文》：鱹，魚名。从魚瞿聲。

【鯸】

《說文》：鯸，魚名。从魚侯聲。

【鯛】

《說文》：鯛，骨耑脃也。从魚周聲。

【鯙】

《說文》：鯙，烝然鯙鯙。从魚卓聲。

【鮁】

《說文》：鮁，鱣鮪鮁鮁。从魚犮聲。

【鈇】

《說文》：鈇，鯕魚。出東萊。从魚夫聲。

【鯕】

《說文》：鯕，魚名。从魚其聲。

【鮡】

《說文》：鮡，魚名。从魚兆聲。

【魮】

《說文》：魮，魚名。从魚匕聲。

【鱻】

《說文》：鱻，新魚精也。从三魚。不變魚。

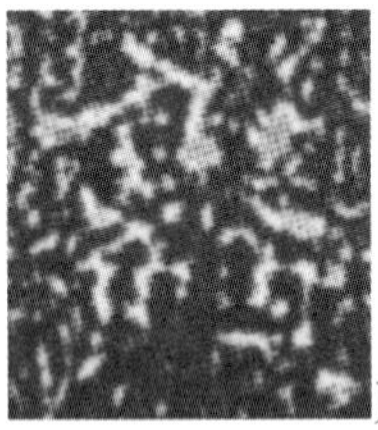
東漢・白石神君碑

○地無鱻陽

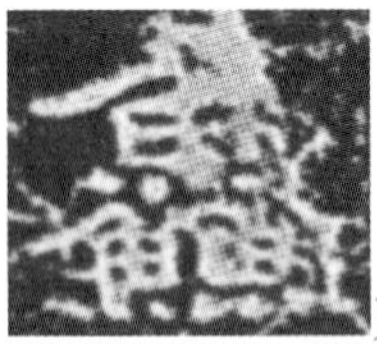
東漢・執金吾丞武榮碑

○鱻於雙匹

【鰈】

《說文》：鰈，比目魚也。从魚枼聲。

【魮】

《說文》：魮，文魮，魚名。从魚比聲。

【鰩】

《說文》：鰩，文鰩，魚名。从魚䍃聲。

北齊・天柱山銘

○文鰩自此經停

〖鈇〗

馬貳 269_128/145

〖魫〗

馬貳 266_95/112

○魚魫一坑

〖鮭〗

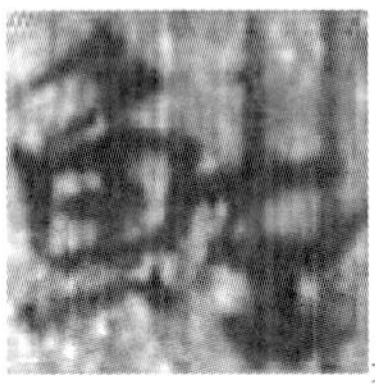
吳簡嘉禾・五・五七

○子紀魼

〖鮌〗

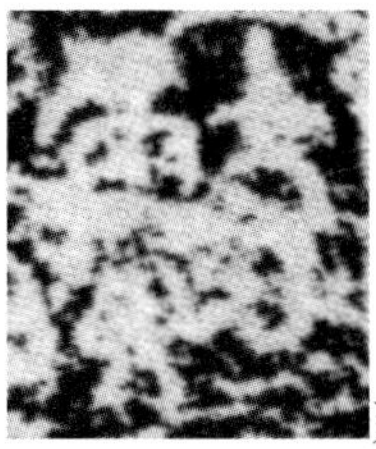
東漢・開母廟石闕銘

○柏鮌稱遂

〖鮭〗

秦代印風

○鮭匽

漢印文字徵

○鮭匽

〖鮠〗

馬貳 270_143/161

○炙鮠

〖鮂〗

北壹・倉頡篇 20

○鱣鮪鯉鮂

〖鮀〗

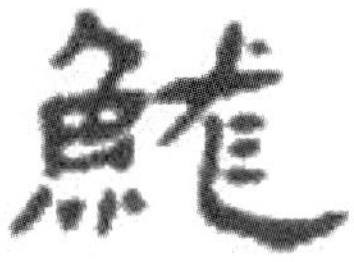
東漢・成陽靈臺碑

○驛憲鮀魚

東漢・成陽靈臺碑

○比目鮀魚

〖鮑〗

漢印文字徵

○臣鮑蒼

〖鯖〗

關・病方 341

○操杯鯖甕

〖鮨〗

馬貳 297_20

〇鰭兔笥

〖鯡〗

廿世紀璽印二-SP

〇鯡

〖鯤〗

東晉・謝鯤誌

〇謝鯤幼輿

東魏・司馬韶及妻侯氏誌

〇把謝鯤之臂

〖鯿〗

石鼓・汧殹

〇又鯆又鯿

〖鱹〗

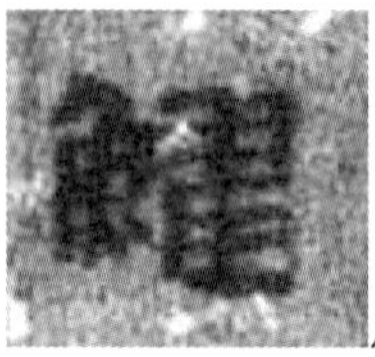
馬壹 36_33 上

〇不淵不鱹(躍)

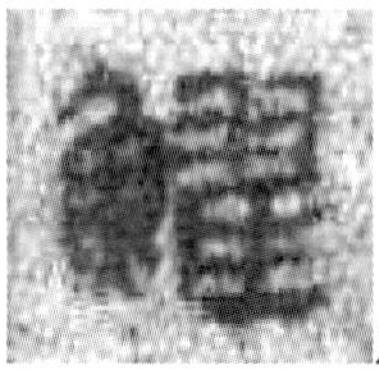
馬壹 36_26 上

〇或鱹(躍)在淵

〖鱸〗

里・第八層 1705

〇乾鱸魚

鱻部

【鱻】

《説文》：，二魚也。凡鱻之屬皆从鱻。

【瀺】

《説文》：，捕魚也。从鱻从水。

【漁】

《説文》：，篆文瀺从魚。

龍部

【龍】

《説文》：，鱗蟲之長。能幽，能明，能細，能巨，能短，能長；春分而登天，秋分而潛淵。从肉，飛之形，童省聲。凡龍之屬皆从龍。

漢銘・新嘉量二

漢銘・新銅丈

漢銘・駘蕩宮高鐙

漢銘・新嘉量二

漢銘・新嘉量一

漢銘・新衡杆

漢銘・新衡杆

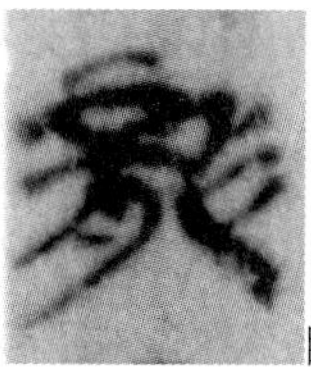
睡・日乙 39

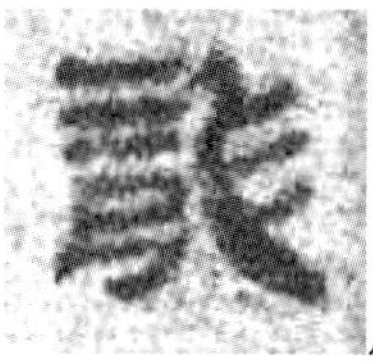
馬壹 13_1 上\94 上

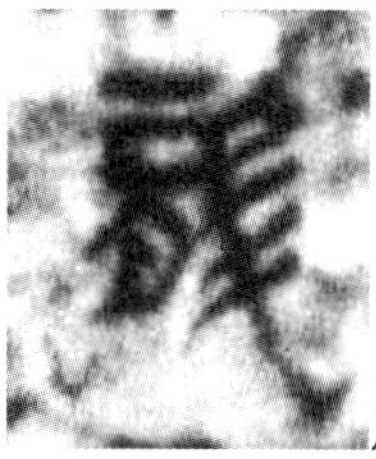
馬壹 87_188

○觸龍

馬壹 88_196

○觸龍

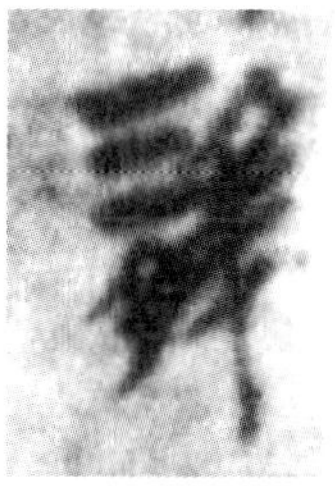
馬壹 88_203

○觸龍

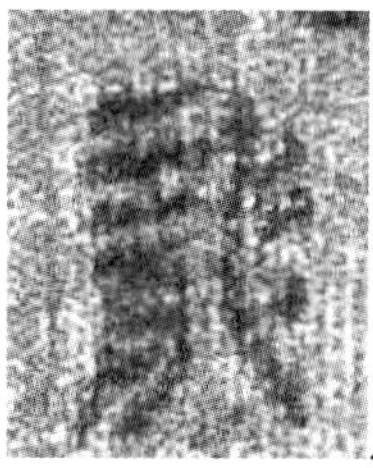
馬貳 77_167/154

○龍須（鬚）一

馬貳 39_70 下

○葱龍（蘢）葉青

銀壹 412

○龍隋陳伏

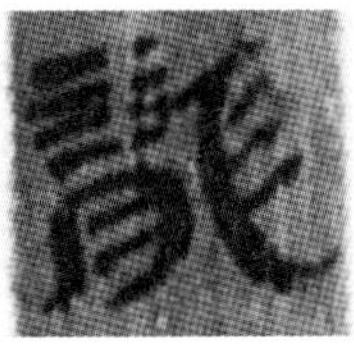
銀貳 1686

○游龍

敦煌簡 0624A

○候詣龍勒

敦煌簡 1975A

金關 T11:001

金關 T31:069

○龍常迺己酉除

金關 T07:036

○右尉龍義字君都

東牌樓 057 背

○中龍䓗

北壹・倉頡篇 29

○蛟龍虫蛇

吴簡嘉禾・六三六三

○黄龍三年

吴簡嘉禾・六五二九

○黄龍元年

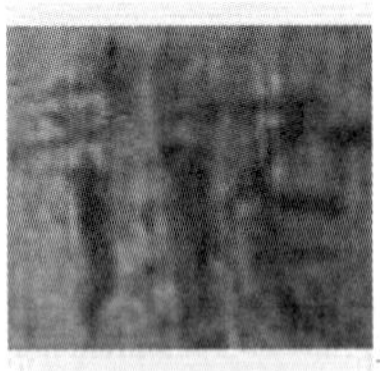
吴簡嘉禾・五・三四九

○武龍丘男子聶禮佃

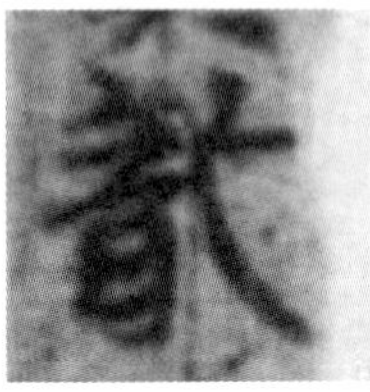
吴簡嘉禾・二零七一

○黄龍二年

廿世紀璽印三-SY

○龍未央印

漢晉南北朝印風

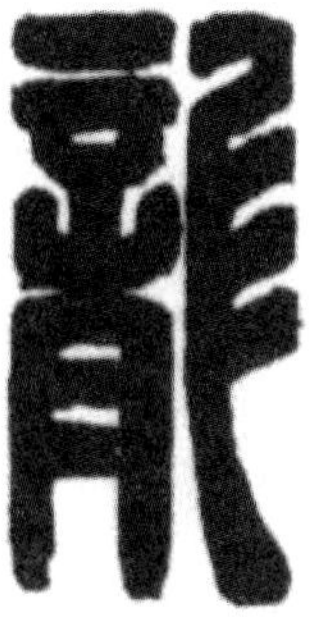
漢印文字徵

柿葉齋兩漢印萃

○龍驤將軍之印

漢印文字徵

○劉龍印信

漢印文字徵

漢印文字徵

漢印文字徵

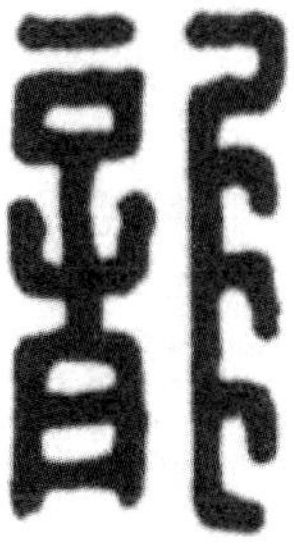
漢印文字徵

漢印文字徵

○王印龍渠

漢印文字徵

○甄龍之印

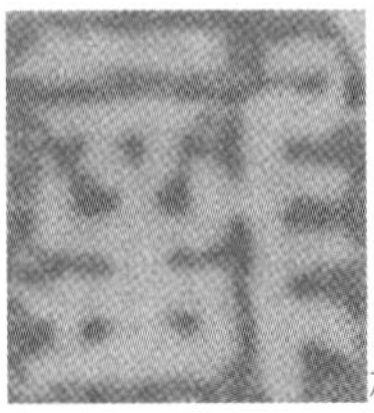
柿葉齋兩漢印萃

漢晉南北朝印風

○劉龍

漢晉南北朝印風

漢晉南北朝印風

○龍驤將軍章

東漢·元嘉元年畫像石題記一

東漢·石門頌

東漢·李孟初神祠碑

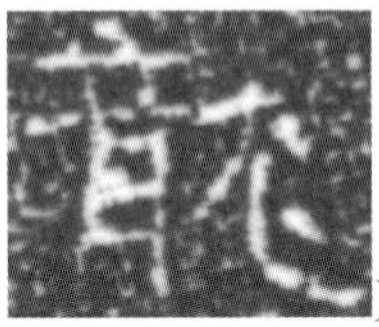
東漢·許安國墓祠題記

○交龍委虵

東漢·封龍山頌

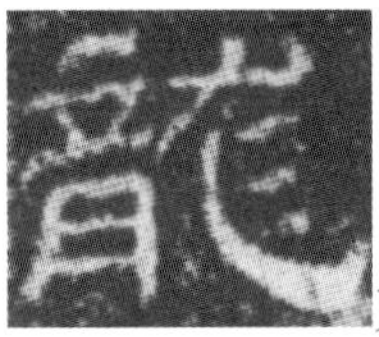
東漢·肥致碑

東漢·五瑞圖摩崖

東漢·成陽靈臺碑

西晉·臨辟雍碑額

北魏·李蕤誌

○龍驤將軍

北魏・元子直誌

○爲光爲龍（寵）

北魏・郭顯誌

○息金龍息女洪妃

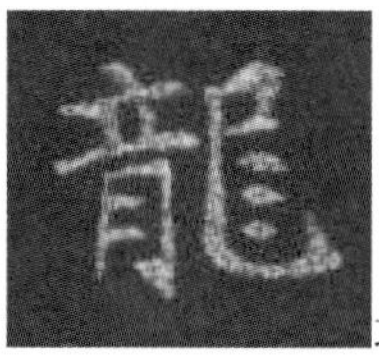
北魏・郭顯誌

北魏・元朗誌

○先龍飛創曆之元

北魏・辛穆誌

北魏・李蕤誌

○父慧龍

東魏・淨智塔銘

○降龍緯神

東魏・司馬興龍誌

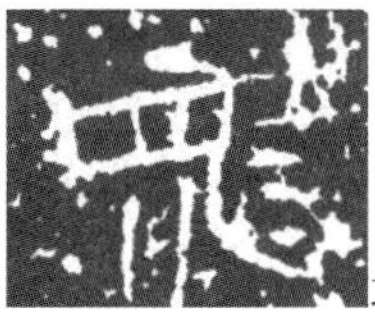
北齊・明姬誌

○孫槃龍妻明姬記

北齊・張海翼誌

北齊・赫連子悅誌

北齊・李清造報德像碑

○託龍髯而高翥

【龗】

《説文》：龗，龍也。从龍霝聲。

【龕】

《説文》：龕，龍皃。从龍合聲。

北魏・韓曳雲造像

北齊・等慈寺殘塔銘

○若使當來慈氏龕

北齊・嚴□順兄弟造像

【龗】

《説文》：龗，龍者脊上龗龗。从龍幵聲。

【龖】

《説文》：龖，飛龍也。从二龍。讀若沓。

〖龏〗

春晚・秦公鎛

○嚴龏(恭) 夤天

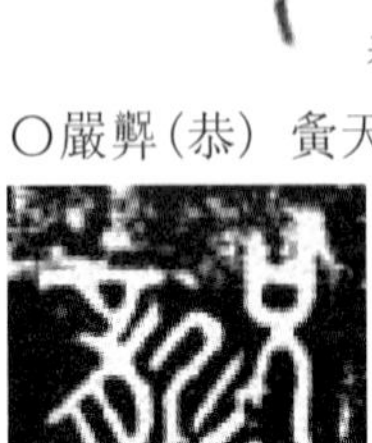
春晚・秦公簋

○嚴龏(恭) 夤天

燕部

【燕】

《説文》：燕，玄鳥也。籋口，布翄，枝尾。象形。凡燕之屬皆从燕。

里・第八層 534

○燕今不智

馬壹 91_274

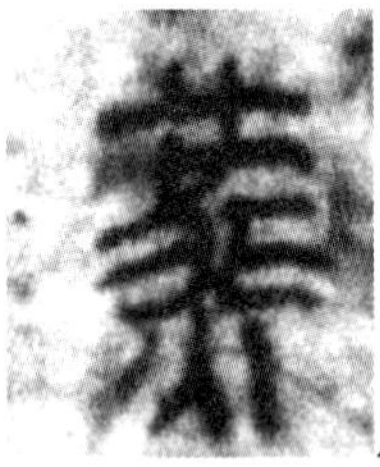
馬壹 80_24

○循善燕之大過（禍）

張・秩律 460

○城燕

銀貳 1797

○候燕始下可以鼓

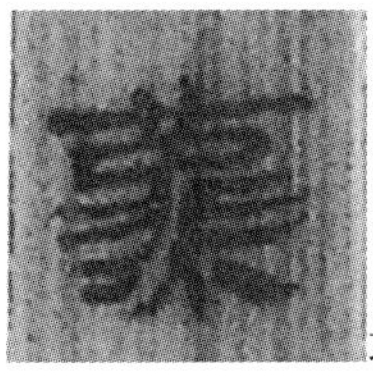
北貳·老子 190

○館燕處超

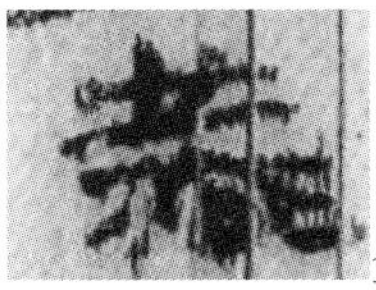
金關 T24:038

○甲受燕國前芻里趙

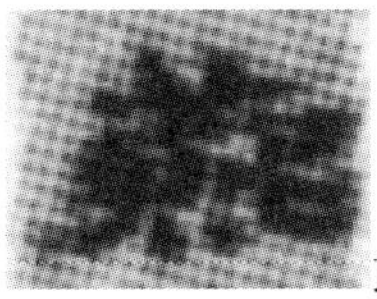
武·儀禮甲《士相見之禮》10

○凡燕見於君必辯

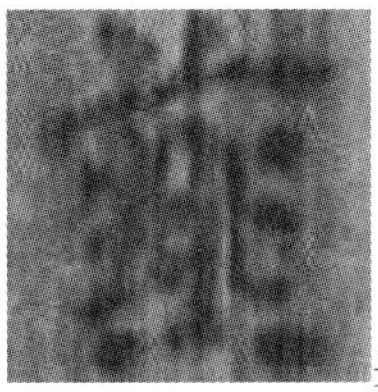
吳簡嘉禾·四·一六四

○吳燕佃田一町凡

廿世紀璽印三-SY

○苦燕

漢印文字徵

○燕釁

漢印文字徵

○燕時

漢印文字徵

○燕青首

漢印文字徵

○王燕

漢印文字徵

○燕子光

漢印文字徵

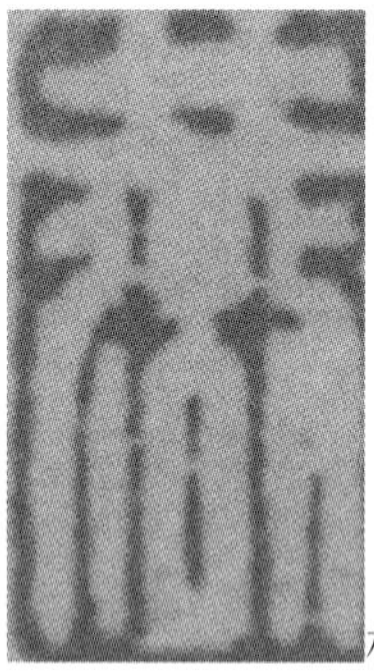
柿葉齋兩漢印萃

○徐燕

漢印文字徵

○史燕

漢晉南北朝印風

○燕宏私印

漢晉南北朝印風

○燕次翁

漢晉南北朝印風

○燕丙

漢晉南北朝印風

○燕幸

漢晉南北朝印風

○燕勳

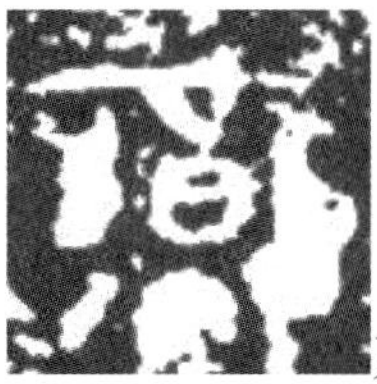
東漢・燕然山銘

○乘燕然

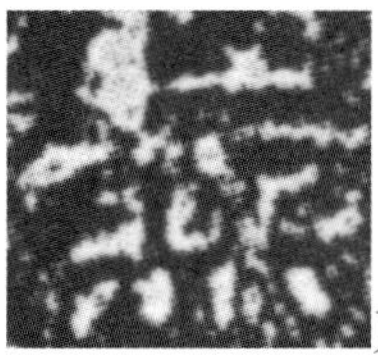
東漢・仙人唐公房碑陽

○府君□賓燕

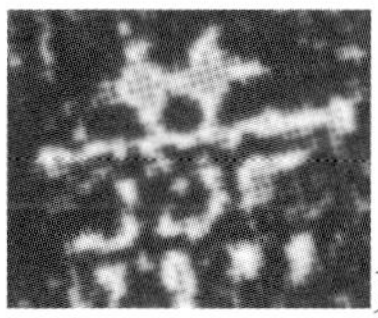
東漢・白石神君碑

○燕元璽三年正月十日

東漢・夏承碑

○燕于孫子

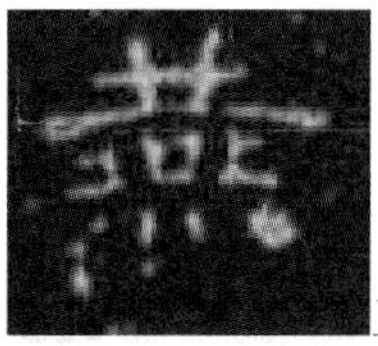
三國魏・上尊號碑

○雉鳩燕雀

北魏・元思誌

○自撫燕地

北魏・給事君妻韓氏誌

北魏・李榘蘭誌

○名重燕邦

北魏・王基誌

○翩翩神燕

北魏・公孫猗誌

北魏・王温誌

北魏・侯義誌

〇燕州刺史之子

北魏・侯義誌

〇燕州上谷郡

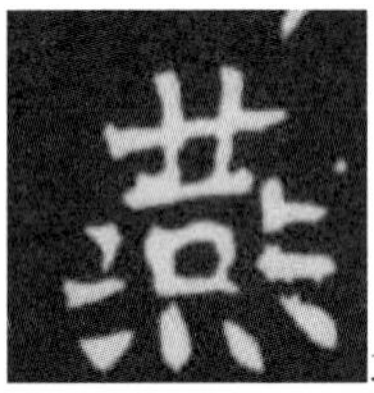
北魏・元誘妻馮氏誌

北齊・張潔誌

〇蘊識燕吳

北周・侯遠誌

〇燕州人也

飛部

【飛】

《説文》：飛，鳥翥也。象形。凡飛之屬皆从飛。

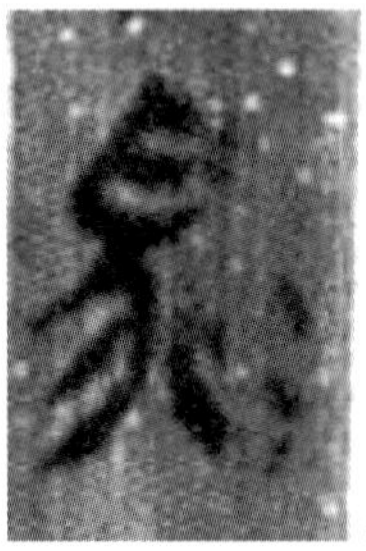
嶽・占夢書 6

〇春夢飛登丘陵緣木

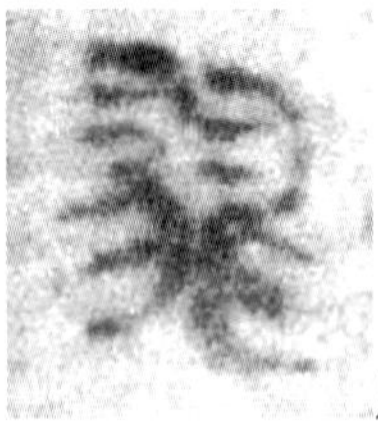
馬壹 105_55\224

〇于飛鬤（髟–差

漢印文字徵

〇臨飛

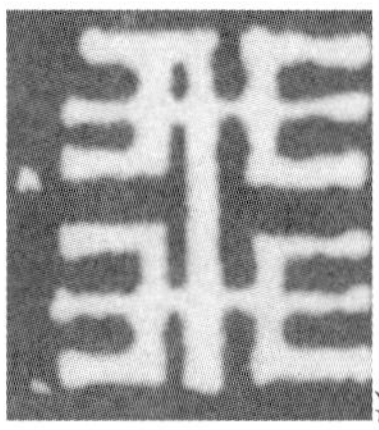
漢晉南北朝印風

〇武衛次飛武賁將印

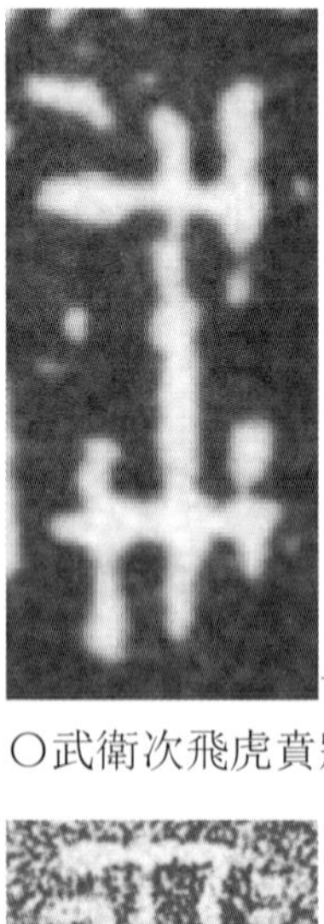
廿世紀璽印四-GY

〇武衛次飛虎賁將印

東漢・王舍人碑

〇將天飛

東漢・夏承碑

晉・洛神十三行

西晉・臨辟雍碑

十六國北涼・沮渠安周造像

〇翻飛寸陰

北魏・元澄妃誌

〇光飛後武

東魏・王僧誌

〇翻飛下國

北齊・傅華誌

〇羽翼飛鴻

北齊・高湝誌

〇溟飛初負

北齊・高湝誌

〇聲飛海外

【𩙣】

《説文》：，翄也。从飛異聲。

【翼】

《説文》：，篆文𩙣从羽。

非部

【非】

《説文》：，違也。从飛下翄，取其相背。凡非之屬皆从非。

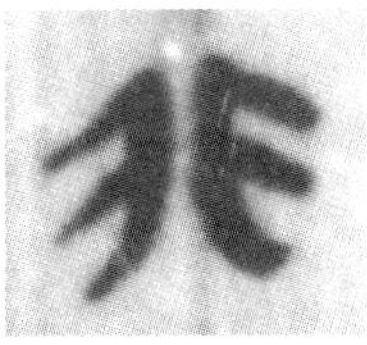
睡・秦律十八種 191

睡・為吏 32

睡・日甲《詰》33

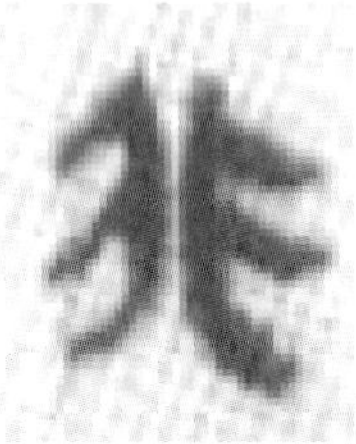
關・病方 350

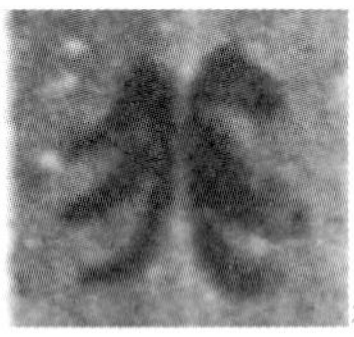
嶽・為吏 52

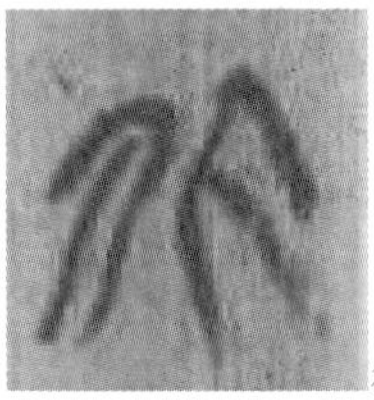
嶽・芮盜案 82

里・第八層 141

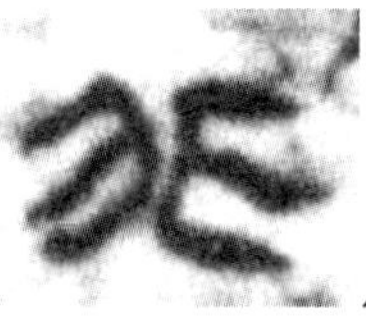
馬壹 87_184

馬壹 16_8 下\101 下

馬貳 243_245

張・具律 104

張・奏讞書 43

銀壹 912

銀貳 1305

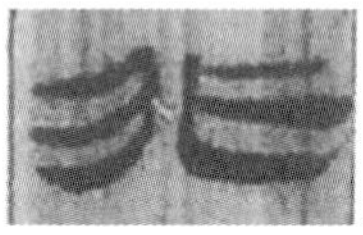
北貳・老子 44

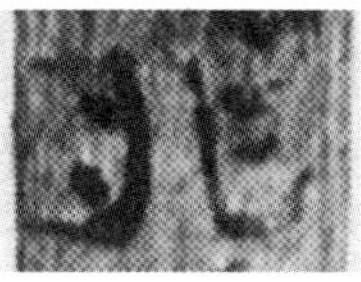
敦煌簡 1305

〇非所樂誠

金關 T01:036

武・儀禮甲《士相見之禮》15

〇非以君命

東牌樓 055 正

魏晉殘紙

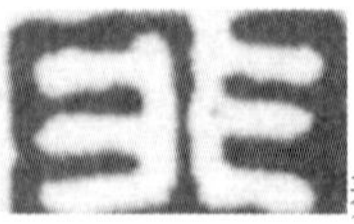
秦代印風

秦代印風

廿世紀璽印三-SY

漢印文字徵

○非雅

漢印文字徵

漢印文字徵

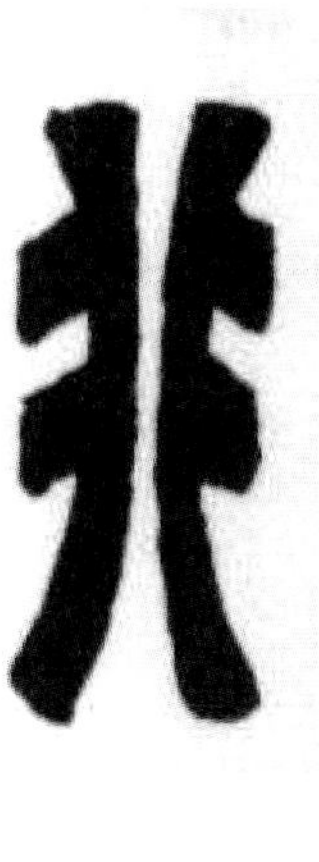
漢印文字徵

漢印文字徵

漢印文字徵

○檢非之印

漢印文字徵

○吳非人

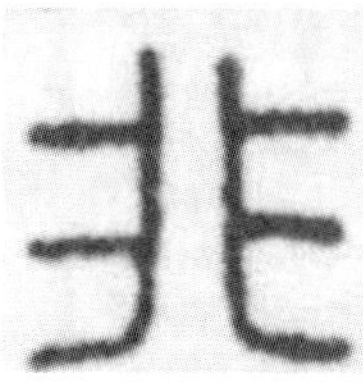
漢晉南北朝印風

漢晉南北朝印風

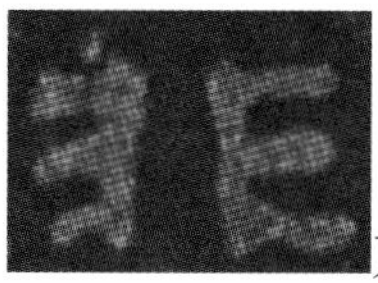
東漢・楊統碑陽

東漢・趙寬碑

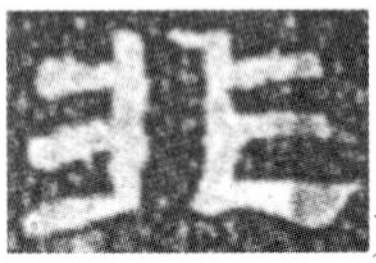
東漢・尚博殘碑

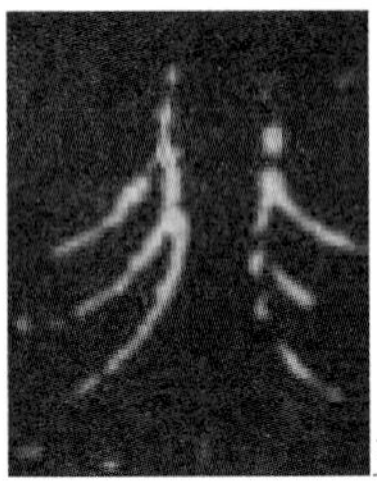
三國魏・三體石經尚書・古文
○乃非民所訓

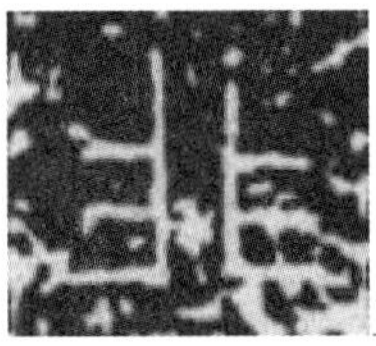
三國魏・三體石經尚書・篆文

三國魏・三體石經尚書・隸書

北魏・元璨誌

北魏・陶浚誌

北齊・無量義經二

北齊・石佛寺迦葉經碑

【𩇕】

《説文》：𩇕，别也。从非己聲。

【靡】

《説文》：靡，披靡也。从非麻聲。

睡・秦律十八種 104

嶽・為吏 71
○墾靡案户定數紡

里・第八層 28

馬貳 203_8

張・脈書 2

敦煌簡 2001

○黄主靡轂去熱亭磨

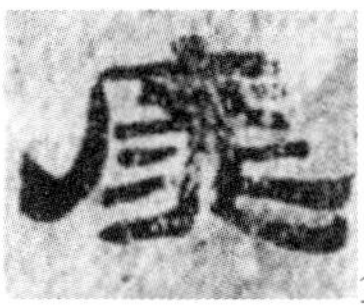
金關 T23:412

○殺身靡骨毋以報叩

廿世紀璽印三-GP

○俊靡邑丞

漢印文字徵

漢印文字徵

漢印文字徵

秦駰玉版

○而靡又（有）鼎

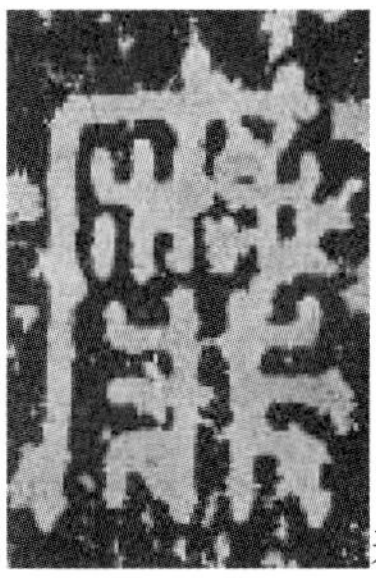
泰山刻石

東漢・行事渡君碑

○見思彼靡盛於

東漢・楊震碑

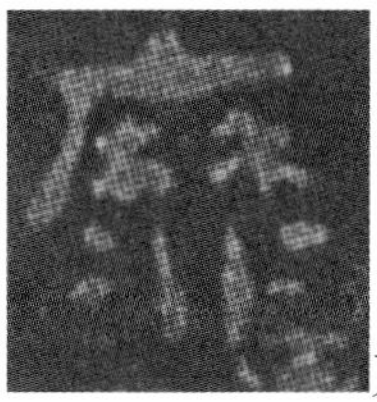
東漢・楊統碑陽

○帥□靡革

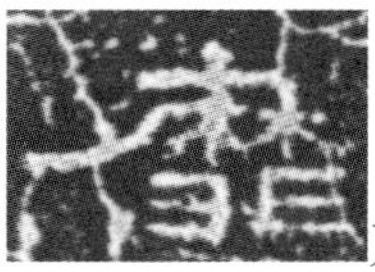
東漢・執金吾丞武榮碑

東漢・封龍山頌

晉・洛神十三行

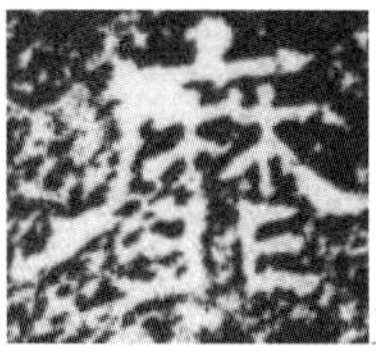
三國魏・王基斷碑

北魏・元弼誌

北魏・元澄妃誌

北魏・司馬顯姿誌

北魏・元乂誌

北魏・元悌誌

北魏・王悅及妻郭氏誌

北魏・韓顯宗誌

【靠】

《說文》：靠，相違也。从非告聲。

【陛】

《說文》：陛，牢也。所以拘非也。从非，陛省聲。

卂部

【卂】

《說文》：卂，疾飛也。从飛而羽不見。凡卂之屬皆从卂。

【㷀】

《說文》：㷀，回疾也。从卂，營省聲。

北壹・倉頡篇 70

○訏葨竄煢罪蠱

三國魏・黃初殘碑

○煢靡所瞻

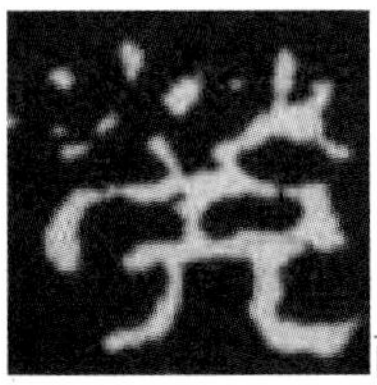
西晉・張朗誌

○煢煢孤子